公共行政与公共管理
经　典　译　丛

"十三五"国家重点出版物出版规划项目

PUBLIC ADMINISTRATION AND PUBLIC MANAGEMENT CLASSICS

公共行政与公共管理经典译丛 经典教材系列

公共危机与应急管理概论

迈克尔·K·林德尔（Michael K. Lindell）

[美] 卡拉·普拉特（Carla Prater） / 著

罗纳德·W·佩里（Ronald W. Perry）

王宏伟 / 译

INTRODUCTION TO EMERGENCY MANAGEMENT

中国人民大学出版社

·北京·

“公共行政与公共管理经典译丛”
编辑委员会

总　　序

在当今社会，政府行政体系与市场体系成为控制社会、影响社会的最大的两股力量。理论研究和实践经验表明，政府公共行政与公共管理体系在创造和提升国家竞争优势方面具有不可替代的作用。一个民主的、负责任的、有能力的、高效率的、透明的政府行政管理体系，无论是对经济的发展还是对整个社会的可持续发展都是不可或缺的。

公共行政与公共管理作为一门学科，诞生于20世纪初发达的资本主义国家，现已有上百年的历史。在中国，公共行政与公共管理仍是一个正在发展中的新兴学科，公共行政与公共管理的教育也处在探索和发展阶段。因此，广大教师、学生、公务员急需贴近实践、具有实际操作性、能系统培养其思考和解决实际问题能力的教材。我国公共行政与公共管理教育和学科的发展与繁荣，固然取决于多方面的努力，但一个重要的方面在于，我们要以开放的态度，了解、研究、学习和借鉴国外发达国家研究和实践的成果。另一方面，我国正在进行大规模的政府行政改革，致力于建立与社会主义市场经济相适应的公共行政与公共管理体制，这同样需要了解、研究、学习和借鉴发达国家在公共行政与公共管理方面的经验和教训。因此，无论是从我国公共行政与公共管理教育发展和学科建设的需要来看，还是从我国政府改革实践层面的需要来看，全面系统地引进公共行政与公共管理经典著作都是时代赋予我们的职责。

出于上述几方面的考虑，我们于世纪之交开启了大型丛书“公共行政与公共管理经典译丛”的翻译出版工作。自2001年9月本译丛首部著作《公共管理导论》出版以来，十五年间出版著作逾百种，影响了国内公共行政与公共管理领域无数的学习者和研究者，也得到了学界的广泛认可，先后被评为“十五”“十一五”“十二五”“十三五”国家重点图书出版规划项目，成为国内公共行政与公共管理出版领域的知名品牌。

本译丛在策划之初分为“经典教材系列”“公共管理实务系列”“政府治理与改革系列”“学术前沿系列”四个子系列，后来又增加了“案例系列”“学术经典系列”两个子系列。在本译丛出版十五年后，为了更好地服务于国内公共行政与公共管理学科的发展，更方便读者查找译丛的相关图书，我们将译丛简化为“经典教材系列”和“学术前沿系列”两个子系列。“经典教材系列”图书出版的主要目的是满足国内公共行政与公共管理教育对教材和教学参考书的需求。这个系列所选教材的内容全面系统、简明通俗，涵盖公共行政与公共管理的主要知识领域，涉及公共行政与公共管理的一般理论、公共组织理论与管理、公共政策、公共财政与预算、公共部门人力资源管理、公共伦理学等。这些教材都是国外大学通用的公共行政与公共管理教科书，多次再版，其作者皆为该领域的知名学者，他们在自己的研究领域多次获奖，享有极高的声誉。“学术前沿系列”图书出版的主要目的则是介绍国外公共行政与公共管理学科的重要学术成果。这个系列选取学科发展历程中不同学术流派代表性人物的代表性著作，并持续介绍学科发展的最新研究成果。

总的来看，本译丛体现了三个特点：第一，系统性，基本涵盖了公共行政与公共管理学科的主要研究领域。第二，权威性，所选著作均是国外公共行政与公共管理大师或极具影响力的学者的代表作。第三，前沿性，反映了公共行政与公共管理研究领域最新的理论和学术主张。

在半个多世纪以前，公共行政大师罗伯特·达尔（Robert Dahl）在《公共行政学的三个问题》中曾这样讲道："从某一个国家的行政环境归纳出来的概论，不能立刻予以普遍化，或应用到另一个不同环境的行政管理上去。一个理论是否适用于另一个不同的场合，必须先把那个特殊场合加以研究之后才可以判定。"的确，在公共行政与公共管理领域，事实上并不存在放之四海而皆准的行政准则。立足于对中国特殊行政生态的了解，以开放的思想对待国际的经验，通过比较、鉴别和有选择的吸收，来发展中国自己的公共行政与公共管理理论，并积极致力于实践，探索具有中国特色的公共行政体制与公共管理模式，是中国公共行政与公共管理学科发展的现实选择。

本译丛的组织策划工作始于 1999 年底，我们成立了由国内外数十位知名专家学者组成的编辑委员会。当年 10 月，美国公共行政学会时任会长，同时也是本译丛编委的马克·霍哲教授访问中国行政管理学会，两国学会签署了交流合作协议，其中一项协议就是美国公共行政与公共管理领域著作在中国的翻译出版。2001 年，中国行政管理学会时任会长郭济先生率团参加美国公共行政学会第 61 届年会，其间，两国学会签署了新的合作协议，并再次提及已经启动的美国公共行政与公共管理领域知名学者代表作品在中国的翻译出版。可以说，本译丛是中美两国行政管理（公共行政）学会与公共管理学术界的交流合作在新阶段的重要成果。

在译丛的组织策划和翻译出版过程中，中国人民大学政府管理与改革研究中心、国务院发展研究中心东方公共管理综合研究所给予了大力的支持和帮助。我国的一些留美学者和国内外有关方面的专家学者参与了外文原著的推荐工作。中国人民大学、北京大学、清华大学、中山大学、复旦大学、厦门大学、武汉大学等高校许多该领域的专家学者参与了本译丛的翻译工作。在此，谨向他们表示敬意和衷心的感谢。

"公共行政与公共管理经典译丛"编辑委员会

译者前言

迈克尔·K·林德尔（Michael K. Lindell）、卡拉·普拉特（Carla Prater）与罗纳德·W·佩里（Ronald W. Perry）的《公共危机与应急管理概论》是一部优秀的公共危机与应急管理教材。我是怀着十分崇敬的心情来翻译这部教材的。我本人曾经在承德市政府外事办做过五年的英文翻译，完成了许多口译与笔译任务，也出版过几本译著。但是，在翻译本书的过程中，我依然忐忑不安，始终都有一种如履薄冰的感觉，唯恐译文不能达到信、达、雅的标准。

追根溯源，“应急管理”一词被引入我国还是 20 世纪 80 年代的事情。那时，我国核电行业为与国际社会接轨，率先采用了“核事故应急管理”的概念。而“应急管理”成为社会公众所熟知、关注的一个热词，则始于 2003 年那场突如其来的“非典”。

在我国，学术界似乎更愿意使用“公共危机管理”。其实，在我们现有的学术语境下，“突发事件”与“公共危机”几乎成了可以互换的术语。

目前，我国正处于经济转轨、社会转型的关键时期，加之我国特定的地理位置和自然条件，自然灾害、事故灾难、公共卫生事件和社会安全事件等各类突发事件不断发生。各级政府都对应急管理给予了前所未有的高度重视。短短的几年内，应急管理事业围绕“一案三制”（即应急预案和应急体制、机制、法制）建设这个核心，取得了不容置疑的巨大成就。

我认为，现实的需求以及“一案三制”建设催生了中国的应急管理框架。这就如同我们盖房子，结构有了，还需要精细的外装修与内装修。中国应急管理要想深入发展，就必须超越“一案三制”，而超越的基础就是深入的理论研究和理论指导。

自“非典”爆发以来，我国高等院校与科研机构的许多学者都承担了公共危机与应急管理方面的相关课题，其研究有着明显的实践需求导向的特点。今天，应急管理事业的深入发展必须有完整、深入、精致的理论作为支撑，发挥理论对实践的牵引作用。《公共危机与应急管理概论》不是艰深晦涩的理论著作，它为我们进一步研究应急管理理论奠定了坚实的基础，不失为一部理想的入门之作。

早在20世纪80年代中期，美国《公共管理评论》（*Public Administration Review*）就曾出版过一期专号，主题为“应急管理——公共管理面临的新挑战”。应急管理是公共管理的一个重要分支领域。在我国，最先研究应急相关问题的学者多为技术专家，而非管理专家。然而隔行如隔山。现代应急管理的基本特征是整合性，它不同于单灾种的管理。所以，我们要探求各种突发事件应对背后的共性规律，就必须借助管理学的理论和方法。《公共危机与应急管理概论》主要从公共管理的角度出发，解读突发事件及其应对活动。

在西方发达国家，有许多大学、研究和培训机构开设应急或危机管理方面的课程，培养各级各类人才。例如，美国的佐治亚州立大学、北达科他州立大学、乔治·华盛顿大学、路易斯安那大学、俄克拉何马州立大学、得克萨斯农工大学、德拉瓦尔大学等都可以授予应急管理博士学位。同时，美国还在马里兰州的艾米斯堡建立了应急管理学院，培训应急管理专业人员。

我国于2007年颁布实施的《突发事件应对法》规定，各级各类学校应当把应急知识教育纳入教学内容，对学生进行应急知识教育，培养学生的安全意识和自救与互救能力。同时，国家鼓励、扶持具备相应条件的教学科研机构培养应急管理专门人才。

近年来，应急管理的教学、培训在我国呈现出如火如荼的局面。一些大学及科研机构纷纷成立应急管理研究机构，如暨南大学、河南理工大学成立了应急管理学院。更多的大学将应急管理列为本科生、研究生的必修课程。此外，各级党校、行政学院也将应急管理作为党政干部培训的主干课程，有的还建立了应急管理教学、研究与培训基地。这本《公共危机与应急管理概论》可作为应急管理教学与培训的教材或教辅用书，满足教师、学生掌握应急管理基础知识的需求。

诚然，公共危机与应急管理不是纯粹的“书斋里的学问”。我本人与国务院应急办、民政部国家减灾中心、卫生部应急办、公安部反恐局等许多应急及相关部门都有课题研究及其他合作关系，并借讲学、调研的机会，较为深入地了解了国内应急管理的实际与问题。我认为，《公共危机与应急管理概论》对许多问题的研究是以美国为背景的，读者需要批判地接受。尽管如此，其中的基本理念对于我国完善和加强应急管理仍具有重要的启示意义。

本书的翻译经历了一个较长的周期，几易其稿，反复斟酌。在此过程中，本书已经成为我进行公共危机与应急管理教学的重要材料。我与硕士研究生吴博进、杨傲、张文杰、王宁、王诠荃等学习、交流其中的内容。他们为本书的翻译、出版做了重要的基础性工作。北京科技大学的吴梦楠同学也参与了书稿的校对工作。

特别感谢中国人民大学出版社的刘晶女士。如果没有她的独具慧眼，这部书是不可能与中国读者见面的。感谢中国人民大学的朱海燕、邹莉以及其他编辑，她们一丝不苟的工作态度与认真负责的精神，使得本书增色许多。感谢中国人民大学公共管理学院公共政策与公共安全研究所为我提供的宽松、自由的学术氛围。

我学过翻译学理论，因而深知，翻译不是“传声筒”，而是再创作。翻译水平的高低与译者个人的素养密切相关。由于水平有限，译文中肯定会有不少舛误。“奇文共欣赏，疑义相与析。”敬请关注应急管理研究的各位读者朋友不吝赐教。本人电子邮箱的地址是：whwzh3654@sina. com。

王宏伟

于世纪城时雨园

前　言

大学课堂将怀有不同抱负、背景各异的学生聚集在一起。尽管学生们学习同样的课程，但不一定采取相同的路径。然而，这种差异性，以及学生通常拥有的职业、家庭及其他方面的责任，呼唤着具有灵活性的教学。这也是美国高等教育体系正在着手解决的问题。大学学习采取的是远程学习、短期课程、新学科、夜校和证书计划等几种方式，目的是使尽可能多的学生接受教育，帮助他们明晰并实现自身的目标。

“威利路径”（Wiley Pathways）丛书是约翰·威利父子公司为帮助您解决这种差异性问题、满足灵活性需求而设计出来的新型系列教材。丛书着眼于基础，以帮助学生确定核心能力及技巧，提升独立学习的能力。以基础为核心，还有助于学生把握主题，将其统摄到相同的基本认识之中。丛书使用清晰的日常语言，叙述不饰雕琢，使读者阅读起来更加轻松愉快。核心能力和技巧帮助学生在课堂内外取得成功，不论是学习其他课程，还是在职场，都是如此。不同的内在学习资源可促进学生独立学习，帮助教师检验学生对内容的理解。这些资源使学生能够批判性地理解所接受的新知识，并在不同环境中应用所学技能。

我们出版“威利路径”丛书的目的是：以引人入胜的简洁形式、清晰的语言、核心能力与技巧，使您的学生赏心悦目，满足他们的需要，帮助您引领他们走上自己的道路。

CASE 学习系统

为了满足大学生提高实践能力的需要，本书采用一个四步骤流程，即 CASE 学习系统。基于布鲁姆（Bloom）的学习分类，CASE 学习系统用易于理解的篇章提出应急管理的重要话题。然后，教材又以不同的学习辅助与评估工具，引发出分析、综合与评估。学生可从回顾所学内容，高效率地过渡到获取新的信息和技能阶段，将新知识和新技能应用到现实生活场景中去。CASE 学习系统的每个阶段在文中都以特定的模式来加以确定：

- 内容（content）
- 分析（analysis）
- 综合（synthesis）
- 评估（evaluation）

学生采用 CASE 学习系统，不仅可以在学术上掌握应急管理问题，还能把握应急管理的实际技能。不论是刚刚步入职场的人，还是要在事业上有所进步的人，CASE 学习系统都有助于他们成为独立的学习者，并具备明显的优势。

教材的组织、深度与广度

本书具有以下特点：

- **模块化形式**。有关研究表明，大学生多以非线性的方式从课本中获得信息。为了满足特定班级的需要，教师也时常需要重新安排教材内容的顺序。所以，尽管本书展开的逻辑顺序是从基本知识逐渐过渡到更具挑战性的内容，但各章均被进一步地组织为不同的节（每章 4～6 节）。它们自成体系，确保了最大限度的教学灵活性。
- **标题系统数字化**。本书的标题使用数字系统（比如，2.3.2 表示第二章第三节第二部分）。有了这个系统，教师和学生就可以快速、便捷地从教材中找到特定的话题，使学习与讨论更加集中。
- **核心内容**。一本关于应急管理的教材应涉及应急管理的各个阶段，这一点是至关重要的。它们包括：产生风险的社会与环境过程，致灾因子、脆弱性分析，致灾因子减缓，应急响应和灾后恢复。另外，教材应该涉及众多的专业问题，如应急管理的历史、组织建立应急机构、其他国家的建设模式、应急管理的未来发展趋势等。

第 1 章“应急管理导论”总揽式地描述了威胁美国的致灾因子类型，界定了一些基本概念，如致灾因子、紧急事务和灾害等。这一章还叙述了美国应急管理简史，概括性地描述了现行应急管理体系，包括地方应急管理者所履行的基本职责。最后，该章讨论了应急管理的几个阶段及其对地方应急管理的意义。

第2章“应急管理利益相关者”介绍了应急管理的众多活动主体，并且讨论在处理复杂应急管理政策过程中出现的一些问题。第一节阐述了五个基本问题：第一，如何界定“利益相关者”，特别是他们在应急管理中是如何被界定的？第二，应急管理者最关心的“利益相关者”应该是谁？第三，在应急管理体系中，在哪个层面、由哪些不同的“利益相关者”做出不同的应急管理决策？第四，应急管理者如何使“利益相关者”参与到应急管理的过程中来？第五，不同的“利益相关者”群体应该属于何种类型、拥有多大的权力？他们是如何影响应急管理政策过程的？

第3章“建立有效的应急管理组织”从描述地方应急管理机构如何运行的基本知识入手，论及建立有效应急管理组织所需要的行动。本章最为重要的概念是地方应急管理委员会（LEMC）的发展。地方应急管理委员会在地方管辖范围内的政府机构、非政府组织和与应急管理相关的私营部门组织之间，建立起横向联系。此外，地方应急管理委员会还可以建立纵向联系，向下延伸到家庭和企业，向上延伸到州及联邦机构。

第4章“风险认知与沟通”阐释了人们如何认知环境致灾因子存在的风险以及为防止风险侵害所采取的行动。影响风险认知是应急管理者所采取的最为常见的方法，其目的是使那些长期处于威胁或灾害近期影响风险中的人在行为方面发生改变。此章阐述了“保护行动决策的八个步骤”，归纳了人们对家庭灾害响应研究的结论。最后，此章对致灾因子持续阶段、危机升级或应急响应期间的风险沟通提出了建议。

第5章“美国的主要致灾因子”阐述了美国社区应急管理者最为关心的主要环境致灾因子。每种致灾因子都是按照如下模式描述的：产生的物理过程、最危险的地理区域、致灾因子事件的影响类型和典型幅度、应急响应中的致灾因子问题。

第6章“致灾因子、脆弱性及风险分析”描述了灾前状况如何与事件的特定条件共同作用，造成灾害的物理影响和社会影响。这些灾害的影响可因应急管理的干预而减少。这一章还讨论了应急管理者如何评估可导致社区灾害脆弱性发生的前影响。最后，此章讨论了脆弱性动力以及分散致灾因子的数据分析方法。

第7章“致灾因子减缓”首先解释了何谓“减缓”以及减缓如何与其他应急管理的典型阶段结合。其次，这一章描述了应用范围最广的减缓战略以及这些战略在最常见的环境致灾因子类型中的应用方法。再次，该章描述了美国现行致灾因子减缓的法律基础，实施减缓政策过程中遇到的问题，以及解决问题的办法。最后，该章以讨论致灾因子减缓与可持续发展的关系作结尾。

第8章“灾害响应的假设与现实”挑战了这样一种观点：受灾期间所发生的事情或者因灾害影响而发生的事情决定了人们对应急响应行动的思维方式。根据对事件的准确观察判断出社区的脆弱性，这是为应急准备而明确界定应急响应战略及功能的基础。准备情况的好坏是多因素作用的结果。但是，对灾害结果及响应进行观察应建立在信息准确的基础上，这点非常重要。这一章考察了那些起源于灾害行为，并为人们所固守的假设，评估了由灾害提出的历史需求。最后，该章讨论了组织的应急响应功能和家庭的应急响应问题。

第 9 章“应急响应的准备”检验了一个组织或辖区对环境威胁作出建设性响应准备的水平。建设性响应的方式是：最大限度地减少灾害后果对个人健康与安全、对物理结构和系统的完整性与功能所产生的影响。应急准备是通过计划、培训、演习及采购应急行动所需的装备来实现的（Gillespie and Colignon，1993）。这一章的目的是：考察应急规划与评估应急规划的过程，描述管理紧急事件所必需的组织结构，即突发事件管理系统和应急运行中心。

第 10 章“有组织的应急响应”考察了社区应急响应组织在灾害响应期间必须履行的四项主要职能：应急评估、致灾因子作业、人员防护和突发事件管理。当家庭与企业需要帮助时或在所有家庭或企业都缺少资源的情况下，社区组织，特别是政府机构应该履行援助的职责。此外，这一章还描述了家庭灾害响应的方式，这部分特别强调了家庭与社区应急响应组织之间的关系。这些社区应急响应组织发挥了人员防护的作用，尤其是在拉响警报、疏散、避难等行动方面。

第 11 章“灾后恢复”详细说明了应急管理周期中灾后恢复阶段所采取的行动，解释了灾后恢复与应急准备、应急响应、致灾因子减缓之间的相关性。灾民要经过住所恢复的四个阶段——应急避难所、临时避难所、临时性住所、永久性住所。但是，这一过程发生的概率取决于社区住所的脆弱性和重建速度。企业恢复是社区恢复的另一重要方面。企业遭受损失的数量取决于业务中断所造成的直接损失和间接损失。最后，地方政府在灾后恢复中起着重要的作用，这在一定程度上是因为地方政府是联系家庭、企业与更高层级政府的纽带，尽管地方政府的建筑物及基础设施也会遭受损坏。因此，在大多数灾害中，总统甚至各州都不会宣布进入灾害状态，认识到这一点是十分重要的。地方政府通常必须负责指导社区的灾后恢复。

第 12 章“评估”从地方应急管理机构个体成员的绩效评估出发，讨论了应急管理评估问题。之后，论述了地方应急管理机构和地方应急管理委员会的周期性评估程序。接下来讨论了对训练、演习和突发事件的评估程序。最后，这一章讨论了培训和风险沟通计划的评估程序。

第 13 章“国际应急管理”认为，应急管理研究与公共政策研究在许多地方遇到了同样的问题，即研究大多在英语国家展开。其他的研究也多在这些国家的前殖民地国家展开（Heady，1996）。学习应急管理的学生面对的大量信息是英语世界的经验。但是，他们并不了解其他国家所采取的应急管理方法。少数学者研究了富裕国家发展起来的应急管理原则在其他地区的可应用性，认为：全致灾因子、整合式样、综合性的方法包括了应急管理的所有阶段，它将相关机构整合起来，共同以建设地方层面的可恢复社区为核心，其方法在广泛的多样背景下是可行的和有用的（Martin，Capra，van der Heide，Stoneham and Lucas，2001）。但是，如果要发展足够多的教育项目，则会发现人力和技术资源经常是匮乏的（Vaste and Joseph，2003）。

第 14 章“职业责任”讨论了在过去的 20 年里政府部门为何将应急服务机构更名为应急管理机构。政府人事官员在允许将应急规划员更名为应急管理者之前，进行了大量的考察和思考。对于应急管理是否可以恰当地被定义为一种专业，人们并没有完全达成共识，许多学者倾向于将其定义为一种职业。尽管存在着这些问题，这一部分还是考察了应急管理专业的概念及其朝着进一步将自身确立为一个公认专业这个方向演进的过程。

第 15 章“应急管理的未来方向”讨论了应急管理的未来发展方向。这些方向可以被分为全球、国家和专业层次的机遇和挑战。德雷贝克（Drabek，1991a）、安德森与马丁利（Anderson and Mattingly，1991）所提出的许多趋势依然主导着应急管理，包括环境致灾因子日益影响人类，先进的应急管理信息技术使应急管理能力增强，人们越发认识到遇到惰性或公然抵制时需要采取灾前行动（致灾因子减缓、应急准备和恢复准备），应急管理更加专业化。但是，我们也遇到了一些新的挑战，包括环境致灾因子的性质可能发生变化，恐怖主义对全美社区的威胁更加突出。

阅读前的学习助手

本书每一章都有以下学习辅助工具，目的是激活学生关于各种话题的既有知识，使他们把握教材内容的方向。

● **预先测试**。阅读前的评估工具有多种可选择的形式。它不仅介绍章节资料，而且帮助学生对每章学习结果进行预测。这种自我测试将学生的注意力集中到未知领域，给学生提供了一个衡量自身进步的基准。预先测试可以在线获得，网址是：www. wiley. com/college/Lindell。

● **你在本章中及学习本章后将学到什么**。这部分列出的内容告诉学生他们在每章中将学到什么，为什么所学知识对于学生的职业生涯是重要的。它们也会解释为什么这一章是重要的，在教材中这一章与其他章节的关系是什么。“你将在本章中学到”主要列出了所教授的主要内容（例如，应急响应是什么）。“学习本章后，你将能够”主要强调的是学生将会掌握的能力和技巧（例如，如何对灾害进行响应）。

● **目标与结果**。这部分确认了学生因阅读每一章而获取的具体能力。它们使学生能够综合、评估每一章的材料，并与现实世界联系。

● **图与表**。本书精选了一些图，它们具有真正的启示意义，而不是填充物。表格以容易识别、接受、理解的方式浓缩和展示信息，使重要思想更为突出。

教材中的学习助手

设计下列学习辅助工具的目的是鼓励学生对材料进行分析、综合，支持学习过程，确保评估阶段的成功：

● **导言**。这部分通过介绍章节内容、阐释其实际价值及其与本书整体的关系，给学生一种学习方向上的指导。章节的简短总结部分预告了将要展开的话题。

● **案例**。每一节都通过案例，将所讲解的内容与现实世界的组织、场景和应用联系起来。

- **自我检测**。这部分位于每一节的末尾，包括一连串简短的问答题，这些问答题与“你将在本章中学到”的内容相关。它们强调学生对概念的理解和对每节内容的掌握。尽管问题可能会由学生在课上讨论或在课外学习，但他们只有在正确回答了所有问题之后才能展开下一步的学习。每个“自我检测”问题组都包括一个与“预先测试”部分相联系的环节，以利于进一步地评估和实践。
- **总结**。每一章都以一个总结性段落结尾。它回顾了每章的主要概念，并与“你将在本章中学到”的内容相联系。
- **关键术语**。为了帮助学生掌握专业词汇，在每章的“导言”和“总结”以及其余部分首次出现这些关键术语时，都采用了黑体的形式（加以强调）。每章的结尾都有一个关键术语的完整目录，并附有简要的定义。对于关键术语的掌握可采用下文中提及的各种评估工具进行测试。

测试评估工具

CASE 学习系统的评估阶段包括不同的章节中和章节末的评估工具，以检验学生对教材资料的掌握程度。这些工具也鼓励学生将自己所学拓展到不同的场景及更高层次的理解和思考中。下列评估工具出现于本书的每一章:

- **测试你的理解能力**。该评估工具应在学生完成章节学习后使用。它包括“预先测试”的所有问题，以使学生能够知晓自身的进步。
- **总结性问题**。该评估工具帮助学生总结章节要点。它们采取多项选择或判断对错的形式，强调学生对于概念的理解和对章节内容的把握。学生在继续学习下一章内容之前，应该能够回答所有的总结性问题。
- **回顾性问题**。该评估工具以简答形式存在，回顾每章的要点，提高学生对问题的分析能力。同时，强化和确认学生对概念的理解，促使学生掌握章节内容。它们在某种程度上比“自我检测”中的问题和“总结性问题”更难。学生在继续学习下一章内容之前，应该能够正确回答其中的大部分问题。
- **本章应用**。该评估工具要求学生总结、应用章节概念，并将其应用到新的真实情境和场景中，以使学生接受主要思想。
- **试试看**。该评估工具的设计目的是拓展学生思维，因而，它们是讨论或写作作业的理想题目。它们以开放性问题的形式存在，有时建立在网络资源的基础上，鼓励学生将章节内容应用于现实世界的情境中，并由此得出结论。这既能培养学生们掌握知识的能力，也能培养学生独立学习的能力。

师生教学补充材料

本书配有下列教学补充材料。多数补充材料都可以在与本教材配套的教学网站上在线获得，网址是：www. wiley. com/college/Lindell。

● **教师资源指南**。为教学提供下列帮助和补充：

▲ 语法、结构和拼写诊断性评估。这是一种有用的工具，教师可在课程开始之前在课堂上应用，以检验每个学生基本的写作能力。这种评估有一个"回答键"和一个"打分键"。教师在给学生打分时最好使用"打分键"，并将其连同打分后的评估复制、传送给学生。

▲ 教学大纲样板。这是一个教师可以用来构建自己课程教学大纲的模板。

▲ 教学建议。对于每一章而言，这些建议包括章节总结、学习目标、主要术语定义、讲义笔记、精选教材问题答案以及关于课堂活动的至少三个建议，如发言者所探求的思想、放映的录像及其他项目。

● **试题库**。它包括每章一次的考试、期中考试和期末考试。每个考试都包括判断题、多项选择题、开放式问题。判断题和多项选择题有答案并提供页码参考，开放式问题则只提供页码参考。它们可以以 Word 文档及其他电子形式获得。

● **演示文稿**。每章的主要信息以 10～15 页的演示文稿形式总结。教师可以在课堂上使用它们，也可以与学生一起在课堂发言中使用它们。它还可以提供其他学习方面的支持。

目　录

* 参考文献请参见 http://www.crup.com.cn/gggl。

第 *1* 章

应急管理导论——应急管理者的角色

预先测试

➢ 浏览网页 www. wiley. com/college/lindell，测评你对应急管理者的角色有关知识的掌握情况

➢ 确定你需要努力的重点在哪里

你将在本章中学到

致灾因子、紧急事务和灾害的区别

➢ 应急管理者的责任

➢ 致灾因子减缓的重要性

学习本章后，你将能够

➢ 确认何种致灾因子、紧急事务和灾害对社区具有潜在的影响

➢ 确定在灾害来袭之前采取哪些步骤

➢ 描述如何应对灾害

目标与结果

➢ 比较致灾因子、紧急事务和灾害的区别

➢ 制定一个灾害准备计划

➢ 制定一个灾害响应计划

导　言

致灾因子、紧急事务和灾害每天都在威胁着美国。不管它是自然灾害、技术灾害，还是恐怖灾害，应急管理者都必须做好应对的准备。作为一个应急管理者，你的工作就是使各种系统各就其位以预防和减少损失。为此，你必须学习，然后对事件作出响应。

本章向你介绍应急管理及应急管理者在应对各种紧急威胁时所扮演的角色。你将学会比较致灾因子、紧急事务和灾害的区别。有了这些知识，你就能判断如何对威胁进行准备和响应。

1.1　界定致灾因子、紧急事务和灾害

致灾因子、紧急事务和灾害看起来是描述同一事情的不同术语，但是，三者间的确存在差异。在应急管理中，区分这三个术语是很重要的。

致灾因子（hazard）是指在特定的地点有可能对人、财产和自然环境产生影响的因素或极端事件。在自然环境中以及由于技术方面的原因，我们面临着各种风险。这些风险包括健康和安全的致灾因子，它们因地点而异。比如，海啸（海底地震引发的海浪）致灾因子在艾奥瓦州（Iowa）的艾姆斯（Ames）并不存在，因为它远离海岸涨潮区；但是，海啸致灾因子在太平洋沿岸影响巨大。其他威胁着我们健康和安全的致灾因子包括核、化学技术事故。核电站或化学设施释放出来的有害物质可能会造成多人伤亡和巨大损失。为了保证公众的健康和安全，我们必须在自然环境和技术两方面都加以调整。为了减少致灾因子可能带来的伤亡及损失，我们必须以迁居到较为安全的地区、建设抵御致灾因子的建筑、提高对极端事件的响应与恢复能力的方式，来改变引发有害事件的过程或改变我们的行为。这就是致灾因子调整的经典概念（Lindell and Perry，2003b）。

紧急事务（emergency）这个术语的使用在两个方面略有不同。首先，我们用这个词描述导致少数人员伤亡和有限财产损失的小事件。常见的紧急事务包括车祸、民房火灾和心脏病。警察部门、消防部门、紧急救护是这些事件的第一响应者。受这些事件影响的人员极少，因而只需要有几个社区机构作出响应。此外，这些事件为人们所熟知，所以社区在应对时也有标准的运作程序（Quarantelli，1987）。但是，我们必须知道每种紧急情况都会表现出其独特的因素。专家提示我们，没有“千篇一律”的民房火灾。要知道，与以前发生的火灾一样，每次新发火灾都会增加消防队员死伤的可能性（Brunacini，2002）。其次，“紧急事务”这个词可以指迫在眉睫的事件，比如，48 小时内登陆的飓风会引发紧急情况。人们的响应时间有限，情况的紧急要求人们的行动必须迅速、有效。与第一种紧急事务不同，这里所说的事件还未发生，但是，其后果可能是严重的，因此，许多社区机构必须进行协调响应。

灾害（disaster）一词主要用于指给社区带来了难以承受的重大损失的事件。受灾社区只能靠其他社区、州政府或联邦政府的帮助来加以应对。灾害会造成巨大伤亡、大量财产损失或严重的环境破坏。灾害有很多不同的类型和起因。应对灾害的战略因灾害的起因不同而变化，这点是我们将要讨论的。

1.1.1　自然灾害

1995年日本神户地震使6 000多人丧生、30 000多人受伤。1994年美国加州（California）诺斯里奇（Northridge）地震导致了价值330亿美元的损失。随着时间的推移，损失还在增大。1989—1999年，美国因自然灾害每周损失10亿美元。灾民承担了大部分的损失，只有17%的损失得到了保险赔偿。但是，这些事件无法与未来可能发生的损失相比。未来某一时刻，在洛杉矶（Los Angeles）与中西部新马德里（New Madrid）的地震带上注定要发生大地震。这些地震可能会导致数千人死亡、数以万计的人受伤，经济损失将达数百亿美元。

我们几乎每天都能在新闻中看到**自然灾害**（natural disasters）。大范围的自然灾害，如地震、洪水、飓风、火山爆发和森林火灾，发生于世界各地，再考虑到严重的风暴、泥石流、雷击和龙卷风，我们就会发现自然灾害的发生是家常便饭。

是大自然注定要毁灭我们吗？这个想法可能会造就一部惊心动魄的灾难片，但事实并非如此。灾难电影常常带来票房的成功，但它其实充满了科学错误。大自然当然不是要实施某种报复。自然系统按照自身的一贯规律运行。人们很难从可获取的有限的地质、气象和水文过程的科学记录中发现有关灾害事件发生频率方面有意义的变化规律，因为这些科学记录的时间相对于漫长的自然史实在是沧海一粟。然而，越来越多的人受到自然灾害的影响，损失也变得越来越大。现在，更多的人选择在危险地带生活，将房屋建在风景如画的悬崖上、山坡上、冲积平原上、美丽的火山旁和地震断层线上。正因为如此，越来越多的人受到自然灾害的影响。

另一个问题是：有时，人们选择的危险的建筑设计和不安全的结构材料无法承受极端压力。例如，在飓风威胁区未安装百叶窗，在地震活跃区使用非加固的砖瓦建筑。这是使美国灾害损失增加的诸多因素中的两个。

根据米莱蒂（Mileti，1999）的观点，美国灾害损失增加的其他因素包括人口数量的增长和灾害威胁区财产价值的增长。

1.1.2　技术灾害

技术灾害（technological disasters）的模式与自然灾害的模式在某种程度上有所不同。越来越多的人受到技术灾害的影响，这不仅是因为越来越多的人生活在已知的技术灾害的边缘，而且，人们还常常选择生活在不能抵抗灾害影响的建筑物中。同时，威胁的类型也在发生变化。人们遭受损失的可能性时常随着现有技术的发展和变化以及新技术的引进而增加。风险也由于有害物质数量和种类的增加而增加。威胁也因采用诸如核电站和液化天然气设施的能源技术而增加，并把雇员及附近的居民置于风险之中。我们有时还发现那些平时被认为是安全的事物实际上也是危险的，石棉的使用就是一个例子。随着技术不断进步、呈现出多样性并逐渐融入我们的生活，风险的类型也在不断增多。幸运的是，不断进步的技术也会提高我们探测、控制有害物质的能力。

1.1.3 恐怖灾害

恐怖灾害（terrorist disasters）是最近被公认的我们所必须面对的一类威胁。与自然灾害、技术灾害不同，恐怖袭击是有意导致人员伤亡的一种行为。恐怖分子常常会利用技术灾害中涉及的材料，但是与政治暗杀和绑架不同，恐怖灾害往往会引起巨大伤亡、造成严重损失。应急管理者用与处置其他灾害相同的方法来应对恐怖灾害。他们必须快速地查明、评估形势，动员相关组织和机构，协调响应突发事件的组织，果断采取行动以减少伤亡和损失。

英国的“9·11”

2005 年 7 月 7 日交通高峰时段，恐怖主义分子在伦敦地铁里引爆了 3 枚炸弹，在一辆双层公共汽车上引爆了 1 枚炸弹。56 人在袭击中丧生，700 人受伤，恐怖分子也在爆炸中死亡。媒体将此次袭击称为“英国的‘9·11’”，因为它是自 1988 年导致 270 人丧生的泛美爆炸案以来在英国本土发生的最为严重的袭击事件，也是二战以来伦敦发生的最致命的爆炸事件。

此外，应急管理者必须与评估恐怖分子能力的执法部门合作。比如，1995 年奥姆真理教（Aum Shinrikyo）的袭击并没有造成严重伤亡。涉案的恐怖分子使用了神经性毒气沙林，他们将装有液体沙林的包放在东京地铁车厢上，并打碎容器。尽管沙林是极端致命的，但此次袭击只造成 12 人死亡，1 046 人住院接受治疗（Reader，2000）。如果恐怖分子能够更有效地将液体变为蒸气，死伤人数会更多，而且日本应急管理者也将很难确定恐怖分子使用了何种化学制剂，从而很难确定如何治疗伤者。这次突发事件给应急管理者上了重要的一课，它凸显出救助那些受到化学感染的患者，并将其送往可以得到救治的医院的难度。

自我检测

- 定义致灾因子、紧急事务和灾害。
- 定义自然灾害和技术灾害。
- 分别举出一个自然灾害和技术灾害的例子。
- 分别举出一个致灾因子、紧急事务和灾害的例子。

1.2　应急管理者的责任

应急管理（emergency management）就是“应用科学、技术、规划与管理，应对能造成大量人员伤亡、带来严重财产损失、扰乱社会生活秩序的极端事件”（Drabek，1991a，p. xvii）。应急管理者的责任是预防或减少致灾因子、紧急事务和灾害所造成的损失。这是一个巨大的责任，应急管理者需要持续的学习。

应急管理者挽救生命和财产。许多人意识到自己正受到自然灾害、技术灾害和恐怖灾害等的威胁，这些威胁需要预防性措施，但是只有少数人真正知道具体有多少种不同的威胁。在过去的几年里，因灾害导致的损失——在美国和其他国家——都在增长，而且这个势头可能会持续下去（Berke，1995；Mileti，1999；Noji，1997）。损失可以用不同的方式来衡量，比如以死伤人数和财产损失的方式来衡量。

鉴于灾害会导致支出增长，我们就必须确定风险是否能承受，而且考虑到时间和资源是有限的，我们必须确定哪些风险是需要处置的（Lowrance，1976）。我们如果能够就哪些风险应该得到处置达成一致，就可以集中人力和财力，利用这些资源来消除致灾因子或改变人们与致灾因子源的关系。比如，我们可以修建大坝或水渠以消除洪水的风险；也可以将人口和房屋迁出洪灾频发的平原；还可以建立警报与疏散系统，以便在灾害来袭时进行人员疏散（当然这样就无法转移他们的财产）。应急管理要识别风险，评估脆弱性，制定降低风险程度的战略。在传统意义上，应急管理仅仅被看作政府的责任。随着家庭和企业在应急管理中发挥着更加积极的作用，这种局面也发生了改观。目前，从最理想状态上说，应急管理是建立在各级政府和私营部门联盟的基础之上的。

使应急管理重要性增强的四个因素是：

(1) 随着近年来灾害成本的剧增，公众对于致灾因子、紧急事务和灾害的意识增强。

(2) 企业认识到，灾害可能会扰乱企业的运行，甚至导致企业的破产。

(3) 在国家最危险的地理区域的人口迅速增长，使得人们越发受到灾害的影响。

(4) 应急管理者接受了越来越多的专业培训，使得应急管理作为一种职业得到发展。

尽管美国缺少一个完全整合的应急管理系统，但是，的确有从事灾害计划、响应及恢复工作的各类组织。自“9·11”袭击发生以来，我们付出大量的努力以改善应急管理系统。我们正在不断进步，但许多工作仍然需要去做。应急管理者就如何评估与响应致灾因子已经达成共识，对整合式应急管理系统的目标和结构也有了越来越多的认同。然而，美国有 50 个州、上千座城市和 3 000 个村庄。建立满足所有部门需求的应急管理组织并有效地分配资源，这是一个极具挑战性的任务。

1.2.1 应急管理简史

察古知今，应急管理立法的趋势是关注灾后恢复，而非灾害预防。下面的文字记载了影响美国应急管理的几件大事：

- 1803 年：《火灾救助法案》(Fire Disaster Relief Act) 使新罕布什尔州 (New Hampshire) 的朴次茅斯市 (Portsmouth) 获得可用资金。
- 1928 年：《密西西比河下游防洪法案》(Lower Mississippi Flood Control Act) 获得通过。
- 20 世纪 30 年代：1933 年，重建融资公司 (Reconstruction Finance Company，RFC) 创建。它为因地震损坏的公共建筑提供贷款，它的成立标志着联邦政府介入应急管理的开始。1936 年，陆军工程兵部队 (Army Corps of Engineers) 组建。
- 20 世纪 50 年代：为了应对苏联 1949 年夏的原子弹试验，联邦民防局 (Federal Civil Defense Administration) 成立。《联邦民防法案》(Federal Civil Defense Act) 与《1950 年灾害救助法案》(Disaster Relief Act of 1950) 获得通过。这两部法律都将灾害救助规定为州的责任，也特别规定了联邦的责任。
- 20 世纪 70 年代：1978 年，人们普遍认识到应急管理责任过于分散在联邦的各个机构，针对这一情况，联邦应急管理署 (Federal Emergency Management Agency，FEMA) 成立。
- 20 世纪 90 年代：联邦应急管理署对雨果 (Hugo) 和安德鲁 (Andrew) 飓风的不力响应遭到批评。1993 年，克林顿总统委任詹姆斯・李・威特 (James Lee Witt) 为联邦应急管理署署长。这是美国历史上第一次由一位专业应急管理者担任此职。
- 2002 年：布什总统创建国土安全部 (Department of Homeland Security)。联邦应急管理署被并入国土安全部。

1.2.2 地方应急管理

谁会真正地履行应急管理的职责？上文列举的历史事件集中反映了联邦政府所做的努力。但是，联邦应急管理署有一种尽可能由地方来处理重大事件的惯例，也就是地方应急管理者要将事件的影响控制在地方范围之内。这样就使州和地方政府机构承担了主要责任。在如卡特里娜 (Katrina) 飓风那样的特大灾害中，联邦政府资源仍然是必不可少的。但是，其中会有一个时差问题。现行的《国家响应计划》(National Response Plan) 规定，在没有外援的情况下，地方必须能够在灾害影响发生后运行 72 小时。当援助到达时，如果一个强有力的地方机构尚且存在，援助就能起到最佳效果 (Perry，1985)。

国土安全

联邦应急管理署的职责现在落在了负责应急准备与响应的副部长身上，这位副部长的职责还包括恐怖袭击和巨灾之后的恢复工作。

图 1—1 显示了地方应急管理系统。你从中可以了解各项任务及可使用的工具。尽管这张表没有做到包罗万象，但确实显示了关键要素。这些过程发生于政府的每个层面。

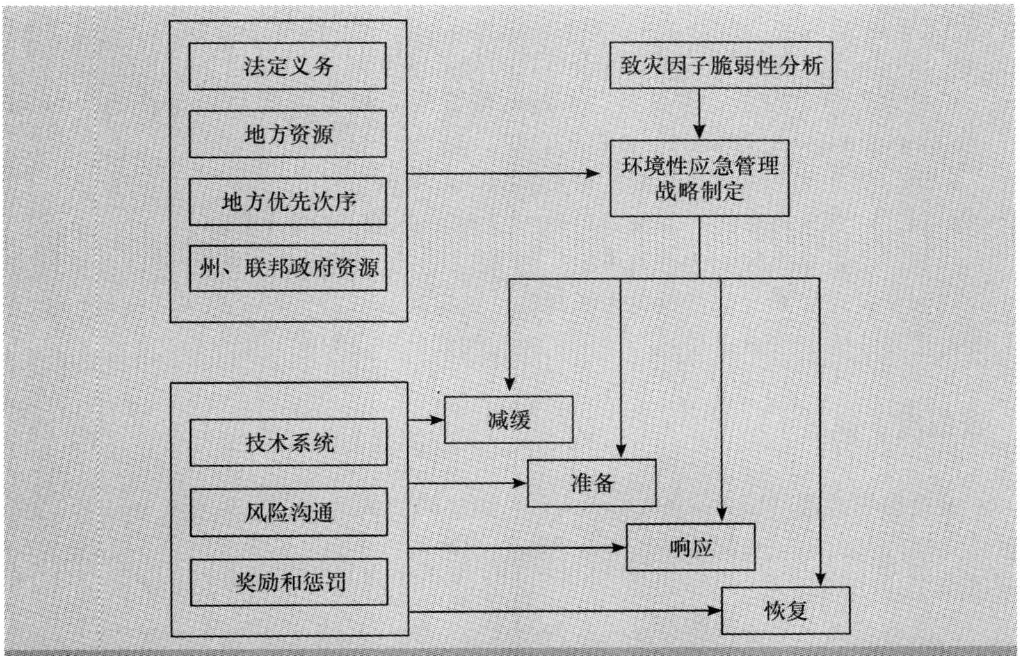

图 1—1　地方应急管理系统

自我检测

- 说出衡量损失的两种方法。
- 说出导致应急管理重要性增强的因素。
- 说出因人们普遍认识到应急管理分散于联邦机构而成立的机构名称。
- 描述应急管理者的责任。

1.3　危险的分析与响应

正如图 1—1 最上层方框所显示的，应急管理开始于对地方危险的深入分析，这种分析被称为致灾因子脆弱性分析（hazard vulnerability analysis，HVA）。此过程有助于应急管理者决定哪些致灾因子需要积极的管理。开展致灾因子脆弱性分析有如下三个步骤：

步骤1：识别致灾因子。每个社区都有自己的致灾因子。比如，一个社区可能位于飓风易发区或拥有一个使用大量有毒化学物质的工厂。

步骤2：估计可能性。这些致灾因子发生的可能性有多大？

步骤3：预计后果。预计潜在致灾因子对不同的地理区域、年龄层次和地方经济产生的后果。

正如图1—1左侧所显示的，多重考虑将影响致灾因子管理决策。这些考虑包括如下几点：

- 法定义务，由联邦、州、地方法律与规章规定。
- 地方资源，如坚实的税基、有效的地方应急规划委员会（local emergency planning committee，LEPC）、合作的产业。
- 地方优先次序，取决于地方官员应急管理的侧重点。
- 州、联邦政府资源，如指导手册、技术培训课程和财政拨款。

管理一个或多个致灾因子的决定一经作出，社区就需要按照四个基本要素制定出致灾因子管理战略，包括致灾因子减缓、灾害准备、应急响应和灾后恢复。减缓与准备活动于灾害来袭之前进行，而响应与恢复活动于灾害发生之后进行。

1.3.1 致灾因子减缓

致灾因子减缓（hazard mitigation）是指针对灾害的根源，减少灾害发生的可能性或限制其影响。当家庭、企业和政府机构参与进来时，我们就可以开展致灾因子减缓工作了。

问题的焦点是事先预防灾害的发生。改变自然因素、人为因素或同时改变二者都会减轻洪水、飓风或地震等自然灾害所带来的影响。比如，在洪水发生时，利用限制洪水的水坝或大堤就会减少人员伤亡、财产损失；改变人为因素系统，如不允许在易涝平原上修建建筑，也可以减少损失。

对自然因素系统的控制常常是有限的，但在控制技术致灾因子方面，人们可以做的往往更多。危险化学物质可以使其得到安全控制的方式进行生产、储存和运输，但是，容器毁损可能会导致有害物质扩散到空气、路面或地下水中。无论是以控制有害物质还是以控制人为因素来减少技术致灾因子，其选择都取决于政治和经济决策。作出这两类控制手段决策的基础是它们的成本与收益。具体的问题包括：谁控制危险？保持何种控制程度？维持控制状态有什么好处？

1.3.2 灾害准备

灾害准备（disaster preparedness）可以保护生命和财产，有利于快速恢复。准备包括事先必须制定的计划、程序和资源。它们不仅要支持对迫在眉睫的威胁作出及时、有效的应急响应，而且也需指导灾后的恢复工作。灾害准备计划需要回答如下四个问题：

（1）**哪些机构将参与准备？** 管理者必须知道，需求是什么，哪些机构可对这些需求作出响应。

（2）**对于每个社区而言，何种应急响应与灾后恢复计划是可行的？** 管理者必须研究社区已采用的计划。比如，如果疏散是必要的，那么疏散的路径设计得是否良好？

（3）**响应与恢复组织如何发挥作用？它们需要什么资源？** 应撰写应急规划和恢复计划以确定每个机构的角色。在制定计划与程序的同时，应急管理者也需要确认必备的资源。这些资源包括设施、经过培训的人员、设备、材料、补给品和信息。

（4）**如何建立和保持灾害准备？** 计划应该确定维护、培训、训练、演习的方法和日程表。消防、治安、应急医疗服务人员作为最初响应者，应该得到培训；医院、保育院及学校的雇员也需要时常得到培训。

1.3.3　应急响应

应急响应（emergency response）开始于事件发生时。在某些情况下，致灾因子监测系统向当局发出警报，提示灾害即将降临。天气预报等警报可以在影响发生前使应急响应组织运行起来，为应急赢得时间。在另外一些情况下，如发生地震，人们则无法得到影响发生前的预测。但是，对受影响区域的快速评估可以迅速地引导资源进入最严重的灾害区域。

应急响应有三个目标：

- 保护灾民。
- 限制最初的影响带来的损失。
- 最大限度地减轻二次影响带来的损失。

应急响应活动包括：

- 确保受影响区域的安全。
- 疏散受威胁的区域。
- 搜救伤者。
- 提供应急医疗救助。
- 为被疏散者和其他灾民提供住所。

二次影响（secondary impacts）是“由灾害引发的灾害”，所包括的事件如地震引起的有害物质泄漏（Lindell and Perry，1997）。二次影响不同于最初的影响。因此，二次影响不同于致灾因子的重复影响，重复影响是指地震后的余震及火山再次喷发产生的影响（Perry and Lindell，1990）。

消除二次影响的行动包括：

- 扑灭震后的城市火灾。
- 识别洪水过后的污染供水。
- 识别由于有害化学物质泄漏而受到污染的野生动物和鱼。
- 在火山喷发期间，准备迎接因冰川融化而引起的洪灾。

在响应阶段，应急管理者必须经常评估损失。他们也必须协调装备与补给品的运输，从而使这些物品被运往最需要的地方。应急管理者要与专业人员、志愿者合作。这些活动都是通过应急运行中心（emergency operations center，EOC）来管理的。地方应急响应者在具有不确定性和紧急性的响应期占据主导地位。几分钟的延迟就可能造成人员伤亡与财产损失，所以速度是必需的，但冲动与导致错误的行为一定要避免。最后，应急响应行动需要对恢复阶段进行预测。比如，应急管理者必须评估损失以支持他们要求总统宣布进入灾害状态的诉求。当局势稳定时，应急响应阶段结束，对生命、财产的威胁又恢复到正常水平。

1.3.4 灾后恢复

灾后恢复（disaster recovery）开始于灾害即将结束时，一直持续到社区恢复原状。在一些情况下，恢复可能会持续较长时间。其近期目标是恢复社区的基础设施。基础设施包括供水、排水、电力、燃料、电信和运输系统。最终目标是使社区的生活质量恢复到灾前的水平。恢复措施包括短期措施和长期措施，短期措施包括救助与修复，长期措施包括重建。

救助与修复活动通常包括：

- 清除妨碍进入受影响区域的废墟。
- 重新开始经济活动。
- 复原政府服务。
- 为受害者提供住所、衣服和食物。

重建活动主要包括：

- 重建主要建筑，包括楼房、道路、桥梁和大坝等。
- 振兴受影响区域的经济系统。

致灾因子减缓与关岛纪念医院

1997 年，一场台风摧毁了关岛纪念医院（Guam Memorial Hospital）。这个医院十分重要，因为它是该岛为数不多的可以提供氧气和透析服务的场所之一。通过从 FEMA 获得的赠款，关岛官员采取措施以减轻台风对医院的影响：封闭走廊，加固氧气存储设备。2002 年，当另一场台风袭击关岛时，该医院经受住冲击，依然可以给患者提供氧气和透析服务（FEMA，2003-03-05）。参见：www.fema.gov/news/newsrelease.fema? id=2223。

领导者可能会利用重建实现灾前他们所要实施的变革。日本在有珠火山喷发后，地方领导人说服政府改善城镇状况，以吸引游客（Perry and Hirose，1982）。领导者也可以通过振兴受灾居住区和商业区来改善社区面貌，使之高于灾前的水平。

恢复期所使用的大部分资源来自社区之外，一些资源来自私人组织和州政府。但是，大灾中的大部分资源来自联邦政府。

1.3.5 战略要素的综合

历史上，配置给应急响应与灾后恢复阶段的资源要多于配置给致灾因子减缓与灾害准备阶段的资源。最近发生的事件，如卡特里娜飓风引起了人们对这一政策漏洞的重视。因此，社区的致灾因子管理战略应在某种程度上将减缓、准备、响应与恢复阶段综合起来。人们对这些要素的强调取决于三个主要实施机制。

（1）**可用的技术系统**：修建大坝、安装预警系统、拓宽用于快速疏散的高速公路，这些都是建立技术系统的例子。

（2）**风险沟通**：风险沟通突出的是特定行为的后果，并解释生活在致灾因子易发区的个人风险。同时，减轻致灾因子脆弱性的改革措施也需要沟通。比如，向人们解释海岸吊脚式房屋可在更大程度上避免风暴潮的侵袭，会使他们提升家庭住房的高度。

（3）**制裁与激励**：制裁是惩罚那些增加致灾因子脆弱性的行为，激励能使那些减轻致灾因子脆弱性的行为获得奖赏。制裁通常通过实施能减轻致灾因子影响的规章制度来实现（如划定区域和细分管制）。违反这些规章制度将处以罚金或监禁，或是二者同时并用。

自我检测

- 界定致灾因子减缓。
- 比较应急响应与灾后恢复。
- 列出致灾因子脆弱性分析的三个步骤。
- 列出影响应急管理决策的三个要考虑的因素。
- 描述致灾因子减缓的初始目的。
- 说出应急响应的目标。

总　结

如今，我们虽然希望得到最好的结果，但还是必须做好最坏的打算。本章明确了我们要加以应对的威胁：致灾因子、紧急事务和灾害。同时本章描述了应急管理历史是如何演化的。今天，我们所要应对的威胁也随着技术的进步、恐怖活动的增加、环境致灾因子的发展发生了变化。本章还展示了如何通过利用减缓战略为应对威胁做好准备，如何通过灾害响应和恢复计划来做好准备，如何以预防、保护居民和最大限度地减少损失来进行应急响应与“灾后恢复”。如果灾害发生，应急管理也涉及救助、恢复与重建，这些对受灾社区来说都是至关重要的活动。最后，本章还强调了通过技术系统、风险沟通及制裁与激励三大运行机制，将减缓、准备、响应与恢复各阶段联结起来是很有必要的。

关键术语

灾害	给社区带来了难以承受的重大损失（包括巨大伤亡、大量财产损失或严重的环境破坏）的事件。
紧急事务	导致少数人员伤亡和有限财产损失的小事件，或是迫在眉睫、需要采取迅速和有效行动的事件。
应急响应	以保护人员生命、限制事件所带来的损失和最小化二次影响所带来的损失为目标的灾害管理战略。响应于事件发生时开始运行。
致灾因子	会潜在地影响人们的健康与安全、个人财产和自然环境的危险源。
致灾因子减缓	在灾害袭击发生之前以发现灾害根源、减少其发生的可能性或限制其产生的影响为目的的灾害管理战略。
自然灾害	发生在自然界并会导致人员伤亡、财产损失和环境破坏的事件。自然灾害包括地震、洪水、飓风、火山爆发和森林火灾。
灾后恢复	以恢复社区正常功能为目标的灾害管理战略。恢复开始于灾害结束时，一直持续到社区恢复到正常状态。
二次影响	由一个灾害引发的另一个灾害，诸如由地震引起的危险物质泄漏的事件。
技术灾害	由技术操作的意外失误导致的事件，比如常规保存而导致危险物质泄漏。
恐怖灾害	为了实现政治目标而造成人员伤亡和财产损失的蓄意攻击，也被称为恐怖主义。

测试你的理解能力

登录 www.wiley.com/college/lindell，测评你对应急管理者的角色有关知识的掌握情况。

通过比较测试前和测试后的结果，衡量你的学习情况。

总结性问题

1. 在美国，人口规模的不断增长导致了灾害损失数量的不断增长。对还是错？

2. 制裁性处罚行动会提高致灾因子脆弱性，而激励性的奖励会减少致灾因子脆弱性。对还是错？

3. 应急响应阶段的所有资源都来自社区之外。对还是错？

4. 下列哪项是用于应对二次影响的？

(a) 应对地震后的城市大火

(b) 查明洪涝后的供应水被污染情况

(c) 为应对火山爆发后冰川融化引起的洪水做准备

(d) 以上都是

5. 下面哪个组织在 2002 年被并入国土安全部？

(a) 地方应急规划委员会

(b) 州应急响应委员会（state emergency response commissions，SERCs）

(c) 联邦应急管理署

(d) 国防部

6. 致灾因子减缓的工作涉及以下哪些机构或个人？

(a) 业主

(b) 政府机构和企业

(c) 学校和企业

(d) 企业、业主和政府机构

回顾性问题

1. 什么是应急管理？

2. 致灾因子、紧急事务与灾害三者之间有什么不同？

3. 为什么致灾因子减缓很重要？

本章应用

1. 假如你是纽约市的一名应急管理者，你会做什么准备以应对可能发生的恐怖袭击？你会要求居民做些什么？

2. 你被聘为某工业园区的应急管理者，这个园区希望你确定此处的脆弱性会导致何种灾害，你会怎样做呢？

3. 你是佛罗里达州（Florida）某小镇的应急管理者，这个小镇在未来的两天可能会遭到飓风袭击，你会采取什么措施加以预防？

试试看

恐怖分子试图再次袭击

在两个星期之后的2005年7月21日，恐怖分子试图再次袭击，预备同时引爆四枚炸弹。但是，这一次，只有炸弹的雷管爆炸，四枚炸弹没有完全引爆。这次事件说明了恐怖主义的什么性质？

地方致灾因子减缓

你被聘为某小镇的应急管理者，该镇的某地区连续遭遇洪水，你会采取什么措施去减少洪水造成的影响？

恐怖主义的金融影响

讨论：有四个因素影响应急管理，其中一个因素是企业能意识到灾害可能会给他们带来不利影响，甚至导致它们破产。提供一些具体的例子，说明恐怖袭击给企业带来的不利影响。

第 2 章

应急管理利益相关者——影响决策过程

预先测试

➢ 登录 www. wiley. com/college/lindell，测评你对应急管理决策过程相关知识的掌握情况

➢ 确定你需要努力的重点在哪里

你将在本章中学到

➢ 利益相关者的类型：社会的、经济的、政府的

➢ 利益相关者是如何参与到应急管理活动中的

➢ 利益相关者不同的权力基础

➢ 利益相关者如何能够影响政策

➢ 应急管理政策过程的基本要素

➢ 政策是如何被采纳和执行的

学习本章后，你将能够

➢ 识别社会、经济和政府群体并且解释他们如何影响应急管理的过程

➢ 诊断如何利用焦点事件和“机会之窗”去推动致灾因子减缓

➢ 诊断业务中断对社区的影响

➢ 识别在应急管理过程中与利益相关者合作共事的方法

➢ 区分不同的权力类型

➢ 分析和图解应急管理政策过程

目标与结果

➢ 比较和对比来自社会、经济和政府群体的利益相关者

➢ 在应急响应规划过程中支持合适的利益相关者

➢ 与合适的利益相关者建立关系网络，以便使应急响应规划能获得地方的、地区的和国家的资源

➢ 评估如何把社区纳入应急管理中来

➢ 规划和发展应急管理政策过程

➢ 执行和评估一项应急管理政策过程

导 言

灾难影响着我们所有人。对社区灾难的应对情况与我们每个人的利益息息相关，因此，我们都是利益相关者。**利益相关者**（stakeholders）是指那些会或者认为自己会在灾难中有所得失的人。应急管理者和政策制定者作出或者不作出决策都会对利益相关者产生影响。社区利益相关者可被分为三类：

（1）社会群体；

（2）经济群体；

（3）政府群体。

本章将逐一探讨这三类群体以及他们是如何参与应急管理的。

作为应急管理者，你需要知道如何使这三类利益相关者都参与到应急规划过程中来。本章将解释如何做到这一点，同时也将说明如何开发与利益相关者沟通及谈判的技巧，从而帮助你与利益相关者形成一个网络，以便获得应急资源，其中包括地方的、地区的和联邦政府的资源。与利益相关者交往的许多技巧依赖于权力，我们将讨论在你与利益相关者的关系中权力怎样起作用以及它是如何影响政策的。

最后，本章让你初步了解应急管理政策的重要组成部分，包括如何制定、采纳、执行和评估应急管理政策。你将明白在本章中讨论的这些主题是如何影响你作出的决策的。

2.1 社会群体

基本的**社会群体**（social group）单元就是家庭。家庭在应急管理中的活动包括：

- 尽力预防事故的发生
- 为自然灾害做好准备
- 疏散

- 承受经济损失

家庭能够采取一些行动，即**致灾因子调整**（hazard adjustments），比如借助以下行动减少致灾因子脆弱性：

- 居住在致灾因子不易出现的地方
- 租住或购买那些对大风、洪水和地震有较强抵抗性的居所
- 采取预防措施（如用木板加固房屋）来减少灾害产生的影响
- 购买灾害险

作为一个群体，家庭掌握着数量可观的社会财产（建筑物及其里面的各种设施），这些社会财产处于各种灾害造成的风险之中。然而，并不是每个家庭都会采取一样的预防措施。第一，房屋所有者对于风险的认识不同，对于致灾因子调整有效性的认识也不同。房屋及其里面的设施属于房屋所有者，他们在灾难中往往比租住者遭受更多损失，因而可能更关注致灾因子调整。第二，房屋所有者采取预防措施的能力也是不同的。并不是每个人都能买得起必需的物品；同时，也并不是每个房屋所有者都受过有关致灾因子调整的教育。第三，其他的利益相关者，例如政府机构，对家庭财产所面临的风险几乎没有直接的影响。虽然政府机构可以提供信息和财政刺激以促使人们采取预防措施，但是，这类刺激并不总能让家庭认识到采取预防措施的必要性。

2.1.1　社区应急响应团队

房屋所有者可以组成一个群体，共同制定应急管理政策。在一些社区，**社区应急响应团队**（community emergency response teams，CERTs）已经开始充当这种角色。社区应急响应团队也被称为邻里应急响应团队或者其他类似的名称。但是，不管怎么样，它们都来自社区而且有许多其他的共同特征（Simpson，2001）。社区应急响应团队在邻里这一层面培训应急响应志愿者，并将他们组织成可以提供基础服务的群体，例如：

- 进行急救检伤分类
- 实施急救
- 组织城市搜救
- 灭火
- 估计损失和人员伤亡

地方应急服务机构负责为这些群体提供培训和支持。

2.1.2　私营部门群体

除了家庭外，我们还有更大的私营部门群体。私营部门群体包括：

- 宗教组织
- 非政府组织（nongovernmental organizations，NGOs）
- 非营利组织（nonprofit organizations，NPOs）

- 社区组织（community based organizations，CBOs）
- 工商企业

来自私营组织的援助

在疏散时，教堂常常被用作关爱大众的场所，并为恢复和重建的过程融资。应急管理者应该在应急响应和恢复重建过程的早期阶段与教堂建立伙伴关系。救世军是应急响应和恢复重建行动中的一支重要力量。在恢复重建阶段，联合劝募会（United Way）将地方资金转给那些需要帮助的人。美国红十字会（American Red Cross）作为应急避难场所的提供者在美国国内扮演着官方的角色。

所有这些组织规模不同、预算不同，它们所起的作用及在应急管理活动中的利益相关程度也不同。尽管如此，在形成应急管理惯例和政策的过程中，它们都是潜在的合作伙伴。因此私营部门群体能成为重要的资源，其中一些群体在应急管理的特定阶段更起到了关键性作用。

环境组织的角色

环境组织，如塞拉俱乐部（Sierra Club）和世界观察研究所（World Watch Institute），对应急管理的参与度有限。然而，保护环境和致灾因子减缓之间有重叠部分，这为应急管理者提供了与环境组织合作的机会。比如，两个群体都鼓励合理地使用土地，都致力于通过流域管理来预防洪水等问题。

自我检测

- 定义利益相关者。
- 说出家庭可以用来减轻灾害脆弱性的三种方法。
- 说出三个私营部门群体的名称。
- 定义社区应急响应团队。

2.2 经济群体

经济群体（economic groups），或者说企业，组织商品和服务的流通。当企业发生业务中断时，经济就会受到影响。企业包括从家庭经营的小企业到雇用成千上万员工的大企业。企业有不同的需求和资源。小型企业面临的风险是最大的，然而，小企业靠近社区，更有可能对社区的求助作出响应。大企业虽拥有大量的人员和资金，但大企业的地方公司管理者可能没有权力决定是否或者如何动用公司资源应对当地的紧急事件。

企业所有者就像房屋所有者一样，掌握着自己的资源，应当采取同样的预防措施。然而，说服企业主采取预防措施并非易事。相反，也有一些企业倾向于关注响应和恢复重建，这些企业是应急管理的积极支持者，包括：

- 保险公司
- 房地产开发商
- 银行业
- 家装产品零售商

业务中断（business interruption）是由营业中断而导致的收益损失。灾害会引起业务中断，例如，一个被洪水淹没的商店在它关门停业的每一天都在蒙受经济损失。一旦企业意识到灾难的成本，它们就会有所准备。对于企业来说，关键是要弄清楚与供应商、顾客以及雇员的关系。企业也必须明白它们对信息技术（IT）系统的依赖（Lindell and Prater，2003）。如果这些关系中的任何一个被扰乱，企业就可能蒙受经济损失。

公用事业公司是关键的企业利益相关者，它们提供的服务包括：

- 电
- 水
- 污水处理
- 固体废弃物管理
- 电信服务（电视、电话、互联网等）

这类企业积极参与应急管理，因为它们有责任尽快恢复服务。所有其他利益相关者都依赖这些公共基础设施，以使企业、家庭、政府和公共卫生服务业务中断的可能性降到最低。

影响工程

影响工程（Project Impact）是由联邦应急管理署提出的。它是一个把企业纳入进来，意在减少风险以及为灾难做好准备的模式。在一些城市，如塔尔萨（Tulsa）和西雅图（Seattle），该计划取得了巨大的成功。联邦资金的暂停拨付延缓了影响工程的推广。尽管如此，对于应急管理者来说，它的成功使其成为应急管理者与当地商业社区发展合作关系的有效方法。

灾难中的媒体角色

媒体对于应急管理计划的成功起着重要的作用。媒体对应急管理的各个阶段进行报道，向公众预警即将到来的自然灾害，并且对公众进行相关致灾因子知识的教育。媒体既消费新闻，又创造新闻。它们通过描述灾难而消耗“硬新闻”，通过报道有关的应急准备措施而创造“软新闻”。软新闻为应急管理提供支撑。应急管理者应当了解他们当地的新闻媒体，并且和新闻记者以及制片人建立关系。

自我检测

- 说出企业业务中断的定义。
- 说出三个公用事业的利益相关者。
- 确认媒体在灾难中扮演的角色。
- 说出一些积极支持应急管理的企业。

2.3 政府群体

美国有各种不同类型的**政府群体**（governmental groups）。政府结构的基础是市（镇），接下来是县，然后是州。由于州政府在授权上的差异，各州的市（镇）和县政府有着不同的权力。应急管理的大部分政策是在联邦和州一级制定的。

除了不同层次的政府外，每一级别的政府里还有不同的机构。这些机构在如下方面有很大程度的不同：

- 规模
- 组织的复杂性
- 人力资源
- 财政资源
- 技术资源

在不同层次的政府里，机构的职能是不同的。市消防和治安部门是大多数紧急事件的最初响应者。在很多辖区里，应急管理附属于这些部门当中的一个；然而，在较大的社区里，应急管理部门可能是一个独立机构。在一些社区，有单独的应急医疗服务机构。消防部门和医院合作，也能具备这种功能。

2.3.1 地区级利益相关者

市（镇）、县和州一级的利益相关机构包括：

- 市（镇）、县议会
- 防洪区
- 州一级沿海地带机构
- 地质服务机构
- 土壤保护机构

最重要的利益相关者是州的应急管理机构。这些机构在如下方面存在不同点：

- 专业水平
- 人员配备

- 预算
- 其他组织资源

这些机构为地方的应急管理者提供指导。它们与州的立法机构共同向地方应急管理者提供其工作的法律框架，将地方政府和联邦应急管理署的地区办事处联系起来。

学术机构的角色

学术机构也是利益相关者之一。它们为政策制定提供科学支撑。全美有多个研究中心，其中一些专注于研究某一类型的致灾因子，如地震工程多学科研究中心（Multidisciplinary Center for Earthquake Engineering）；其他的中心研究各种致灾因子，如得克萨斯农工大学（Texas A&M University）的致灾因子消除与恢复中心（Hazard Reduction and Recovery Center）。除了这些学术机构之外，美国还有一些应急管理的咨询团队。

2.3.2 国家级利益相关者

在 2002 年 11 月美国《国土安全法》（Homeland Security Act，HSA）通过之前，联邦应急管理署一直是美国应急管理的国家级领导机构。《国土安全法》标志着应急管理结构调整的开始。联邦应急管理署的角色仍然有待确定。

联邦应急管理署不是唯一的国家级利益相关者。对致灾因子和灾难负有责任的其他机构包括：

- 美国地质调查局（U. S. Geological Survey，USGS）
- 美国陆军工程兵部队（Army Corps of Engineers）
- 美国国家气象局（National Weather Service，NWS）
- 美国环境保护局（Environmental Protection Agency，EPA）

一些联邦政府机构，如美国运输部（Department of Transportation），向应急响应者提供培训资料。其他机构，如美国国家科学基金会（National Science Foundation），也为应急管理的基础性研究提供支持。

应急管理者必须了解不同类型的利益相关者以及那些利益相关者在地方政府、州政府、联邦中的角色。我们可以通过研究应急决策出自哪一层级来理解它们的角色。对于家庭来说，家庭成员决定应急准备的水平，应急管理者可以通过教育公众来支持家庭采取有效措施。应急管理者也可以提高地方政府对各种组织的支持，如社区应急响应团队。

地方政府决定把什么资源投入应急管理之中。外部机构，如州的机构和联邦应急管理署，也影响着地方政府的政策。尽管如此，应急管理仍是一个地方性的问题。城市掌控着其最初响应者。应急响应者为了获取资源而相互竞争，比如竞争一些既被学校需要也被公路维修与养护需要的资源。

地方政府控制着土地使用，并负责制定土地使用规划以及分区计划。除此之外，地方政府还为抵御致灾因子制定建筑规范，特别是用于抵御火灾和地震的规范。在一些辖区内，应急管理与运输部门及治安部门联动，从而实现许多功能的整合。得克萨斯州的哈里斯县就是如此。

州政府

州政府有许多重要的职能，其中一项是通过立法来影响地方决策。例如，有些州政府要求地方政府参与土地使用计划，而有些州政府没有这方面的要求（Burby，1998）。另外，各州对地方应急管理者在技术、资源和资金上的支持也可能不同。

联邦政府

在遭遇大灾的情况下，地方政府可以请求州政府的帮助。如果州政府认为应急响应和恢复重建需要的资源超出了自身的能力范围，可以请求总统发布灾难声明，以获得联邦政府的援助。大多数请求可得到批准，但如果联邦应急管理署认为地方和州的资源足以应对灾害，请求将被拒绝。在通过《斯塔福法案》(Stafford Act) 后，从 1988 年到 1998 年的 10 年间，仅仅约 1/4 的请求被拒绝（Sylves，1998）。联邦政府试图使用一套客观的标准来发布声明，然而，这一过程仍然包含了很多主观的决断。同时，政治上的考虑也影响了这一过程。在灾难发生期间，总统很少拒绝对州下拨资源。

圣路易斯市、政治以及致灾因子减缓

密苏里州的圣路易斯市位于新马德里断层区（New Madrid Fault Zone）。那里的绝大部分建筑都是没有经过加固措施的砖石结构。如果发生地震，这些建筑将遭到严重的毁坏。1976 年，住房和城市发展部（Department of Housing and Urban Development，HUD）决定仅对那些严格符合抗震建筑标准的建筑物提供建筑贷款（Drabek，Mushkatel，& Kilijanek，1983）。考虑到对新建筑的影响，地方的开发商、承包商以及官员向这一政策发出了挑战。HUD 的官员把这一挑战看成是对其政策的威胁，他们认为自己的政策是合理的，并能够减少可能存在的安全隐患。专家们抨击了 HUD 政策的科学依据。他们坚持认为把圣路易斯市放到二区（Zone Ⅱ）是错误的。同时他们认为，人们对 1811—1812 年地震再次发生的可能性以及对其破坏程度所作的设想被夸大了。圣路易斯市游说当地的 HUD 办事处，要求免除对该市的建筑标准的要求。圣路易斯市还要求其国会代表、房屋建造商协会（Home Builder's Association）以及公共利益团体支持政府的这一请求。1981 年前，除了多家庭住房振兴项目外，其他所有的建筑项目都执行了严格的建筑标准。由于这一政策是由 HUD 的地区和地方机构而不是圣路易斯市或其所属县来执行的，因而其成效极小，还导致大量的工程人员和开发商不确定该采用哪一个建筑标准。

自我检测

- 说出三个地区级利益相关者。
- 说出三个国家级利益相关者。
- 描述在灾难中州政府和联邦政府的功能。
- 给出社会群体、经济群体以及政府群体的定义。

2.4 把利益相关者纳入应急管理之中

为了建设一个有效的应急管理系统，地方的应急管理者必须把所有利益相关者都纳入这一过程中。

构建利益相关者的关系网络应采取如下行动：

- 鼓励利益相关者间的联系，从而改善信息、服务和供给的流动。
- 制定致灾因子减缓、应急响应以及灾后恢复计划时，咨询所有相关的机构。
- 制定应急处置方案时，协调各利益相关者。
- 制定恢复重建方案时，协调各利益相关者。
- 在应急演习期间，协调各利益相关者。
- 经常进行应急演习。
- 请求州的应急管理机构协助评估应急演习。

城市规划者有许多办法将公众纳入政策制定之中，应急管理者也可以使用这些方法，例如招募关注政策变革的市民委员会帮助制定地方应急管理计划。另外，现存的地方应急规划委员会是人们参与应急管理活动的良好平台。

区划变更应该举行公众听证会，这些听证会是公众参与应急管理的场所。在影响工程中发展起来的伙伴关系提供了一种模式，即利用地方企业的专业知识和资源来改进应急规划。这类伙伴关系是一种把私营部门纳入应急管理之中的有效方式。

利益相关者有着不同的需求，需要地方官员快速、积极地回应。联邦政府官员必须在预算范围内执行国家政策。这些不同的需求引起了矛盾冲突，而应急管理者必须确保所有关于灾难救援的要求都有据可依，并且与联邦的补偿政策一致。掌握地方的人口和经济信息可以加快救灾请求的进程。

就相关议题与志趣相投的群体合作也是一个良好的策略。应急管理者与多个群体合作，有助于含有多重目标的政策被采纳，并获得支持的基础。例如，环境组织出于景观价值和其他的原因，关注湿地或河上走廊的保护问题。同样是这些土地，用于蓄洪或者禁止住宅开发能减少洪涝灾害。为了实现目标，应急管理者必须坚持不懈地寻求与利益相关者进行合作的方法。

2.4.1 推动社区的参与

在致灾因子防御的过程中，有四种简单的方法能推动社区的参与。

(1) **与朋友和邻居讨论你的工作**。与他们探讨潜在的威胁和应急管理计划，以得到非正式的回应。畅谈应急管理是一种成本不高却又极其有效的办法，可获得社区的支持。

(2) **设立一个致灾因子热线电话**。公布并宣传热线电话是获得致灾因子信息的有效方法。你也可以使用这个热线电话来警告和通知公众所面临的致灾因子，例如，联邦调查局有一个举报犯罪和恐怖主义活动线索的热线电话。

(3) **在学校、邻里间和社区组织中进行演说**。告诉社区里的公众，他们只靠自己并不能获得应急管理工作的全部信息。与他们讨论潜在的威胁和应急管理计划。

(4) **成立市民委员会**。告知社区成员应急管理计划，并招募志愿者来执行这些计划。例如，志愿者能够装填沙包，指挥交通，成为搜救队员。

《美国头号通缉令》

1981 年，约翰·沃尔什（John Walsh）还是一个酒店开发商，他的儿子亚当·沃尔什（Adam Walsh）被绑架并遭杀害。6 岁儿子的暴死让约翰·沃尔什成为一个为犯罪受害者辩护的律师。1987 年，《美国头号通缉令》——一个关于犯罪的纪实电视节目诞生了。该节目的特点是报道有关犯罪的故事，并设立一个热线电话以鼓励民众拨打并提供线索。这一做法非常成功，它让民众参与到与犯罪行为做斗争的行动中来，从而使 300 多名的嫌疑犯落网。

自我检测

- 说出三种把利益相关者纳入应急管理中的方法。
- 说出两种让社区参与致灾因子防御的方法。
- 弄清 LEPC 这一缩写词的含义。
- 描述应急管理者与各团体合作的益处。

2.5 权力类型

我们已经探讨了不同类型的利益相关者，各种利益相关者给应急管理过程带来的资源和权力在类型上是互不相同的。组织理论家（French and Raven，1959；Raven，1965）描述了六种权力基础。

- 奖酬权
- 强制权
- 合法权
- 专家权
- 参照权
- 信息权

2.5.1 奖酬权和强制权

奖酬权（reward power）和**强制权**（coercive power）经常被称为“胡萝卜加大棒”法。例如，如果孩子为了钱而打扫房间，父母使用的就是奖酬权（胡萝卜）；如果孩子因不打扫房间而受到了惩罚，父母使用的就是强制权（大棒）。奖酬权和强制权的行使取决于一种社会依赖关系。在我们所举的例子中，孩子的行为取决于父母持续性的监督，而父母必须经常检查孩子房间的卫生，从而决定是否奖赏或惩罚孩子。但是，强制权会导致客体以欺骗的手段来避免惩罚以及由于受到惩罚而出现敌视心理。

2.5.2 合法权、专家权和参照权

奖酬权和强制权的使用者得及时查看他们的“胡萝卜加大棒”法是否起作用。合法权、专家权和参照权更具有吸引力，因为它们基本上不需要后续的监督检查和追踪。**合法权**（legitimate power）产生于一人相对于另一人的关系，还可能来源于一个正式的职位。例如，任何一个通过公正的投票程序选出来的官员都拥有合法权。**专家权**（expert power）基于某人对特定领域里关于因果关系的广博知识。内科医生拥有专家权，因为他们能根据特定的症状诊断出疾病，并且知道如何医治疾病。**参照权**（referent power）基于一个人想变成权力持有者的愿望。很多人都希望自己看起来像某位光彩照人的名流，于是，那位名流就有了参照权。例如，很多杂志都以“来自明星的美丽秘诀”为标题而畅销。

2.5.3 信息权

信息权（information power）涉及关于某一状况的真实、及时和相关的事实或评论。信息权通过介绍或截留信息而得以行使（Mechanic，1962）。在许多方面，信息权是最有影响力的权力基础，因为它具有社会独立性。也就是说，一旦新的信息被获悉和接受，其来源就变得无关紧要了。因此，个人不需要去监督目标对象的预期行为。然而，信息权要求信息被核实是准确的，而这么做可能又是费时的。

2.5.4 权力的方向

家庭通过投票、诉讼以及抵制的方式沿着权力链条向上施加权力影响，直到联邦政府；同样，联邦政府通过颁布法律来实现对家庭的权力影响。由于权力基础是多重的，权力的运行方向有两种：上行或者下行。

图 2—1（节选自 Lindell, et al., 1997）显示了利益相关者之间的权力关系。它表明了联邦政府、州政府和地方政府之间的关系。图中的实线箭头表示在这一关系里绝大部分权力是沿着向下的方向行使的。例如，《国土安全法》由联邦政府强加给州政府，实施这一法律得不到联邦政府资助。这是一个不提供资金援助而使权力自上而下行使的案例。信息和影响既自上而下流动，又自下而上流动，同时也在不同的利益相关者群体之间流动。

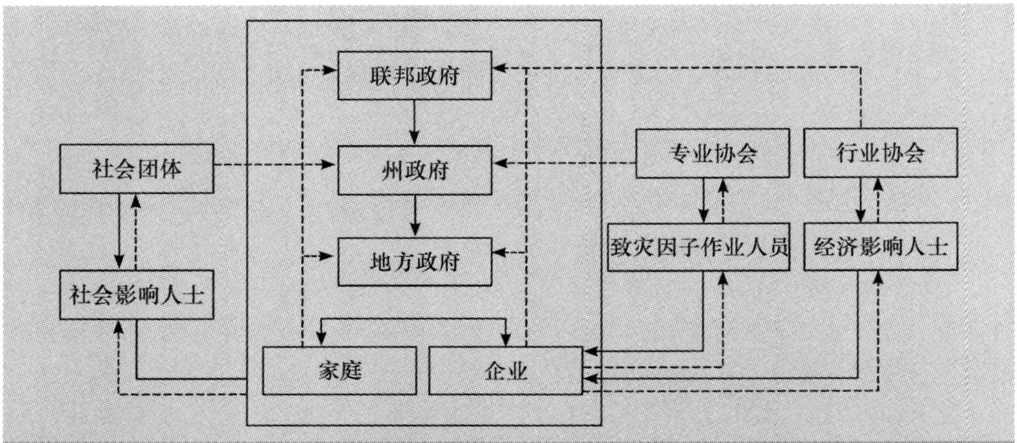

图 2—1 应急管理利益相关者之间的权力关系

随着时间的流逝，权力关系可能发生改变。强制权可能会变为信息权。位于顶层的利益相关者只有得到地方政府的支持，才能完成处于较低层级的任何事情。

> **联邦政府和奖酬权**
>
> 1968 年，美国国会建立了国家洪水保险计划（National Flood Insurance Program, NFIP）用来应对因洪灾而使得灾民增加的局面。两万个社区通过采用洪泛平原管理条例，参加了国家洪水保险计划。这些条例减少了未来可能发生的洪水导致的损失。相应地，国家洪水保险计划使这些社区的房屋拥有者、租房者以及企业主可以获得联邦政府支持的洪水保险。

在地方政府和家庭的关系里，地方政府有着更多的权力。然而，家庭并不是没有权力，其可以通过选举、抵制或诉讼来使地方政府发生改变。其他的政策关系有着同样的动态变化。重要的是，这是应急管理者需要了解的一整套复杂关系。

自我检测

- 定义奖酬权和强制权，并举一个与应急管理相关的例子。
- 定义合法权，并举一个与应急管理相关的例子。
- 定义专家权，并举一个与应急管理相关的例子。
- 定义参照权，并举一个与应急管理相关的例子。
- 定义信息权，并举一个与应急管理相关的例子。

2.6　应急管理的政策过程

表 2—1 呈现了应急管理政策过程的基本步骤（改编自 Anderson，1994），展现了政策进展的五个步骤。当然，实际中的政策过程并非如此清晰，但是，人们仍然有必要考虑到政策的不同阶段，了解它们可能具有共时性。对于一项政策而言，信息反馈往往会导致政策调整，所以这一过程可能会发生数次。

表 2—1　　**标准政策过程的步骤**

政策术语	步骤 1：议程设置	步骤 2：政策制定	步骤 3：政策采纳	步骤 4：政策执行	步骤 5：政策评估
定义政策阶段	公共官员确定需要考虑哪些问题	寻找解决问题的思路	为具体建议提供支持和授权	通过政府来推行政策	确认政策是否有效及其原因
应急管理问题	如何让官员考虑采取行动	应该提出何种建议	如何说服官员接受提出的解决办法	被采纳的政策如何得到实施	政策是否发挥作用及其原因，政策如何才能得到改善

2.6.1　议程设置

让人们对灾难做好准备是困难的，因为他们宁愿当灾难发生时才去注意。不幸的是，这时已经太迟了，除了响应之外，无计可施。思考灾难应在其发生之前进行，如此就产生了应急规划。应急管理者的第一任务就是把致灾因子纳入政策议程。

政策议程有三种类型，分别为：系统化议程、政府议程和机构议程。系统化议程包括选民关注的热点话题，政府议程包括政府正在进行的议题，机构议程包括各个机构正在进行的议题。议程并不是固定不变的，随着事件的发生，公众把他们的注意力从一个议题转向另一个议题。相应地，政府和机构更改自己的议程来回应选民所关心的事件。当然它们也会试图左右选民所关注的内容（Baumgartner and Jones，1993）。

由于多种原因，人们往往避免在社区里讨论灾难。首先，许多地方政府和企业领导者认为，激起人们对潜在灾难的关注可能会妨碍当地投资或旅游业的发展。其次，直接争夺人们的注意力和资源的问题将会出现。即使没有灾难发生，每年也有新生进入公立学校系统。但是，我们不能准确地预测灾难何时发生，这使得地方官员很容易把应急管理放到一边。最后，关于致灾因子防御也存在争议，比如许多开发商认为土地使用和建筑规范将降低收益。

政策议程的形成有几种不同的方式。首先可以利用当前的事件。一场自然或技术灾害是一个**焦点事件**（focusing event），会引起公众对地方防灾计划和致灾因子减缓需求的关注（Birkland，1997；Lavell，1994）。例如，2004 年的毁灭性的海啸发生之后，联邦政府官员改进了预警系统。但是，**机会之窗**（window of opportunity）不会永远敞开（Prater and Lindell，2000）。地方应急管理者所面对的挑战就是抓住政策之窗开启的机遇。政策之窗会敞开多久或者什么事情会使它关闭，这些都是未知的。以下的任何一种情况都会使“机会之窗”关闭（Kingdon，1984）：

- 问题得到解决。
- 采取的行动不断失败。
- 另一事件的发生转移了公众的注意力。
- 关键的利益相关者或者该政策的倡导者离职或是失去决策权。
- 似乎找不到可行的行动路线。

由于可用于实现政策变革的时间短，人们必须积极地工作，从而将问题列入并保留在议程之中。这种一直拥护重要议题的人被称为政策提倡者，他们可能是：

- 民选或任命官员
- 地方的媒体名人
- 教育家
- 企业家
- 有关公民

然而，不管他们是谁，要想成功，就得具备三种素质。但是要记住，即使一个人不全具有这三种素质，政策改变也仍然是可能的。如果一个群体集体拥有这三种素质，他们就能获得成功。这三种素质是：

- 通过教育或经验获得的应对致灾因子的技术专长。
- 任何成功的政策变革所必需的政治知识。
- 个人承诺，这是必需的，因为消除那些反对的声音可能要花几年的时间。

应急管理者需要关于潜在致灾因子以及哪些特定群体面临最严重风险的数据。有这些数据在手，应急管理者就能够判明“这里可能出事”。此外，应急管理者应当有符合当地情况的政策理念，这些理念可被当地立法机构很快采用并立法。应急管理者应当推动该议程，而不是假定社区在事件发生时会服从领导。

在灾难周期的其他阶段，启用新的应急管理措施可能会招致反对。因此，应急管理者必须熟知妨碍应急管理措施有效推行的阻力源头。

何种性质的应急管理政策会招致反对？为什么会如此？很少会有人反对灾难救

援，因为它是一个分配性政策的例子，会使应该得到帮助的群体受益。如果不是毫无同情心，很少有人会反对灾难救援。然而，并不是所有的应急管理政策都是分配性的。土地使用和建筑规范就是管制性政策的两个例子，它们把一些限制和更高的成本强加到了某些利益相关者身上。这类政策经常引发冲突，因为其中有明显的利益受损者。例如，禁止在屏障岛（barrier islands）上建造建筑物，当社区因此得到保护而免受飓风灾害侵袭时，该政策就为整个社区带来了收益。然而，这些收益似乎是假设的，并且需要每一个家庭付出一定的成本。因此在受益者中，可能很少有人会为该政策的采用而奋斗；相反，受损者会以强势的态度极力反对政策的采用。应急管理者必须解决这种冲突。

与任何其他政策辩论一样，反对者希望把应急管理从公共议程中剔除，就如同应急管理的专业人员希望把应急管理提上公共议程一样（Bacharach and Baratz，1962）。当涉及致灾因子减缓时，情况尤其如此。在某些情况下，人们可能会反对政府对私有土地使用权的任何控制。

应急管理者可将更多群体纳入致灾因子减缓的过程，使致灾因子减缓得到支持。既然致灾因子减缓和应急准备意味着保护生命和财产，那么，形成一个强有力的联盟就是可能的。

2.6.2　政策制定

在试图形成议程之前，应急管理者应当有一系列的解决方案。如果没有解决方案，政策制定者可能会无能为力。政策制定的过程中会出现许多备选方案，不同的利益相关者会提出不同的解决方案（Kingdon，1984；Anderson，1994）。这是政策过程的关键阶段，因为精心地起草法律文件对政策的成功是至关重要的。不是认真起草的法律可执行性较差，有些甚至会使情况变得更糟。精心起草法律文件的目的是最大限度地减少司法挑战和非预想结果。

政策制定检验清单包括如下活动：

- 识别致灾因子。
- 评估每一个威胁发生的可能性以及严重程度。
- 在充分了解当地政治的基础上设计政策。
- 清晰地确定政策目标（如家庭和企业的类型）。
- 确定什么样的活动是被管制的（如土地使用规范和建筑规范）。
- 确定使用哪些影响机制（如技术进步、风险信息、经济刺激以及法律惩罚）。政府有多种选择。一种选择是通过控制土地规模来限制致灾因子易发区面临风险的人口数量；另一种选择是规定街道的宽度，以便于大型的应急车辆（如消防车）可以通过。此外，建筑规范都会对建筑的设计以及材料作出限制性规定。
- 开创公共意识运动。
- 鼓励政府推动抗致灾因子土地使用规范和建筑规范的采用，低息贷款和税收抵免是两种刺激方式。贫困的地方可能不会有这些刺激方式。

- 鼓励政府提出要求，即只有符合抗致灾因子土地使用规范和建筑规范的要求，才能获得建筑许可。这需要进行实地检查。

把风险沟通、土地使用规范、建筑规范以及致灾因子保险结合起来，这是应对环境致灾因子的绝好途径（Burby，1998）。成功的政策执行要求政策与执行机构所承担的义务和所具有的**能力**（capacity）一致。能力涉及预算划拨、人员编制以及人员的知识和技能等方面。

任何公共政策的制定都必须把利益相关者吸纳进来，对于致灾因子政策来说这尤为重要，因为这些政策常常有以下要求：

- 一定的当前投入（如以增税来发展有效的应急管理能力）。
- 一定的机会成本（如一个有利可图的土地开发项目不能被批准）。
- 不确定的未来收益，这些收益正是被减少的灾难损失。人们需要经过相当长的一段时间才能意识到它们，甚至很难对其做出衡量。

应急管理者应当吸引商业领袖来参与。例如，企业主必须制定计划，确保企业在灾难来临时也能运行。经济刺激，如提供税收抵免，将有助于促进商业领袖的参与。

应急管理者还应进行其他方面的考虑。当新的社会团体参与到决策过程中时，地方官员可能会感到受到了威胁。一些官员不习惯为个人的决策承担责任。他们也可能认为，公民的参与会制造麻烦。有些社区可能有一些低收入或少数民族的居民，他们缺乏对政治体制的认识，或者是对政治体制极不信任。应急管理者必须预想到所有这些问题，任何有失公平的政策都将引发执行不力的问题。即使一项政策被制定出来后，也可能会因为各种问题而导致政策被否决。

2.6.3 政策采纳

政策采纳是让利益相关者敦促民选官员通过一项政策。应急管理者在提交政策时，应当有一套战略以规避程序上的问题。以正确的方式在适当的时间提交政策，这可以减少政策采纳过程偏离轨道的可能性。政策被采纳并形成书面材料很重要，因为这意味着政策被赋予法律上的权威。

2.6.4 政策执行

政策采纳并不是整个过程的结束。所有的政策只有通过执行，才能产生效果，这是一个棘手的阶段。未能阻止政策形成的反对者常常会暗中破坏政策的执行。所有的政策都可以被那些与公众互动的个人（如土地使用规划者、建筑稽查员以及急救医疗技术人员）过滤掉，那些人对政策及其目标的支持尤为重要。以下三个问题会影响政策的执行（Mazmanian and Sabatier，1989）：

（1）解决问题的难易程度如何？

（2）在解决方法和问题之间是否有着清晰的联系？

(3) 用以解决问题的技术和资源水平如何?

政策执行的方式取决于政府的性质。美国是一个联邦制政府。因此，强势的州和地方政府能够支持或者阻挠联邦的政策；反过来，联邦政府能够通过提供信息或技术支持来强化地方的应急管理。联邦政府也可以通过不提供资金的方式破坏地方的政策目标。如果所有的利益相关者在初期就能够参与进来，那么，政策的顺畅执行更具可能性。

一个机构对政策承担的义务越强，就越有可能为政策执行投入必要的资源。该机构需要有足够的工具，即通过激励和制裁来执行政策。如果立法者认识到这一问题的严重性，他们就会授予该机构足够的权威和能力。在目标群体强大并且反对该项政策时，这点特别重要。

评估影响工程

评估影响工程是困难的。选择影响工程社区的一个要求是：该社区对致灾因子减缓长期承担义务，尽管其目标却只是提升地方致灾因子减缓的行动水平。选择标准与预期结果的混淆使人们很难确定：社区因该工程取得了多少进步？社区又因对致灾因子减缓承担义务而取得了多少进步？

2.6.5　政策评估

最后，正如在任何系统里一样，政策过程包括政策评估。一项政策应当得到定期性的评估，并且应在此基础上决定改进政策或终止政策。最有效的计划包括反馈以及允许对其进行清楚的评估。每一个政策项目都有自己独特和具体的标准，评估致灾因子管理政策的标准包括当前和未来损失的减少以及费用的削减。

自我检测

- 说出政策议程的三种类型。
- 列出政策制定中"机会之窗"可能关闭的三种情形。
- 定义焦点事件和"机会之窗"。

总　结

你如何衡量灾害准备中的利害关系？一场灾难会在经济上对你造成影响吗？你的家庭会受到影响吗？正如本章所阐明的那样，我们都是利益相关者。作为应急管理者，你的工作和你所作出的决定会影响到利益相关者；反过来，利益相关者和政策制定者也能够对你如何开展工作产生影响。本章讨论利益相关者、你与利益相关者间形成的权力关系以及利益相关者在应急管理中的作用，也涉及你如何把利益相关者（包括你的邻居）纳入应急管理规划和过程中来。要做到这点，你必须练习谈判技巧，了解政策是如何受到影响的。不管你是试图获得地方的、州的或者是联邦的资源，还是试图去影响政策，你都需要其他人的帮助。

本章也向你展示了应急管理政策的重要组成部分，并且说明了如何制定、采纳、执行和评估政策。当你开发政策的时候，思考一下本章所提到的检验清单。此外，要了解你所拥有的影响利益相关者和政策的实力。

关键术语

业务中断	企业用以营利的商品和服务在正常生产过程中出现中断，因而造成收益损失。
能力	组织执行政策的能力衡量标准，涉及预算拨款、人员配备水平以及员工的知识和技能等方面。
社区应急响应团队	由房屋拥有者组织起来的在邻里社区中完成应急管理任务的团队。社区应急响应团队，也被称为邻里应急响应团队或者其他类似的名称。但是，它们会组织和培训邻里中的志愿者去完成一些基本的应急响应工作，如搜索救援和急救。
经济群体	组织商品和服务流通的企业利益相关者。由于灾难造成的业务中断会使它们随时受到影响。
专家权	基于某人在特定领域里的专门知识而产生的权力。
焦点事件	一场自然或技术灾难，它会引起公众对地方防灾计划和致灾因子减缓需求的关注。
政府群体	利益相关者中的一类，它属于政府结构中的一部分。政府结构的基础是市（镇），接下来是县，然后是州。由于州政府在授权上的差异，各州的市（镇）和县政府有着不同的权力。应急管理的大部分政策是在联邦和州一级制定的。
致灾因子调整	能够减少灾害脆弱性的行动。这些行动包括购买致灾因子险、居住在更安全的地方以及租住或是购买有抗灾性的房屋等。
《国土安全法》	在2002年11月签署的法案。该法案通过合并许多具有应急或是安全职能的机构组成国土安全部，从而重建了应急管理体系。
信息权	该权力涉及某一状况真实、及时和相关的事实或评论。信息权通过介绍或截留信息而得以行使。
合法权	该权力产生于一人相对于另一人的关系，还可能来源于一个正式的职位。任何一个通过公正的投票程序选出来的官员都拥有合法权。

参照权	基于一个人想变成权力持有者的愿望。
奖酬权和强制权	奖酬权和强制权经常被称为“胡萝卜加大棒”法。强制权可能会导致为了避免受处罚而产生欺骗。更有甚者，处罚常常会导致持续性的敌视。
社会群体	这一类型的利益相关者主要是指家庭，他们掌握的大量财产（建筑物及其里面的设施）面临着灾害的风险。社会群体还包括邻里组织、服务性组织和环境组织。
利益相关者	是指那些会或者认为自己会在灾难中有所得失的人。应急管理者和政策制定者作出或者不作出决策都会对利益相关者产生影响。
机会之窗	应急管理者最有可能影响政策的时期。机会之窗常常在一个焦点事件引起人们对灾害的关注之后立刻开启，并且在人们将注意力转移到其他的公共议题后关闭。

测试你的理解能力

登录 www.wiley.com/college/lindell，测评你对应急管理决策过程相关知识的掌握情况。

通过比较测试前和测试后的结果，衡量你的学习情况。

总结性问题

1. 利益相关者是指那些不会失去任何东西的人。对还是错？

2. 社区应急响应团队在邻里的层面上培训应急响应志愿者。对还是错？

3. 下列哪项是联邦应急管理署为把企业纳入致灾因子减缓和灾害准备而开创的模式？

(a) 社区应急响应团队

(b) 影响工程

(c) 国土安全部

(d)《美国头号通缉令》

4. 下面哪项权力涉及真实、及时和相关的事实或评论？

(a) 参照权

(b) 合法权

(c) 强制权

(d) 信息权

5. 下面哪项不属于一种议程类型？

(a) 经济的

(b) 政府的
(c) 机构的
(d) 系统化的
6. 如果一个州认为灾害响应和恢复所需的资源超出能力所限，它可以：
(a) 要求总统宣布进入灾害状态
(b) 要求获得州政府的援助资金
(c) 要求军队协助
(d) 要求地方志愿者协助
7. 区划变更需要举行公众听证会。对还是错?
8. 只有商业人士能够成为政策倡导者。对还是错?

回顾性问题

1. 什么是利益相关者?
2. 哪些是你要影响并纳入应急管理之中的利益相关者?(列举三个)
3. 利益相关者有什么类型的权力?(列举三个)
4. 在制定政策时必须考虑什么?
5. 什么影响政策执行?
6. 一个焦点事件的重点是什么?
7. 成功的政策执行除了要求政策符合机构的承诺，还要求什么?
8. 专家权不同于信息权的一个方面是什么?
9. 1968 年，美国国会创建了什么项目以应对洪灾，从而导致纳税人负担增加这一问题?

本章应用

1. 假如你是佛罗里达狭长地带一个小镇的应急管理者，因为小镇容易受到飓风的袭击，所以需要你去制定一个地方致灾因子减缓计划。你会让哪些人参与? 你会请求谁来帮助你完成这个项目?

2. 你刚刚被任命为联邦应急管理署的领导。你被任命，部分是因为你多年从事最初响应的工作。你拥有什么类型的权力基础? 为什么?

3. 你是联邦应急管理署的领导，美国总统任命一个委员会去评估 1968 年出台的国家洪水保险计划。你会要求该委员会在评估中采用什么样的标准? 为什么?

4. 你是一个易受龙卷风威胁的小镇的应急管理者。你认为小镇应对龙卷风的计划并不恰当，你会怎样去影响政策?

5. 你是一个核电站所在地区的应急管理者，你有一个应急规划，以应对反应堆出现的重大事故。你会采取什么步骤使得社区更多地参与到应急规划中来？

6. 在地方大学发生恐怖爆炸事件后，你负责协调响应工作，最初响应者必须很快到达现场。你会使其他哪些机构、企业和团队参与？为什么？

试试看

组织救灾工作

还记得 2004 年发生在亚洲的那场可怕的大海啸吗？哪些团体为受灾人员筹集资金和物资？如果一场大灾难袭击了你所在的州，你会呼吁谁来帮助你开展短期和长期的恢复工作？

争取企业支持

想想你所在的社区。如果一场大灾难（如严重的龙卷风）来袭，地方企业会受到什么样的影响？你期望地方企业如何帮助当地公众？说出五个企业名称，并列举出其在灾害发生时可为社区提供帮助的途径。

动员社区

你是一个公民组织的成员，主要关注所在社区内的有毒化学物质。该地方的化学设施有良好的安全记录，经过社区运送化学物质的卡车和铁路公司也都有良好的安全记录。你将如何使用不同的基层力量动员人们参与到对有毒化学物质的应急准备中？

第 3 章

建立有效的应急管理组织——应急规划

预先测试

➢ 登录 www. wiley. com/college/lindell，测评你对应急规划有关知识的掌握情况

➢ 确定你需要努力的重点在哪里

你将在本章中学到

➢ 地方应急管理机构的作用

➢ 应急管理组织怎样才是有效的

➢ 应急规划过程的阶段

➢ 如何编制应急运行计划

学习本章后，你将能够

➢ 明确地方应急管理机构的作用，包括岗位描述、人员配备问题、项目计划、预算和融资问题以及个人效果

➢ 建立有效率的应急管理组织

➢ 识别包含了个人和组织效果的计划过程

➢ 识别应急运行计划的组成部分

目标与结果

➢ 组建地方应急规划委员会，并为其配备人员

- 设计一个有效的地方应急管理组织
- 建立一个规划过程
- 创建一个应急运行计划

导　言

有效的应急管理组织可以挽救生命并防止损失的发生。要建立一个有效的地方应急管理机构（local emergency management agencies，LEMAs），你必须了解地方应急管理机构的角色，包括岗位描述、人员配备问题、项目计划、预算和融资问题以及个人效果。作为一个应急管理者以及地方应急管理机构的成员，你也需要了解如何去开发一个有效的应急管理组织以支持你所占有的职位和所要履行的责任。这包括创建一个规划过程，它可以促进运行计划的形成以及给个人和组织带来积极的效果。

本章以探讨地方应急管理机构为起始点；然后，你的任务就是创建一个应急管理组织；最后，你将开发一个规划过程和一个有效的应急运行计划（emergency operations plan，EOP）。学习基础知识和技能也很重要，如怎样召开卓有成效的会议以及如何取得社区的支持和资源。这与掌握本章的总体理念同样重要。如果你不能有效地驾驭这些简单的任务，可能就无法完成更为复杂的任务。

3.1　地方应急管理机构

在实践中，地方应急管理机构可能会有不同的名称，如民防办公室（Office of Civil Defense）、应急管理办公室（Office of Emergency Management）、应急服务办公室（Office of Emergency Services）或者国土安全办公室（Office of Homeland Security）。地方应急管理机构可能是一个单独的部门或另一部门的一部分，也可能是与首席行政长官（chief administrative officer，CAO）办公室合作的个人。首席行政长官可能是市长或者城市管理者，他有权雇用和解聘职员、分配资金、评估绩效。在许多社区里，地方应急管理机构只配备一名工作人员。在一些小城市以及不易发生灾害的城市，情况尤为如此。作为地方应急管理机构的领导，你就是地方应急管理者。在一些较大的城市，你会有大量的工作人员。对于纽约等面临严重致灾因子的城市来说，这一点尤为正确。你还要组织一个委员会，即**地方应急管理委员会**（local emergency management committee，LEMC），这有助于你规划和执行应急管理政策。

作为地方应急管理者，你要在紧急状态下向首席行政长官报告情况。然而，在日常工作期间，你要向主要机构的领导报告情况，如当地警方或消防部门的领导。你可能是：

- 专职人员
- 兼职人员
- 志愿者

你的身份取决于：

- 社区规模
- 社区财政资源
- 社区的致灾因子脆弱性

应急管理者在培训和经验方面各不相同。较大的社区能够承担更多的经费，易于吸引更高资质的人员。当然，一些较小的社区也有许多高素质的工作人员。

3.1.1 岗位描述和报告程序

作为一个地方应急管理者，你必须知道：

- 根据岗位描述所确定的职责（FEMA，1983）。
- 你将向谁报告你的工作。
- 如果有的话，谁将向你报告。
- 你必须有的特定资质包括教育、培训和经验等。

如果缺少对当前岗位的描述，你应当起草一份岗位描述报告并与你的领导讨论。

你还必须了解地方政府中不同机构之间的关系。你主要会与以下领域的部门合作共事：

- 治安
- 消防
- 应急医疗服务
- 市政工程

所有这些部门都要向首席行政长官报告工作。首席行政长官的工作是确保这些部门：

- 在法律要求的范围内履行职责。
- 在允许的时间里履行职责。
- 在预算范围内履行职责。

通常，首席行政长官并不是公共安全、应急医疗或者应急管理方面的专家，他们很难提供技术上的指导。正因为如此，地方机构与州（有时是联邦）一级的机构合作共事，这些州、联邦的机构向地方提供技术上，有时也包括财政上的帮助。州和联邦的机构缺少对地方机构的管理权，它们的关系被表示为州和地方机构组织图中的虚线（见图 3—1）。地方机构向首席行政长官报告；同样，州的应急机构向州长汇报情况。

地方和州之间的关系也会延伸到联邦一级。此外，其他两种关系也应当引起人们的注意。

（1）在紧急事件发生期间，你要向临近社区提供帮助。这种承诺以协议备忘录

（memorandum of agreement，MOA）的形式被确定下来。

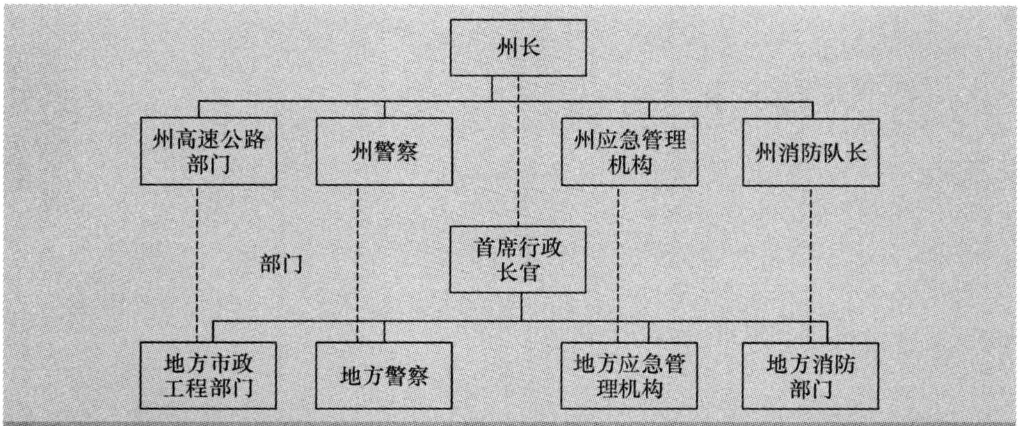

图 3—1　州和地方机构组织图

（2）你应该与地方应急管理委员会建立密切的关系。地方应急管理委员会是一个能够增进地方机构之间相互协调的灾害规划网络。其中，有些地方应急管理委员会就有毒化学物质泄漏事故通知社区，并使社区做好准备。地方应急管理委员会是依法建立的，然而，也有些应急管理者自主建立了类似的委员会来处理各种致灾因子。其中的一些应急管理委员会还承担以下责任：

- 致灾因子减缓
- 灾害准备
- 应急响应
- 灾后恢复

3.1.2　地方应急管理机构的人员配备

许多地方应急管理机构配有行政人员，如职员或秘书；有些地方应急管理机构还包括专业人员，如应急管理分析师。所有工作人员需要有包括以下内容的岗位描述：

- 头衔
- 上司的名字
- 职能清单
- 职责清单
- 资质清单

工作内容包括：

- 接收和查询信件
- 起草计划和流程
- 维护数据库
- 安排会议

● 会议记录

大部分社区对带薪工作人员的要求是：

● 每年接受一次工作检查。

● 每年都要接受培训，并达到绩效目标。

在许多情况下，预算无法支持足够多的职员来开展所有的活动，所以，人们就会招募志愿者，这些志愿者能够帮助地方应急管理机构实现目标。在志愿者中，一些人有着你可能缺乏的有价值的技术特长（例如，计算机技术、无线电通信技术）。志愿者的绩效评估尽管不是强制性的，但对于他们提高绩效来说，也是重要的。

3.1.3 地方应急管理机构的项目计划

你需要制定一个项目计划来指导全年的工作。联邦应急管理署（FEMA，1983，1993）建议应急管理者在他们负责的每一个主要领域内设定年度目标，比如：

● 致灾因子及其脆弱性分析

● 致灾因子减缓

● 应急准备

● 恢复准备

● 社区致灾因子教育

设定这些目标之后，你必须确定实现目标的能力。**能力评估**（capability assessment）将能向你展示哪些目标是容易完成的，哪些目标的完成要困难得多。你应该对**能力不足**（capability shortfall）进行记录。由于应急管理可获得的资金有限，你不可能在一个年度内弥补能力的不足。这意味着你必须制定一个**多年度发展计划**来弥补能力的不足，其典型就是五年计划。由于规划周期较长，多年度发展计划应当确立特定的年度里程碑，目的在于弄清楚你是否找准了目标。

3.1.4 地方应急管理机构的预算准备

你的预算应包括：

● 对预期费用进行分类。

● 列出分配给每一费用类别资金的详细数目。

● 覆盖财政年度（12 个月的时间段），这可能不同于日历年度（从 1 月 1 日到 12 月 31 日）。

典型的预算分类包括：

● 员工工资。

● 办公场所费用。

● 办公设备费用（例如复印机、计算机、传真机）。

● 电话业务费（本地和长途）。

- 差旅费。
- 材料和办公耗材费用（如纸、调色剂）。

你应当预见到更换磨损设备或者购买新设备以提高应急能力的需求。这一费用必须包含在预算里。预算还应该包含**应急资金**（contingency fund），以满足紧急情况下所需资源的费用要求。

你所面临的挑战是要确保这些费用不超出预算。对于一些日常性和持续性的项目来说，这点不难做到，因为它们是固定的，但是办公设备的维修是不可预料的。你可以通过签订服务合同，固定维修所需的费用。长途电话业务费和培训的差旅费具有不确定性。然而，这些费用可以单独处理，如有需要，可以缩减。

应急响应的应急资金很难估算。紧急事件的范围（甚至是否发生）是不可预测的。尽管如此，历史记录或者与附近社区应急管理者的讨论对确定应急资金的适当数额会有帮助。在准备预算的时候，你必须说明每个项目的合理性。前几年的支出记录具有参考价值，但需要根据通货膨胀或项目计划的改变对预算进行调整。当有新的需求出现时，你必须申请额外的费用，这要记录在与预算申请相配套的**预算说明**（budget narrative）中。预算及相应的说明以书面的形式，在很多情况下也以口头的形式提交给提供资金的部门。图表的使用可以解释每个预算项目对计划完成的贡献。在提交新一年的预算时，你必须用你所在辖区现行的表格填写。在这方面，辖区预算办公室能帮上你的忙。

你有可能会收到有关预算的月度报告。如果预算建立在准确信息的基础上，你就不会偏离目标。如果超过了预算，你就必须矫正赤字。许多人通过缩减差旅费和培训费来平抑赤字，而如果它们被连续削减几次，则会给培训方面带来问题。

高级民选官员和任命官员通常会要求你周期性地报告项目计划的进展和预算情况。图表在你说明进展情况的过程中很有用。你也应当说明每一个预算项目目前已经支出的百分比，并将其与前一年的情况作一个比较。例如，你将发现自己很容易解释为何前三个月（25%）在计算机更换这一项目上花费 0%的预算，但是，你难以解释为何同一时期内在员工工资这一项上支出了 40%的预算。不论发生何种情况，你必须说明支出与预算因何不符，并说明如何来纠正这一情况。

3.1.5　地方应急管理机构的经费来源

对你而言，最显而易见的资金来源于首席行政长官。同时，也有其他一些经费来源，联邦应急管理署有一系列提供财政帮助的项目。例如，通过所在州的应急管理机构，你可以获得相应资金。每个州的要求稍有不同。例如，得克萨斯州要求你制定一个符合特定质量标准的计划，并根据计划、培训装备以及演习活动等情况提供竞争性的奖励。持续性的财政支持基于达到绩效标准和财政要求，此外，你还必须实现年度目标。联邦应急管理署也为处理化学致灾因子提供支持。申请中必须写明项目的目标以及达到这些目标的计划。地方应急管理机构通过各自所属州的应急管理机构向上递交申请，联邦应急管理署的地区办公室对这些申请进行评审。

得克萨斯州的旱灾

2000 年，北得克萨斯州的几个小镇面临着严重的干旱。依莱克特拉（Electra）和斯罗克莫顿（Throckmorton）等小镇的居民被禁止冲洗厕所。如果给草坪浇水，他们将会被处以 500 美元的罚金。时任得克萨斯州州长的乔治·W·布什（George W. Bush）宣布这一地区为灾区。得克萨斯州给斯罗克莫顿拨款 80 万美元，修建了一条通往临近社区格雷汉姆（Graham）的、长达 21 英里的管线，格雷汉姆已同意向斯罗克莫顿提供回水供给。

你也可以联系地方资源以获得资助。核电厂等工业设施可以支付准备应急设备的费用，公路和铁路运输商能够提供培训方面的帮助，商业性企业可以对增强致灾因子意识的项目有所贡献。

自我检测

- 描述地方应急管理机构的报告机构。
- 给出地方应急管理委员会的定义。
- 给出能力评估和能力不足的定义。
- 说明你怎样为地方应急管理机构争取资金。

3.2 设计有效的应急管理组织

地方应急管理机构的工作效率如何？地方应急管理委员会的工作效率如何？促使应急管理机构高效率运行的激励因素是什么？是资金，是训练有素的员工，还是社区的支持？地方应急管理组织的效率是通过以下因素来衡量的：人们应对社区致灾因子所采取和执行的调整措施的质量、及时性和成本。

一个有效的地方应急管理机构包括以下组成部分：

- **组织效果**：对有效的地方应急管理机构来说，理想的效果包括高质量、高数量、及时和低成本的产品输出，如致灾因子脆弱性分析、应急运行计划以及恢复行动计划等等。
- **个人效果**：对有效的地方应急管理机构的个体成员来说，理想的效果包括高水平的工作满意度、组织承诺、个人努力和出勤率以及组织公民行为。
- **规划过程**：一个有效的规划过程包括富有成效的规划活动、团队氛围分析以及战略选择。

如图 3—2 所表明的那样，一个有效的规划过程取决于：

- 致灾因子暴露和脆弱性，包括有关致灾因子的经历或者是有关致灾因子潜在影响的知识。
- 来自官员、新闻媒体以及公众的社区支持。
- 社区资源，如人员配备水平以及分配给应急响应组织的预算。
- 来自政府和非政府组织的社区外资源。
- 地方应急管理机构的人员配备水平和组织状况。

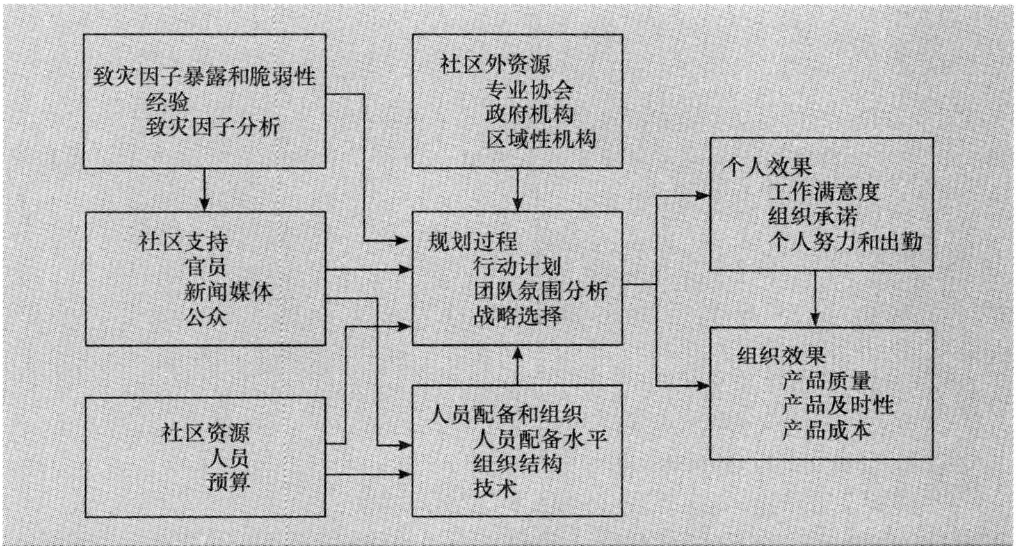

图 3—2 地方应急管理效用模型

规划过程是动态的，因为成功具有累加效应。高水平的个人和组织效果会由于灾难需求（通过应急培训、操练以及演习）、社区支持、更好的人员配备和组织、更多的应急规划资源而产生更高水平的替代性经验。

3.2.1 致灾因子暴露和脆弱性

经受过灾难的社区会下定决心做好更加充分的准备。经常性的影响、近期的影响和严重的影响能够导致**灾害亚文化**（disaster subculture）的形成。在这种亚文化中，居民会实现备灾常态化（Wenger，1978）。当灾害很少发生、很久不发生或其所造成的损失微不足道时，社区就不会关注致灾因子准备。灾害多发城市所采取的准备活动是灾害少发城市的 1.5 倍（Kartez and Lindell，1990）。但是，人们通过读报获知或者听说其他社区的遭遇后，会更为真切地感受到社区暴露于致灾因子之下的情形。人们也可以通过媒体的报道获得这样的经历，因为报道会使灾害经历变得更有影响力，尤其是来自同行的报道（Lindell，1994a）。例如，一个地方的消防队长会被其他地方消防队长的经历所影响。

3.2.2 社区支持

高级民选官员和任命官员、新闻媒体以及社会公众对社区的支持很重要，因为这会影响分配给地方应急管理机构和地方应急管理委员会的资源。对于掌握预算和人员编制分配的地方民选官员和任命官员来说，应急管理并非被置于优先地位（Labadie，1984；Sutphen and Bott，1990）。正如一位警察局局长所说的：

> 我首先要考虑的事情是让警员出警。公众以出警绩效来对我进行评估，而非我是否对可能永远也不会发生的地震制定计划。如果可以听其自然，警察局将对灾害规划给予更少的关注。（但是，实际上）行政长官被要求将灾害规划作为优先考虑的事项。（Kartez and Lindell，1990，p. 13）

在不积极作为的地方应急管理委员会中，有 2/3 将自身没有取得成就的原因归咎于社区的冷漠，超过 1/3 的将之归咎于资金的缺乏。社区信息需求、媒体报道、地方支持以及地方官员的支持，都与地方应急管理委员会的效率密切相关。

3.2.3 社区资源

各辖区地方应急管理机构和地方应急管理委员会在效能上的差异可以部分地归结于社区的资源不同。例如，亚当斯和他的同事（Adams，et al.，1994）以及林德尔和他的同事（Lindell，et al.，1996）都发现，对应急规划命令的服从与以下几个方面密切相关：

- 管辖区域的规模
- 家庭的平均收入
- 城市人口的比例
- 管辖区域的预算
- 警察和消防部门的人员配备

3.2.4 社区外资源

社区外资源同样也会对应急规划的效能产生影响。这些资源包括：

- 联邦机构的技术报告
- 州应急规划机构的技术支持
- 产业培训项目
- 计算机软件
- 全州范围内应急管理协会中的会员

• 来自私人企业和周边临近管辖区域的新理念、计划、程序以及装备（Kartez and Lindell，1987）

3.2.5 人员配备和组织

大量研究表明了地方应急管理委员会的人员配备和组织情况如何对其效用产生影响。例如，有效的应急管理机构包括如下特征（International City Management Association，1981）：

- 已经确定的民选官员的角色
- 清楚的内部等级制度
- 良好的人际关系
- 把遵守计划作为一种持续性的行为
- 成员与公民具有参与的动机
- 参与机构之间彼此协调
- 公私之间相互合作

应急管理网络的效果在新近经历过灾难的社区里会更好。即使近期没有经历灾害，如果人们就“最有可能发生和最致命的致灾因子是什么”这一问题达成一致，则应急管理网络可能依然是有效的（Caplow，Bahr，and Chadwick，1981）。更加有效的应急管理网络的特征是：

- 有经验更为丰富的成员
- 有更广泛的地方联系
- 已经制定计划并且熟悉计划
- 在管理诸如洪水之类的常规自然致灾因子方面，有个人的亲身经验
- 对与应急相关的州和联邦机构的政策和程序更为熟悉

纽约应对恐怖主义的经验

尽管“9·11”事件是一场巨大的灾难，并且与以往发生在美国本土上的其他任何恐怖事件相比造成了更多的损失，但纽约应对灾难的准备工作已做得相当出色。世贸中心人员的疏散取得了令人惊叹的成功。数以万计的人在双子塔里面工作，但是，仅有约 3 000 人罹难，其中还包括了不在大楼中工作的消防队员和其他人员。在降低灾害损失方面的成功可以归因于纽约的灾害规划和应对经验。纽约市对各种灾难做了大量的计划；同时，双子塔也不是第一次被袭击，1993 年，一个汽车炸弹在世贸中心被引爆。

其他影响应急管理网络效能的因素包括（Lindell and Meier，1994）：

- 成员的数量
- 有偿职员的工作时间
- 地方应急管理委员会中代表机构的数量

- 分委员会的组织
- 民选官员和市民团体的代表性

令人不可思议的是，在应急管理网络中有来自新闻媒体的代表，而这对应急规划的整体效果所起的作用最小。建立分委会有所助益，因为这可以让各成员们专注于特定的工作，从而避免被需要完成的各种工作压得喘不过气来（Lindell，et al.，1996a）。

自我检测

- 描述一下构成有效的地方应急管理机构的因素。
- 定义灾害亚文化。
- 说出三种社区外资源。
- 描述地方应急管理机构的人员配备是如何对其成功产生影响的。

3.3 规划的过程

应急规划过程有如下五个主要步骤：

(1) 规划行动；

(2) 提供积极的工作氛围；

(3) 分析情境；

(4) 获取资源；

(5) 选择战略。

3.3.1 第一步：规划行动

与灾害经验相比较，良好的规划行动对采取适当的应急准备行动更具影响力(Kartez and Lindell，1990)。拥有更为完善的规划过程的城市所采取的准备行动比其他城市多2.5倍。有趣的是，正如表3—1所显示的那样，诸如跨部门培训、高级官员评估、建立跨部门任务小组等规划活动尤其重要。相反，更多的日常活动，例如程序更新、计划更新以及互助协议评估，其影响微乎其微。

表3—1 规划行动及其在采取有效应急准备行动中的重要性

最大差异	最小差异
跨部门培训	程序更新
高级官员评估	计划更新
建立跨部门任务小组	相邻城市互助协议的评估
建立社区灾害援助理事会	

续前表

最大差异	最小差异
行动后批评	
演习	
脆弱性分析	
与电视/广播管理者会面	

会议的特征对组织的效用有着重要的影响。为了主办一次有效的会议，我们需要：

- 定期安排会议。可能的话，把会议安排在每周的同一天和这天的同一时间。
- 在会议开始之前，发布会议议程。
- 做好会议记录。
- 在会议上设定目标以及评估的过程。
- 预先确定对所有成员（全职成员、兼职成员以及志愿者）都合适的会议次数。

3.3.2 第二步：提供积极的工作氛围

在具有积极的组织氛围的地方应急管理委员会中，规划效用是最高的。为了提供积极的组织氛围，我们要做到：

- 明确你认为需要完成的工作以及如何完成。
- 了解团队每一个成员的优势和劣势。
- 支持团队成员的需求。
- 就“哪些工作被认为需要去做”征得其他人的同意。
- 给予他人完成工作的充足时间。
- 给予成员足够的独立性去完成他们的工作以做出有意义的贡献。
- 分享信息以及协调个人的努力。
- 对取得了团体认可的出色工作绩效的人给予表彰。
- 形成团队的自豪感。

3.3.3 第三步：分析情境

在应急规划中，你必须分析致灾因子对社区的潜在影响。你必须检查以下五个因素：

（1）**致灾因子暴露**：识别受威胁社区面临的致灾因子。确定有可能受到影响的位置；同时，要确定致灾因子给这一区域造成毁坏的强度。

（2）**物理脆弱性**：检查社区的建筑物，并且确定它们是否能够承受预期的致灾因子的影响；检查社区的基础设施，并确定致灾因子将会如何对其产生影响。

（3）**社会脆弱性**：调查社区的人口状况，并确定不同人群的致灾因子暴露情况。一些人可能居住在会被龙卷风摧毁的房屋里。例如，房车在面对龙卷风时是极其脆弱的。同样，要调查不同人群可使用的应急资源的数量和类型。这些资源不仅有助于致灾因子准备，在恢复期间也有所助益。

（4）**替代性的致灾因子调整**：找到减少灾害损失和迅速从灾害中恢复的途径。例如，安装窗板是应对飓风的致灾因子调整措施。确保当地医院有备用发电机，这是应急响应中致灾因子调整的实例。检查致灾因子调整在保护人身和财产安全中的效果。评估所需资源，它们涉及资金、专业知识和设备、时间和努力以及社会合作。

（5）**能力评估**：与社区成员讨论致灾因子调整措施。与房屋所有者、企业领导、政府机构官员以及非政府组织交谈，确定他们是否有采取有效致灾因子调整措施所需的能力和责任心。例如，在迈阿密，安德鲁飓风快要登陆之前，几乎无人认识到其严重的后果。许多家庭缺乏采取致灾因子调整措施的责任心，许多人甚至都没有用木板加固自己的房子。

3.3.4 第四步：获取资源

为了有效地应对致灾因子，你需要获取大量的资源。你需要有人员、装备以及从各种渠道获得的信息。一种重要的资源，如微型计算机，几乎所有的应急管理者都可以得到并使用。然而，分析致灾因子所要用到的高速、高存储能力的计算机可能就无法轻易得到。你可以在土地使用规划部门找到这一类型的计算机（Lindell，Sanderson，and Hwang，2002）。你可以从联邦应急管理署和国家气象局等联邦机构设立的网站上获得数据资源，也可以利用州的网站（Hwang，Sanderson，and Lindell，2002）。这些组织同样会提供软件、手册以及培训课程来帮助你评估社区的脆弱性。

3.3.5 第五步：选择战略

影响整个社区的灾害不同于可以由单一机构处置的日常紧急事件（Dynes，Quarantelli，and Kreps，1972）。为了备灾，我们有六种有效的战略，可以使其他人参与进来。你可以采用多种战略，而且，你采用每一种战略的程度取决于社区的规模、可获得的资金以及你个人的特质（Drabek，1987，1990；Mulford，Klonglan，and Kopachevsky，1973）。

（1）**资源建设策略**：如果选择这一方式，你要花费时间来获取资源。这些资源包括人员、技术和装备。为了实现效用，你必须积极地去增加所有地方机构的资源。为此，你应使地方应急管理机构的使命与其他机构一致。

（2）**应急资源战略**：这一方式强调与所有应急机构合作共事。例如，如果你选择了这一方式，你将会与消防和治安部门密切合作。

（3）**精英代表战略**：这是一种建立关系的方式。如果你选择这一方式，你将会要求地方应急管理机构的成员与其他应急相关组织中有影响力的成员相互配合。他们之间的个人联系及专业联系是非常重要的，其合作共事以及例会和演习也是同样重要的。

（4）**选区战略**：这是以建立关系为中心的另一方式。不同的是，这里的关系是指地方应急管理机构和另一个其他组织之间的关系。两个组织必须从合作关系中获得益处。如果有充分的合作理由，那么，合作的可能性就会很大。合作关系通常建立在意识到潜在灾害这一基础上。在两个组织都认识到应避免服务缺位或重复劳动的需要时，合作关系就随之而形成。

（5）**吸纳策略**：这是一种挖掘他人知识的方式。这一方式强调邀请关键人员，尤其是其他组织的关键人员来担任主任或是顾问，使其成为地方应急管理机构正式结构的组成部分。

（6）**受众策略**：这是一种公共关系方式。如果选择这种方式，你将要花费时间在应急准备方面教育公众。

3.3.6 个人效果

为了使地方应急管理机构有效，你需要具有奉献精神的人。研究表明，人们会忠诚于那些可以满足其某些需求，从而使其获得收益的组织。这些需求包括：

- 个人需求，例如获得薪水和津贴。
- 社会需求，例如在工作中结识朋友。
- 目的性需求，例如为社会做益事和获得认同感。

与有偿工作人员相比，志愿者更有可能以工作为乐趣（Pearce，1983）。按照波特、斯蒂尔斯、墨迪和波利安（Porter，Steers，Mowday，and Boulian，1974）的观点，志愿者通常具有以下特征：

- 坚定地相信并接受组织的目标和价值。
- 愿意代表组织和做出巨大的努力。
- 怀有保持组织成员身份的强烈欲望。

不管是有偿工作人员还是志愿者，他们都有可能对组织作出某种类型的承诺。有两种类型的承诺：感情承诺和连续承诺（Meyer and Allen，1984）。感情承诺是员工与组织的情感纽带，这种类型的承诺会促成雇员的高绩效。个人的感情承诺受到以下因素的影响：

- 组织的领导力
- 对自我能力的认识
- 角色的清晰度
- 对组织目标的认同
- 机会的回报

相反，连续承诺是组织成员为了维持实际利益而对组织作出的承诺。例如，组织成员可能不会打算离开组织，因为他们不想失去健康保险、养老金或者一些其他福利。连续承诺激发员工留在工作岗位上，但不会激励他们把工作做好。组织承诺是理解地方应急管理机构和地方应急管理委员会效用的重要方面。如果人们对组织没有承诺，那么，他们将会离开组织，并带走专业技能。

3.3.7 组织效果

一个组织的成功主要基于两个因素。正如前面讨论的，首先，一个组织自身取得成功的条件是其成员取得成功；其次，要想取得成功，组织必须有一个深思熟虑的规划过程。应急管理机构的评判基础通常包括：

- 计划的有效性。
- 及时性。
- 计划的成本。
- 致灾因子脆弱性分析。
- 公共信息发布。
- 教育方面的努力，如发放宣传册和开发网站。

地方应急管理委员会在不同的活动中有不同的绩效表现。一般情况下，地方应急管理委员会在以下方面的工作中是有效率的：

- 收集、整理和归档致灾因子数据。
- 清理、盘点地方应急响应资源。
- 获得应急通信设备。
- 对地方应急响应者进行培训。

对安德鲁飓风的无效应对

1992年，在安德鲁飓风猛烈冲击南佛罗里达三天之后，达德县的应急运行指挥官在国家电视频道上发出了请求。“在这个地狱般的地方，援军何在？”愤怒的凯特·黑尔（Kate Hale）问道。安德鲁飓风的强度达到了五级，是美国历史上破坏性最为严重的飓风之一，它持续数日，使受灾者没有食物、水或是财政援助。按照既有的程序，联邦政府要等待地方政府提交有关资源需求的文件，并通过州长转发要求总统发布灾难声明的请求。然而，飓风的破坏范围如此之大，以至于地方政府不可能快速地评估灾害影响。是地方政府错在未能保护自己的应急管理组织，还是州和联邦政府错在未能认识到地方政府的无力应对？你是否希望联邦政府自己决定何时发挥作用，而非接受请求后才发挥作用？

相比之下，地方应急管理委员会在以下方面的工作中是缺乏效率的：

- 编制保护行动指南。
- 分析当地建筑物的空气渗透率。
- 分析脆弱地区的疏散次数。
- 增强社区对有毒化学物质这一致灾因子的意识。

自我检测

- 说出应急规划过程的五个主要步骤。
- 说明如何有效地组织一次会议。
- 说出应对一场灾难你能够使用的六种战略。
- 比较个人效果和组织效果。它们有什么不同？又有什么相同？

3.4　发展应急运行计划

前面的部分描述了影响应急规划效用的因素，后面的章节将会对应急运行计划的内容提出相关的建议。尽管如此，其间还有一个不容忽略的重要步骤，即计划发展的过程。应急运行计划的发展是一个包括八个步骤的多阶段过程。

3.4.1　步骤一：建立一个初步规划时间表

表 3—2 是一个样本，显示了如何识别主要任务以及完成任务所需要的预期时间。你需要提供精确的时间估计，而地方应急管理委员会成员需要确认最后期限是否是可能且合理的。

表 3—2　　初步规划时间表样本

时间（月）	0	2	4	6	8	10	12
组织地方应急管理委员会	[—]						
进行能力评估		[———]					
分派计划组成部分的职责		[—]					
完成计划时间安排表			[—]				
撰写计划组成部分			[——————]				
评估、修订计划草案					[———]		
获取社区评估						[—]	
修改或公开计划						[———]	

3.4.2　步骤二：发布规划指令

你不可能掌控所需的一切资源。所以，你必须协调其他机构的行动。由于你对它们没有直接的支配权力，所以你只有得到首席行政长官的授权，才能与其合作。这要求首席行政长官签署一项规划指令，说明规划过程的期望。规划指令包含三个部分。第一部分说明规划的目的、实施规划过程的法定权力以及具体的目标；第二部分描述规划过程、地方应急管理委员会和其他参与组织以及作为首席行政长官代表的你所拥有的权力；第三部分涉及规划批准过程以及公布最终规划的预定截止时间。即使首席行政长官签署规划指令，你也应该起草该指令，以确保所有必需的要素都得到体现。

3.4.3 步骤三：组织地方应急管理委员会

你通过邀请其他人参加的方式来建立一个委员会。为此，你应该邀请每一个能够对致灾因子进行响应的组织中的志愿者；同样，你也应该邀请致灾因子应对能力较弱的组织中的志愿者。这一点是很重要的，因为公共安全机构，如警察和消防部门总是参与应急响应，但是，其他地方组织可能仅仅在被首席行政长官告知必须参与时才参与（Kartez and Lindell，1990）。这些组织应该被列在规划指令里。表 3—3 就是这些组织的典型清单。委员会成员在从事正常工作的同时，每月要为地方应急管理委员会工作几个小时。你与委员会成员要选出委员会的高级官员，例如：

- 主席
- 副主席
- 秘书
- 信息协调员
- 分委会主席

表 3—3 参与地方应急管理委员会的典型组织

消防部门
地方设施（天然气、电力、通信）部门
治安部门
红十字会
紧急医疗机构
医院
公共工程部门
护理之家
土地使用规划部门
学校
建筑监察部门
新闻媒体
首席行政长官办公室
环境组织
公共卫生部门
地方企业
地方民选官员
工会

与其他组织一样，主席负责：

- 主持会议。

● 在政府官员面前，代表地方应急管理委员会。
● 在私营部门面前，代表地方应急管理委员会。
● 在新闻媒体和公众面前，代表地方应急管理委员会。
● 在州和联邦机构面前，代表地方应急管理委员会。

当主席缺席时，副主席履行主席的职责，但是，其主要职责是管理地方应急管理委员会的内部事务；秘书负责安排会议，做好会议记录；信息协调员负责有关致灾因子、规划过程以及规划产品的信息联络，也可负责监督地方应急管理委员会的预算。

向地方应急管理委员会成员分派专门的工作，而不是让每个人投身于所有的工作中，这可以使地方应急管理委员会更有效率。因而，地方应急管理委员会应该成立分委员会，每一个分委会必须针对自己的情况，确定适当的分工。下面列举的是一些典型的分委会及其职责。

致灾因子脆弱性分析委员会：

● 识别社区面临的致灾因子。
● 分析居民建筑、商业建筑和工业建筑的致灾因子脆弱性。
● 分析基础设施（燃料、电力、供水、排水、通信以及运输）的致灾因子脆弱性。
● 识别可能由初始灾害影响而造成的任何次生致灾因子。
● 识别诸如学校、医院、疗养院以及监狱等场所的位置，那里的人员往往因流动能力有限而具有脆弱性。
● 识别承载力脆弱、人员非常住的其他场所的位置。

规划、培训和演习委员会：

● 起草应急运行计划。
● 开展培训项目以提高应急响应者的能力。
● 针对正常运行或是日常紧急事件期间没有执行的与灾害相关的工作，开发培训材料。
● 开展培训，旨在使人们可以具备对灾害响应的总体性了解。
● 开展培训，旨在提高技能，以完成罕见、艰巨的任务。这些任务对应急响应组织的成功至关重要。
● 开发必要的培训材料或者是从其他渠道获取这些材料。
● 通过操练和演习检验计划。
● 从主要的应急响应机构和公共卫生机构招募代表。

恢复和减缓委员会：

● 在灾害影响发生前，开发一项恢复计划，这有助于灾后的快速恢复。
● 确立会减轻社区致灾因子脆弱性的减缓项目。
● 确认灾害发生前需要完成的项目。
● 确定恢复期间要实施的项目。
● 获得公共工程、社区发展、土地使用规划以及建筑建造机构代表的帮助。

公众教育和拓展委员会：

● 与新闻媒体和公众沟通。

- 描述规划、培训和演习委员会是如何开展有效的灾害响应活动的。
- 描述恢复和减缓委员会的活动何以提供有效的恢复计划。
- 撰写能够被房屋所有者和企业成员所理解的非技术性总结报告。
- 制作幻灯片或是其他类型的图片演示，支持与社区团体的交谈。
- 制作散发给公众的宣传手册。

执行委员会（主席、副主席、秘书以及分委会主席）：

- 确保地方应急管理委员会逐年制定具体的、可实现的目标。
- 确保地方应急管理委员会通过对资源的有效使用来实现目标。
- 获得支持地方应急管理委员会活动的资源。
- 开展规划方向引导活动，以便使地方应急管理委员会成员就规划过程达成共识。

应急规划有两大障碍（Daines，1991）。首先，规划机构没有应急响应的经验。其次，应急响应机构没有规划的经验。这些机构通常只应对较小的紧急事件。对于较小的紧急事件，它们有标准的操作程序，不需要详细的计划。此外，它们没有意识到可以从州和联邦机构获得规划资源。必须让地方应急管理委员会成员了解州的应急、恢复与减缓计划的要点，还必须让他们了解《联邦响应计划》以及联邦应急管理署的响应、恢复、减缓项目和规划指南。

3.4.4 步骤四：评估灾害需求和能力

地方应急管理委员会成员必须确认在社区紧急事件中需要完成的工作。要做到这一点，他们就必须学习如何进行致灾因子脆弱性分析。除了了解响应和恢复工作以外，地方应急管理委员会成员还必须探讨公众在灾难面前应如何响应。例如，每个人都将沿着相同的高速公路疏散吗？杂货店里的罐装食品和瓶装水会出现短缺吗？这些都是地方应急管理委员会成员必须考虑并加以规划的问题。

此外，地方应急管理委员会成员可能期望外部机构来完成自身缺乏资源的工作。例如，地方官员可能会认为，邻近辖区会管理起源于自己所在辖区的交通流量问题。但是，实际情况可能并非如此。你必须帮助地方应急管理委员会，确保计划是建立在现实的基础上的，即需要去做什么事情以及谁将能够做到（Dynes，et al.，1972）。

3.4.5 步骤五：撰写计划

每个地方应急管理委员会都需要有应急运行计划、恢复运行计划以及致灾因子减缓计划。但是，并非所有的工作都要由你来做，因为你有分委会的帮助。

当你开始撰写这些计划的时候，你应当：

- 确保各分委会里具有可以起草计划每一部分的贤能之士。
- 确保每一个计划具有这几个部分：基本计划、附件和致灾因子专项附录。

- 要求参与起草的组织代表起草涉及自己管辖范围的那部分。例如，警察部门应该起草关于执法的那一部分。
- 对计划的结构和内容提供指导。
- 向各分委会的成员提供他们可使用的资源。
- 设定绩效目标和截止时间。
- 起草基本计划。
- 就目标与首席行政长官进行年度讨论。

3.4.6　步骤六：评估和修订计划草案

确保所有的草案都经过地方应急管理委员会中所有分委会的审查，以找出潜在的问题。潜在的冲突包括机构承担的任务和机构本身的能力之间存在的差距。一个计划的条款与另一个计划的条款之间可能也有冲突。例如，应急运行计划对基础设施的恢复给予了优先权，这与恢复重建计划中的优先次序相冲突。

3.4.7　步骤七：接受社区的审查

计划草案在地方应急管理委员会内部经过检查后，应在整个社区内发布这些草案以接受审查。要与公众教育和拓展委员会合作。在整个社区内的图书馆和其他公共场所放置计划草案的复印本，告知公众可获得计划草案并对其进行审查。公众教育和拓展委员会应当与邻近团体（如社区委员会、教师家长会）和服务组织（如扶轮社、同济会、商会）讨论这些计划。给予公众充足的时间来审查这些计划。另外，你要确保至少组织一次公众会议，让公众反馈意见。这些意见应当被记录下来并保留在地方应急管理委员会的档案文件里。

检验应急运行计划

2003 年，宾夕法尼亚州通过模拟以下场景，演习应对恐怖袭击的响应行动。三个携带放射性炸弹的武装恐怖分子挟持了一辆港务局早班通勤车，并将车上的乘客劫持为人质。应急响应者要做的包括控制危险物质、营救人质以及抓捕恐怖分子。这次演习虽然没有一人受伤，却显示出了应急响应人员（警员、消防员、医护人员和爆破人员）在能力上的弱点。

3.4.8　步骤八：以最终形式公开计划

把所有社区反馈来的问题都提交给相关的委员会，委员会必须在计划的最终版本里涉及所有问题。每份最终计划应当包含一个文件，文件把得到的意见加以分类并且解释这些意见是如何被整合进来的。如果对反馈的意见没有加以解决，那么需要解释原因。把最终计划的复印本及其附带文件转交给所有的应急机构和在计划中发挥作用的其他参与组织。把其他的最终计划复印本和文件与计划草案一起存放起来。确保整个辖区内的家庭和企业可以得到这些文件。

自我检测

- 说出发展应急运行计划的八个步骤。
- 说出规划指令的三个部分。
- 说出地方应急管理委员会的三个分委会。
- 列举在撰写计划时你必须做的四件事情。

总　结

组织能力、领导能力和杰出的沟通技巧是你作为一个应急管理者取得成功的关键。正如你所看到的那样，地方应急管理机构是被组织起来的团体，依赖于清晰的组织结构、明确的任务分配、有效的组织管理以及缜密的规划来取得成功。地方应急管理机构应当精心组织和管理，发展应急组织、计划过程、创建应急运行计划等工作也当如此。本章概括性地阐述了完成这些工作的主要步骤。所有这些工作以结果为根据并依赖于你们组织资源、获取资金以及良好沟通的能力。请按照本章所叙述的步骤来培养这些技能。

关键术语

预算说明	预算申请的附带文件，包括了对额外资金的请求。说明以书面形式递交并且在上面可以用图表的形式来解释预算项目。
能力评估	评估你所在辖区的资源在满足灾难需求时所达到的充足程度，灾害需求是通过致灾因子脆弱性分析来确定的。
能力不足	辖区当前所拥有的资源水平与满足灾害需求的资源水平之间存在差距，灾害需求是通过致灾因子脆弱性分析来确定的。
应急资金	预算中的一笔资金，用来支付紧急事件发生时所需要的资源费用。
灾害亚文化	居民团体间的行为模式，他们把对灾害的准备作为一个日常行为。这些团体经常经历灾难并且决心在未来更加充分地备灾。
地方应急管理委员会	用来增强地方机构之间协调性的灾害规划网络。

多年度发展计划　记载了为减少能力不足而制定的有具体步骤的计划。较为典型的是五年计划，应当确立特定年度的里程碑及确保应急管理者沿着目标前进并取得具体、可衡量的成果。

测试你的理解能力

登录 www.wiley.com/college/lindell，测评你对应急规划有关知识的掌握情况。通过比较测试前和测试后的结果，衡量你的学习情况。

总结性问题

1. 下列哪项不是决定你作为地方应急管理机构的应急管理者身份的因素？
(a) 社区大小
(b) 社区的财政资源
(c) 社区的致灾因子脆弱性
(d) 你的年龄
2. 多数社区不要求带薪人员去接管工作评估。对还是错？
3. 你只有做什么才能使你拥有达到地方应急管理机构目标的能力？
(a) 组建新的地方应急管理机构
(b) 进行能力评估并记录能力不足的情况
(c) 举行目标规划会议
(d) 确定在达到目标过程中所涉及的风险
4. 新预算需求要求什么文件？
(a) 预算申请表
(b) 预算评估
(c) 预算说明
(d) 预算批准表
5. 灾害不常发生时，社区关注应急准备情况。对还是错？
6. 人员配备会影响地方应急管理委员会的效用。对还是错？
7. 主持一个有效用的会议，以下项目中你不该做的事情是？
(a) 会议时间安排常规化
(b) 会议之前分发会议的议程
(c) 在不同日期、不同时间段安排会议以带来变化
(d) 做好会议记录
8. 下列哪项不是灾害应对战略的决定因素？
(a) 潜在的灾害
(b) 社区的规模

(c) 资金的可获得性

(d) 个人特质

9. 当成员被分派了特定的工作而非人人都致力于所有的任务时，地方应急管理委员会能更有效用。对还是错?

回顾性问题

1. 州和地方机构组织图看起来更像什么? 请画出该图。
2. 如何衡量应急管理机构的效用?
3. 规划过程的五个步骤是什么?
4. 说出三个地方应急管理委员会的分委会，并列出它们的职责。
5. 你能够确认的三个有效的灾害响应途径是什么?

本章应用

1. 你在一个小社区发起了地方应急管理机构，并且你是唯一的工作人员。在你的预算中都包括什么?

2. 你负责制定迈阿密的应急规划。该地区相对于飓风袭击是脆弱的。请你设计一个尽量减少飓风损失的计划，你将如何找到资金以资助计划? 说出三种资金来源。

3. 你接管了一个有八名工作人员的地方应急管理机构。因为感觉一事无成，他们的士气低落。你觉得可以通过向他们表示你相信他们可以按计划完成任务来提高士气。你会采取什么特殊的步骤来使工作人员觉得他们能够完成这些有意义的任务?

4. 一个首席行政长官要求你所在的社区机构提供一个报告，概括性地阐述其为提供应急规划而采取的步骤。你会提供什么给首席行政长官以展示计划撰写的过程中你所在的地方应急管理委员会所采取的措施?

试试看

在撰写应急响应计划方面寻求帮助

你正在与地方应急管理委员会合作，撰写针对不同恐怖袭击情景下的致灾因子的专门的备忘录。第一个场景类似于“9·11”发生的情景，恐怖分子劫持了飞机并驾驶飞机撞向摩天大楼。你会要求把什么机构或人员纳入计划中? 为什么?

获取社区评估

地方应急管理委员会正在为你所在辖区撰写应急运行计划。请你就如何获取社区评估和反馈，写出三个片段。

教育公众

你负责为一个近期没有发生任何灾害的地区编写应急规划。国土安全部通知你，你所在的城市是恐怖分子打击的潜在目标，且恐怖分子扬言，要在你所在的区域引爆一枚“脏弹”（一种会扩散放射性物质的爆炸装置）。你将如何获得社区对灾害准备过程的支持？

第 4 章

风险认知与沟通——拯救生命

预先测试

➢ 登录 www. wiley. com/college/lindell，测评你对风险认知与沟通有关知识的掌握情况

➢ 确定你需要努力的重点在哪里

你将在本章中学到

➢ 对警报的响应

➢ 致灾因子持续阶段的风险沟通

➢ 危机升级和应急响应期间的风险沟通

学习本章后，你将能够

➢ 分析人们怎样响应警报

➢ 将媒体和公众纳入风险沟通之中

➢ 运用地方和国家信息渠道进行试验

目标与结果

➢ 制定一个风险沟通方案

➢ 制定并执行一个风险沟通方案

➢ 对保护行动进行评估

导 言

正如我们在飓风、洪水和很多其他灾难中看到的一样，只有认识到自己身处险境，人们才会保护自己。改变人们对危险的看法，这是拯救生命的一个重要方法。要改变他们的想法，你就必须以具体的计划告诉他们其所面临的风险。

风险（risk）指人身或财产遭受损失的可能性。风险可以被定义为在一个特定时间和地点发生会造成伤亡和损失事件的可能性。这种风险必须被有效地传达给可能受影响的人。你必须与其分享有关致灾因子及致灾因子调整的信息。分享是非常重要的，因为你必须发现不同类型人员对致灾因子的不同认识。不论是对自然致灾因子、技术致灾因子或恐怖致灾因子，风险沟通都遵循相同的基本原则。

在本章中，你将学习人们如何响应警报，同时还包括对警报信息进行处理的八个阶段的讨论。本章将告诉你如何通过取信于你需要去影响的人来影响其对风险的认知，并讨论了持续性致灾因子阶段以及危机升级和应急响应期间的风险沟通。这一章还将告诉你如何通过沟通来拯救生命。最佳的沟通涉及清晰、信任和时机等因素。

4.1 家庭对警报的响应

警报（warning）是针对紧迫事件的风险沟通，其目的在于激发适当的灾害响应。灾害响应的例子包括疏散撤离和在合适的地方避难（Drabek, 1986; Mileti, Drabek, and Haas, 1975）。在一次警报中，人处理警报信息的过程要经历八个步骤（见表 4—1）。然而，在这些阶段开始之前，人们必须接收、注意和理解有关风险的信息。让我们以即将到来的龙卷风为例来研究人们在寻求避难所前需要做些什么。

(1) **人们必须接收信息**。当通过电视及电台发布警报时，只有当人们能接收到信息时才是有效的。因此，这些警报机制在晚上 11 时到早晨 6 时之间效果很差，因为此时大多数人都在睡觉。当然，停电时大多数电视机和收音机是完全无效的。

(2) **人们必须注意现有的信息**。在龙卷风多发地区，很多人知道，春季是龙卷风活动的高峰期。在那几个月里，他们应多查看天气预报，应该寻找环境方面的蛛丝马迹，例如云的形状。然而，也有些人可能不会注意环境的变化，比如，那些集中精力工作的人就不太可能注意到风暴云层的聚集，也可能不会注意到警报。

(3) **人们必须理解信息**。人们必须正确理解环境线索，即必须知道漏斗云是龙卷风的一个征兆。人们也必须能够理解警报和沟通的含义。英语警报对西班牙语使用者毫无帮助。龙卷风警报对不明白信号含义的人来说没有任何意义。只有少数人会明白高度专业化的技术术语，如“毫雷姆”（millirem）和“火山碎屑流”（pyroclastic flow）。

表 4—1 人处理警报信息的八个步骤

步骤	活动	问题	结果
1	风险识别	是否存在需要我注意的现实威胁	威胁判定
2	风险评估	我是否需要采取防护措施	防护动机
3	寻找防护措施	我怎样才能保护自己	决策（替代行动）
4	防护方案评估	最佳的防护方案是什么	适应性计划
5	防护方案实施	现在是否需要实施防护方案	威胁响应
6	信息需求评估	我需要哪些信息来回答以上这些问题	识别信息需求
7	沟通行动评估	我可以从哪里以及怎样才能获取所需信息	信息搜寻计划
8	沟通行动执行	我现在需要信息吗	决策信息

资料来源：Lindell and Perry，2004。

4.1.1 第一步：风险识别

决定如何应对灾害始于风险识别。正如前面所指出的，这一过程从探查环境线索开始。不过，风险识别最重要的来源是权威、媒体和同行的警报讯息。你首先必须采取的步骤就是广泛传播你的讯息，努力引起那些处于致灾因子中人们的注意，告知其威胁健康、安全和财产的潜在灾害。

那些处于致灾因子之中的人必须回答风险识别的基本问题，即“是否存在需要我注意的现实威胁”。那些不相信威胁真实性的人很可能会继续自己的日常活动。

4.1.2 第二步：风险评估

风险评估（risk assessment）涉及评估如果灾难发生会对个人造成什么样的后果（Otway，1973；Perry，1979a）。这个阶段的主要问题是“我是否需要采取防护措施”。对这个问题作肯定回答的结果是产生**防护动机**（protection motivation）。人们的个人风险评估，即他们的风险认知对于我们了解其灾害响应是至关重要的（Mileti and Sorensen，1987）。如果人们意识到他们处在致灾因子之中，那么，他们更可能采取措施来保护自己。

人们的风险评估包括认知灾害影响的概率、强度和紧迫性。认知灾害影响的概率会影响到人们对自身将受到影响的可能性的判断，而对事件强度的看法加强了他们对个人后果严重性的看法，包括死亡、伤害和财产损失。人们采取保护行动的可能性随其认知概率的增加和强度的增大而增加。对灾害影响紧迫性的认知以不同的方式影响着人们。对紧迫性的认知不是影响采取行动的**可能性**（likelihood），而是增强人们采取行动的**紧迫性**（urgency）。

4.1.3 第三步：寻找防护措施

在寻找防护措施过程中，最主要的问题是“我怎样才能保护自己”。在最初回答这个问题时，居民通常会尝试寻求他人的帮助来保护自己，以使自己免受致灾因子的威胁。然后，当灾难影响临近时，居民们必须依靠自己的资源来保护自己。在很多情况下，个人寻求何种保护取决于他对致灾因子知识的了解程度。如果经历过同样的危险，他们可能就会回想以前采取过的措施；或者，他们可能会考虑在类似灾难中所采取的措施。例如，他们可能认为火山泥流的影响类似于洪水的影响，因此，他们可能会用应对洪水的防护措施来应对火山泥流。

信息也可以来自外部渠道。例如，人们可能会发现邻居们为做好飓风疏散准备而向车里装东西。人们也可能考虑他们读过或听过的行动方案，这些间接经验在新闻媒体和同事间广为流传。最后，当警报指导人们怎样做时，人们也就知道如何采取适当的保护行动。但是，并不能指望警报接收者会遵循建议，即使警报只提及一个防护措施。人们总是认为继续他们的日常行动是一个不错的选择，然而他们也可能通过记忆或观察他人的行为而作出其他选择。

4.1.4 第四步：防护方案评估

在这方面，主要问题是“最佳的防护措施是什么”。这个问题的答案是：**适应性计划**（adaptive plan）。身处危险中的人一般至少有两个选择：采取防护措施和继续日常的活动。他们有时必须从二者中选取其一，但他们并非真的喜欢其中的任何一种选择。例如，在飓风中，疏散可以保护人员，但留下的财产会被暴风雨损毁(Perry，Lindell，and Greene，1981；Lindell and Perry，1990)。另一方面，保护财产的紧急措施（例如用沙袋封堵）又需要物主守在危险的地方。当收到中等紧急的预警时，居民可以综合采取几种行动。例如，如果警报说几小时后会有洪水，人们可以采取应急防洪措施，在建筑的周围堆放沙袋；他们也可以将房子里的物品向高层转移；最后，他们可以在洪水真正产生威胁前，疏散家人。

除非人们相信防护行动有效，否则，他们就不会加以考虑。因此，人们会用致灾因子脆弱性的削减程度来衡量有效性，即指成功地保护人和财物（Cross，1980；Kunreuther，et al.，1978）。有些情况下，像堆沙袋抵御洪水，其目标是保护财产；在另外一些情况下，人们保护建筑物，因为这同时可以保护建筑物里的人。人们也会考虑所推荐的行动方案的安全性。例如，有些人因为考虑到撤离时发生交通事故的风险而不愿意撤离。

防护行动也要从预计所需时间的角度来评估。疏散是耗费时间的，相比之下，就地保护所需的时间往往就比较少。住户必须阻隔室外空气进入并关闭制热、通风与空调控制系统（Lindell and Perry，1992）。在那些诸如为避开飓风而进行的大规模疏散中，一个主要问题是人们低估了到达目的地所需要的时间。居民对收拾行李和其他任务所需时间有准确的预期，但他们低估了穿过危险区所需的时间。人们选取通常选择的出城路线，并假设所需时间与平常相同，而没考虑到巨大的交通压力，这可能会使通常只需 2 小时的行程变成 20 小时。

阻碍居民采取防护行动的认知实施障碍包括：

- **缺乏知识和技能**。在疏散时，这可能包括不知道哪里是安全地带及选择走哪条路线是安全的。
- **缺少私人交通工具**。许多疏散需要长途跋涉才能到达安全地带，因此，没有交通工具的人必须依靠其他方式。一些没有交通工具的疏散者可搭朋友、亲戚、邻居或同事的车，但是，其他人则只能依靠地方政府安排的公共汽车。
- **因身体残疾而行动不便**。有些人因为不能自行疏散而需要他人（通常是其他家庭成员）的帮助。他们占人口的比重较小，但不容忽视。
- **家庭成员被拆散**。当需要疏散时，如果部分家庭成员不在家，其他成员就会等他们回到家后才愿撤离。除非家庭成员建立了通信联系并商量好会合地点，否则，这些人就不愿意撤离（Killian，1952；Drabek and Boggs，1968；Drabek and Key，1976；Haas，Cochrane，and Eddy，1977）。
- **保护人员安全的预期成本**。成本包括支付的费用、机会成本（如失去报酬）和付出的努力。高昂的成本会使得人们只有到迫不得已时才会采取保护性的行动。

当没有一个选择看起来优于其他选择时，人们很难决定应该做什么。例如，在飓风发生时，与寻找庇护所相比，疏散是更好的保护方法，但这也会花费更多的财力和时间。对于处在疏散区域边缘的人们来说，留守的风险可能会与疏散的成本抵消。这会导致一些人选择等待关于飓风更详细的信息以观望风险是否会发生巨大的变化，从而使得留守风险与疏散成本之间的平衡明显出现倾斜。

防护方案评估的结果是适应性计划。人们的适应性计划相差很大，一些计划只有模糊的目标，而另一些则非常详细。一个具体的疏散计划至少要包括目的地、交通路线和交通工具。更详细的计划包括：

- 使走散的家庭成员重聚的程序。
- 事先联系，确保目的地是可到达的。
- 替代性的疏散路线。
- 替代性的转移方式。

没有详细计划的人很可能遭遇到不利的后果。一个典型例子是：某人收到疏散警报，但警报并未明示疏散路线和安全的目的地。在接受采访时，这个人说："我们不知道该去哪里。因此，我们看住孩子，准备随时撤离……如果只是我们自己，我们可能已经出发了，但我们不想让孩子与我们一起冒险。"（Hamilton，Taylor，and Rice，1955，p. 120）

4.1.5 第五步：防护方案实施

当处在危险中的人们认为他们必须采取行动时，**防护方案**（protection action）就开始启动了。在这一阶段，人们面临的主要问题是"现在是否需要实施防护方案"。对这个问题的回答很关键，因为有时人们即使面临危险仍然迟迟不动。例如，一些收到飓风警报的人直到最后时刻才开始疏散，这时飓风已经危及他们的安全了。不幸的是，他们没有意识到恶劣的天气和拥堵的交通会降低疏散车辆的速度。

这些情况可能导致在飓风到来之前疏散工作无法完成（Baker，1979，1991，1993；Dow and Cutter，2002；Prater，Wenger，and Grady，2000）。对于缺少具体时间表的长期致灾因子调整而言，拖延问题显得更加糟糕。例如，地震预测可能表明，未来 20 年内发生强烈地震的概率为 75%。这种预测通常不能引发即刻的防护行动，因为人们有理由认为事到临头再考虑也未尝不可。

4.1.6 第六步：信息需求评估

人们采取防护行动，这需要信息。在采取行动前，他们必须确定自己是否掌握了足够的信息。任何含混不清的消息或官方提出的质疑都会促使人们去探寻更多的信息。如果对前面五个步骤中的问题不能十分确定地给出对或错的答案，人们就会问："我需要哪些信息来回答这些问题？"通过这一过程，人们识别了**信息需求**（information need）。例如，有人不知道如何回答"最佳的防护方案是什么"这个问题，他们就会寻找更多的关于替代性防护行动的信息，然后弄清楚哪个是最优选择。人们不断地寻找更多的信息，因为决策失误的结果很严重（例如，不能及时疏散可能导致伤亡），而且他们很难掌握自信地作出决策所需要的所有信息。

4.1.7 第七步：沟通行动评估

接下来的问题是："我可以从哪里以及怎样才能获取所需信息？"解决这个问题需要一个**信息搜寻计划**。风险识别和风险评估的不确定性可能激发人们向政府，更可能是向新闻媒体发问（Lindell and Perry，1992）。人们经常依靠新闻媒体来核实从其他渠道得到的有关致灾因子的信息，也经常向同行咨询该做什么以及怎么做。他们往往难以接触到权威部门，因为他们通常忙于处理其他事务。即使他们愿意与权威部门接触，也不得不依靠媒体和同行。

4.1.8 第八步：沟通行动执行

最后一个问题是："我现在需要信息吗？"如果回答为"是"，人们就开始搜寻信息并将不遗余力地在短时间内联系很多人（Drabek and Stephenson，1971）。但是，人们都是当威胁迫在眉睫时才努力获取信息。例如，在圣海伦斯火山（Mt. St. Helens）初次喷发出灰尘和蒸汽后，当局认为会有更大的喷发，此时，附近的居民才开始每天多次关注电台新闻公告。当缺少确切的威胁信息时，人们倾向于消极地监察事态。例如，居民可能仅仅通过早报或晚间新闻来了解致灾因子信息，而不是一天之内多次关注。在威胁升级、人们恢复积极监察之前，消极监察将一直持续下去。

风险评估和飓风

每次飓风之后，研究者都会发现有些人没有疏散，因为他们认为致灾因子不可能影响到自己。其中的部分原因是飓风难以预测。有时，预报员预测强飓风将在某地登陆，但结果它却出现转向，袭击了另外一个地方，这会削弱人们对飓风袭击可能性的认知。而且有时，人们虽知道会有飓风袭击，但并不认为自己会受到影响。例如，经常听到有人说："上次暴风雨中我安然无恙，这次也不会有问题。"这种情况就属于对事情严重性的认知偏低。虽然有很多权威部门关注"狼来了"的效应，但这类经历似乎并不会降低人们在未来飓风中的疏散意愿（Dow and Cutter，1998）。最有可能的解释是：人们理解飓风的行为本来就不确定，因而预报错误是不可避免的。

沟通行动执行会有以下三种结果：第一，人们确认威胁并采取防护行动；第二，如果没有信息来源，人们就会设法寻找其他来源；第三，如果新旧信息不一致，人们会想办法解决冲突。这通常需要考虑信息来源的相对可靠性。

自我检测

- 定义适应性计划和信息搜寻计划。列举人们需要它们的原因。
- 定义防护动机。
- 定义风险和风险评估。
- 定义警报。
- 说出沟通行动执行的三个结果。

4.2 致灾因子持续阶段的风险沟通

致灾因子持续阶段的标志是：公共安全、财产和环境受到特大灾害事件威胁的概率低。在这一阶段，你应该开展致灾因子减缓、应急准备和恢复准备行动；另外，你也应该制定一个积极的风险沟通方案。

致灾因子持续阶段涉及风险沟通的五个基本任务，如表4—2所示，它们包括进行战略分析、进行运行分析、动员资源、开发方案和实施方案。

表4—2　致灾因子持续阶段的任务

进行战略分析
开展社区致灾因子脆弱性分析
分析社区的背景
识别社区居民对致灾因子和致灾因子调整的主导性认知

确立风险沟通方案的目标
进行运行分析
确立、评估社区及其家庭或企业具备可行性的致灾因子调整
确定提供激励、约束和科技创新的方法
识别社区现有的风险信息源
识别社区现有的风险沟通渠道
识别具体的公众分类
动员资源
获得高级委任及民选官员的支持
争取其他政府部门的参与
争取非政府（非营利）组织及私营部门的参与
与大众传媒合作
与邻里协会和公民组织合作
开发方案
组建危机沟通小组并进行培训演习
建立在危机升级和应急响应中保持有效沟通的程序
开发综合性的风险沟通方案
有效地利用非正式沟通网络
确立从新闻媒体和公众处获取反馈的程序
实施方案
通过强化对专业知识和可信度的认知，确立信息源的公信力
通过多渠道传播致灾因子信息
描述正在规划或实施的社区或设施的致灾因子调整
描述具备可行性的家庭致灾因子调整
评估方案的有效性

资料来源：Lindell and Perry，2004。

表 4—2 按照执行顺序列出了需要完成的任务。但是，你也可以同时开展数项工作。另外，你还需要经常重复某些步骤。

4.2.1　第一步：进行战略分析

你必须了解哪些人处于危险之中，还要了解不同危险发生的可能性，了解哪些类型的致灾因子是威胁可以帮助人们确定应采取何种行动来保护自己。识别存在最大风险的地理区域使我们能够找出最具脆弱性的人群和企业类型。了解脆弱人群和企业类型可以为如何进行风险沟通提供信息，这些信息有助于你选择督促人们接受致灾因子调整的激励和约束措施。

分析社区的背景

你应该知道以下有关社区的信息：

- 民族构成。
- 沟通渠道的现状。

- 对权威的认知。
- 教育水平。
- 收入分配。

在你所在的社区里获得支持。如果社区不把致灾因子管理放在优先位置，你就需要展示这并非难事。从一个致灾因子管理的小项目开始，做出成绩并获得支持(Lindell, 1994b)。在开发风险沟通方案时，要考虑社区能承受多大的开销。与其他部门交谈，探讨你们如何进行合作以开发出综合性的风险沟通方案。

识别社区居民对致灾因子和致灾因子调整的主导性认知

有些致灾因子有可能对无关者造成重大损害，这会导致最严重的社区冲突。它们包括核电站和化学设施。人们认为，这些风险比其他技术设施和自然致灾因子的风险更高（Lindell and Earle, 1983; Slovic, 1987）。汉斯等人（Hance, et al., 1988）将其中的一些原因称为“愤怒因子”，理由是人们认为这种风险是：

- 非自然的。
- 不熟悉的。
- 科学家未知的。
- 难以探测的。
- 与不可信的消息来源相关。
- 被暴露者所无法控制的。
- 以不情愿暴露为特点。
- 与收益不均衡的。

大多数人认为，技术设施的风险比自然致灾因子的风险更大，但这两种类型致灾因子的年死亡率是相同的（Slovic, 1987）。你可以通过阐释风险分析的概念来解决这个问题。但是，你应该认识到，即使专家们也难以理解像百万分之一这样的小概率事件。有些专家认为，如果人们接受较高死亡率的风险，比如驾驶，他们也应该接受较低死亡率的风险，如在社区附近设置核电站。这忽视了一个事实，即设施风险会被视为生活方式风险，而且是不可替代的；同时，设施风险是从分析模型中估算出来的，而生活方式风险是依据一个庞大的数据库计算出来的。甚至当地居民也说不清这些区别，但似乎却会本能地意识到并拒绝风险分析的结果。

确立风险沟通方案的目标

在致灾因子调整过程中，增强致灾因子意识是重要的第一步。人们一定要被告知所在社区面临哪些致灾因子，而且需要从不同方面获得这个信息。例如，人们应该知道灾害对公众健康意味着什么。另外，他们需要知道自己的居住地发生灾害的可能性有多大。就飓风来说，理想的目标是：确保居民理解飓风产生的原因，在未来 10 年内受到飓风袭击的可能性以及飓风带来的威胁。同时，当地的居民还需要理解他们及家人面临的风险、财产损毁和日常活动所受到的干扰。为了帮助人们理解，风险沟通方案应该提供标示出存在大风、风暴潮和内陆洪水风险的详细地图，并解释不同建筑物面对这些威胁的脆弱性。例如，你可以用萨菲尔-辛普森飓风分级表（Saffir-Simpson Hurricane Scale）（分为 1～5 级）定义可能会受到飓风影响的区域。在大比例尺寸地图上显示这些风险区域，在这些地图上标明街道、河流、行政区划和其他当地地标，这有助于人们识别他们的家庭和工作场所所处的风险区域；通过向他们展示不同类型的建筑图纸，提供致灾因子对个人所造成的影响的信息；显示房车、典型的独户住宅和多户住房以及不同级别飓风对它们可能造成的损毁级别。认真地对待这些信息，因为近期的研究发现海岸沿线居民中仅有1/3～2/3能够准确识别自身所处的飓风风险区域（Arlikatti，Lindell，Prater，and Zhang，in press；Zhang，Prater，and Lindell，2004）。

为了保证成功，风险沟通方案必须培养人们对自我保护的个人责任感。提醒当地居民，地方政府和企业在减少致灾因子损毁方面的作为是有限度的，但它们能够帮助居民防止自己及家人受到伤害及家庭受损。通过风险沟通，人们应该理解现有的致灾因子调整措施。为了让人们采取致灾因子调整行动，你必须说服他们：危险调整效果好，资源需求少。这可以激励人们采取防护行动。但是，我们要认识到，即使是最为科学完美并得到有效执行的风险沟通方案也不能让大多数人立即采取防护行动。尽管如此，着眼长远的计划应将环境致灾因子提上政策议程，并将随着时间的推移而取得重要的成效（Birkland，1997；Prater and Lindell，2000）。

4.2.2　第二步：进行运行分析

作为应急管理者，在进行运行分析时，你需要执行五项任务。

任务 1：确立、评估社区及其家庭或企业具备可行性的致灾因子调整

此任务的目的是：确保人们知道怎样保护自己（Lindell and Perry，2000）。你能从美国红十字会网站（www.redcross.org/services/disaster/beprepared）上获得资源。在这个网站上，你可获得有关家庭致灾因子调整建议的信息以应对一系列的致灾因子。你可以帮助人们评估资源要求，如经济支出、时间和精力、知识和技能、工具和装备以及与别人的必要合作。

任务 2：确定提供激励、约束和科技创新的方法

为了鼓励人们保护自己，你可能需要用约束措施进行惩罚、用激励措施进行奖励或者向他们传递技术创新的信息。约束是必要的，因为它可以避免激励带来的显性成本。例如，对不系安全带的司机罚款是一项成功的约束。但是，约束需要强制。你所在的辖区可以通过提供补助金、低息贷款或税收抵免等激励措施来降低实施致灾因子准备措施的成本。替代性激励是提供致灾因子调整的具体计划或者检查清单，它是信息意义上的，而非经济意义上的。例如，为房屋主人提供计划，使其将房屋固定在地基上，这会有助于那些拥有一般施工经验的自力更生者。建立一个社区工具储备库也可以让缺少必要工具和设备者完成这项工程。

任务 3：识别社区现有的风险信息源

信息源可以分为权威、新闻媒体和同行这几类。它们是按照可靠性来分类的，而可靠性是专业知识和可信度的组合。可靠性认知是变化的，它取决于信息源是否论及致灾因子或致灾因子调整。官方信息源通常是最可靠的。人们寻找那些极有信誉、具备先前经验或尊重他人的信息源。

少数民族信任不同类型的信息源。曾有研究关注墨西哥裔美国人、非裔美国人、高加索人对于信息源特征的认知。三个种族中，大部分人都认为权威（特别是消防员和警察局工作人员）是可靠的（Lindell and Perry，1992）。比起墨西哥裔美国人，非裔美国人和高加索人对新闻媒体持有更加怀疑的态度。总体来说，墨西哥裔美国人比其他群体更倾向于认为，平辈人是最可靠的信息源。但这也不是绝对的，有证据表明，结果还会因样本社区选择的不同而不同。这反映了在这些特定的社区里，民族群体和权威关系之间存在着历史性差异。

你必须确认，你所在的社区里，什么群体信任哪些风险信息源。了解哪些少数民族群体在社区居住、工作，是否有成员处于某一区域（在哪里），他们如何看待风险信息源。你可以从人口普查数据、信息报告员和个人观察中获得这些知识。人口普查数据能确定哪些地区的少数民族比例高于平均水平。信息报告员可以补充这些数据并能让你认识到不同群体和邻里对各种风险信息源的看法。例如，某一特殊群体相信市长吗？识别出每个民族群体的领头人物很重要。联系这些领头人物，看他们是否愿意成为你风险沟通方案的附加信息源。最好的信息来自长期的拓展计划。与人们会面，并向居委会和市民组织发表演讲，使不同的公民团体参与到咨询委员会中来。社区参与为你提供有关居民如何看待信息源的情况，也能提高你的洞察力；促进对话，还可以帮助市民获取准确的信息。

任务 4：识别社区现有的风险沟通渠道

大多数社区都有电子和印刷媒体。运用媒体是和社区进行风险沟通的一个途径，其他途径包括非正式的面对面交谈和正式的会议（Hance，et al.，1988；Mileti，Fitzpatrick，& Farhar，1990）。即使可以利用所有的渠道，你也可能受到预算的限制。为了获得低成本的公共宣传机会，你必须与当地媒体建立联系。另外，与当地企业建立长期关系有时可以帮你支付低成本的手册和海报费用等。

任务 5：识别具体的公众分类

向整个社区传递同样一条沟通信息，这会更容易，也更节省成本。但其有效性却不如针对不同群体发送特定的信息，因为不同个体有不同的关注点。为了给不同的群体发送特定的信息，你必须：

- 了解你所在社区的地理和人口特征。
- 了解每个群体倾向于从哪里获取信息。特别要弄清楚某些电台面向的是哪些不同年龄和种族的特定听众。
- 确保发送信息时使用对非英语群体来说能理解的语言。一些社区可能存在数十种不同的语言和方言。
- 如果社区团体的成员倾向于对致灾因子持宿命论的观点，则肯定要向其宣传最易实施的致灾因子调整的信息。储存可以维持四天的食物和水是一个好的起点。
- 确保你们所传递的信息能够被人理解。对公众进行跟踪观察，看他们是否采取了适当的行动。

4.2.3 第三步：动员资源

作为应急管理者，你必须执行五项任务，为风险沟通而动员资源。

任务 1：获得高级委任及民选官员的支持

你们需要高级官员的支持（Lindell，1994b）。他们帮助你获取资源，将应急管理提上政策议程。得到他们的支持也是争取其他政府部门参与的重要步骤。如果你得不到高级官员或组织的支持，那就与其职员合作，职员有时可说服他们的上司对一些关键问题给予支持。你必须成功地强调，社区存在风险，致灾因子减缓可以减轻灾害的影响。你还应该提出那些作为有效解决方案的应急准备措施和恢复准备措施。

任务 2：争取其他政府部门的参与

无论高级官员多么支持，他们的资源还是有限的。这意味着你应该与其他部门一起分担风险沟通的成本，确保每个部门都知道其他政府机构、非政府组织和危险技术设施所规划的风险沟通项目，从当地政府的多个部门获取资源（Drabek，1990；Gillespie，et al.，1993；Lindell，et al.，1996）。确认你们开展合作的方式能够实现两个组织的目标，例如，与警察局合作以保证邻里守望组织获得有关环境致灾因子的信息。

任务 3：争取非政府（非营利）组织及私营部门的参与

美国红十字会和救世军等组织扮演着重要的角色。它们帮助社区进行应急准备和灾后恢复，定期地与贫困的家庭一起工作。结果是，它们可以辨识那些易受灾害影响、人口高度密集的区域。这些组织也能找到办法，协助家庭为应对紧急状态做好准备，降低家庭的脆弱性，或者找到可以迁往的更为安全的地带。

另外，在促进人们接受致灾因子调整方面，供水、排水、燃料和电力设施发挥着重要的作用。这些设施所在的组织绝大多数对严重风暴等经常性紧急事件进行响应，了解灾害并对社区提出要求。另外，它们定期地发送传单给服务区域的居民，这让你有机会在传单中附带关于致灾因子和致灾因子调整的通知。

任务 4：与大众传媒合作

大众传播媒介，包括所有的电视频道、网站、报纸和电台，每天都向许多居民传递消息。与媒体合作，可使你把信息发布出去。看到你消息的人越多，就会有越多的人了解应急管理在社区中的角色。记者了解他们的受众并以其为核心，这使你可以针对具体的受众群体传递消息，这些群体根据性别、年龄、种族（和语言）及社会经济地位来划分。

记者并不总是认为致灾因子信息有新闻价值，为了改变这种观念，诸如国家气象局之类的联邦政府机构敦促政府官员将数个星期“宣布”为危险期，如龙卷风和飓风的危险期。你可以利用这些机构进行宣传，还可以与新闻媒体合作，开发记者们在危机升级中、应急响应中或者灾后恢复时所需要的背景材料。推测记者在这些事件期间可能寻找什么类型的信息，在紧急状态期间准备好不管发生什么情况都可以使用的说明书和万能文本。

任务5：与邻里协会和公民组织合作

大多数社区有许多邻里协会和公民组织，其成员都活跃在社区里（Chavis and Wandersman，1990；Florin and Wandersman，1984）。这些群体与社区及社区居民合作，可以在致灾因子及致灾因子调整方面指导他们。完成这些工作的时间总是有的，因为这些组织为其成员提供了许多定期见面的机会，但却没有安排足够多的活动。因此，它们通常很愿意邀请那些拥有令组织成员感兴趣的话题的演讲者。

4.2.4 第四步：开发方案

作为应急管理者，当开发方案时，你必须执行五项任务。

任务1：组建危机沟通小组并进行培训演习

建立一个危机沟通团队。团队可以在专家和大众之间建立重要的联系，必须能与两个群体有效地进行沟通。团队应该有一位发言人，既掌握有关事态的科学知识，又能用简单明了的语言向大众解释。具有技术资质的发言人一般被人们认为是可以信赖的，以前有过灾害应对经验的发言人也是如此。如果团队成员从公共关系专家那里得到过培训，这也是有所助益的（Hance，et al.，1988）。

危机沟通团队应有书面的运行程序，其中记载了所有的应急响应活动。他们也应该有事件日志，其中记录了需要什么信息、发布了哪些信息，用于指导关键性决策（如有关公众防护行动的决策）的标准也要记录在案。团队应该监督新闻媒体，并设立谣言控制中心，这个中心的组成人员应是那些可以不断了解事件最新情况及响应措施的人。

危机沟通团队应该知道，记者用讲故事的方式来描述事件，故事由五个问题构成——何时、何地、何人、何事和为何（Churchill，1997）。记者想要知道事件的具体起因，以及谁受到了影响或谁将要受到影响。他们想要得到有关伤亡、财产损失和经济破坏的信息以及当局做了什么和将要做些什么。因为信息缺乏，这些问题常常难以回答。发言人应该避免臆断，特别是应避免过早作出决断。他或她应表示自己还不知道问题的答案，但会尽快查明。

记者很少有科学背景，因而技术细节可能会是不必要的和容易产生歧义的，所有技术的专业术语必须被翻译成通俗易懂的语言。如果你帮助记者完成这项工作，你将更有机会传达出自己的信息。与地方的记者合作，以确保信息容易被人理解。但是，必须认识到这不能解决所有的问题。一些重大危机会招来国外记者。国内媒体或国际媒体不会以与地方记者完全一样的方式报道事件，但是，对所有类型的记者来说，对重要信息的需求都是相同的。

最后，风险沟通方案和程序应该通过演习进行评估。在每次演习后，人们都要对方案和程序、人员配备、培训和所用材料进行评估。

任务2：建立在危机升级和应急响应中保持有效沟通的程序

任何组织都应该确立协调信息的程序。尽快地获得所需要的一切信息对于每个组织来说都是至关重要的。在不断升级的危机中，所需信息的类型取决于具体情况。表 4—3 总结了对核和化工设备事件进行信息通报的建议。把表 4—3 作为模板，是因为它是在广泛总结危机升级和灾害响应经验的基础上提出来的。你有必要与设备操作员展开讨论。你们需要了解自己的信息能力与需求。当出现信息需求时，你们要事先就一个问题达成共识，即需要交流什么信息。

表 4—3　　核和化工事件基本信息通报

报告日期和时间
姓名、单位和信息源电话号码
地点、类型和事件的现状
(a) 出轨、安全壳事故、火灾、爆炸、液体泄漏、气体泄漏
(b) 危险品名、物理属性（气体、液体、固体）、环境线索（外观、声音、气味）、潜在的健康威胁
(c) 危险品泄漏持续的时间和泄漏量
(d) 已经造成的人员伤亡和损失
事件预测
(a) 现场火灾或爆炸的可能性
(b) 火灾或爆炸影响住宅、商业、工业区域的可能性
(c) 有害物质可释放量和预期释放持续的时间
(d) 需要采取防护措施的区域和人员
(e) 推荐的防护措施类型：疏散、就地避难、紧急呼吸防护、食物/水的隔离
天气情况（当前和预报的风速/风向）
事故发展过程中的重要事件发展时间表
当前响应状态
(a) 设施/运输/承载行动：评估、预防、矫正、人员保护行动
(b) 地方/州/联邦机构的行动：评估、预防、矫正、人员保护行动

任务 3：开发综合性的风险沟通方案

当人们设计一条信息时，其中的关键因素有四个。

- 个人风险；
- 个人责任；
- 保护行动指南；
- 更多信息的来源。

你所设计的信息中应该包含以上所有因素。信息不仅应该包括任何重要的细节，而且通常要做到短小精悍、简洁明了，因为过多的细节可能让人们陷入信息的海洋，妨碍他们的视听。信息应该以容易引起人们注意的方式发出，这样，人们就会容易理解、记忆它。你应该涉及风险认知，但并不过分强调，因为概率对于很多人来说是难以理解的。“明年发生破坏性地震的可能性是 1%”，这样的表述对人们的行为几乎没有影响。但是，以数学方法将一定时间内的可能性相加，判定“在未来 20 年里发生破坏性地震的可能性大约是 20%”，这种表述会让人们更明确地认知到风险的存在（Kunreuther，2001；Slovic，et al.，1978）。尽管如此，如果人们不采取行动保护自己，增加人们认知风险的准确性也没有用。当发出警报时，你可以通过解决关于人们所面对的风险的四个问题来增强其认知风险的准确性：

- 所面对的风险是什么？
- 它会在何处发生？
- 它会在何时发生？
- 它会产生什么影响（Meleti，1993）？

讨论人们需要如何对自己的安全负责，这是很重要的。让居民知道他们必须在72小时内保障自给自足，这会增强其自我防护意识（Lindell and Perry，2004）。对于指望政府能立即给予援助的人，你必须向他们解释，无论是政府能提供的援助还是提供援助的速度，都是有限的。当居民们知道如何保护自己时，他们自给自足的能力就会更强。

居民应得到采取何种防护行动的具体指示。在有些情况下，他们还应知道如何实施行动。例如，在疏散的情况下，人们应该被提醒携带容易忽略的东西（例如出生证等重要法律文件）；如果一些疏散路线有危险或被阻塞，居民应有可利用的替代路线；如果人们没有汽车，他们应被告知公共汽车的停靠点。

最后，还应该说明获得更详尽的信息的来源，因为居民也许需要警报信息中没有提到的具体信息。也许，有些居民需要了解在校儿童的疏散程序，另外一些人想知道家庭残障成员疏散的求助电话号码。

任务4：有效地利用非正式沟通网络

在应急管理的全过程中，人们都在与同行交谈、沟通，认识到这点是很重要的。可以运用这些非正式网络来提高致灾因子调整被采纳的程度。然而，朋友、亲戚、邻居和同事也许不理解所接收的消息或者不能准确地记忆信息，所以为了减少困惑，需要通过几种渠道发布信息，从而让人们有更多机会听到信息。这样，他们将保存这些信息的共同要素。

任务5：确立从新闻媒体和公众处获取反馈的程序

反馈是任何沟通过程中的一个重要部分。它为接收者提供了一个机会，确认他们是否已理解信息，澄清同一条信息或不同信息之间的不一致，获取他们已接收信息中无法提供的信息。反馈是面对面、非正式讨论的一部分，但在听证会中，接收反馈的机会是很有限的，公开评论常常被限制在会议结尾的几分钟。对反馈的需求是许多专家推荐非正式沟通渠道的原因（例如，Committee on Risk Perception and Communication，1989；Covello，1986；Hance，et al.，1988）。所以需要听证会的机构程序应增补一些非正式会议。

当出现危机时，记者也许无意识地误传了你的信息，因为他们没正确理解你所说的话。这使得阅读当地报纸、收听广播、收看电视变得很重要，目的是看信息是否得到了正确的传达。另外，你可以利用事先公开的电话号码或网站，通过谣言控制中心获得公民的反馈。

4.2.5 第五步：实施方案

作为一位应急管理者，你在实施风险沟通方案时必须执行五项任务。

任务 1：通过强化对专业知识和可信度的认知，确立信息源的公信力

对每个机构的工作人员来说，建立增强自身职业绩效可信度的历史记录很重要。这种经验可以于较小事件发生期间获得，例如导致损失和正常活动中断的较小洪水。在听证会或邻里协会和公民组织的会议中，良好的绩效也能提高可信度。当然，专业知识只是可信度的一个组成部分，可信赖性也是必不可少的。在与公众合作时，表现出才干、关爱、尊敬以及体谅引起义愤的因素，也能赢得社区的信任(Covello, et al., 1988; Hance, et al., 1988)。

任务 2：通过多渠道传播致灾因子信息

不仅要通过新闻媒体，还要利用非正式渠道传达信息，并且要把握与邻里协会和公民组织会面的机会。

任务 3：描述正在规划或实施的社区或设施的致灾因子调整

通知居民所有正在采取的减少突发事件发生的可能性的措施，使其知晓风险正在得到削减。承认没有可确保绝对安全的行动，例如，土地使用和建筑规范可能减少，但不能根除自然致灾因子的威胁。与技术致灾因子相关的工程安全也具备这样的特点。此外，描述所采取的有利于对紧急事件进行响应的行动。

任务 4：描述具备可行性的家庭致灾因子调整

正如前面所描述的，要告诉人们可采取什么行动以保护自己和减少家庭的损失。

卡特里娜飓风：那些被抛弃的人

在卡特里娜飓风发生之前，新奥尔良（New Orleans）有 30%的人口生活在贫困线之下。他们中的很多人住在地势低洼、被洪水淹没的第 9 区。其中一些人没有自己的汽车，一些人所拥有的汽车性能很不稳定，不能用于长途旅行，因此，这些人即使想撤出，也做不到。

任务 5：评估方案的有效性

设定风险沟通方案的目标，并确定应该如何衡量目标。应急管理者非常普遍的做法是：通过公布参加会议的次数和分发的小册子的数量来衡量方案的有效性。更好地衡量有效性的指标包括购买致灾因子保险、家庭应急规划、地震易发地区的家庭将热水器固定在地基上、飓风多发区的家庭装好窗板。

自我检测

- 说明为什么设定风险沟通方案的目标很重要。
- 列出在风险沟通方案中主要的信息要素。
- 指出在方案开发阶段的五项任务。
- 说出在实施风险沟通方案时必须执行的五项任务。

4.3 危机升级或应急响应期间的风险沟通

危机升级是这样一种情境，即威胁公众健康、安全或者财产的突发事件发生的可能性大大增强。但并非所有人都认同危机的存在，实际上，如果当局、新闻媒体或者大部分居民相信有危机存在，则危机就真的存在。其背后的原则是："认知就是现实。"如果新闻媒体或当地居民相信有危机，除非当局能够说服他们情况是相反的，否则，危机就被认为真的存在。因此，当局必须明确地解释为什么相信某种情境存在危机。

4.3.1 第一步：情境分类

通过定义威胁水平分类系统，你可以控制人们对情境的判断。例如，国家气象局建立了包括监视与警报的分类系统，龙卷风警报比龙卷风监视情况更严重。美国核管理委员会（Nuclear Regulatory Commission，NRC，1980）将核电站事件分为异常事件、警戒、场区应急或者一般应急四类。应急分级系统的类别对应着地方政府在响应级别上的重要区别。分类系统需要事先建立、客观地定义并得到所有响应组织的认同（Lindell and Perry，1992）。通过建立应急分类系统，当局有义务在满足相应标准的情况下采取特定的行动。有了这个系统，决策就会基于合理的科学思考，而不是基于情感或其他考虑。

4.3.2 第二步：实施风险沟通方案

一旦出现紧急情况，当局将采取行动，其中包括保护居民安全、保护环境及评估情境。风险沟通是对突发事件进行管理最重要的行动之一。作为应急管理者，在实施应急响应计划时，你必须执行六项任务。

任务 1：迅速组织危机沟通团队

你必须与所有的有关部门联系，确保所有的沟通联系都是开放的，并且所有的信息来源和专业知识都被应用，同时监控来自其他组织的信息。这样，你就可以发现任何不同的意见。不同意见出现时，在媒体就此问题采访你之前，做好作出解释的准备。如果你主动联系媒体，而不是等媒体联系你，那么你的解释将具有可信度。

在文件大全与背景材料中查阅信息。联系那些处于危机中的人并定期向其通报情况，当他们的朋友或媒体与其进行联系时，这会帮助他们解答问题。

评估你们的沟通目标（Churchill，1997）。根据既定的目标，评估所有新闻发布会、记者招待会和公共会议。在多数情境的紧急事件中，主要目标是挽救生命，这个目标可以在疏散指令中表现出来。防止恐慌不应该属于目标之一，因为灾害研究者发现恐慌是极为少见的（Drabek，1986；Lindell and Perry，1992）。当自认为身处险境的人们采取政府认为不必要的防护措施时，当局也不应该嘲笑他们，只要这些措施不妨碍保护当局认为处于危险中的人即可。不要试图通过批评一个防护行动来抬高另一个防护行动。例如，人们为提倡就地避难方案曾做过一些误导性的尝试，他们宣称：如果疏散，人们会遇到重大交通事故。这不仅不正确（疏散中发生交通事故的风险并不比正常驾驶时更大；Lindell and Perry，1992），而且还可能让身处险境的人们感到无助。

任务 2：把握发布敏感信息的适当时机

你必须确定何时向其他人发出危险警报，你所在的团队必须知道何时发布信息。关于应何时发布信息，人们并没有严格的规定。初期信息通常会被证明是错误的，因为事情还在变化过程中，但是，早些发布信息可以提高你的信任度，并且赋予你更多的控制力。首先，公布坏消息，这让你可以将信息融入适当的环境里；其次，控制新闻发布的时机对人们对其予以关注的程度有着重要的影响。在没有重要新闻的日子里发布新闻，比在有重要新闻的日子里或星期五下午发布同样信息，能得到更为广泛的发布效果。推迟信息发布的缺点在于：如果走漏了消息，这就可能被误解为隐瞒（Hance，et al.，1988）。当记者知道已经发生了某种重要事件时，如何回答他们的问题也很重要，因为人们通常把"无可奉告"的声明解释为政府隐瞒了重要的信息。

任务 3：选择适合特定情境的沟通渠道

不断升级的危机有新闻价值，因此，你可以毫不费力地得到媒体的报道。通过新闻发布会和记者招待会来进行与记者的沟通。新闻发布赋予你对议程最强的控制力，而接受单个记者的采访时你的控制力最弱，你需要确保记者准确地传播了信息。但是，仅此并不能保证处在风险中的人们接收、关注并理解自己所需要的信息，你需要通过双向沟通促进对话，最好是小规模的交流。

任务 4：对新闻媒体和大众保持信息源的可信度

你必须获取及时、准确的数据。如果现有数据不完整，你应该坦诚地说明知道的情况与不知道的情况。真诚地坦言自己的无知当时可能并不舒服，但是，对一个人的可信度而言，这总比编造后来被人发现答案是不切合实际的具有更小的危险性。

新闻媒体有很多信息来源。因此，当记者在截稿时间需要信息时，对记者作出回应是很重要的。如果你不回应，他们将设法从各种渠道获取当时所能得到的一切信息（Churchill，1997）。如果你没有信息，最好解释正在收集数据，指出将怎样分析数据，并说明发布信息的时间。

信任是一个重要的话题。社会上缺乏信任，而且信任也很容易丧失。除了人格独立的科学家之外，电视主播是极少数被普遍信任的人士之一（Kasperson，1987）。电视主播能得到信任，是因为他们为人们所熟悉、具有威信，并且有追求精确性的历史记录。你可能会被人们定型为典型的官僚，因而，在危机出现之前，与社区合作解决问题并公开你的业绩是至关重要的。

任务 5：向新闻媒体和公众提供及时、准确的危险信息

新闻稿应不超过两页，使用简短的语句、平实的语言。新闻稿应该包括：

- 消息头（发布的日期和地点）。
- 信息的组织来源（包括联系方式）。
- 概括性导语。
- 附件的简要说明。

新闻稿应该由包含背景信息的情况说明作为补充，附件包括发言人的简介及有关致灾因子和官方响应的其他细节（Churchill，1997）。

准备好描述风险评估的程序以及风险是什么。一般来说，我们假定普通受众的理解能力强，但不知晓环境风险，这点很重要。要避免使用缩写和技术专业术语。同时，你也要预先估计到新闻媒体或部分公众采取对抗策略的可能性。如果遇到不同的解释，准备好从容地重申你自己的科学资质，支撑你自己的观点，并说明其他观点的不当之处。

任务6：通过事后批评进行绩效评估

组织必须从经验中学习。因此，每个突发事件发生后，你必须为之而向新闻媒体或公众传达风险信息，且彻底的绩效评估是必需的（Lindell and Perry，1992；National Response Team，1987）。危机沟通团队的所有成员都应该检验风险沟通方案的目标、突发事件期间的事件日志和其他已有的文献，以识别绩效的不足之处。从演习和突发事件中获得的经验已经表明，关注的焦点应该是组织绩效，而不是个人绩效，因为这可以增强团队合作精神。因而，我们应该鼓励所有参与者通过寻找在计划、程序和训练上能得以改善的方面，把对任何不足之处进行改正贯彻到底。

在飓风期间做个知情者

迈克尔·布朗（Michael Brown）在卡特里娜飓风来袭时是FEMA的领导。在接受CNN电视台采访时，他一语惊人，声称不知道新奥尔良的居民已经在新奥尔良会议中心避难。尽管电视已经多天报道了灾民缺乏医疗援助、食物、给养和治安保护，但他竟然说出了这样的话来。

自我检测

- 定义升级危机。
- 列出当突发事件发生时当局应该采取哪些行动措施。
- 说明为什么电视主播通常会得到人们的信任。
- 说明在通过事后批评来开展绩效评估时，危机沟通团队的成员应该检验什么。

总　结

我们置身于日常生活之中而自迷。有多少次，你驾车到一个熟悉的地方，却没想过你是怎么到达那里的。如果这种感觉不会让人觉得陌生，你就会明白：除非人们认为致灾因子真实地存在着，否则，他们就会忽视关乎生死的致灾因子，会继续日常的生活，好像周围什么事也不会发生一样。作为应急管理者，你应该确保他们不会稀里糊涂地成为灾害的受害者。在本章，你知道了沟通在影响人们对危险进行认知方面是多么关键。应用本章讨论的沟通技能，你将有可能挽救生命。

关键术语

适应性计划	对“最佳的防护措施是什么”这一问题的回答。身处危险中的人一般至少有两个选择：采取防护措施或者继续日常的活动。
危机升级	一种情境，即威胁公众健康、安全或者财产的突发事件发生的可能性大大增强。
信息需求	一种需求，它是对“我需要哪些信息来回答问题”这一问题的回应。
信息搜寻计划	一种计划，它解决“我可以从哪里以及怎样才能获取所需信息”这一问题。
保护动机	对“我是否需要采取防护措施”这一问题的积极响应。
风险	人身或财产遭受损害的可能性。风险可以被定义为在一个特定时间和地点发生会造成伤亡和损失事件的可能性。这种风险必须被有效地传达给可能受影响的人。
风险评估	评估灾难如果发生会对个人造成什么样的后果。
警报	针对紧迫事件的风险沟通，目的在于激发适当的灾害响应。

测试你的理解能力

登录 www. wiley. com/college/lindell，测评你对风险认知与沟通有关知识的掌握情况。

通过比较测试前和测试后的结果，衡量你的学习情况。

总结性问题

1. 不相信威胁真实存在的人可能继续他们的日常活动。对还是错？

2. 人们采取保护行动的可能性随着认知概率的增加和强度的增大而增加。对还是错？

3. 下列哪一个不是致灾因子持续阶段中涉及风险沟通的五个基本任务之一？

(a) 进行战略分析
(b) 动员资源
(c) 开发方案
(d) 评估能力

4. 大多数人认为，技术设施不比自然致灾因子的风险更高。对还是错？

5. 导致社区最严重冲突的致灾因子是那些具有给旁观者造成巨大伤害的潜在可能性的致灾因子。对还是错？

6. 你无法通过定义一个威胁水平分类系统来影响人们对情境的判断。对还是错？

回顾性问题

1. 什么是风险认知？它为什么重要？
2. 哪些因素影响人们的风险认知？
3. 什么是防护行动？请举例说明。
4. 人们寻找避难场所时会发生哪些事？
5. 阻碍居民实施防护行动的认知障碍有哪些？
6. 一个优秀、详细的适应性计划由什么构成？
7. 说出沟通行动执行的可能结果。
8. 在致灾因子持续阶段，你需要涉及的风险沟通的五个基本任务是什么？
9. 在分析社区时，你需要了解社区的哪些信息？
10. 在进行运行分析时，需要完成的五项任务是什么？
11. 在为不同群体起草具体信息时，你必须做的事情是什么？
12. 风险沟通是突发事件管理中最重要的措施之一。风险沟通的任务是什么？

本章应用

1. 地方居民忽视了你所在社区的龙卷风致灾因子，因为他们认为可以得到小镇西面大山的保护。你能够利用哪些信息源来告诉社区居民大山保护不了他们，他们需要采取行动来保护自己呢？

2. 你所在县的卫生部门发现位于杀虫剂厂附近的井里存在有毒化学物质。尽管化工厂的经理以前与当地政府非常合作，但他认为，有毒化学物质并非来源于自己的工厂。你现在应该发布可能存在化学污染的信息吗？如果现在不发布，那什么时候发布呢（假如要发布）？

3. 你所在城市的管理者要求你评估社区风险沟通方案，而市议会则认为不需要花钱评估该方案。你将怎样让他们了解评估风险沟通方案的重要性？

试试看

风险沟通

如果你知道 5 级飓风将要在你们的城市登陆，你将怎样有效地进行风险沟通？

疏散：量身定制的信息

如果你知道新奥尔良没有疏散的人中很多是穷人，并且集中在地势低洼的地方，你将如何为此发布信息？你需要涉及穷人所关心的哪些问题？

维护可信度

在危机中，你如何维护相对于公众和媒体而言的可信度？你能采取哪些步骤以确保你的个人表现不会将信息扭曲？

第5章

美国的主要致灾因子——原因和结果

预先测试

➢ 登录 www. wiley. com/college/lindell，测评你对美国的主要致灾因子有关知识的掌握情况

➢ 确定你需要努力的重点在哪里

你将在本章中学到

➢ 气象致灾因子的类型及其特点

➢ 水文致灾因子的类型及其特点

➢ 地质致灾因子的类型及其特点

➢ 技术致灾因子的类型及其特点

➢ 生物致灾因子的类型及其特点

➢ 不同类型致灾因子产生的原因和结果

➢ 接触有害物质的风险

学习本章后，你将能够

➢ 区分不同类型的致灾因子

➢ 展示怎样为应对不同类型的致灾因子做好准备

➢ 分析有害物质的风险

➢ 展示怎样与他人合作来减少工作时接触有害物质的风险

目标与结果

- 对致灾因子进行分类
- 制定处理有害物质的计划
- 管理与致灾因子相关的风险
- 与他人建立关系，为应对不同类型的危险做好准备

导　言

要管理致灾因子，首先必须了解它们。每一种致灾因子都有不同的产生原因和结果，并且每一类致灾因子都有一系列不同的特点。不仅需要了解其原因和结果，也要了解每一类致灾因子的不同特点。

环境致灾因子通常被分为自然致灾因子和技术致灾因子。

- **自然致灾因子**（natural hazards）是自然界中的极端事件，主要分为气象致灾因子、水文致灾因子和地质致灾因子。
- **技术致灾因子**（technological hazards）源于人的控制过程，但其影响深入社会生活的各个方面。

最严重的技术致灾因子包括炸药、易燃物、有毒化学物质、放射性物质和生物灾害。有时，恐怖分子故意制造生物致灾因子以达到政治目的。致灾因子的出现不论是偶然的还是故意的，都与其影响所涉及的范围有关，但对于应急管理者必须面对的致灾因子类型而言没有区别，他们必须知道如何面对和处理各种类型的致灾因子。

本章讨论的不同类型的致灾因子包括气象致灾因子、水文致灾因子、地质致灾因子和技术致灾因子等。本章还审视了这些致灾因子产生的原因与结果，并说明了如何处理这些致灾因子。就像在其他紧急事件中一样，你必须知道如何与人合作来处理致灾因子。本章关注在处理致灾因子时如何做到这一点。

5.1　气象致灾因子

气象致灾因子主要包括强风暴（包括暴风雪）、酷暑天气、龙卷风、飓风和山火。

5.1.1　强风暴

美国国家气象局将**强风暴**（severe storm）定义为风速超过 58 英里/小时、会导致龙卷风或者直径为 3/4 英寸或更大的冰雹的风暴。强风暴导致的威胁为：

- 雷击
- 下击暴流和微下击暴流

- 冰雹
- 山洪暴发

闪电能够引起人员伤亡，但是，这种情况并不多见，而且地方紧急医疗服务单位对之处理起来比较容易。更大的威胁是闪电能引发对整个社区构成威胁的山火。在干旱时期，情况尤其如此。下击暴流（速度达到 125 英里/小时）和微下击暴流（速度达到 150 英里/小时）会对飞机起飞或降落构成威胁，从而使群死群伤事故成为可能。一般而言，冰雹，甚至是大冰雹也很少造成人员伤亡，所以雹灾很少引起严重的干扰，而洪水则能造成人员伤亡和财产损失。

严冬天气

严冬风暴与其他时间发生的风暴相比，会产生更大的威胁。如果严冬风暴的风速超过 38 英里/小时并且温度低于 21℉，就可以被归为暴风雪，而这些条件会引起严重的风寒效应。严冬风暴能够：

- 阻碍旅行。
- 使偏远地区的居民与外界隔绝。
- 屋顶大量积雪，易导致体育馆、剧院和竞技场等长跨距建筑的屋顶倒塌。
- 压倒电话线及输电缆。

美国北方各州发生冬季风暴的可能性最大。但是，在缺少除雪设备的南方城市，严冬风暴具有极端的破坏性。

酷暑天气

另一个极端的情况是，炎热也可能成为无声的杀手。与炎热相关的疾病有：

- 热痉挛。这是最轻微的情况，特点是水、电解质的轻微失衡。
- 热昏厥。这是指突然失去知觉的情况。当患者躺下时，症状会消失。
- 热衰竭。这是指虚弱和眩晕的情况。
- 中暑。这是指受害者神志不清或昏迷的情况。除非能得到及时有效的降温处理，否则，中暑者神经系统损伤和死亡的概率将达到 15%。

温度和湿度相结合，构成一个热量指数——**虚表温度**（apparent temperature）。80～90℉的虚表温度就应该引起注意，因为暴露于外界的活动和体力活动会引发疲劳；一旦达到 90～105℉，人们就要保持特别的警惕，因为暴露于外界的活动和体力活动会引发热痉挛和热衰竭；当虚表温度在 105～130℉时，危险产生，因为暴露于外界的活动和体力活动将会引发中暑；当虚表温度达到 130℉时，极端危险产生，因为人们将会中暑。

美国西南沙漠地区、密西西比河谷和南方一些州的居民最容易发生与炎热相关的疾病。面临风险最大的群体是户外的工人、老人、幼儿和病人。城市里由于建筑物反射阳光且阻碍通风，因而炎热是个问题。如果没有空调的人们因住在犯罪高发区而不敢开窗通风，那么，他们的暴露程度将会最高。

5.1.2 龙卷风

当来自北方的冷空气和暖气团相遇时，**龙卷风**（tornadoes）就形成了。冷空气因为重量较大而下沉，上升的热空气则取而代之，这一过程会在气团中形成旋流。随着龙卷风的形成，旋涡中心的气压降低，同时风速增加，它所产生的高风速可以摧毁建筑物、车辆和大树。由此而生的碎片变成风场，从而加大了龙卷风的毁灭性力量。美国每年大约有 900 次龙卷风，大多数龙卷风袭击得克萨斯州、俄克拉何马州、阿肯色州、密苏里州和堪萨斯州。中北部和从路易斯安那到佛罗里达的东南部极易受到影响。龙卷风大多发生在春季，4 月到 6 月的三个月里发生的龙卷风占到总数的一半。龙卷风每日变动的范围也是可预测的，下午 4～8 点是最常受到影响的时间。龙卷风也有明显的方向倾向性，大多向东北（54%）、东（22%）、东南（11%）方向移动，只有 8%向北移动，向西、西南，或向南移动的只有 1%。龙卷风还有一个趋势是沿着低地推进。龙卷风的前进速度（龙卷风风眼相对地面的速度）为 0～60 英里/小时，通常速度大约为 30 英里/小时。龙卷风的强度变化范围极大，可以根据藤田级数定义，藤田级数最低是 F0 级（最大风速为 40 英里/小时），最高是 F5 级（最大风速为 315 英里/小时）。但是，大约只有 1/3 的龙卷风能超 F2 级（风速为 111 英里/小时）。一次典型龙卷风的影响区域是 4 英里，但最大可能达到 150 英里。在遭到龙卷风袭击的社区里，许多建筑物只受到中等程度或轻微的破坏，这是因为受影响区域中有 90%的区域的风速低于 112 英里/小时；只有 3%的区域的龙卷风会造成人员死亡，这些死亡中有一半是房车中的居民，因为房车远不如固定房屋的结构坚固。

近年来，有关龙卷风的报道数量在增加，其原因部分可归于更先进的雷达和观测网络。但是，在以前没有发现龙卷风的地方，人们也观测到了龙卷风，这就意味着某种长期的气候变化对其也有影响。探测通常由经过培训的气象学家用多普勒雷达观测典型线索来实现。在过去的几年里，美国国家海洋和大气局（National Oceanic & Atmospheric Administration，NOAA）通过气象广播提供实时和具体的警报，从而使警报速度得到了提高。接收不到警报的人们可以运用龙卷风提供的显著的物理线索来评估自身所面临的危险：

- 黑而厚的积雨云。
- 强闪电。
- 在龙卷风推进路线的左侧突然下冰雹和暴雨。
- 类似火车或蒸汽机的噪声。

最合适的保护行动是躲进专门建筑的安全房屋里（FEMA，1998），如果没有可供躲避的安全房屋，居民应该去建筑底层的内室里；房车中的居民应该去社区避难所；在户外的人如果找不到避难所，就应该寻找一个低洼处（例如，小水渠或洼地）躲避。

5.1.3 飓风

正如我们在卡特里娜飓风中看到的一样，**飓风**（hurricane）是最强烈的热带风暴。飓风最早阶段的标志是会经历一系列不断加强的雷暴阶段：热带波、热带扰动、热带气旋和热带风暴。这些风暴很少升级为一场大规模的飓风。平均每年会有

100次热带扰动、10次热带风暴、6次飓风，而仅有2次飓风会袭击美国海岸。在登陆的飓风中，3～5级占了20%，但造成的损失却占80%。在20世纪，仅有3次大西洋飓风在登陆时达到了5级。飓风季节从6月1日开始，在9月达到巅峰，通常在11月底之前处于减弱状态。2005年飓风季节反常，数量多并且持续到了12月。

热带风暴从温暖的海水中汲取能量，因此，只有当海面温度超过80℉时，它们才可能形成。对大多数大西洋飓风来说，这一过程多发生在非洲西海岸的热带海域。当洋面海水吸收热量而蒸发，同时所产生的水蒸气向高处上升时，风暴就产生了。它在凝结时，就会形成雨及蒸发潜热。从东向西吹的东方转向风将这些风暴向西吹过大西洋。

飓风有一定的结构：

● **飓风眼**（eye of the hurricane）是由旋风暴雨所包围而形成的一个半径为10～20英里的平静区域。

● **飓风眼壁**（eyewall）是在飓风眼周围旋转并呈环状的暴风雨带。

整个飓风在北半球逆时针旋转，其直径最大可达600英里，这就引起位于风暴路径右前象限的风暴潮。飓风前进速度平均约为12英里/小时，但是，任何飓风都可能更快或更慢。每个飓风的速度会随时间变化而变化，甚至可能在较长一段时间内陷于停顿。大西洋飓风倾向于向西或向北移动，但它们也可能改变方向。当风暴到达北大西洋时，强度会减弱，这是因为它能从高纬度较冷的海水中汲取的能量在减少。当飓风登陆时，强度也会减弱，这是因为登陆的飓风被切断了汲取能量的来源，同时与崎岖地表的摩擦也增加了。

飓风会引发以下四种具体的威胁：

● 大风

● 龙卷风

● 内涝

● 风暴潮

从表5—1中我们可以看到风的强度。该表显示了风对植被和建筑物产生的压力与风速的关系。例如，当风速从1级的80英里/小时变为5级的160英里/小时，增加了1倍，速度压力从不足20磅/平方英尺增加到超过80磅/平方英尺，增加到原来的4倍。大风的破坏程度和风场中形成的废墟量与建筑物的暴露程度相关。在直接面对开阔水域或田野的顺风地区，暴露于风的程度最高。然而，逆风的山、森林和高楼大厦减小了面对直接风力的暴露程度，但是，相对于那些被风刮起的碎片，其暴露程度增加。飞舞的碎片包括从原所在地被刮走的树枝和建筑材料。

飓风外围的风暴云有时能引发龙卷风，但这些龙卷风通常很小而且历时较短。飓风还可能带来强降雨，在短时间内达到4英寸/小时。在美国，有一次飓风导致了24小时内降雨达23英寸，瓢泼大雨导致了严重的局部积水（雨水因为地面太平而无法流动）和内涝。

从20世纪初期到卡特里娜飓风发生前，飓风在美国很少造成伤亡。最严重的飓风灾害于1900年发生在得克萨斯州的加尔文斯顿（Galveston），1.8万人的社区里有 6 000 人丧命。近几十年沿海各县人口剧增，这诱发了再次造成大规模伤亡的可能性。此外，随着时间的推移，经济损失也将显著地增加。其中，通货膨胀的影响很小，主要是因为易受灾难影响的地区人口的增加和（人均）财富的增长（Pielke and Landsea，1998）。因为风暴数量的差异，以 20 年为单位来计算，损失变化极大。例如，从 1950 年到 1969 年，20 年间发生了 33 次飓风；而从 1970 年到 1988 年这约 20 年间只发生了 6 次飓风。

表 5—1　　**萨菲尔-辛普森飓风等级**

萨菲尔-辛普森飓风等级	风速（英里/小时）	速压（磅/平方英尺）	风暴潮（英尺）	风的影响
1	74～95	19.0	4～5	植被：对树叶造成某种损害 街道标志：很小程度的损害 房车：对未加固定的建筑物造成某种损害 其他建筑：很少或没有损害
2	96～110	30.6	6～8	植被：对树叶造成许多损害；有些树木被吹倒 街道标志：对不牢固的标志损害很大 房车：对未加固定的建筑物造成重大损害 其他建筑：对屋顶材料、门窗造成某种损害
3	111～130	41.0	9～12	植被：对树叶造成重大损害；大树被吹倒 街道标志：几乎所有不牢固的标志都被吹跑 房车：被摧毁 其他建筑：对小型建筑造成结构性的损害
4	131～155	57.2	13～18	街道标志：全部倒下 其他建筑：对屋顶材料、门窗造成普遍性损害；许多居民屋顶坍塌
5	>155	81.3	>18	其他建筑：有些完全垮塌

飓风可以被卫星快速地探测到，也可以被特殊装备的飞行器持续地监测。人们已经开发出一些风暴预测模型，以提高预测风暴轨迹的精确度，然而，对最终的登陆位置以及风暴的大小、强度、前进速度和降雨的预测仍有不确定性。最大的问题之一是：因为一些城镇区域的居民疏散需要时间，这要求在风暴情况仍不确定时就发布警报信息。很多沿海城市需要 36 小时甚至更多时间进行疏散。从表 5—2 的飓风来袭的可能性数据中，我们可以看到，即使风暴只有 20%～25%的来袭可能性，这些城市也必须立即开始疏散。而且，风速还有很大的不确定性，因此，需要疏散的内陆距离也就不确定。

人们已普遍了解针对飓风的适当的防护措施。在风暴潮或大风场风险区域，只有当人们住在钢筋混凝土建筑物的较高部分（例如，高于波峰）且基础部分锚定在冲刷线以下，就地避难才可行。冲刷线是波浪侵蚀建筑物所在土壤的水平。专家建议，疏散应该在路线被淹没或者热带强风（速度为 39 英里/小时）损坏房车和其他车辆前完成（见表 5—1）。在风暴潮风险区域之外，就地避难适合大多数坚固的永久性建筑物，但是，应该控制碎片来源，如为窗子装上临时窗板（或至少是塑料布)。建议对大风区域内的房车内居民进行疏散。

表 5—2　　登陆前飓风情况的不确定性

预报时间（小时）	登陆绝对误差（海里）	最大可能性	错过/袭击比率	风速平均误差（英里/小时）
72	>200	10%	9∶1	23
48	150	13%～18%	7∶1	18
36	100	20%～25%	4∶1	15
24	75	35%～50%	2∶1	12
12	50	60%～80%	2/3∶1	9

5.1.4 山火

火的产生需具备三个条件：燃料，即任何可以燃烧的物质；与燃料结合的氧气；引燃燃料的足够热量。燃烧的结果是产生热（维持反应）和燃烧产物，如有毒气体和未燃尽的燃料微粒，即能看到的烟。山火主要是根据燃料进行分类。

- **林火**（wildland fires）发生在野外，燃料只有自然植被。
- **界面火**（interface fires）燃烧到自然植被和人工建筑混合的区域。
- **火暴**（firestorms）与其他山火不同。因为燃烧太猛烈，它需要单列为一类。

火暴实际上影响着当地天气并且根本无法扑灭。美国的任何地方都可能发生野火，但干燥的西部更常见，因为那里广袤的针叶树和灌木丛是现成的燃料。一旦着火，决定火势严重性的三个主要变量是燃料、天气和地形。不同的燃料有不同的特征，它们共同决定着燃料的类型。这些特征包括燃点（越低越危险）、湿度（越干燥越危险）、能量含量（树脂质木材更危险）。既定的地理区域可以由其可燃物负荷量和连续性来定义，前者指植被数量（吨/英亩），后者指燃料各元素的邻近度。地形通过控制火所产生的热空气和盛行风引起的更大的气流影响火势。风通过峡谷时，漏斗状的缺口会使风速增加。火的前移速度在遇到一个10°倾斜时会加倍，在遇到一个20°倾斜时会变成4倍。影响火势的天气因素有风速、风向、温度和湿度。风速和风向对火势的影响最明显，强风推动火头前进，并将燃烧的灰烬吹到正前方很远处；高温和低湿度会减少燃料水分含量，进而有利于燃烧。

山火在美国是个主要问题，每年大约有7.3万次山火，过火面积达300万英亩。在这些火灾中，约有13%是由雷电引起的，而人为意外引起的达到了24%，人为故意放火的占26%。1991年，加利福尼亚州奥克兰山火（Oakland Hills Fire）造成了25人死亡、150人受伤，超过3 000个家庭被损坏或毁灭。造成这次火灾如此严重的主要因素有：房屋材料（墙和屋顶主要都是木质的）、植被紧临房屋、道路狭窄蜿蜒使灭火设备难以靠近火场。

卡特里娜飓风

卡特里娜飓风事实上是 4 级飓风，而非如预报所说的 5 级飓风。尽管如此，它仍然是美国历史上造成损失最大的自然灾害。卡特里娜飓风把密西西比州和路易斯安那州的沿海社区从地图上抹去了，还导致了新奥尔良堤坝溃塌，80%的城区被淹。洪水上涨速度如此之快，以至于几百人被困在家里，溺水而亡。一些人避难于阁楼之中，在屋顶上等待数日，以期得到救援。比洛克西（Biloxi）市长霍洛韦（A. J. Holloway）称，他掌管的城市也被摧毁了。他说："这是我们的海啸。"

美国森林服务局（The US Forest Service）建设了一个"火险评级系统"（Fire Danger Rating System），它在夏季火灾高发期监视不断变化的天气和可燃物情况。有些可燃物的数据来源于卫星的观测，天气数据来源于几百个气象站。适当的防护措施包括撤出危险区、疏散到安全地点（例如，公园、棒球场等开放空间，那里有灌溉充分而不会燃烧的草地）、在防火建筑中就地避难（例如，周围没有植被的混凝土建筑）。

自我检测

- 定义自然致灾因子。
- 列出起火的要素。
- 描述龙卷风的形成条件。
- 描述飓风是怎样分级的。

5.2 水文致灾因子

环境致灾因子管理者所关心的水文致灾因子主要包括洪水、风暴潮和海啸。

5.2.1 洪水

洪水（flood）是指这样一种事件：大量的水异常地汇集在通常没有这么多水的地方。洪水在美国是一个普遍的问题，总统宣布的灾害中有 3/4 是因为洪水造成的。洪水取决于水循环，在这个循环中，云层里的降水以雨雪形式落下（见图 5—1）。当到达地面时，降水不是被土壤吸收就是形成地表径流流向山下。渗入土壤中的水一部分被植物的根系所吸收并被输送到叶子里，然后蒸发到大气中；另一部分地表水下渗到地下水面并在地下流动，直至到达湿地、河流、湖泊或海洋等水体。地表径流直接流向这些水体成为地表蓄水。在这个阶段，水从地表蓄水库中蒸发，回到大气中的云层。

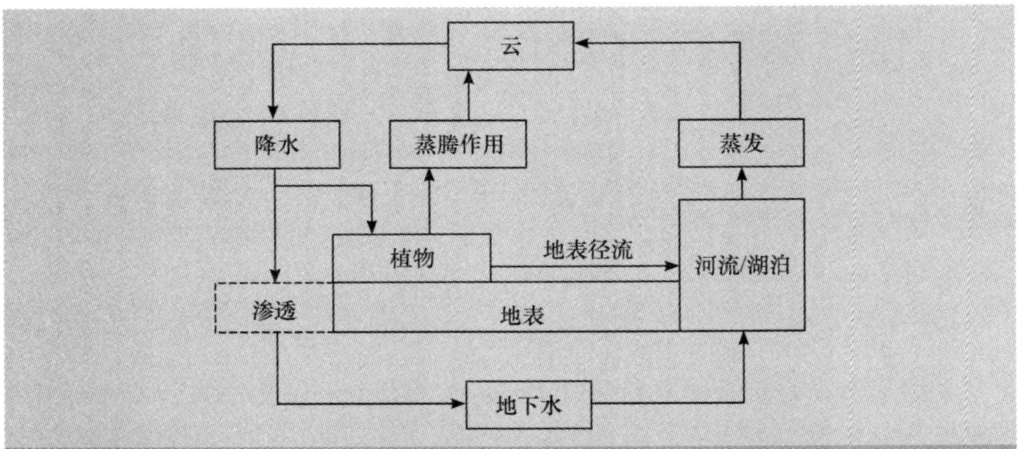

图 5—1 水循环示意图

广为人知的洪水有如下七种不同类型：

(1) 地表径流水位逐渐上涨到洪水水位（溢出自然堤岸），然后倾泻时，**河流洪水**（riverine flooding）（干流）发生。

(2) **山洪暴发**（flash flooding）于地表径流在 6 小时内达到峰值时发生。它通常发生在地势陡峭、植被稀少的山区；在城区，当快速径流流经不透水地面如街道、停车场和房屋顶部等时，它也会发生。

(3) **冲积扇洪水**（alluvial fan flooding）发生于西部深谷陡壁脚下土壤和岩石的沉积区域。

(4) **冰、碎屑物溃坝**（ice/debris dam failures）是因为碎屑物临时累积，阻断水流导致水位上升，在碎屑物被冲开之前河水溢出堤岸。

(5) **地面积水**（surface ponding）是指因地面过于平坦，降水无法形成地表径流并迅速排走。

(6) **湖泊水位波动**（fluctuating lake levels）会在短期内、季节性或多年周期性发生，尤其是当排水通道完全受到限制或被陆地封锁时。

(7) **控制性建筑（水坝或堤防）崩溃**［control structure (dam or levee) failure］与山洪暴发有很多相同的特征。

人们常用流量和水位来测量洪水。

- **流量**（discharge）是指单位时间内的水量。
- **水位**（stage）是指高于规定水平的水的高度。它是应急管理者需要的数据，因为洪水水位决定了伤亡和损失的水平。

流量可以通过水位等级曲线（见图 5—2）换算成水位。横轴表示流量，单位是立方英尺/秒；纵轴表示水位，是超过洪水水位以上的英尺数。注意，同样的流量在山谷的水位比在平原的水位更高，因为山谷的峭壁限制了水流。

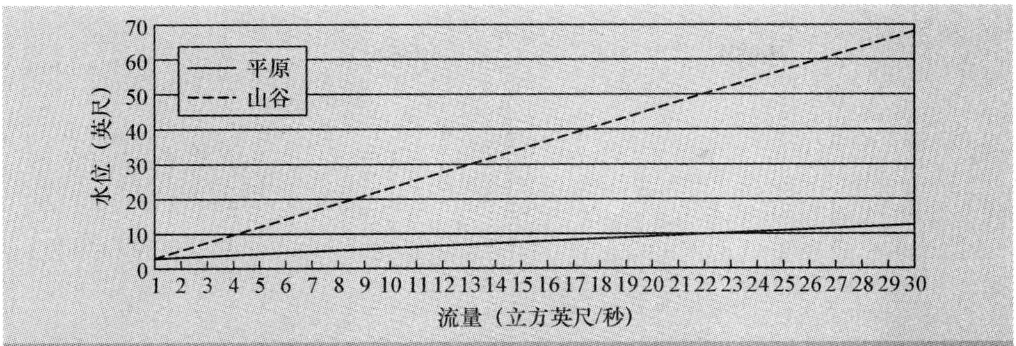

图 5—2 水位等级曲线

洪水受到一系列因素的影响。我们首先必须考虑在某一既定点和整个流域（盆地）范围内的降水。总降水量等于降水时间和降水强度的乘积，通常用英寸/小时来测量。一个盆地的降水量等于整个盆地表面的降水量之和。降水量与洪水的关系是温度的一个函数。降雨直接就是水，而雪只有经由暖空气或融化后才能变成水。一次暴风雨的降水可能会流入两个或更多盆地，而不同盆地的雨量可能相差很大。因此，即使 A 城和 B 城在同一次暴风雨中雨量相同，但一条河边的 A 城可能洪水泛滥，而另一条河边的 B 城可能平安无事。

如水循环示意图所示，洪水还受地表径流影响，径流决定于地形和土壤覆盖层。地形的一个重要方面就是坡度，径流随坡度增加而增加。除了坡的陡峭程度外，坡长和盛行风及阳光的方向也是洪水的决定因素。坡形也是需要重点考虑的因素，收敛型坡（U 形）的径流会在水坑、洞穴、池塘形成蓄水。相反，分散型坡（倒 U 形）会快速分散径流。混合型坡兼有两者的特点。

斜坡的均值和方差决定了储存量。均值为零、方差大的坡（平坦但有很多坑坑洼洼的地方）比均值为零、方差小的坡可以储存更多的水，均值为正、方差大的坡（有很多洞穴）比均值为正、方差小的坡能储存更多的水。

土壤覆盖层也影响洪水，因为密集、低矮的植物会减缓径流速度，并促进径流的渗透。在植被有限的地方，面积渗透率随有机物含量的增加而增加，因为有机物像海绵一样吸水。渗透率还受到表层土壤质地的影响。陶土、岩石和混凝土是很难渗透的，因为构成它的颗粒小且光滑；碎石和沙子易于渗透——特别是颗粒大且形状不规则的碎石和沙子不易紧密结合。最后，面积渗透率受到土壤饱和度的影响，因为即使是易于渗透的表面，如果土壤缝隙（土壤颗粒之间的空间，通常是填满了空气）都充满了水也会难以渗透。地下水流到山脚下，再通过远程运输流进含水层。快速流进松散的山谷土壤再流出会增大水流的峰值，而慢慢流进山地再流出可以在下雨时涵养水分。

蒸发与蒸腾作用以两种方式发生。首先，位于河流和湖泊蓄水的表面的水分直接向大气中蒸发；其次，植物从土壤里吸收水分再蒸发到大气中。蒸腾作用使植物的根系从土壤中吸收水分，经由茎干，再从叶子蒸发出去。由于夏季温度高，植物的蒸腾作用比冬季更强，但是降水量大时蒸腾作用很弱。

河道流量受到河道湿度的影响。随着水位的上涨水会向河岸（水平）渗透，直至达到饱和状态；此外，因为河床底部有孔，所以水会向河床底部（垂直）渗透，成为地下水。河道的几何结构也影响流量，因为大的河道截面将水分散到更广的区域；河流延伸的长度（河流的不同部分）也影响流量，因为延伸越长，储水量也越大；排放到下游的流量大也会影响到上游的洪水，因为下游洪水泛滥降低了河道的海拔落差，进而影响水流的速度。

如果上游遭到滥砍滥伐和过度放牧，则下游洪水会增多。因为滥砍滥伐和过度放牧会让土壤遭到侵蚀而使平缓坡度上的地表径流增加到中等程度，同时陡坡上的地表径流会增加到很高的水平。沉淀物会被冲到下游，并淤塞河道、抬高河床。洪泛区城市化进一步加剧了农业发展的这些问题。首先，和世界上其他城市一样，美国城市也坐落在洪泛区，因为在18世纪中期以前水运一直是最有效的运输方式。很多城市都位于航道的起点、终点或河流之间的转动站。其次，城市坐落在洪泛区还有一个原因是冲积土壤便于建筑时挖掘地基。最后，城市发展发生在洪泛区是因为水的审美吸引力，人们喜欢看到湖泊和河流，并且愿意为滨水房产付高价。

对洪水来说，城市发展的一个后果就是导致城市植被为硬景观所替代。**硬景观**(hardscape)的表层不透水，如屋顶、街道和停车场。这种硬景观降低了土壤的渗透性，因此增加了洪峰上涨和消退的速度。另一个增加洪水的因素是开发者对洪泛区的侵扰，他们用土填埋间歇性洪水区域，导致土地海拔升高，这减少了渠道交叉，迫使河流在其他地方抬高以弥补失去的空间。

美国洪水风险地区通常用百年一遇来定义。所谓**百年一遇**是指一个事件预计有100年的循环间隔，因此，也就是说在任何给定年份其发生的概率是1%。认识到这些事件基本上是独立的很重要，因此，一个社区可能在一个世纪内遇到两次百年一遇的洪水。实际上，它们也可能在同一年发生，虽然可能性不大。**“百年一遇的洪水”**是一个基本的标准，它反映了提供长期安全和开发土地经济价值之间的平衡。也可以选择50年一遇、200年一遇甚至500年一遇的标准。选择50年一遇标准的社区将会有更多的空间用于居住、商业和工业发展，但是对洪泛区的侵入会导致比百年一遇更具毁灭性的洪水频繁出现。也许，社区会针对不同类型的建筑适用不同的标准，例如，它可能会限制百年一遇标准的应用范围（如公园），而住宅建筑则要达到500年一遇的标准，而且将疗养院、医院和学校限制在500年一遇洪水影响范围之外。

有三种自动装置可以迅速探测即将来临的洪水。雷达可以评估流域的任何位置的降水量，雨量计可以测出在河流边指定地点的雨量，水标尺可以测出河流中既定地点的水深。人工装置也能侦测洪水，观测员可以在特定地点估计雨量、水深或者堤防的完整性。在将降水的数量和分布数据收集起来后，它们将被用来根据指定流域、指定时间的径流特点来估计流量的变化情况，将流量结合下游地形就可以预测下游洪水的水位。

商业新闻与美国国家海洋和大气局全灾害天气广播都提供实时且具体的洪水警报。最合适的防护措施就是沿垂直于河道的方向撤离。山谷里的山洪速度可能比汽车还快，因此最安全的方法是爬到山上，而不是开车出去。避免蹚过水流也很重要。即使水流速度只有 2 英尺/小时也能把汽车冲得漂起来，并以 1 000 磅的力量将其推向下游。

5.2.2 风暴潮

风暴潮（storm surge）是指水体增高，并超过正常潮汐。在大多数情况下，风暴潮都与飓风相关，但也可能是由温带气旋引起的。如表 5—1 所示，风暴潮的高度随着飓风等级的增加而增加，这主要是因为暴风把水卷向海岸。在海岸地形和深海测量区（海底地形）有浅层滑坡的地方，风暴潮高度最大。

风暴潮曾经是造成世界各国人员出现伤亡的主要根源。但是，现在飓风引发的内陆洪灾是致人死亡的首要原因。出现这种变化的部分原因是：分析者用先进的计算机程序去识别哪些地区最可能被风暴潮所淹没，这使得地方应急管理者可以判明需要疏散的区域。只有在深桩钢筋混凝土结构建筑中避难的人，才可以安全地待在风暴潮淹没的区域，因此向内陆高地疏散是最安全的防护措施。

5.2.3 海啸

海啸（tsunamis）通常是由海底地震引起的海浪。但是，火山爆发或者滑坡同样可以引发海啸。海啸是很少发生的事件。在过去的一个世纪中，15 000 次地震仅仅产生了 124 次海啸，发生率还不足全部地震次数的 1%，平均每年只发生 7 次海啸。产生海啸的概率与地震的强度有关。在太平洋海啸中，2/3 是由 7.5 级以上的浅源地震所引发的。

海啸能够以 400 英里/小时的速度横穿数千英里的海域。在进入浅水域并冲向陆地时，海啸会减速到 25 英里/小时。在开阔的海域里，海啸大多是看不见的，因为它们只有 1～2 英尺高。然而，海啸波浪长达 60 英里，周期长达 1 小时。相比之下，普通海浪的浪高将近 30 英尺，波长约为 500 英尺，周期约为 10 秒钟。当水深不足波长的 1/20 时，海啸波浪就会遇到海底摩擦力。然后，波阵面的底部减速，被其余漫过它的波浪压倒。例如，当波浪的深度为 330 英尺时，它的速度就会从 400 英里/小时降低为 60 英里/小时。随后，深度为 154 英尺时，它的速度会降低到 44 英里/小时。这就会导致下一次波深为 650 英尺的海浪瞬间压倒波阵面。随着波浪继续朝岸边移动，波浪的每一个后续部分都必须压过先前的部分。它不会下沉，因为水是不可压缩的；它也不会倒退，因为波浪的其余部分推动它前行。因为波长很长、波速很快，大量的水可以积聚到很高的高度。这种现象最有可能发生在大陆架非常狭窄的地方。人们需要注意，海啸来临的前兆可能是水位下降，而不是水位上升。一旦海底突然上升，初始的波峰就产生了；反之，一旦海底突然下降，初始的波谷就产生了。不论哪种情况，初始阶段之后就是交替阶段。

海啸威胁着全世界的海岸线，它们并不是发生在一天中或者一年中的某个具体时间。在国际海啸预警系统中，初步探测工作的基础是探测大地震的地震监测；然后，遍布太平洋流域的测潮仪将核实海啸的产生。这种预警系统可在远方的海啸来袭前数个小时内向人们发出警报。比如，1960 年，智利地震所引发的海啸经过 15 个小时才到达夏威夷。然而，这种情况与本地产生的海啸大有不同。距离海岸 100 英里以外的地方所产生的海啸可在 15 分钟内到来。因此，沿海社区居民一旦感到严重的地震摇晃，就必须及时采取行动。在某些情况下，海啸唯一的警兆就是波谷的到来（表面看起来，它就像浪潮出乎意料地消失了），这也暗示我们：要立即采取行动。等到你看见波浪来袭时，避险恐怕为时已晚。

海啸探测

2004 年发生的印度洋大海啸夺走了将近 225 000 人的生命，然而，泰国的莫肯人（Moken）幸存下来。这些人生活在安达曼岛（Andaman Islands）上，他们熟知海洋的习性，因此，当看到海水退去时，他们知道海啸即将来临。他们还观察动物的行为反应，如成群的海豚游向深海水域。莫肯人将关于海啸的经验世代相传。在民间传说中，他们讲述愤怒的海洋是如何吃人的。这些因素使得莫肯人在印度洋海啸即将来临时跑到地势更高的地方，同时向附近的游客发出警报。

海啸的物理强度十分惊人，多个波峰可在近 6 个小时内，以 10～45 分钟为间歇期不断到来。在海岸线上，最高的波浪将近 100 英尺，可能出现在任何波峰期间。波浪爬高区是海啸淹没的区域，这个概念非常类似于百年洪泛区。由于波浪运动的复杂性以及海上的水深和陆上的地势，波浪爬高区必须由胜任的分析师借助复杂的计算机程序进行测算。海啸对人身体的影响包括溺水而死和因波浪冲击而导致的创伤。此外，财产损失也是由同样的作用机制所引发的。

如同遭遇风暴潮一样，深层打桩的钢筋混凝土结构需要能够承受波浪的拍打及其对地基的冲击，因此，撤离到地势更高的地方是最有效的防护方式。如果人们生活在地势较低的海岸，那么，他们就必须撤离到较远的地方。一旦主要撤离路线与海岸线平行，即使附近有山，撤离也是非常困难的。

自我检测

- 定义流量和水位。
- 列举影响洪水发生的因素。
- 确定海啸发生的频率。

5.3 地质致灾因子

地球有三个不同的地质组成部分。

● **地核**（core）由地球内核的熔岩组成。

● **地壳**（crust）是地球表面坚硬的岩石和其他物质，深度从海下的 4 英里到喜马拉雅山上的 40 英里不等。

● **地幔**（mantle）是地核和地壳之间 1 800 英里厚的岩层。地壳被定义为漂浮在地幔之上并且在漫长的时间里逐渐向不同方向移动的巨大板块。

构造板块相互分离、聚集或者横向移动。当它们相互分离时，在地幔之下（通常在大洋中部），海脊就会产生新的物质，这些新的物质以每年几英寸的速度从源头流走。这个过程造成一个板块向邻近的板块逐渐扩张，这样，一个板块和另一个板块合并在一起而且较重的物质（海底）俯冲到较轻的物质（大陆）下面。在美国，这种过程正发生在太平洋沿岸的华盛顿、俄勒冈州和北加州的卡斯卡迪区域。板块构造活动产生了能够引起地震和海啸的运动，这些构造活动过程导致了美国最重要的地质致灾因子——火山爆发和地震。

5.3.1　火山爆发

火山（volcanoes）是这样形成的：一个岩浆柱（熔岩）从地幔中上升到一个岩浆房内，并且在地表喷发出来，这里它被称为岩浆。接连不断的喷发物沉积为熔岩层或者灰质层，就形成了山脉。大部分喷发都产生于火山口，它们逐渐被穹顶式喷发所封住。灾难性的喷发只会在山脉原来矗立的地方留下一片萧条景象。美国的火山（最近喷发过的）位于阿拉斯加（92 座）、夏威夷（21 座）以及西海岸，俄勒冈有 22 座火山，加州有 20 座，华盛顿有 8 座。火山学家区分出 20 种不同类型的火山，但是，最为重要的两种是盾状火山和层状火山。盾状火山引发低黏度熔岩的相对温和的溢流性喷发，形成缓坡和宽阔的基底（例如夏威夷的基拉韦厄火山）；而层状火山产生高酸性岩浆、气体和火山灰的爆炸性喷发，造成陡坡和狭窄的基底（例如华盛顿的圣海伦斯火山）。

来自火山的威胁包括喷发到高空的重量较轻的气体和火山灰以及流下山坡的较重的岩浆和泥浆。其中有一些简单的窒息物（二氧化碳和甲烷）是非常危险的，因为它们会取代大气中的氧气；有一些化学窒息物（一氧化碳）也是非常危险的，因为它们阻止人们呼吸的氧气到达身体组织；此外，还有一些腐蚀性物质（二氧化硫、硫化氢、氯化氢、氟化氢和硫酸）和如氡之类的放射性气体。火山碎屑流是从火道口中流出的炙热气体和火山灰的混合物（温度高达华氏 1 600 度）。火山喷发碎屑由坚硬的岩石碎片组成，从滑石粉粉末（如同“灰尘”）到巨石（如同“炸弹”），大小不等。火山泥流通常来自冰山融雪的泥石流和洪水，以及带有不同浓度的火山灰。火山爆发的影响往往具有很明显的方向性，因为火山灰沉积物和气体会随风扩散，火山灰沿着火山喷发的方向流动，熔岩和火山泥流则顺坡而下流过流域盆地。上述危险物质向前运动的速度是不同的，火山碎屑流能够以超过 100 英里/小时的速度运动；气体和火山喷发碎屑的运动取决于风速，通常不到 25 英里/小时；熔岩以步行速度（5 英里/小时）运动，但是在陡坡上能够运动得更快（35 英里/小时）；

火山泥流以水流的速度运动，通常不到 25 英里/小时，但有时也可以超过 50 英里/小时。

危险的物理强度也因具体的威胁而不同。火山灰和火山泥流的深度从 6 英寸到几十米不等；熔岩流和火山灰流很热，其任何影响都是致命的。受影响区域也会因威胁的不同而不同。火山喷发碎屑的沉积取决于喷发规模、风速和颗粒的大小。大规模的火山爆发之后，火山灰的痕迹环绕了整个地球，熔岩流、火山泥流和火山碎屑流遵循局部排水模式。人们可在遭受重创区域的附近找到安全地带。表 5—3 描绘了火山危险区。

表 5—3 火山危险区

类型	名称	距离*	威胁
1	极端危险	0～100 码	高度危险的高温、火山灰、熔岩、气体、滚石和抛射物
2	高度危险	100～300 码	高度危险的抛射物
3	中度危险	300～3 000 码	中度危险的抛射物
4	低度危险	2～6 英里	低度危险的抛射物
5	安全	>6 英里	最小危险的抛射物

* 不包括能够运动 100 公里以上的泥石流和洪水以及运动数千公里的海啸。

火山爆发的物理影响随着威胁类型的不同而有所变化。吸入有毒物质会造成人员伤亡。火山碎屑流更加危险，因为它们可以导致人们因爆炸、热暴露及吸入气体和火山灰而伤亡。此外，它们还会导致因爆炸、高温和被火山灰覆盖（即使在火山灰冷却之后）而产生的财产损失。火山喷发的碎屑会造成财产损失，包括屋顶因超重被压塌、电线短路、堵塞车辆的空气过滤器和机器磨损。爆炸撞击创伤能致人伤亡，火山灰的吸入会对人们的健康产生影响。熔岩会导致因过度的高温和岩石（冷却时）覆盖而产生的财产损失。热暴露于熔岩会导致伤亡，但这很少见，因为熔岩移动得很慢。火山泥流会导致因洪水和被火山灰覆盖（当水排出时）而产生的财产损失和因溺水而产生的伤亡。此外，火山爆发还会引起海啸和森林大火等次生灾害。

人们可以通过显示岩浆上升的物理线索探测到火山爆发的威胁，这些线索包括震群、逸气、烟灰和蒸汽喷发以及地面坡度的变化。保护性措施包括扫除建筑物屋顶上的火山灰。当火山口喷发时，应在方圆 6 英里内对人员进行疏散；当横向喷发时，要将人们疏散到喷发方向的 12～18 英里之外。人们应该撤离受到火山泥流威胁的洪泛区。火山爆发的时间有着巨大的不确定性，所以，人们需要在撤离之后，离开家园，停止工作数个月。在某些情况下，预期的火山喷发并没有出现，这引起了科学家、地方公务员和受扰动居民之间的严重冲突。

5.3.2 地震

当地震发生时，能量从震源中释放出来。

● **震源**（hypocenter）是地球内部很深的一个地方。然而，地震的位置通常是通过震中得知的。

● **震中**（epicenter）是地表上的一个点，位于震源正上方。

地震的能量是通过三种不同类型的波来传递的。

● P 波，初始波或者压力波，传播得很快。

● S 波，次生波或者剪切波，传播得更慢，但会导致更多的损害。

● 表面波的频率较低，对高楼大厦具有破坏性。

地震的震级不同于它的烈度。

● **震级**（magnitude）是通过里氏震级表来测量的。在里氏震级表中，每增加 1 个单位就表示地震波的振幅增加 10 倍，从震源中释放出的能量增加 30 倍。

● **烈度**（intensity）所测量的是某个特定位置受到的影响，可以通过行为影响以及身体状况来确定。

修订的麦卡利地震烈度表对地震行为影响进行了分等归类（见表 5—4），该表确定了地震运动对人和自然环境所造成的每一种类型的影响。物理测量把水平和垂直方向的地震力描述为多少毫米每平方秒（mm/s^2）或者重力的多少倍（重力=$9.8m/s^2$）。

表 5—4　　修订的麦卡利地震烈度表（MMI）

类型	烈度	损害类型	最大加速度
Ⅰ	仪器的	只能在地震仪上探测到	<10
Ⅱ	微弱的	一些人会感觉到	<25
Ⅲ	轻微的	正在休息的人们会感觉到；就像大卡车轰鸣而过	<50
Ⅳ	中等的	正在行走的人们会感觉到；架子上松动的物体嘎嘎作响	<100
Ⅴ	稍强的	睡觉的人被惊醒；教堂钟声响起	<250
Ⅵ	强烈的	树木摇摆；静物晃动；东西从架子上掉下来	<500
Ⅶ	非常强烈的	轻度警报；墙体开裂；灰泥脱落	<1 000
Ⅷ	破坏性的	行驶中的车辆失控；烟囱倒塌，砖石建筑物破碎；劣质建筑物损毁	<2 500
Ⅸ	毁灭性的	一些房屋坍塌；地面破裂；管道爆开	<5 000
Ⅹ	灾害性的	地面出现大量裂缝；许多建筑物遭到毁坏；大面积的土壤液化和滑坡	<7 500
Ⅺ	强灾害性的	大部分建筑物和桥梁坍塌；公路、铁路、管道和电缆被毁；通常会引起其他灾害	<9 800
Ⅻ	灾难性的	全部毁坏；树木被连根拔起；地面波浪式地起伏	>9 800

某一点的地震烈度取决于许多因素。首先，地震烈度随着距震中的距离而递减，就像往平静的水池里扔一块小石头一样，在源头处产生巨大波纹，而后减小为远处的微小涟漪；其次，盆地（被岩石环绕的松土）会在反弹周围岩石的同时聚集能量波，就像波浪反弹泳池壁一样；最后，软土比岩床更容易传递能量波，就像推动一盘果冻会使果冻摇晃一样，即便盘子已经停下来，果冻也会摇晃。从中，我们

得出的结论是：在离震中等距的两点，地震烈度可能会因方向不同而迥异。

在受影响区域中，主要的威胁是地动、地表断裂和地面塌陷。地动具有危险性，因为它会在仅设计了重力荷载的建筑物中产生横向运动和向上运动。同时，没有钢筋的建筑物难以应对向上的拉伸力和侧向的剪切力，"软层"建筑物（例如一楼用的是柱子而不是墙的建筑物）和不对称的（例如L形）建筑物也是如此。高楼大厦会表现出共振，容易随着地震波同步摇摆，这样就放大了地震波的影响。

地表断裂的问题并不如人们想象的那么严重。建筑物之于地表断裂的脆弱性可以很容易通过土地区划管理来避免。土地区划管理部门禁止在离断层线50英尺的范围内建造建筑物。不幸的是，土地区划管理对于那些必须穿越断层线的公用设施网络而言是行不通的。

地面塌陷是指受力土壤的消失，它有三种不同的形式。**滑坡**（landslide）指的是岩石或土壤由于重力作用而产生的向下位移，它发生于稳固性有限的土壤取得一个更自然的倾斜角之时。人们通过地质勘测确定那些有斜坡并且斜坡上的土壤在被浸透或者摇晃时可能会离析的地方，就可以描绘出滑坡的危险区。开裂发生在松土贴近其他不易开裂的土壤之时。土壤液化是由于浸透的土壤中土壤颗粒间支撑的缺失而引起的。地面塌陷是一种威胁，因为建筑物的地基需要稳固的土壤支撑起整个结构。即便是地基以下的部分土壤塌陷，建筑物也会因为倾斜到一个危险的角度而损毁。

到目前为止，世界上还没有可发布可靠的地震警报的确定的物理线索。动物的反常行为已经被人们关注，但是，这还没有被证实是一个可靠的指标。中国人成功地预测了1975年的海城地震，通过城市疏散，挽救了成千上万条生命，然而，1976年的唐山地震却没有任何预警。目前，地球科学家正在研究许多可能起到预警作用的指标，如井中氡气的增加，土壤中电流传导性的增加和磁性异常，地面海拔、坡度以及位置的变化。

目前，人们还没有办法对区域性地震进行事先探测和预警，因为它们离P波和S波几乎同时到达的地方太近了。防护性措施可以通过人们通常所看到的那样来理解："地震没有杀死人，倒塌的建筑杀死了人。"因此，专家建议居民在地面开始摇晃时应尽可能躲避到室内结实的家具下面。那些在建筑物倒塌后生还的人通常会试图营救仍然被困的幸存者，但是，这种临时反应是否成功取决于建筑物的类型。没有钢筋的砖砌建筑物更容易坍塌，从这些建筑中进行搜救相对容易一点；相比之下，钢筋混凝土建筑物更不易坍塌，但搜救极端困难，除非训练有素的城市搜救队装备有先进的设备。

不幸的是，几乎所有的受害者都很难坚持到城市救援队远路而来之时。挤压所造成的伤害将会在24个小时内使人死亡，而大多数城市搜救队需要更长的时间进行动员并抵达事发现场。地震所造成的另一个问题是：基础设施的破坏影响了应急响应。因此，家庭、企业、当地政府必须在外援到达之前的72小时内做到自给自足。

巴姆古城的毁灭

2003 年，地震导致伊朗巴姆古城 70%的建筑遭到破坏，大约 70 000 人丧生。这么多人丧生，其部分原因是：当地人的住房并非钢筋结构，地震破坏了当地建筑结构，人们被埋在了废墟之中；相反，钢筋混凝土建筑则使建筑物的石板之间存在诸多空隙。同时，伊朗缺少足够的搜救队伍。接受请求的搜救队伍很难及时到达出事地点挽救幸存者。一名妇女因为躲在通风管旁边的一个桌子下而存活下来。目前，伊朗仍在努力，重建美丽的巴姆古城。

自我检测

- 给火山下一个定义。
- 说出震级与烈度之间的区别。
- 描述地震到来之前的物理征兆。
- 给“滑坡”下一个定义。

5.4　技术致灾因子

有害物质（又称**危险物质**）由多个联邦机构管理。许多联邦机构，包括美国海岸警卫队（Coast Guard）和美国环保署（Environmental Protection Agency, EPA）负责有害物质事故的应急响应。有害物质是指那些“会对人身健康、安全以及财产构成很大威胁的危险物质”(49CFR 171.8)。

直至 1986 年，美国才发布了关于有害物质的位置、特征以及数量的文件——《应急规划和社区知情权法案》（EPCRA）。人们如果大量生产、处理以及储藏 400 种高度有害物质中的任何一种，都必须通知当地部门、州应急委员会（State Emergency Response Commission）和美国环保署。化学文摘社（CAS）列举了 150 万种化学配方，其中 63 000 种是危险的。每天，有害物质的运输量会超过 60 万船，石油产品占了 10 万船。幸运的是，这些有害物质只占了总运量的一小部分（见表 5—5）。这些有害物质的运输导致平均每年 280 次液体泄漏或气体外逸事故，且事故大多发生在运输途中。其中，81%发生在高速公路上，15%发生在铁路运输过程中。事故平均每年会造成 11 人死亡、311 人受伤（FEMA，1993）。

你会发现有害物质是在不同的地方生产、储存与使用的，包括：

- 设施场所，如生产石油化学制品的工厂。
- 仓库，如用于存放农业肥料和杀虫剂的仓库。
- 水处理厂（氯被用来净化水）。
- 酿酒厂（氨被用作冷却剂）。

表 5—5　　前 12 位高度有害物质的产品数量（1970—1994 年）

前 50 位	化学物质名称	1970 年	1980 年	1990 年	1994 年	增长率（%）（1970—1994 年）
1	硫酸	29 525	44 157	44 337	44 599	51
8	氨水	13 824	19 653	17 003	17 965	30
10	氯	9 764	11 421	11 809	12 098	24
13	硝酸	7 603	9 232	7 931	8 824	16
23	甲醛	2 214	2 778	3 360	4 277	93
25	环氧乙烷	1 933	2 810	2 678	3 391	75
31	苯酚	854	1 284	1 769	2 026	137
33	丁烷	1 551	1 400	1 544	1 713	10
34	环氧丙烷	590	884	1 483	1 888	220
36	氯乙烯	520	915	1 338	1 543	197
37	醋酸乙烯酯	402	961	1 330	1 509	275
47	苯胺	199	330	495	632	218

资料来源：Lindell and Perry，1995。

有害物质有众多运输方式，包括使用船只、驳船、卡车、管道、铁路以及飞机等。用船只、驳船、管道运输的有害物质数量众多，可以与固定的场所设施相比。人们用火车运输的有害物质较少，用卡车运输的有害物质更少，空运的最少。有害物质在设施内的中小程度泄漏对公共安全几乎不会造成危害，因为风险区位于设施内部。然而，有害物质在运输过程中发生同等规模的泄漏则会对公共安全构成威胁，因为路人很可能会进入风险区域，从而暴露于有害物质的危害之下。虽然实际泄漏量通常比容器中的总量要少得多，但是为了谨慎起见，应急规划制定者必须假定最坏的情况，即有害物质会在很短时间内完全泄漏。一般而言，毒气完全泄漏的时间为 10 分钟（U. S. Environmental Protection Agency，1987）。除了受泄漏量影响之外，风险区域的大小还要取决于有害物质的化学与物理属性。

运输部将有害物质分成 10 个不同的类别，将一种物质归入一类，并不表明它不可能被归入其他类。比如，硫化氢被作为压缩气体进行运输，它既是有毒的，也是易燃的。

1. **炸药**（explosives）是一种化合物或者混合物，其化学反应的速度比声速还要快。它能释放大量的热和气体。例如，一个容量的硝酸甘油在爆炸时能膨胀到 1 000 个容量。正是容量的激增导致爆炸波具有压力骤增的特征。炸药对热及冲击的敏感度是变化的。炸药可造成人员伤亡和财产损失。运输过程中炸药爆炸的破坏效应可在事发地点 1 英里之外感觉到。

- A 级指含有大量炸药，可引发爆炸（速度大约为 4 英里/秒），产生压力过高、火以及抛掷的危险。
- B 级指含有较少炸药，可爆燃（速度大约为 0.17 英里/秒，相当于爆炸速度的 4%），产生火以及抛掷的危险。
- C 级指含有更少的炸药，仅仅产生火的危险。

2. **压缩气体**（compressed gases）被分为非易燃气体与易燃气体。

• 非易燃气体——包括二氧化碳、氦气、氮气，通常运输量较小。但是，一旦储罐阀门损坏，气体会从开口迅速外溢，容器成为抛掷物。这时，非易燃气体就成为重大的危险。

• 易燃气体——包括乙炔、氧气、甲烷，可引发抛掷和火的危险。容器爆炸可将碎片弹射到1英里以外，所以，一旦容器失火，建议将人们疏散到1英里以外的地方。大量易燃气体的运输工具（如运输石油液化气的火车）是个重大隐患，因为易燃气体在泄漏后将会随风一直飘散，直至遇到点燃源，如水加热器的显示灯或者汽车的电路系统。即使在1英里以外或者更远的地方，气体云团也会爆炸，产生的巨大火球会迅速向泄漏点快速移动。

3. **易燃液体**（flammable liquids）是指在80℉或者更低温度下会燃烧的液体，与易燃气体的威胁相似。一种易挥发的液体例如汽油，能够迅速产生大量气体并向点燃源扩散，当到达点燃源时，则会立即起火爆炸。当易燃液体在陆地上发生泄漏时，下风向的人们至少要疏散至300码以外的地方。易燃液体在水中顺流而下，其危险距离将会更大。有毒易燃液体需要特别地引起重视。如果易燃液体泄漏引起火灾，则对出事地点附近800码内的人员都要进行疏散。

4. **易燃固体**（flammable solids）指因为摩擦、受潮或者化学变化而发生自燃的固体。因为易燃固体不会大面积扩散，其危害性比易燃液体和气体要小一些。大规模的易燃固体外泄需要疏散下风向100码内的人员。而对由其引起的火灾则要疏散方圆800码之内的人员。

5. **氧化物和有机过氧化物**（oxidizers and organic peroxides）包括卤素类物质（氯气和氟）、过氧化物类物质（过氧化氢和过氧化苯甲酰）以及氯仿类物质。这些物质会破坏金属以及有机物质从而强化了它们的可燃性。氧化物和过氧化物虽然不燃烧，但却是危险的，因为它们助燃而且对震动敏感。大规模的外泄需要疏散下风向500码内的人员，而对其引起的火灾则要疏散方圆800码内的人员。

6. **有毒化学物质**有不同的分级方式。

• A级有毒化学物质包括气体和蒸汽，被人体少量吸收后即产生危险。

• B级有害化学物质包括液体和固体，被人体消化或吸收以后产生危险。有毒物质的危害性巨大，因为当其被吸入肺、被胃消化或者通过直接接触被皮肤吸收时，危险都会发生。对吸入暴露应给予最大的关注，这是因为急性暴露过程中的高浓度会使人立刻毙命。另一方面，长期吸收有毒物质也会使暴露者患上癌症，还会导致其后代的基因存在缺陷。这样，化学污染给志愿者和专家在紧急救助、将患者送往医院等方面提出了挑战。这些化学物质的挥发性和毒性彼此不同，所以，一旦泄漏或者发生火灾，疏散的距离要根据《2004年应急指南》（*2004 Emergency Response Guidebook*）（Department of Transportation，2000，见 www. dot. gov）中的"防护行动距离表"（Table of Protective Action Distances）来确定。

7. **传染性物质**（infectious substances）很少对人们构成巨大的威胁，因为这些物质很少被运输，同时这些物质在少量运输时也会经过严格的包装和标记。然而，传染性物质很有可能被恐怖分子用来发动恐怖袭击。

8. **放射性物质**（radioactive materials）是指那些在自发衰变过程中释放射线的物质。在美国，被运输的放射性物质的类型和数量影响区域较小。除核电站外，可能泄漏的放射性物质数量少，然而，即使几克工业用的或是医学X射线用的放射源遗失，也可能会引起人们的高度关注。最近，我们已经意识到恐怖分子用“脏弹”进行恐怖袭击的威胁。所谓“脏弹”，就是使用常规炸药将放射性物质扩散到更广的范围。放射性物质的大规模外泄需要疏散下风向100码之内的人员，而对其引起的火灾则要疏散方圆300码内的人员。

9. **腐蚀性物质**（corrosives）是指那些一旦接触就会破坏现存组织的物质，它们可能是酸性物质，也可能是碱性物质。酸性物质如盐酸、硫酸，碱性物质如氢氧化钠、钾碱以及氨。腐蚀性物质不仅会腐蚀人和动物的有机组织，而且能够腐蚀金属和塑料之类的东西。由于这种经常被使用和运输的物质不易挥发，所以从地域上讲，其泄漏所带来的影响不会超过100码。但是，一旦容器起火或者说这些物质和水相容，影响就会相当大。这些化学物质的挥发性和毒性不同，所以，一旦泄漏或者火灾发生，疏散的距离要根据《2004年应急指南》中的“防护行动距离表”来确定。

10. **混合危险物质**（miscellaneous dangerous goods）正如这类物质的名称所示，它们由多种多样的物质组成，例如气囊、某种植物油、多氯联苯以及白色石棉之类，这些物质可能会引起中低度火灾危险，并在10～15码内对人体健康构成中低度威胁。

5.4.1 火

气体和液体之间有着显著的区别：气体会尽可能地充斥所有的空间，而液体则覆盖所流经物体的表面。当温度升高和压强降低时，任何液体都会以气态形式存在，这就是所谓的**蒸汽**；相反，在适当的温度和压强下，液体中的蒸汽也会向液态转变。对于每一种易挥发的液体来说，有三种温度是至关重要的，因为它们决定了蒸汽的产生。相应地，产生蒸汽是十分重要的，因为燃烧的是蒸汽，而不是液体。这三种温度分别被称为沸点、闪点以及燃点温度。

- 沸点是指液体的蒸汽压强恰好和大气压强相同时的温度。当然液体燃料在沸点温度以下时，蒸汽的产生可以忽略不计；但是，一旦超过沸点，蒸汽即会大幅产生。因此，沸点越低，液体也就越危险。

- 闪点是指液体能产生足够多的气体，以至于被火星或火苗点燃时会时断时续闪光的温度。若液体的闪点在100℉以下，则被称为易燃物品。与闪点高的液体相比，闪点低的液体更危险。

- 燃点是指一种物质的蒸汽发热至能够在没有外来火花的情况下自发燃烧的最低温度。燃点低的液体比燃点高的液体更危险。

气体和蒸汽都有一个以浓度（以空气容量的百分比计算）来界定的燃烧限度。

在这个燃烧限度内，气体和蒸汽在露天会发生燃烧，在封闭的空间里会发生爆炸。燃烧（爆炸）下限是指使燃烧发生的最低浓度，在这个限度之下，燃料与空气的混合物因燃烧的条件不足而不能燃烧。燃烧（爆炸）的上限是使燃烧发生的最高浓度，高于这个限度，燃料与空气的混合物过于丰富，也不能燃烧。

最危险的易燃物质有着较低的燃点、较低的燃烧或爆炸限度并且可燃区间广。事实上，汽油之所以如此广泛地被人们应用，就是因为它具备了这些特征，包括较低的闪点（－45℉～－36℉）、较低的燃烧限度（1.4％～1.5％）和足够大的燃烧范围（6％）。相比之下，花生油因为有着与此截然相反的特点，所以被用来烹饪。

易燃气体的重要危险在于沸腾的液体所产生的蒸汽爆炸。如果封闭容器内液体的温度超过正常气压下的沸点，当容器出现故障时，蒸汽就会发生爆炸。它包括没有被定义为“爆炸物质”的易燃或可燃压缩气体，它们可产生直径为 1 000 英尺的火球，并将容器碎片弹射到距离爆炸源半英里以外的地方。

5.4.2 有毒化学工业物质泄漏

有毒化学物质从储存容器中泄漏通常会飘散到空中，就如同宿营篝火产生的随风而飘的烟一样。事实上，火中冒出的烟就是没有燃烧充分的有形颗粒燃料。但是，有毒化学工业物质在空中的扩散更危险，因为它们能在 10 英里以内使人面临严重的吸入暴露。有害化学物质泄漏的扩散可用一个扩散模型来定义，它包括：

- 有害物质的化学特性和物理特性，包括：
    - ▲ 数量；
    - ▲ 挥发性（高挥发性意味着单位时间内更多的化学物质飘散到空中）；
    - ▲ 浮力（是否因为比空气重而倾向于飘向较低气层）；
    - ▲ 毒性（由于累计计量或最大浓度而产生的生物效应）；
    - ▲ 物理状态——在周围的温度和压力下，是固体、液体还是气体。
- 有害物质释放特征，包括：
    - ▲ 释放率（磅/分钟）。较高的释放率将会向空气中释放大量的化学物质，使其在空气中的浓度骤增。
    - ▲ 规模（表面面积）。如果有害物质是液体，规模就是发生流动的面积。
    - ▲ 温度（温度比周围高，可提高液体的蒸发率）。
    - ▲ 压力（压力比周围大，可增加气体的扩散率）。
- 泄漏地区的地貌条件。
- 泄漏发生时的气象条件。

影响外溢的地貌因素包括地面的坡度以及洼地的存在。斜坡使液体从泄漏处迅速流走，洼地则会减少液体影响的范围和液体的蒸发率。所以，在化学物质储备库周围，人们建坝是为了在储备库发生泄漏的情况下，限制泄漏的影响范围。有害物质应急响应者在泄漏物周围临时建坝，其原因也是如此。地形特征将会影响化学泄漏物质在大气中的扩散。山和峡谷可影响风向，在阻碍点增加风速。例如，在峡谷较窄的地方，风速会由于“漏斗效应”而加大。树林和建筑物是高低不平的表面，可增加风场的气流，造成更大的垂直方向的混合，这种混合将在居民受到威胁最大的地方减小地表的化学浓度。相反，较大水体落入平静的水面，可以最大限度地减少这种气流，这将使得化学泄漏物在地表保持一个危险的浓度。

风速、风向以及大气稳定性分级都将影响化学物质的扩散。图 5—3 中的 A 图显示的是泄漏物质在没有风时朝各个方向均衡扩散。圆圈对应于“关注水平”（level of concern，LOC），它是“极端有害物质在空气中的浓度，高于这个水平，短时间暴露的结果是健康受到不可挽回的影响或死亡”（EPA，1987，pp. 2-13）。附近的城镇位于易受影响的区域之外，因而没有必要采取行动。而 B 图描述的是强风条件下发生物质泄漏的情况，所以，在上风口和风向交汇的区域所受影响较小。当然，在下风口和易受影响的区域所受影响会较大，所以，当附近城镇位于易受影响的区域内时，就需要采取防护性措施。

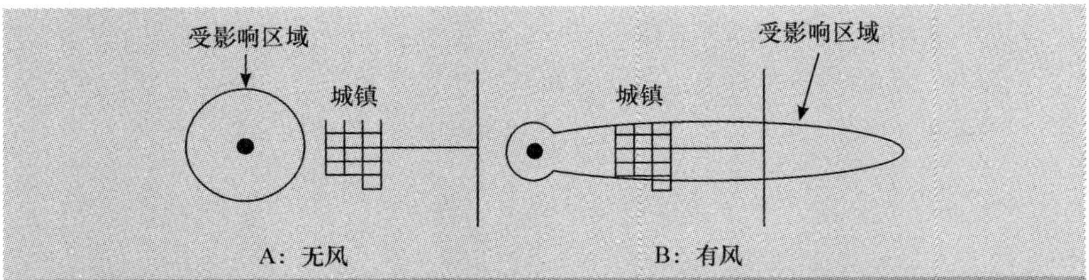

图 5—3　风速对化学泄漏的影响

如表 5—6 所示，大气稳定性被划分为 A～F 级。A 级代表最不稳定的条件，发生于阳光强和风力弱时。这时可通过垂直方向的混合，将泄漏的化学物质稀释到更大容量的空气中。F 级代表最为稳定的条件，它发生在微风轻拂的夜晚。这种情况下没有垂直方向的混合，所以泄漏的化学物质在地表保持着高浓度。有时，气象特征在一段时间内接连几天都保持稳定，但在其他时候，却时时变化。所以，为了保险起见，在变化的风向和高大气稳定性的情况下，有害物质泄漏时，你必须假定出现最坏的气象条件，除非权威的气象专家明确告诉你可以不这样做。

表 5—6　大气稳定性等级

地面风速（英里/小时）	阳光强度			夜间情况	
	强	中	弱	阴天≥50%	阴天<50%
<4.5	A	A～B	B	—	—
4.5～6.7	A～B	B	C	E	F
6.7～11.2	B	B～C	C	D	E
11.2～13.4	C	C～D	D	D	D
>13.4	C	D	D	D	D

- A：极不稳定条件
- B：中等不稳定条件
- C：轻微不稳定条件
- D：持平的条件（白天或晚上阴云密布）
- E：轻微稳定条件
- F：中等稳定条件

你主要关心的是如何对处于风险中的人进行保护。目标人群面临的风险随着距离泄漏地点的远近而发生变化，然而，距离不是唯一需要考虑的因素。除距离外，人口密度也是要考虑的因素。风险区域内人群的易感性也存在着差别，因为个人之间在剂量—反应关系方面是不同的。年龄就是一个相关的变量，年幼者和年老者承受能力最弱；另一个变量就是身体状况，免疫力被破坏的人也最脆弱。

有毒化学物质在暴露途径方面有所不同，包括吸入、消化和吸收。吸入是使有害化学物质进入肺部的途径。这是一个大问题，因为有毒物质可以在暴露数分钟内，通过肺部，进入血液和一些特殊的器官。相比之下，消化引起的问题要小得多，因为有毒物质从口腔再到消化系统（胃肠），是一条进入血液和专门器官的缓慢的渠道。消化暴露取决于化学物质的浓度和毒性，可能会潜伏数天甚至数月。为了预防消化暴露，当局会选择将污染食品从商场下架，或者建议风险区域中的人们喝开水或瓶装水。吸收是指有害物质直接通过皮肤的毛孔（或是通过眼睛）进入人体，所以，比起地方居民，这对于最初响应者而言更是一个问题。

有毒化学物质的有害影响来源于细胞功能的改变，这些影响可以是急性的，也可能是慢性的。急性影响会在 0～48 小时内发生。刺激物会导致化学性烧伤（如细胞组织的脱水和放热）。有两种类型的窒息物：简单窒息物和化学窒息物。简单窒息物，如二氧化碳，它在密封空间内取代氧气，或者因重于氧气而在如沟渠等低洼的地带取代氧气；相比之下，化学窒息物则会阻止身体使用氧气，即使在大气中有氧气可用。比如，相比氧气与红细胞中的血红蛋白的结合，一氧化碳与其结合要更容易，这样，一氧化碳就会阻止身体从空气中吸取可用的氧气。再如，麻醉药/麻醉品会抑制中枢神经系统，甚至在极端的情况下，它们会抑制自主反应，如呼吸和心脏功能。

慢性或长期的影响可能是普遍的细胞毒素（cell toxins，即通常所说的 cytotoxins）或器官特异毒性的作用。“toxin”这个词后缀是指对一个具体系统的影响。

- 血红素（hemotoxins）影响循环系统；
- 肝毒素（hepatotoxins）影响肝；
- 肾脏毒素（nephrotoxins）影响肾；
- 神经毒素（neurotoxins）影响中枢神经系统。

能导致癌症的化学物质叫做**致癌物质**（carcinogens）。当直接接触诱因时，它会导致变异。畸胎源会导致那些直接接触者遗传物质的基因突变，因此，基因突变往往会发生在后代身上。任何严重的毒副作用都取决于化学物质的以下几个方面：

- 被吸收进入血液的速度和程度；
- 转化降解产物的速度和程度；
- 从身体排泄出去的速度和程度。

人们对有毒化学物质的研究引起了剂量限度的发展。LD-50 是界定剂量限度的一些重要概念，它代表会使接触者致命的一半剂量（常常是液体或固体），其浓度也是会使接触者致命的一半浓度（常常是气体）。基于这些剂量水平，剂量限值的设定应该不能超过这一限值。

5.4.3 武器化的有毒化学物质

恐怖分子可能企图使用毒剂。毒剂就是有毒的化学物质，更小的剂量就可以导致严重的后果（如致残或致死）。更先进的毒剂所导致的后果之一是它们可以通过对其二次污染的吸收来影响受害者，也就是说，一个受害者皮肤或衣服上的化学物质残留物可以影响与其接触的人。实际上，被用来放置化学物质的任何物体都会成为二次污染源头（World Health Organization，2004）。表 5—7 列出了最容易被武器化的毒剂，其中的一些制剂通过生物过程产生毒素来伤害受害者，例如炭疽和肉毒杆菌。因此，世界卫生组织（WHO）认为这些是化学武器，而不是生物武器。

表 5—7　　武器化的毒剂

制剂	例子
催泪瓦斯/其他感觉刺激剂	辣椒油树脂（胡椒喷雾剂）
窒息剂（肺部刺激剂）	光气（二氯化碳酰）
血液气体	氢氰酸
糜烂性毒剂	芥子气
神经毒气	甲氟膦酸异丙酯（沙林）
毒素	梭菌肉毒杆菌（肉毒中毒）
细菌和立克次氏体	炭疽杆菌（炭疽热）
病毒	马脑炎

警察或消防局在回应导致群死群伤事件的报告时，可能会将事件定性为使用了化学毒剂的恐怖袭击。如果很多人在同一个地点同时表现出诸如头疼、恶心、呼吸困难、抽搐或猝死症状，就极有可能是遭到了使用化学毒剂的恐怖袭击。在这种情况下，应该采取恰当的措施，如同应对其他有害物质一样。你应该控制通往事发地点的道路，给受害者排毒并将其转送到医院。同时，别忘了地方中毒控制中心所能提供的帮助。对化学毒剂袭击进行有效的响应所需要的能力与应对使用这些材料的工业事故是相同的。不幸的是，很多社区都没有这样的能力，即使在拥有很多化工厂的社区，也几乎没有医院能够应对有害化学物质泄漏所导致的群死群伤事件。

在恐怖袭击事件中，执法部门认为，事发地点是犯罪现场。因此，你必须学习这些部门所遵守的基本程序，这些程序包括收集证据、保管一系列证据、控制到达现场的道路。进入现场需要周密协调，以避免在受害者救援和用于确保犯罪现场安全的执法程序之间产生冲突。

5.4.4　放射性物质逸散

放射性物质被应用于各种各样的目的，一小部分放射性物质资源被用于进行医疗和工业诊断，其他的放射性物质大多被用于发电厂以产生蒸汽，带动发电机的运行。浓缩铀燃料被自由中子撞击时会发生裂变（见图 5—4）。一些能量以热的形式释放出来，并被用于产生蒸汽以带动电力涡轮。同时，其中也会有等离子化辐射，产生阿尔法（alpha）、贝塔（beta）、伽马（gamma）射线。阿尔法射线只能传到很近的距离，而且极易被阻挡，哪怕只是一张纸也能使其受阻，所以它被人吸入后可能会造成危险；贝塔射线可以传到中等距离，但它容易被一片铝箔阻挡；伽马射线传导的距离比较长，它仅能被诸如石头、混凝土或铅之类的高密度物质阻挡。自由中子可以持续发生一连串的链式反应，裂变产物是需要被储存于永久容器中的废物。

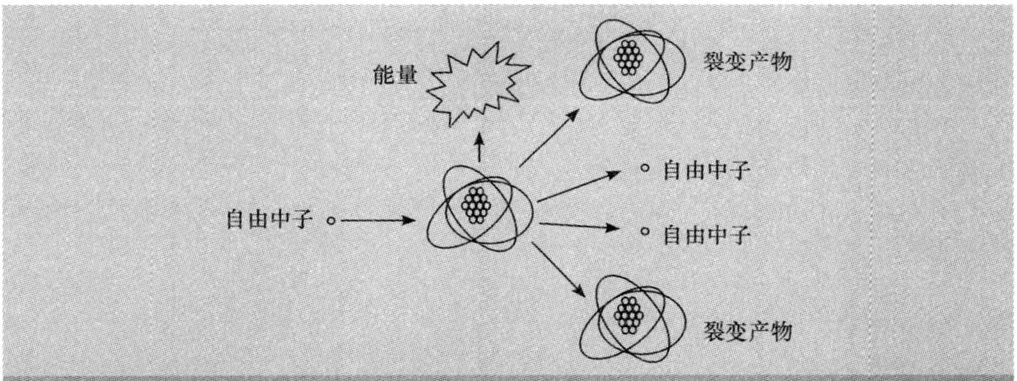

图 5—4　原子裂变反应

核电站的放射性原料被放置于燃料棒束中，并且燃料棒束被焊接嵌入长棒杆中。这些原料棒又被放置于反应堆里，并通过冷却水吸收裂变反应所产生的热量。出于安全的考虑，反应器位于钢筋混凝土结构的安全壳中，它可以承受高强度的内部压力和像飞机坠毁这样的压力。然而，它拥有为水管、蒸汽管、测试设备以及控制线缆所准备的渗漏空隙。这些渗漏空隙在正常运行期间是封闭的，但密封圈有时会因事故而受损，从而导致放射性物质泄漏到周围环境。

当严重事故发生、冷却水大量流失时，燃料将会：

- 融化金属壳；
- 融化反应器；
- 从密封建筑物中外溢出来。

在冷却水泄漏 45～90 分钟之后，这个过程就会产生释放。如果堆芯融化，场外区所受到的危险将取决于阻遏的情况。如果早期遏制彻底失败，健康就会受到影响；当早期主要的遏制手段有漏洞时，健康也有可能受到影响；否则，早期健康不会受到影响。然而，遗憾的是，遏制措施是否失败是无法预测的（Mckenna，2001）。

放射性释放包含了许多**放射性核素**（radionuclides），它们是拥有不同原子重量的放射性物质。在某次释放中，这组放射性核素被称为**事故源**（source term）。事故源的特性由三种辐射性元素决定，即粒子、放射性碘、惰性气体。粒子包含着化学性质与钙相似的锶元素，这样的化学相似性使得锶非常危险，这是因为当它辐照到产生血细胞的骨髓时，就会沉积于骨头之中。放射性碘（Iodine－131）也具有很大的危险性，因为它在甲状腺中可以替代非放射性碘，引发甲状腺癌。像氪之类的惰性气体不会与任何物质发生反应，但是，它极易被人吸入，从而在肺中释放辐射物。

事故源同时也具有挥发性。挥发性越高，意味着放射性核素越易飘向空中并停留在空中。放射性释放的数量可以通过单位时间内的衰变量（单位是居里）加以测量，这些衰变是盖革计数器所测量的对象。放射性物质的数量是通过单个放射性核素以居里为单位来进行测量的。

如其他有害物质一样，呼吸受放射性物质污染的气体将会导致吸入暴露；同样，食入受到放射性物质污染的食品和水也会引起消化暴露。与其他有害物质不同，放射性物质会释放能量，尤其是高能伽马射线，所以，放射性物质可以通过其烟雾的直接辐照而产生暴露。放射性物质漂浮在人们的头顶之上，而不与下方的人接触。记住污染与辐照的区别是非常重要的。辐照包括将能量传输到吸收它的目标物体，当放射性粒子储存于身体之后，便会产生持续的辐照，这时污染发生。应急响应者帮助受到辐照的人，但不会被辐照伤害；相反，应急响应者在帮助受到化学或放射性物质污染的人员时，却会从受害者那里受到污染。

测量放射剂量要比测量有毒化学剂量复杂得多。伦琴（roentgen）便是测量等离子辐射的单位，拉德（rad）是测量吸入剂量的单位，而雷姆（rem，即人体伦琴当量）则是测量约定当量的单位（当前的国际单位，1 斯威特等于 100 雷姆）。“约定”这个词是指皮肤上或是被身体吸收的放射性污染持续发生作用，直到它衰变或是被去除的剂量。当量涉及不同的阿尔法、贝塔、伽马射线的生物影响，重量因素被用于调整不同种类放射性物质的影响。按照规定，1 雷姆大约相当于 1 拉德。

辐射暴露对健康的威胁被划分为早期致命性、前驱症状及潜伏影响。早期致命性在几天或几个星期内就会发生，前驱症状是一些更为严重的健康问题的早期症状，而潜伏影响是可能需要几十年才能发展而成的癌症。基因紊乱直到下一代出生才会出现。剂量为 50 拉德时，前驱症状将在 2％甚至更少的人群中出现；而当剂量为 150 拉德时，50％的人出现前驱症状；剂量为 250 拉德时，98％的人出现上述症状。放射性污染的潜伏影响有可能是致命的癌症、非致命的癌症以及基因紊乱。在剂量—反应上的器官差异日益受到人们的关注，因为肠以及发囊中快速分裂的细胞特别敏感。不同的人在剂量—反应上也存在差异，例如，胎儿由于他们的细胞迅速分裂而变得更加敏感；其他人则包括处于环境威胁风险中的人，如老人、年轻人、免疫系统受损的人。

放射性紧急状况的防护性措施基于三个基本因素：时间、距离、防护。疏散将减少辐射的时间，并远离辐射源。就地避难可以提供的藏身之所必须是可吸收能量、密不透气、高密度材料的建筑。为了确定何时开始采取保护措施，环保署开发了《早期防护行动指南》，它们是在出现放射性的紧急状况下启动人员防护措施的特定的标准（Conklin and Edwards，2001）。表 5—8 列出的启动人员疏散的全身剂量（1 雷姆）是特定暴露水平的一小部分，在这种暴露水平下，普通人群中 2%的最易敏感者可能会出现前驱症状。

表 5—8　环保署防护行动指南

器官	EPA PAGs[1]（rem/Sv）	保护措施[2]
整个身体	1～5（0.01～0.05）	撤离疏散[3]
甲状腺	25（0.25）	稳定碘（KI）

1. 是指吸入的剂量、受到外部辐射的量以及沉积的量。
2. 是指采取行动以避免受到影响。
3. 在美国，如果核电厂发生事故，撤离被认为是最有效的保护措施。

美国核管理委员会进行了广泛的分析，确定在各种情形下所采取的最有效的防护措施。这些分析检验了几种行动的相对有效性：继续正常活动；躲避在家中地下室或是大型建筑物中；分别在距离核电站 1 英里、3 英里和 5 英里远，在烟雾到达前或到达后进行疏散。根据麦肯纳（Mckenna，2000）的研究，晚撤退要比躲在家里好，躲在大型建筑物中要比延迟撤退好，尽早撤离是最好的。距离辐射源 5 英里的人吸收剂量超过 200 雷姆的概率将减少 50%。

5.4.5　生物致灾因子

多数可能用于蓄意恐怖袭击的生物制剂也作为一种自然危险而存在。生物制剂在人们中间并不是很流行，它们也存在于动物之中，而且会传染给人。实际上，1998 年，世界上的死亡者中有 1/4 是由于传染病而死亡的。大量生物制剂所造成的主要后果体现为因传染所带来的影响。生物制剂不像化学制剂会渐渐消失或是分解，它通过在目标群体中进行几何扩张而扩大其影响。

恐怖主义分子可以通过污染食品或是供水而传染疾病。食用、饮用被污染食品和水的人会得病。在这种情况中，恐怖主义分子用我们的食物配给系统来对抗我们。然而，美国农业部和各州农业部会监测食物配给系统，寻找问题的蛛丝马迹；而且，州应急管理部门在必要的时候也会提供支持，例如，国家、州政府的官员在最近的疯牛病事件中合作共事。

恐怖主义分子还可以将生物制剂以液体雾滴或是固体颗粒的形式扩散，从而造成吸入暴露。气雾将在露天或通过建筑物的供热、通风、空调（heating，ventilation and air conditioning，HVAC）系统得以扩散，由于生物制剂浓度更大，这种扩散方式将会导致更多的人死伤。扩散的有效性取决于生物制剂颗粒的大小、重量（越轻、越小的粒子传播得越远）。风以及其他天气状况也会影响制剂的扩散，甚至可以稀释这些制剂，从而使它们不再生效。但是，如果一个人生病并迅速地传播，这就有可能成为一场流行病。

如果一个人受到生物制剂的感染，将很难被检测出来，这是因为感染了生物制剂的症状与普通的感冒及流感类似；而且，一些症状直到暴露发生后很久才会出现。这就使得受害者在出现症状之前，可能已经走到了距离袭击地点很远的地方。如果受害者感染了传染病源，那么，在当局发现之前，他们有可能引起了范围广泛的二次暴发。生物制剂很可能在受染人群迅速增多而出现相关症状之后才会被发现。急诊室和诊所中的医务人员有可能最早发现感染人数的上升。

我们可以在人们出现症状之前通过传感器来识别生物制剂。但是，传感器非常昂贵，以至于它们只放置在关键的场所中，这就使得应急管理人员与当地卫生部门建立密切的联系显得十分重要。只有这样，他们才能进行有效的合作，以发现生物制剂、治疗受害者及对污染区域进行洗消。

如果传染病暴发，人们可以采取两种行动：隔离和检疫。隔离就是为了避免病人传染他人，它与特殊治疗相结合，以治愈疾病。检疫涉及那些有与生物制剂接触经历但暂时没有出现症状的人，他们有可能不会感到不舒服，也许甚至不会得病。但是，一旦他们的确得病，防止他们传染给其他人就十分关键。检疫在某种程度上类似于就地避难以防止有毒化学危险；不同的是，被检疫的人要求关在屋子里（法律要求）是为了保护他人免受自己的危害（因为他们是危险的），而不是保护自己免受外界危险的伤害。疫苗也可以保护人们免受一些生物制剂的影响，但是，并非所有的生物致灾因子都有现成的疫苗，而且可用疫苗的数量也是有限的。

三里岛（Three Mile Island）事件

1979年，发生在三里岛的核电站事故表明：仅仅疏散受释放影响的下风向区域是非常困难的。事故发生的第一天，风速与风向反复发生变化，所以，任何疏散电站下风向区域的建议在同一天的不同时间会指向不同的区域。这使疏散变得困难，因为疏散一个既定的下风向区域就需要几个小时。所以，当人们正在疏散一个下风向区域时，不同方向下风向疏散的命令又启动了。如果在进行疏散的过程中出现大规模的释放，交通也会出现阻塞。

自我检测

- 蒸汽的定义。
- 致癌物质的定义。
- 放射性核素的定义。
- 危险物质的定义。

总　结

为了管理致灾因子，你必须了解它们。正如本章所示，每一类致灾因子都有不同的原因和影响，都有自己的不同特点和潜在危害。你不仅要知道如何识别这些致灾因子，还要知道如何去准备应对，在致灾因子威胁你所在社区时如何去告知他人与救助他人。如果人们接到有关灾害即将来临的预警，撤离和疏散通常是一种解决问题的好办法；如果没有预报，你必须提前开展减缓工作或是承受危害的后果。

关键术语

百年一遇的洪水	一个专用的安全标准，可以反映出提供长期安全与开发土地经济价值之间的平衡。
虚表温度	整合了温度与湿度的热量指数。
致癌物质	引起癌症的化学物质。
吸收量	被皮肤或是身体吸收的放射性污染所持续发生作用直到其衰变或是被移除的剂量。
压缩气体	将气体转化为液体状态，由此占用更少的空间以利于人们更经济地运输。
地核	地球内核的熔岩。
腐蚀性物质	接触后会破坏现存组织的酸性或碱性物质。
地壳	地球表面的岩石与其他物质，它由漂浮在地幔之上的几个朝着不同方向漂移的板块组成。
流量	单位时间内通过某个特定点的水量。
地震	两个地表板块相撞时所释放的能量。
震中	震源正上方所指的地表上的点。
炸药	能够迅速产生化学反应与转化的混合物，其速度超过声速。
飓风眼	由旋风、暴雨所包围而形成的一个半径为 10～20 英里的平静区域。
飓风眼壁	在飓风眼周围旋转并呈环状的暴风雨带。
火暴	与自然火灾不同，它非常强烈而且无法扑灭，并能引发与其相应的天气现象。
易燃液体	在 80℉或者更低温度下会燃烧的液体，与易燃气体的威胁相似。

易燃固体	因为摩擦、受潮或者化学变化而发生自燃的固体。
洪水	异于平常、较大的水量积聚于一地的事件，一般而言很少出现。
气体	很容易扩散到空中的物质。
硬景观	表层不透水，如屋顶、街道、停车场。
危险物质	会对人身健康、安全以及财产构成很大威胁的危险物质。
飓风	最强烈的热带风暴。
震源	位于地表之下的地震所释放能量的位置。
烈度	在给定的受到影响的区域，通过行为影响以及身体状况来评估释放的能量。
界面火	在包括自然植被与建筑物混合的区域中燃烧的大火。
滑坡	在重力作用之下，岩石或土壤向下的位移。
液体	有一定体积、没有一定形状、可以流动的物质。
震级	对地震所释放的能量，可通过里氏震级来衡量。里氏震级级数每增加一级，地震波的振幅就会增加 10 倍，地震所释放的能量就会增加 30 倍。
地幔	在地核与地壳之间的 1 800 英里厚的岩层。
混合危险物质	一种混杂的物质，如气囊、某种植物油、多氯联苯、白色石棉。
自然致灾因子	自然界中的极端事件，主要分为气象致灾因子、水文致灾因子、地质致灾因子。
氧化物和有机过氧化物	包括卤素类物质（氯气和氟）、过氧化物类物质（过氧化氢和过氧化苯甲酰）以及氯仿类物质。这些物质会破坏金属以及有机物从而强化了它们的可燃性。
放射性物质	在自发衰变过程中释放放射线的物质。
放射性核素	具有不同原子重量的放射性物质。
飓风	速度超过 58 英里/小时，并会产生龙卷风的现象，有时会产生直径是 3/4 英寸甚至更大的冰雹。
事故源	在辐射中涉及化学物质与放射性核素的混合物。
水位	超过应急管理人员针对洪水危害与伤亡人数而定义的水位高度。
风暴潮	超过正常高度的潮水。
技术致灾因子	产生于人类可控过程中又可被释放到空气和水中的危险物质，最严重的有炸药、易燃物、有毒化学物质、放射性物质和生物灾害。
龙卷风	大量的暖气团与来自北方的冷空气相遇而形成的风暴。
海啸	由地震引起的海浪，也有可能由火山爆发或滑坡而引发。
蒸汽	在正常温度与压力之下呈液态的物质的气态微小颗粒。

火山	将地幔中的熔岩传送到地表的地理构造。
林火	以自然植物为燃料的火灾。

测试你的理解能力

登录 www.wiley.com/college/lindell，测评你对美国的主要致灾因子有关知识的掌握情况。

通过比较测试前和测试后的结果，衡量你的学习情况。

总结性问题

1. 北方大雪灾的影响要比南方的更严重，这是因为南方的雪灾不具有破坏性吗？

2. 虚表温度达到什么程度需要引起高度关注：

(a) 80～90℉

(b) 90～105℉

(c) 105～130℉

(d) 70～80℉

3. 燃烧的三个要素是热量、空气、氧气吗？

4. 坡度增加，陆地径流也增加，这种说法是否正确？

5. 下列事物中哪一个是渗水的？

(a) 黏土

(b) 石头

(c) 混凝土

(d) 碎石

6. 火山爆发会引发海啸以及林火之类的次生灾害吗？

7. 在温度下降、压力增大的时候，所有的液体都会产生更多量的蒸汽吗？

8. 在正常温度与压力之下呈液态的物质的气态微小颗粒被称为：

(a) 蒸汽

(b) 气体

(c) 空气

(d) 气流

9. 下列哪一项不是在决定对放射性危险采取保护措施时要考虑的因素？

(a) 时间

(b) 距离

(c) 频率

(d) 防护

回顾性问题

1. 飓风的威胁有哪些?
2. 与热相关的病是什么?
3. 龙卷风的物理征兆是什么?
4. 台风的威胁有哪些?
5. 列举五种严重水灾的类型。
6. 地球的三种不同的地理构造是什么?
7. 盾状火山与层状火山的区别有哪些?
8. 三种不同的地震能量波分别是什么?
9. 气体与液体的区别是什么?
10. 列举与液体相关的三个重要温度。
11. 如果突发生物致灾因子，我们必须采取哪两种措施?
12. 受到辐射的身体在健康状况上将会受到什么影响?
13. 中毒结果的严重性是由什么决定的?
14. 如何区别恐怖袭击与自然或技术致灾因子?
15. 为什么汽油要比花生油更易燃烧从而更加危险?
16. 司法部门在减轻地震的损失与危害方面可以做些什么?

本章应用

1. 在卡特里娜飓风来袭之前，当地政府在路易斯安那和密西西比州的部分地区发布了撤离的公告，大部分人都撤离了，但是还有几千人选择留下。一些人并不相信飓风会像预测的那样危险，因为他们以前所听到的一些预测都没有成为现实；还有一些人仅仅是因为没有钱进行撤离。数千人来到了位于新奥尔良的两个避难所：超级穹顶（Superdome）和会议中心（Convention Center)。在风暴之后的两三天，避难所就人满为患了，而且情况非常糟糕。当你亲历了卡特里娜飓风之后，你将如何撤离你们城市的居民来应对飓风呢？你如何建设避难所呢?

2. 你现在是一个海滨小镇的应急管理员，小镇曾经发生过飓风。你被要求针对灾难做些准备，你的计划中应包括些什么？什么样的洪水需要重点讨论？请描述一下这些需要提交的文件。

3. 你现在是中西部某个小镇的应急管理员。你的一项职责就是发起一场公共安全运动，告知居民有关生物致灾因子以及如何处理这些生物威胁的信息。你将采取什么步骤来向你的民众宣传这些信息?

4. 你现在是中西部某个容易受到龙卷风袭击的小镇的应急管理员。你的一项职责就是发起一场公共安全运动，告知居民一些有关预测龙卷风的物理征兆以及当发现这些征兆时要做些什么的信息。哪一类居民以及哪个层级最易受到威胁？为什么？

试试看

海啸撤离

你现在是夏威夷希洛（Hilo）地区的应急管理员，海啸侦测对于你来说有多重要？为什么？有什么方法可以进行侦测？如果海啸被侦测到，你需要多长时间使人们撤离海岸？

地震救济

你现在是旧金山市的一名应急管理员，旧金山市上一次发生地震是在 1989 年。你的一项职责就是发起一场公共安全运动，告知居民一些有关在地震发生时的防护措施的信息。如果此时正在发生一场地震，你会告诉民众采取哪些步骤呢？

有毒化学物质的释放

1984 年在印度博帕尔发生的农药厂氰化物泄漏事件导致了几千人死亡、数万人受伤，在发生有毒化学物质释放时对于最初应急者来说，有何危险？对普通群众的危险又是什么？你认为现在的美国与几十年前的印度的情况是否存在不同？有哪些不同？

第 6 章

致灾因子、脆弱性及风险分析——集中力量

预先测试

- 登录 www. wiley. com/college/lindell，测评你对风险分析有关知识的掌握情况
- 确定你需要努力的重点在哪里

你将在本章中学到

- 物理的和社会的脆弱性
- 需要关注的三个前影响条件
- 致灾因子的特征及其如何造成损害
- 致灾因子的影响及如何防范
- 应急管理干预措施
- 社区致灾因子及其脆弱性分析

学习本章后，你将能够

- 物理的和社会的脆弱性分析
- 认识致灾因子的特征
- 辨别最易受到致灾因子影响的群体
- 展示致灾因子暴露性及确定次生致灾因子的影响
- 研究应急管理干预措施
- 分析致灾因子及其脆弱性

目标与结果

- 评估社区脆弱性
- 创建化学物质目录
- 评估致灾因子并做好应对准备
- 设计前影响灾后恢复方案
- 规划、安排应急管理干预措施
- 选择你要上网登载的致灾因子及其脆弱性信息

导　言

当极端事件超过了一个社区的应对能力时，灾害就发生了。无可否认，卡特里娜飓风对于新奥尔良市及东密西西比州和路易斯安那州的其他沿海社区来说，都是一场灾难。如果没有外界的帮助，受灾社区就不可能进行响应和恢复。

了解灾害如何影响社区，这一点十分重要，其原因有四个：

(1) 你可以确定什么使你所在社区易受影响。

(2) 你可以识别哪些群体更容易比其他群体受到影响。

(3) 你可以识别那些决定灾害影响级别的事件的具体特征。

(4) 你可以确定如何保护你所在的地区。

这一章探讨灾害影响社区的方式，并解释如何对灾害影响进行分析。

6.1　社区的灾害脆弱性

由卡特尔（Cutter，1996）、林德尔和普雷特尔（Lindell and Prater，2003）以及皮考克、林德尔、张、陆（Peacock，Lindell，Zhang，and Lu，2004）提出的模型能够对社区的脆弱性作出解释。图 6—1 特别说明了灾害的影响取决于三个前影

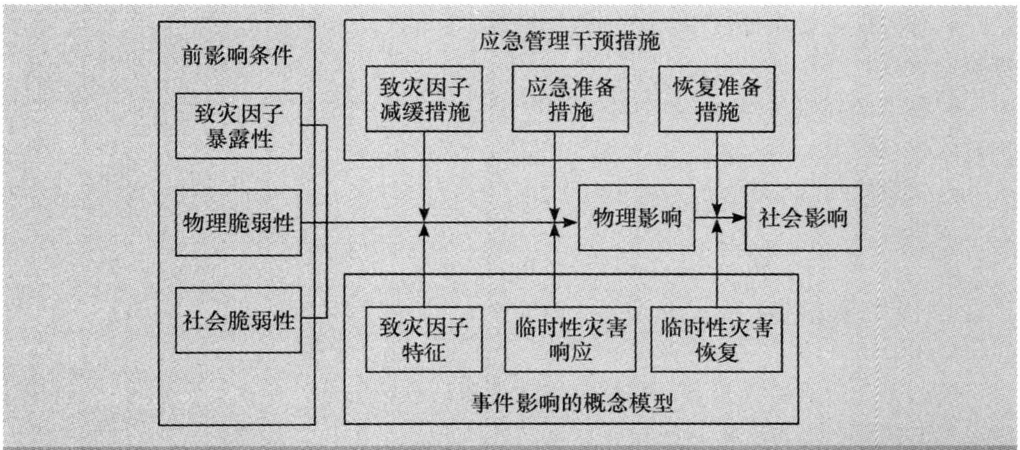

图 6—1　灾害影响的概念模型

响条件，即致灾因子暴露性、物理脆弱性及社会脆弱性。另外，事件特定条件有三个：致灾因子特征、临时性灾害响应和临时性灾后恢复。其中的两个——致灾因子特征和临时性灾害响应与前影响条件结合，共同产生了灾害的物理影响。而物理影响又与临时性灾后恢复结合，共同产生了灾害的社会影响。社区可以采用三种应急管理干预措施来减轻灾害的影响。物理影响可以通过致灾因子减缓措施和应急准备措施得以削减，而社会影响则可通过恢复准备措施得以削减。

影响区域

灾害影响区域可以被限制于一个狭小的地理区域内，例如，龙卷风登陆的区域会被限制在几英里的范围内。同时，灾害还会产生广泛的影响。人们可能会说，卡特里娜飓风的影响在全美都能感受到，因飓风而背井离乡的人们被送到那些没有受到物理破坏的城市，例如，疏散者被送到波士顿和波特兰等城市的避难所。

自我检测

- 根据灾害影响模型，描述前影响条件。
- 根据灾害影响模型，描述应急管理干预措施。
- 列举决定灾害物理影响的变量。
- 列举决定灾害对社会产生影响的三类条件。

6.2 前影响条件

灾害的具体影响取决于三个前影响条件：

- **致灾因子暴露性**（hazard exposure）（生活或工作所在地可能受到致灾因子影响的程度）。
- **物理脆弱性**（physical vulnerability）（人类、农业和建筑物遭受灾害损害和伤害的容易程度）。
- **社会脆弱性**（social vulnerability）（缺少应对灾害影响的心理、社会、经济和政治资源）。

6.2.1 致灾因子暴露性

美国各个地区都容易遭受特定致灾因子的影响。例如，生活在大西洋及墨西哥湾沿岸的居民容易遭受飓风的侵袭，生活在西北太平洋和夏威夷的人们容易遭受火山喷发的危害，而生活在化工厂附近的人们则容易遭受爆炸和有害物质泄漏的侵害。你可以尝试评估你所在社区的致灾因子，但是，这是非常困难的。因为我们只有过去一百年的天气和水位的数据记录，这限制了我们对洪水、飓风和龙卷风的认识。此外，对化学反应堆和核反应堆的估计也是困难的，因为每座设施都具有其自身的独特性。而要计算恐怖袭击的可能性更是难上加难，因为这种致灾因子取决于其他人的行为。

6.2.2　物理脆弱性

物理脆弱性有三类。

- **人的脆弱性**（human vulnerability）。人相对于极端的温度和压力以及化学暴露是脆弱的。这些环境条件能够导致死亡、损伤和疾病。不同的受灾人群对于致灾因子的响应是不同的。也就是说，在同等暴露程度下，一部分人死亡，一部分人受重伤，一部分人受轻伤，其余人却毫发无损。最为典型的是，在环境压力面前，最易受影响的人群包括婴幼儿、老年人和免疫系统脆弱者。
- **农业脆弱性**（agricultural vulnerability）。像人类一样，植物和动物也会遭受致灾因子的侵害。同样，在每一种植物和每一种动物之中，个体对于致灾因子的反应也是不同的。但是，农业脆弱性比人的脆弱性更复杂，因为农业中涉及的物种更多，而且每个物种都具有其独特的响应方式。
- **建筑脆弱性**（structural vulnerability）。建筑物会被危险因素损坏或摧毁。建筑设计和材料决定了建筑物的脆弱性程度。大部分建筑物的修建都遵守了建筑法规，它的作用是防止建筑物居住者遭受建筑物坍塌的危害。但是，建筑物不一定提供防范大风、地震和水力负荷的保护设施，也没有必要提供完全阻塞有毒气体污染物的屏障。

6.2.3　社会脆弱性

社会脆弱性是指“一个人或者一个群体的特征以及影响其对自然致灾因子进行预测、应对、抵抗和恢复的能力的情境”（Wisner，Blakie，Canon，and Davis，2004）。简单地说，一些人具备处理灾害影响的经济、政治、社会和心理资源，而另一些人则不具备。你必须辨识出那些社会脆弱性程度最高的群体。

世界贸易中心的坍塌

不幸的是，我们都知道世界贸易中心对于恐怖分子来说是脆弱的，这些大楼的设计无法经受喷气式客机的高速撞击。撞击及其引发的大火破坏了大楼的结构性框架，导致了大楼的坍塌。

自我检测

- 定义人的脆弱性。
- 定义农业脆弱性。
- 定义建筑脆弱性。
- 定义社会脆弱性。

6.3 事件特定条件

决定灾害对社区影响程度的三个特定条件是：致灾因子特征、临时性灾害响应和临时性灾后恢复。

6.3.1 致灾因子特征

一个特定的致灾因子源可能引发许多不同类型的威胁。例如，飓风可通过风、雨、风暴潮及内陆洪灾导致人员伤亡及破坏（Bryant，1991），火山能够引发火山灰沉降、爆炸性喷发、熔岩流、泥石流和洪灾以及森林火灾。每一种危险都具有六个重要特征。

（1）危险发生的速度，它影响着你在多大程度上可发出警报。

（2）知觉线索（如风、雨或地表运动）的可获得性，它同样影响着你在多大程度上可发出警报。

（3）致灾因子的强度，它取决于所释放的能量或者有害物质的数量。

（4）致灾因子的范围，它是指灾害影响所及的地理区域的大小以及人员和企业的数量。

（5）影响的时段（灾害影响持续的时间长度），有害物质泄漏的影响可能长达若干年。

（6）发生的可能性。可能出现的致灾因子更能动员社区群众，使其参与到降低脆弱性的致灾因子减缓和应急准备的措施之中（Prater and Lindell，2000）。

6.3.2 临时性灾害响应

受灾者通常被描述为茫然的、惊慌失措的或者无组织的，但事实上，当灾害来临时，人类是具备应变能力的。人们进行应变可能需要一定的时间，因为这种**常态偏差**（normalcy bias）使人们不能及时地认识到不可能发生的事件事实上正在发生。人们在采取保护自己的行动之前要获得更多的信息，这也导致了反应的迟滞。最终，人们需要一定的时间来建立社会组织，以应付灾害所引发的异常情况。灾民通常也会被描述为只关心自身的安危和财产的人，但是，很多受害者却挽救了其他人的生命，看护别人的财产，邻近地区的人们也会赶到受灾地区提供帮助。当现有组织不能够满足需求时，它们会进行扩展，接纳新成员或承担新任务，同时，新组织也会出现（Dynes，1974）。

6.3.3　临时性灾后恢复

生命和财产受到的威胁不复存在后，社区必须开始长期的灾后恢复工作。在这一过程中，迫在眉睫的任务包括：

- 评估损失。
- 清理废墟。
- 重建基础设施（如电力、燃料、水力、废水、通信和交通网络）。
- 重建居民区、商业区和工业区的建筑。

个人和组织提供资金，开展灾害援助。受灾者自己也可能会拥有金融资产（如储蓄和保险）及未被破坏的有形资产（如房产）。低收入的受灾者会有少量积蓄，但他们更可能成为拒保的受害者，因而被迫与灾后破产的保险公司签约。所以，甚至那些对灾后恢复事先有所规划的人也会发现自己一无所有（Peacock and Girard，1997）。受灾者可以通过加班工作，赚取更多的钱。慈善机构和当地政府也能捐献资金和其他物品。政府还会通过减税或延缓收税来提供援助。

学校停课

卡特里娜飓风带来的诸多损失之一就是杜兰大学（Tulane University）的境遇。新学年即将开始，但因为新奥尔良遭受破坏，杜兰大学不得不关闭。杜兰大学的学生们被迫去其他学校求学，而杜兰大学的教授们也被迫搬迁，另谋短期的教学工作。官员、教授及学生们之间的交流也非常困难。由于服务器被毁和停电，杜兰大学的官员们不得不拼凑起一个临时网站进行交流。

自我检测

- 定义常态偏差。
- 列举致灾因子的特征。
- 列举灾后恢复的三个资金来源。
- 列举某社区必须立即采取的恢复措施。

6.4　灾害的影响

灾害的物理影响可以用人员死亡、受伤和财产毁损来衡量，这些损失是最明显、最容易计算的，也是媒体最先报道的。社会影响，包括心理、人口、经济和政治影响，需要经过一个漫长的时期才能形成，所以难以估算。尽管衡量这些社会影响有难度，但监测社会影响，甚至如果有可能，预测社会影响是很重要的。在受灾社区，社会影响可能会给特殊类型的家庭和企业带来严重的问题。

6.4.1 物理影响

物理影响可以通过人员伤亡和财产毁损来加以衡量。

人员伤亡

在灾害排行榜中，飓风造成的死亡人数最多（Noji，1997）。从 1947 年至 1980 年，世界范围的数据显示：

- 飓风造成了 499 000 人死亡；
- 地震造成了 450 000 人死亡；
- 洪水造成了 194 000 人死亡。

如印度洋海啸的后果所显示，确定灾难导致的死亡人数和受伤人数是困难的。在某些情况下，确定失踪人数也是不可能的。而且如果有人失踪，失踪原因可能是死亡或迁徙。估算受伤人数同样存在问题。即使尸体可以清点，但问题也依然存在，因为灾难可能只是众多导致死亡的原因之一。例如，一个长期患有心脏疾病的人可能在震后运输废弃物时因心脏病发作而死。

财产毁损

在美国，建筑物、动物和农作物的损失上升得很快（Mileti，1999）。这样的损失通常是物理毁损的结果，也可能由化学污染或土地因腐蚀而流失所造成。通常，摇摇欲坠的建筑物也会给个人财产带来损失并可能导致人员的伤亡，这表明，加固建筑物会对其中的设施和人员起到保护作用。在多数情况下，这是正确的，但有些致灾因子在不影响建筑物本身的情况下也会损坏建筑物内部的设施。例如，地震可摧毁防震建筑内部固定不牢的设施。因此，风险区域的居民即使已具备建筑防护措施，可能也需要进行传统的致灾因子调整方法以保证建筑物内部设施和人员的安全。

灾害给建筑物带来的最重要的影响之一是使人们失去了家园。家园的失去意味着长期恢复的开始，恢复过程有四个典型的阶段（Quarantelli，1982a）。

（1）第一个阶段是应急住所。它可以位于任何地方，如汽车或帐篷里，能起到遮挡一般性的风雨和使灾民免受极端温度影响的作用。

（2）第二个阶段是临时住所。它包括由朋友和亲戚提供的可供食宿的设施或商业性的宾馆。公众服务机构也会接收避难者，但这通常是人们迫不得已的一种选择。

（3）第三个阶段是临时住房。这使受灾者能够在不太理想的地方或建筑物里重新开始家庭的日常活动。

（4）最后一个阶段是在最佳地点建造永久性的住房。

由于穷人的资源较少，他们要用更长的时间来完成住房建设。有时，他们仍然住在受损严重的房子里（Girard and Peacock，1997）；在一些情况下，他们还不得不将临时住房当成永久性住房（Peacock，Killian，and Bates，1987）。在高收入家庭迁入永久性住房后，居住在临时住房里的低收入家庭依然存在（Berke，Kartez，and Wenger，1993；Rubin，Sapperstein，and Barbee，1985）。

其他严重的毁损包括土地的毁损。我们也许知道一些致灾因子可能造成的损害，但并非全部。例如，1980 年，人们预言圣海伦斯火山爆发所引起的火山灰沉降将对农作物和家畜造成灭顶之灾，但这却没有发生（Warrick，et al.，1981）。

6.4.2　社会影响

在美国，灾难的长期社会影响已经趋近于最小的限度。多数灾难只影响到全国的一小部分地区。灾难更为频繁地袭击欠发达地区，而不是城市地区，这是因为未开垦的土地要多于开垦的土地。另外，当大灾难来临时，政府和慈善机构会将重建资源派送到灾区以预防出现长期负面的影响。例如，安德鲁飓风给迈阿密地区造成了 265 亿美元的损失，但这只是美国 GDP 的 0.4%（Charvériat，2000）。

心理影响

灾难会造成广泛的负面心理反应（Bolin，1985；Gerrity and Flynn，1997；Houts，Cleary，and Hu，1988；Perry and Lindell，1978），这些反应包括：

- 疲劳
- 恶心
- 困惑和注意力不集中
- 焦虑
- 沮丧和忧伤
- 睡眠和食欲的变化
- 仪式化行为
- 吸毒

在大多数情况下，这些反应是适度与短暂的。它们是“正常人对于极端非正常情况的正常反应”（Gerrity and Flynn，1997，p.108）。很少有受灾者要求精神病学方面的帮助，大多数人更多地从危机咨询中受益。但是，有些人需要特别的关注，这些人包括儿童、老人、精神病患者、少数民族和种族以及失去亲人的家庭。应急工作人员也需要被关注，因为他们长时间工作，目睹惨状，并隶属于将讨论情感视为脆弱表现的组织机构（Rubin，1991）。

大多数受到灾害袭击的人都会通过自救、救助身边的亲友而表现出适应性。尽管有抢劫事件发生，但捐款、捐物等公益行为在增加，犯罪率在下降（Drabek，1986；Mileti，Drabek，and Haas，1975；Siegel，Bouraque，and Shoaf，1999）。在有些情况下，人们甚至会不顾个人安危，挽救陌生人的生命（Tierney，Lindell，and Perry，2001）。

人口影响

在美国，受灾地区的人口通常没有太大的变化，因为因灾死亡的人数相对较少。例如，1990 年的加尔维斯顿（Galveston）飓风造成 6 000 人死亡，这占该城市人口的 17%；新奥尔良的卡特里娜飓风造成 1 000 多人死亡，但这一数字还没有达到该市总人口的 1%。灾害对人口的最大影响是由移民问题引起的。一些人选择临时性地迁入一个地区从事建筑职业，重新建设城市；另一些人选择迁出自己的城市去寻找临时住房。在许多情况下，迁出的人们会再搬回来，但是，一些地区并没有被重建，而变成了“鬼城”（Comerio，1998）。人们选择迁出的其他原因包括：

- 害怕灾难再次降临。
- 失去工作或社会服务。
- 社区或邻里冲突增加。

经济影响

财产损失可以用修复或替换的费用来计算。但是，这些损失是难以衡量的，因为并非所有的信息都被记录下来。对于投保的财产来说，保险记载了可扣除的金额和可偿还的损失，但是，未参保的损失就没有记录。尽管这些损失可以估算出来，但估算并不是非常精确的。一些资产是不可替代的，其损失会导致消费削减或投资削减，还有一些资产是可以通过捐赠或购买而被替代的。在后一种情况下，替代费用肯定来自恢复资金。恢复融资的方式包括减税或延缓纳税、失业救济、贷款、赠与、保险偿还或追加就业；此外还包括使用积蓄、变卖财产，或迁移到住房、就业条件好或者风险较小的其他地区。

除了直接经济损失外，经济影响还包括因商业活动中断而引起的非直接经济损失。在某个地区发生的地震中，公司的建筑、设备和原材料可能会完好无损。但是，如果停电，工人们就无法开动机器，而生产公司为维持经营必须出售货物。业务中断也可能由燃料、水力、下水道、通信和运输等基础设施的损失所造成；如果工人们必须花费时间照顾家人、重建家园，那么，工人的流失也会导致商业活动的中断。

地方政府也会遭受经济影响，它们需要用钱来清除废墟、恢复服务及重建灾区。尽管费用增加了，可收入却减少了，这包括营业税、商业税的降低以及财产税、个人所得税和使用费用的减免或延缓征收。

政治影响

灾后恢复时期是困难的，因为社区必须在很短的时间内发生许多改变。除非地方机构在灾难来临前就已经制定了灾后重建计划，否则，社区难以同时解决所有的恢复问题。这就造成了冲突，一个群体想解决自己的问题，而这却给其他群体带来了问题。例如，受灾者因为喜欢邻里环境，通常会试图在同一个地点进行重建，但是，邻居们可能会保持戒备心理，因为受灾者将房车停在了他们的土地上以等待永久性住房的竣工。冲突由此产生，因为这样的住房通常被认为是对邻里的损害，邻居们害怕这些“临时”住所会变成永久性住所。当开发商要在先前被划分为单户住所的土地上建造多户共有的住所时，邻居们彼此之间也相互对立，这种再划分威胁着居住者所拥有的房屋的市场价值。

当人们都怨气冲天、对恢复过程表示不满时，他们就会试图改变政府的政策。受灾者可能会试图组成一个集团以对政策产生影响。已有的政治集团可以扩充成员或者扩展范围，表达与灾害相关的不满情绪（Dynes，1974）。新的集团可能会出现，目的是影响立法者。通常，各个集团会施压于政府，让政府提供更多的灾后恢复资金。但是，它们也可能会反对候选人有再选资格，甚至会试图罢免政客的官职（Olson and Drury，1997；Prater and Lindell，2000；Shefner，1999）。

突然无家可归

很多关于卡特里娜飓风的报道都集中于新奥尔良，但是其他几个城镇也受到了影响。例如，比洛克西和格尔夫波特（Gulfport）几乎从地图上消失了，因为飓风破坏了大部分房屋，很多人失去了所拥有的一切，最后只能投靠朋友、亲戚，或者教堂、慈善机构。

自我检测

- 描述灾害给社区造成的人口影响。
- 描述灾害给社区造成的经济影响。
- 描述灾害给社区造成的政治影响。
- 列举灾后人们离开家园的三个原因。

6.5　应急管理干预

每次灾害过后，人们自然会想知道如何避免或者减少损失。减少损失的办法有三种。致灾因子减缓措施和应急准备措施能直接降低灾害的物理影响，并间接地减少其社会影响；恢复准备措施可直接降低灾害的社会影响。

6.5.1　致灾因子减缓措施

减少灾害损失的一个方法就是采取**致灾因子减缓措施**（hazard mitigation practices）。它可以被定义为：灾害影响发生时所采取的被动保护行为。也就是说，当灾害来袭时，不需要人们主动采取行动。

致灾因子减缓措施包括：

- 在致灾因子发生之时，采用致灾因子源控制，用以减小事件发生的可能性或幅度。这包括在铁路油罐车厢上安装特殊的连接物以防止油罐车厢破裂。
- 社区保护工程，如修筑堤坝，限制或分散物质流动。
- 土地使用规划，减少或禁止会导致致灾医子暴露的土地开发活动。
- 建筑规划，采用坚固的材料和抗风险的设计，如防范风压和碎片撞击的窗板。
- 建筑物内部的防护，防止火炉、空调、洗衣机和烘干机等家具和设备受到损坏。

6.5.2 应急准备措施

减小灾害所造成的物理损害的另一种方式就是采取**应急准备措施**（emergency preparedness practices)。它可以被定义为灾前采取的、提供灾害影响发生采取积极行动所需的人力和物力资源的行为（Lindell and Perry，2000)。

应急准备措施的第一步是利用社区脆弱性分析来确定应急响应需求。应急响应需求必须通过执行应急响应的四个基本功能来得以满足，即应急评估、致灾因子处理、人口保护和事件管理。

- **应急评估**（emergency assessment)，如预测飓风的风速，确定潜在的灾害影响。
- **致灾因子处理**（hazard operations)，如在建筑物周围堆积沙袋，这是保护财产的短期行为。
- **人口保护**（population protection)，如发出警报、疏散和保护人群免受灾害影响。
- **事件管理**（incident management)，如响应机构间的沟通，启动与协调应急响应行为。

每一个功能都必须分解到制定计划和程序的应急组织之中，目的是快速、有效地进行响应。组织也必须获得履行功能所需要的资源。最后，应急组织还必须进行持续不断的培训和演习（Daines，1991)。

6.5.3 恢复准备措施

大灾后的恢复需要较长的时间，也会产生很多人们预想不到的冲突。如果恢复过程以灾前形成的计划为基础，那么，这个过程就会更迅速、更有效（Geis，1996；Olson，Olson，and Gawronski，1998；Schwab，et al.，1998；Wilson，1991；Wu and Lindell，2004)。

为了设计一个灾前恢复计划，你应该：

- 建立一个灾后恢复组织，其成员包括来自土地使用和建筑机构、商业团体和邻里协会的主要利益相关者。

● 确定临时住房的地点。这是一个难题，通常会引发冲突。在灾害来临前解决这个问题能加快恢复的进程。

● 研究如何开展重要的工作。这包括评估损失、问责、清除废墟、重新规划区域、恢复服务以及临时修复许可和处理许可。所有这些工作都必须在受灾地区重建前完成（Schwab, et al., 1998）。

● 颁发许可证和监督承包商，控制零售价格以保证灾民免受剥削。同时，解决行政权力和现有资源的问题。地方政府在灾后会被那些必须立即实行的工作搞得百事缠身，各机构应该作出安排，从其他行政区域借调职员或训练有素的志愿者，如当地的工程师、建筑师和规划师。

● 研究如何在历史古迹开展恢复工作。这会涉及特殊的问题，如受损建筑的拆除和重建过程中所用的原料都会受到限制（Spennemann and Look, 1998）。

● 把恢复期看作一个独特的时期，要制定致灾因子减缓政策，并将这一目标融入恢复规划过程中。

谁来做什么

卡特里娜飓风过后，联邦、州和地方的官员对哪个群体该负责什么不同的工作产生了困惑。州长认为，联邦应急管理署应运走遇难者的尸体，而联邦应急管理署则认为那是州政府的责任。新奥尔良的市长要求国民警卫队让人们强行撤离家园，但是，联邦政府则认为那是当地执法部门该处理的问题。

自我检测

- 阐述致灾因子减缓措施。
- 阐述应急准备措施。
- 解释致灾因子减缓措施和应急准备措施为何是重要的。
- 列出“灾前恢复”计划的关键步骤。

6.6 开展社区致灾因子及其脆弱性分析

现在，我们将讨论如何运用前面的信息来指导你对所在社区的特定致灾因子及其物理脆弱性和社会脆弱性进行评估。

6.6.1 绘制应对自然致灾因子的图谱

各个社区面临的环境致灾因子程度是不同的。你所要做的一个重要的工作就是识别威胁你所在社区的致灾因子，你可以利用很多有用的信息资源来完成这一工作。资源之一就是联邦应急管理署制定的《**多致灾因子识别与风险评估**》(*Multi Hazard Identification and Risk Assessment*, 1997) 中的一系列图谱，它描绘了应对大部分自然致灾因子和一些技术致灾因子的情况。书中的自然致灾因子应对情况可以由几个网站来补充，包括联邦应急管理署的网站（www.fema.gov)、美国地质调查局的网站（www.usgs.gov）和国家气象局的网站(www.nws.noaa.gov)。尽管这些图谱是评估致灾因子潜在影响的良好开端，但是它们也存在着三个局限。

(1) 大部分图谱都是对照较大范围地区的相对风险而绘制的。这些信息并不能告诉你：你所在的社区里哪些区域最可能遭受致灾因子侵袭。例如，一个沿海的县容易遭受飓风的袭击，但是，只有一小部分区域会遭受严重的破坏。人们需要小比例的图谱来评估风暴潮、内陆洪灾和飓风对不同区域的影响。

(2) 这些图谱因其所提供信息量的不同而不同。例如，飓风图谱确定了将遭受1～5级飓风袭击的地区。但是，这些图谱不能显示你所在的社区遭受每一级飓风的概率。相反，你可以使用美国地质调查局的地震图谱发现地震将会超过特定强度的可能性。这些图谱会告诉你，城市哪些区域的建筑物最容易倒塌。在每个区域里，每座建筑物倒塌的可能性必须由建筑工程师进行评估。

(3) 这些图谱通常缺乏你所需要的评估不同致灾因子相对风险的信息。在确定如何分配有限资源的过程中，我们需要了解，与龙卷风、地震或有毒物质泄漏相比较，发生洪灾的可能性有多大。

在很多情况下，我们只能将致灾因子的影响划分为高、中、低三个等级（FEMA，1996)，这只能为确定哪种致灾因子最需关注而提供一个粗略的评估。在某些情况下，这些粗略的评估不存在问题，因为所有的致灾因子都具有同样的要求，例如，地震、飓风和有毒物质泄漏都要求组织机构与公众之间开展可靠的沟通。当然，一些应急管理措施都是针对特定致灾因子的，所以，地震、飓风和有毒物质泄漏的致灾因子减缓措施各不相同。这时，对你所在社区的致灾因子进行排序，有助于分配资源，最大限度地减少可能发生的伤亡和损失。

6.6.2 绘制应对有害物质泄漏的图谱

存有致灾因子物质的设施和车辆会对其所处社区构成风险，因为事故或恐怖袭击可导致这些有毒物质泄漏到环境之中。为了评估这些风险，你应该创建一个目录，记载哪些设施使用了哪些化学物质。

创建一个化学物质目录需要：

- 识别危险化学物质；
- 确定它们的位置；
- 确定它们的存放数量；
- 确定运输化学物质的高速公路、铁路、水路和航线；

- 运用这些信息，评估化学物质给设施本身及其工作人员、周边的邻居和环境所带来的威胁。

你也可以确定所谓的**脆弱地带**（vulnerable zones，VZs），即容易遭受化学物质泄漏影响的地区。只要你能了解以下信息，脆弱地带就可以被推测出来：

- 化学物质的毒性；
- 化学物质可能泄漏的数量；
- 泄漏的类型（液体、气体）；
- 泄漏持续的时间（如 10 分钟）；
- 天气情况（如风速、大气的稳定性）；
- 地形（如城市、乡村）。

有些软件程序可以帮助你利用这些信息来确定影响地区的大小。为了了解其中的两个程序，请登录网站：www. epa. gov/ceppo/cameo 或者 yosemite. epa. gov/oswer/ceppoweb. nsf/content/rmpcomp. htm。

你也应该熟悉**《致灾因子分析技术指南》**（*Technical Guidance for Hazards Analysis*）和**《北美应急响应指南》**（*North American Emergency Response Guidebook*）这两本书。其中，《致灾因子分析技术指南》这本书列举了很多极端有害物质（extremely hazardous substances，EHSs），并描述了测算脆弱地带的简单操作方法。《北美应急响应指南》这本书中有一个非常有用的表格，它列出了运输中常见的化学物质；同时，它也列出了每种化学物质的识别代码。它会告诉你，在书里的 172 种应急响应指南中，哪一种可提供有关化学物质泄漏响应的信息；同时，它也会帮助你确定应离泄漏地多远进行就地避难或疏散居民。但是，《北美应急响应指南》存在一个局限，就是它只是将泄漏分为大小两类，所以，对防护行动距离的估算只是点到为止。而《致灾因子分析技术指南》或《化学物质致灾因子分析手册》（*Handbook of Chemical Hazard Analysis Procedures*）这两本书对泄漏率和防护距离提供了更为精确的估算。

核电站会造成特殊的风险。核管理委员会要求每个核电站都建立一个以 10 英里为半径的吸入应急规划带（emergency planning zone，EPZ）。应急规划带是一个区域，当局可在其中疏散居民或令其就地避难，以避免吸入有害物质和直接辐射。另外，还有一个以 50 英里为半径的获取食物途径的应急规划带，当局应在其中监测水、牛奶、食物的受污染情况。

6.6.3　绘制应对次生致灾因子的图谱

某些灾害可以引发其他灾害，识别多重致灾因子的方式是使用地理信息系统（Geographical Information System，GIS），将遭受不同致灾因子的区域覆盖。表 6—1 列出了最常见的次生致灾因子。

表 6—1 次生致灾因子

原始致灾因子	次生致灾因子
暴雪	洪灾、龙卷风、滑坡
高温酷暑	山火
龙卷风	有毒物质泄漏或放射性物质泄漏
飓风	有毒物质泄漏或放射性物质泄漏
山火	滑坡（火灾后的暴雨引起山体滑坡）
洪灾	有毒物质泄漏或放射性物质泄漏
风暴潮	有毒物质泄漏或放射性物质泄漏
海啸	有毒物质泄漏或放射性物质泄漏
火山爆发	洪灾、山火、海啸
地震	火灾、洪灾（崩坝）、海啸、滑坡、有毒物质泄漏或放射性物质泄漏
泥石流	海啸

6.6.4 评估物理脆弱性

你必须识别位于致灾因子暴露区域内的建筑物。由于设计的缺陷、建筑材料的缺陷或两者兼有的缺陷，建筑物相对于环境致灾因子来说是脆弱的。通常，你可以根据建筑物的寿命和类型来判断建筑结构的脆弱性，如它属于民居建筑、商业建筑或工业建筑。识别有特殊要求的设施也很重要，例如，卡特里娜飓风过后，一个令人不安的事实就是，有些疗养院没能够及时撤离，而有些根本就没有撤离，这些设施都有特殊的要求，因为病人不能自行疏散和撤离。表 6—2 还列举了其他有特殊要求的设施或场所，表 6—3 描述了这些设施或场所的使用者的特征。

当评估建筑的时候，有三个问题是你必须提的。

(1) 建筑物能抵挡住风、震动和水等致灾因子的影响吗？如果不能，人们所要关注的问题就在于建筑物本身。

(2) 建筑物能够保护其内部的设施吗？例如，经受住地面震动而未被损坏的建筑物会将震动传递到灯架、橱柜和家具上，可能导致这些物品损坏，并伤及居民。

(3) 建筑物能够保护里面的人吗？当有害物质泄漏时，这个问题变得尤其重要，因为有害物质能够渗入建筑物里面，在不损坏建筑物的情况下导致内部人员死亡。

每个问题的重要性因致灾因子的不同而存在差异。对于洪水和风暴潮来说，建筑物必须能够防水，使内部的设施和人员不受伤害；在其他情况下，建筑物必须能够阻挡强风荷载（龙卷风和飓风）、爆炸力（爆炸和火山爆发）以及地面震动（地震），以保证其结构、内部设施和居民的安全；对于化学物质、辐射和火山灰的威胁，建筑物的密封性可以阻止受到污染的空气渗入建筑物的内部；如果暴露于放射性物质之下，密实的建筑材料可保护居民不受羽状辐射和表面污染的侵害。

表 6—2 特殊设施或场所

卫生场所	宗教场所
医院	教堂/犹太教教堂
疗养院	新教活动中心
过渡疗养院（用于戒毒、戒酒和智障疗养）	**高密度居住场所**
精神病院	酒店、汽车旅馆
刑事机关	公寓、社区
拘留所	活动房屋区
监狱	宿舍（学校、部队）
隔离营	女修道院、僧侣院
少年管教所	**运输场所**
集会和运动场所	河流、湖泊
礼堂	大坝监测所、收费站
剧院	渡口、火车站、汽车终点站
展览馆	**商业活动场所**
体育馆	购物中心
运动场馆	商业中心区
娱乐休闲场所	商业区/工业区
沙滩	**教育场所**
露营地、会议中心	日托托儿所
游乐园、露天市场、赛马场	幼儿园
野营地、休闲汽车公园	小学、中学
公园、湖、河	职业学校、商业学校、技术学校
高尔夫球场	专科学院、大学
滑雪场	
社区休闲中心	

资料来源：Lindell and Perry，1992。

表 6—3 特殊设施或场所的使用者的特征

使用者特征	特殊要求
使用者的流动性	流动居民——需要密切地监督管理 非流动居民——需要维持生活
使用者的永久居住	场所的居住者 受灾害影响的地区的居民，但并非此场所的居民，如监狱看守者或暂住者
使用周期	几天或者几小时 因特殊事件
使用者的密度	集中 分散
就地避难	高度有效 中度有效 低度有效或无效
交通支持	将使用自己的交通工具 将使用公共汽车和其他使用率高的交通工具 需要救护车

资料来源：Lindell and Perry，1992。

人对有害化学物质的脆弱性

放射性物质或有毒化学物质被吸入人体内，这是最迫在眉睫的健康致灾因子（U. S.，EPA，1987）。如果这样的有害物质泄漏了，人们必须就地避难。避难所不仅必须密闭从而将有害物质挡在外面，而且要有充足的氧气来维持避难者的生命，直到危险解除。不幸的是，大多数建筑物是透气的，从而使受到污染的空气能渗入其中。即使门窗紧闭，这种情况也会发生。受污染的空气能够通过烟道、排风扇和天花板附近的漏气处渗入建筑物的内部，也能通过门窗的裂缝等小的空隙、电线插座以及墙与地基之间的空隙等渗入建筑物的内部。室内和室外的空气交换率可用空气在每小时内的变化来计算，而空气交换率是随着漏风的面积、风速以及室内外空气之间温差的增大而增加的。

评估一个建筑物是否适合就地避难的最好方法是：检验建筑物的墙和天花板上是否有一个气密层。1960 年以后，在严寒地区建造的房屋内普遍都有这样的气密层（Wilson，1989）。需要调查一下大部分房屋是建于 1960 年之前还是 1960 年之后，如果多数房屋建于 1960 年之后，在此就地避难要比老房子有效得多。防风门窗的出现也是一个有用的标志。咨询地方公共设施部门，了解不同建筑物空气交换率的现有信息。对于医院等特殊设施或场所，人们应以事件为基础，逐一确定空气交换率。

人对放射性物质的脆弱性

核电站泄漏、运输事故或“脏弹”袭击释放的放射性物质可引发医羽状辐射和地表污染而带来的外部辐射。混凝土、砖石和石头等密实的建筑材料可以提供最好的防护（Burson & Profio，1977）。特别是：

- 在防止烟雾和地面暴露方面，与躲避在交通工具里相比，躲避在木质结构的房屋内并不会更安全。
- 躲避在无地下室的砌体房屋底层或者木质结构房屋的地下室里，其防护水平会更高，可以使人们避免 50%的烟雾和 80%以上的地面污染的辐射。
- 砌体房屋的地下室更有效率，在此设施里避难者可避免 60%的烟雾和 95%的地面污染的辐射。
- 大型办公楼是最有效的避难场所，可以避免 80%的烟雾和 99%的地面污染的辐射。

根据核管理委员会的分析，即使是滞后的疏散也要强于躲在家里，避难于大型建筑里强于滞后的疏散，尽早疏散是上上策（Mckenna，2000）。当核物质泄漏时，在距离核电站 5 英里以内的人们如果仍然待在家里，那么，他们就会极易遭受风险。在大型建筑物内避难与尽早疏散一样安全。

评估农作物和家畜的脆弱性

研究农作物和家畜对致灾因子如何进行响应，几乎不是应急管理者的工作。如果农业是当地经济的重要组成部分，你就应该咨询农业专家，如美国农业部及各县相关机构的工作人员。动植物物种对极端环境条件会作出不同的反应，例如，风速能够毁坏果园，却无论如何也不能毁坏牧场。此外，许多农作物遭受破坏的程度取决于它们在生长周期中所处的阶段，例如，某些植物在收割前是不会被摧毁的。

6.6.5　评估和描绘社会脆弱性图谱

社会脆弱性来源于可能导致人们行为改变的极端事件。对于自己和亲人所遭受的伤害，人们往往表现出不同的处理方式。他们对家庭和工作场所的损毁以及对日常活动中所使用的运输系统、商业及娱乐设施的毁坏，也会表现出不同的反应。

评估心理的脆弱性

新闻媒体对卡特里娜飓风袭击后新奥尔良市民的反应进行了扣人心弦的描述。尽管灾民承受了多日没吃没喝、缺医少药的压力，但在超级穹顶和会议中心里的大多数人都能够适应。可是，有些人缺少以问题为中心的应对能力，不能解决这些问题；相反，他们采取以情感为核心的应对战略，比如酗酒、吸毒，以度过这段心灵痛苦的时期。根据奥泽尔和韦斯的观点（Ozer and Weiss，2004），最容易形成诸如创伤后心理压力紧张综合征（posttraumatic stress disorder，PTSD）等严重心理状态的患者具有以下特征：

- 易受影响的特征（如过低智商、以前受过心理创伤）；
- 严重的个人影响；
- 持续性的压力；
- 创伤后的低社会支持。

最可能出现心理高度脆弱问题的群体包括婴幼儿（语言能力有限）、老人（更倾向于自闭）和那些已经存在心理疾病的人。

评估人口的脆弱性

年老、富有的家庭可能会在所在社区重建家园（Turner，Nigg，and Heller-Paz，1986），即使房屋被毁，他们也要在那里寻求获得永久性住房。同样，少数民族会因为庞大的家族而留在原地。但是，如果人们不能找到临时住所，尤其是在灾难来临前地方经济就已经下滑的情况下，当地的居民就会迁出社区。同时，也会有建筑劳动力大军迁入社区，但他们大多数都为单身男性。

评估经济的脆弱性

财富是经济脆弱性的主要组成部分，它由有形资产和金融资产组成。建筑、设备、家具和交通工具等有形资产会在灾害中遭受毁坏；银行账户、股票和证券等金融资产有电子记录，不会遭受损失。家庭和企业同时拥有这两种资产，但是，许多家庭的财富并不都以股票和证券的形式存在，因此，相对于灾害影响，多数家庭的财富是脆弱的。

企业的运转需要劳动力、消费者、供应商和分销商。如果社区中的大部分人都失去了家园，那么，就没有人来承担这些角色。另外，企业不能在缺少基础设施的情况下运行。管理者们预测，没有电话，企业只能够运转 4 个小时；没有给水和排水系统，企业只能够运转 48 个小时；没有燃料，它们只能够运转 120 个小时 (Nigg，1995)。在缺少基础设施的情况下，即使灾害没有损毁企业的财产，企业也肯定会倒闭。

我们可以从人口普查档案里知晓家庭收入水平。现有的企业普查数据较为有限，美国人口局的网站（censtats. census. gov）提供了大量的地理编码数据。这些数据按照雇员人数，显示了每一经济部门的企业数量。这些数据可以被标到具有不同致灾因子的风险区域上，如 500 年一遇的漫滩、飓风登陆的区域、地震带，目的是评估社区应对灾害影响所表现出来的经济脆弱性。

评估政治的脆弱性

有时，人们认为响应与恢复无效，或者更为糟糕的是，故意忽视响应与恢复的作用。这时，政治脆弱性就产生了。政府机构如果被人们认为缺少公共资源分配决策所需要的合法性、专业技能和充足的信息，他们在灾害发生后便具有脆弱性。目前，人们还没有现成的衡量政治脆弱性的直接尺度。

预测社会的脆弱性

社会脆弱性不是随机分布的。有些预测者明确某些人口最可能具有脆弱性，其因素包括性别、年龄、教育、收入和民族。表 6—4 列举了从人口普查数据中可得到的社会脆弱性指标（Prater，et al.，2004），这些脆弱群体所占比例最高的小区是应急管理者最应该关心的地方。

表 6—4　　社会脆弱性指标

脆弱群体	脆弱性指标
女性为主的家庭	以女性为主的家庭的比例
老年人	65 岁以上的人口比例 老年家庭的比例
低收入/高贫困家庭	贫困线以下的家庭的比例 在住房和城市发展（HUD）标准以下的家庭的比例
租赁人	租房家庭的比例 根据居住单元，租住公寓家庭的比例
民族/种族/语言	不讲英语者的比例
少数民族	非裔美国人、西班牙裔美国人或其他少数民族人口的比例
儿童/青年	所选择年龄组的人口 依赖率在特定水平之上的家庭的比例
社会脆弱性热点分析	具有多种社会脆弱性的区域

如果小区具有高度的致灾因子暴露性、结构脆弱性和社会脆弱性，那么，它们就需要受到特别的关注。这是因为具有社会脆弱性的家庭通常处于最容易遭受灾害袭击的区域，也处于最为陈旧、维护状况最糟糕的建筑物中。

我们通过使用地理信息系统能够辨别所谓的脆弱性热点。你可以在脆弱性热点分析中，将致灾因子暴露性、结构"生命线"脆弱性和社会脆弱性的数据结合起来。如图 6—2 所示。

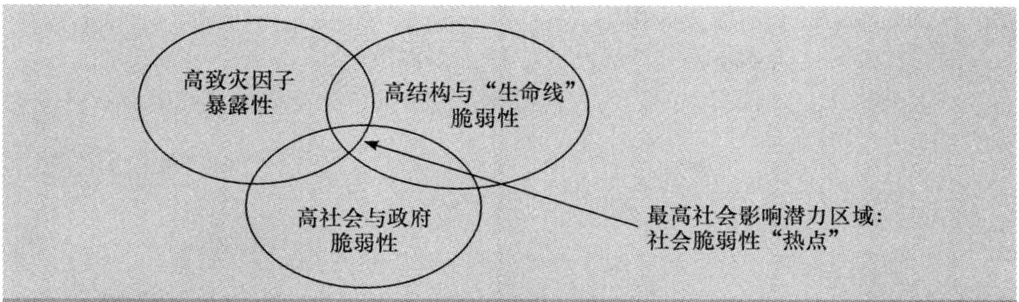

图 6—2　脆弱性热点

6.6.6　脆弱性动力学

在保护社区的过程中，了解为什么人将自己置于风险之中，这是很有帮助的。

- 人迁移到可以从事农业生产、交通便利和娱乐场所遍布的地方。
- 投资决策缺少责任。开发商仅仅在短期内承担风险，然后，他们就把投资转交给了其他将承担财政风险的人（如家庭、保险商、抵押持有者）。
- 许多风险区域的居民都是新居民，他们没有意识到自己已经暴露于致灾因子之下，甚至长期居住在那里的人们有时也很少或根本不会了解这些信息。这是因为信息有时会被那些社区经济发展的较大利益相关者所隐瞒（Meltsner，1979）。
- 很多人忽视了低概率事件。因为他们认为这些事件将在遥不可及的未来发生。即便会发生，他们也认为事件不会发生在自己身上（Weinstein，1980）。
- 政客们倾向于忽视那些只会在任期结束后才可能产生的后果。
- 人们搬进了风险区域，因为安全地区的现有住房价格过于昂贵或者离工作地点、学校和亲朋好友太远。
- 当人们在风险区域内拥有了有形资产和金融资产后，他们将会承受更多的损害。低收入的家庭和小企业通常拥有较少的资产，不能够负担起在较为安全的区域内安家立业的费用。
- 危险保险深受逆向选择之苦，也就是说，只有那些处于极大风险之中的人，才可能购买保险（Kunreuther，1998）。
- 许多处于风险区域的人高估了大坝、堤防等致灾因子调整措施的效能（Harding and Parker，1974）。

6.6.7　以 HAZUS-MH 进行致灾因子脆弱性分析

“致灾因子美国—多重致灾因子”（Hazards US-Multi Hazard，HAZUS-MH）是一个电脑程序，可对地震、洪灾和飓风的损失进行预测，可以预估伤亡人数、财产损失和经济损失。HAZUS-MH 系统的信息可以为致灾因子减缓、应急准备和恢复准备的规划提供依据，同时，还可用来备灾。HAZUS-MH 系统的信息对于应急响应和灾后恢复也具有很大的作用。

HAZUS-MH 系统支持三个级别的分析。

(1) 级别 1 是使用国家的平均数据得出近似结果，这是确定风险最高社区的初始界面。

(2) 级别 2 是用修订数据和致灾因子图谱得出更为精确的估算。级别 2 的输入数据来自地方应急管理者、城市和区域规划者和地质信息系统的专业人士。

(3) 级别 3 是运用社区特定的信息得出最为精确的损失估算。级别 3 的输入数据来自结构工程师与地理技术工程师以及其他对溃坝、决堤等危险进行检测的专家。

这个程序包括地震、洪灾和飓风的独立模型。关于 HAZUS-MH 系统的详细信息，可在 www.fema.gov/hazus 上获得。

6.6.8 分析与传播致灾因子脆弱性数据

性能优良的计算机非常有助于识别风险区域和预测损失，而且，电脑也会给你提供获取网络资源的机会。联邦和州的机构创建了很多用于致灾因子分析的电子文件、地图和数据库，这些信息都能够在各种网站上获得。你可将州应急管理机构(state emergency management agency，SEMA) 的网址链接到你的网站，这使得使用者能够快速地获得所要的信息。这些信息如果通过文本副本获得，可能要经过几个月；并且上传到网站上的信息可以被频繁更新，这也比打印和分发纸质报告的成本更低。

分析致灾因子脆弱性数据

尽管电脑在致灾因子分析的过程中可提供许多有用的材料，但这些工具却时常不被使用。林德尔和佩里 (Lindell, and Perry, 2001) 称，在他们所调查的地方应急规划委员会中，对社区脆弱地带进行过估算的只占 59%。其中，只有 39%的委员会使用电脑模型进行分析，如 CAMEO (National Safety Council, 1995) 和 ARCHIE (FEMA，无日期)。另外，计算机使用的二具类型也是各不相同的，地方应急规划委员会更多的是使用数据库来查找关于当地化学物质致灾因子和应急响应的资源。要使技术的优势得到充分发挥，地方应急管理机构还有很多事情要做。

致灾因子脆弱性数据的网站传播

大部分州应急管理机构都在自己的网站上提供了大量的信息 (Hwang, Sanderson, and Lindell, 2001)。在这些网站上，最常被提及的致灾因子有飓风、地震、洪水、龙卷风、危险物质泄漏、风暴潮、旱灾、放射性物质和恐怖主义袭击。但是，许多容易遭受这些致灾因子袭击的州在网站上没有任何信息；而且，其他需要加以关注的致灾因子也没有被提及；海啸、建筑坍塌、滑坡和雪崩等不太常见的致灾因子也被忽略了，尽管它们都有产生严重影响的可能。最近对得克萨斯州应急管理者和土地规划者进行的一项调查发现，1/3 以上的人很少使用致灾因子分析信息资源，将近 1/3 的人根本就不使用致灾因子分析信息 (Lindell, Sanderson, and Hwang, 2002)。在使用致灾因子分析信息的人中，使用的材料有 2/3 是打印稿，只有 1/3 的使用材料来自网络。网站上信息缺乏的原因包括：

- 某些地方应急管理机构缺乏通过网络来传递信息的资源。
- 某些地方应急管理机构可能认为没有必要建立致灾因子分析网站，因为人们已经了解了最为常见的致灾因子，如风暴潮和洪水。
- 某些地方应急管理机构认为，网站不是传播致灾因子分析信息的有效途径。
- 某些地方应急管理机构很少在网上提供致灾因子分析信息，因为他们已经通过其他媒体发布了信息。
- 地方应急管理机构可能忽视了一些致灾因子因素，因为近期少有或没有发生灾害事件。

人们对网络致灾因子分析信息的需求日益增加。根据联邦应急管理署网站（www. fema. gov）的统计，在 1996 年贝莎（Bertha）飓风袭击美国后的一个星期内，联邦应急管理署有关飓风的网站的点击量超过了 125 万。知名权威机构需要在传播信息方面起到带头作用（Fischer，1998）。州应急管理机构网站能够帮助你很方便地收集信息。地方应急管理机构网站可以通过提供当地社区的具体信息而实现增值。在这两种情况下，地方应急管理机构网站能够帮助居民识别其所遭遇的各种致灾因子，这可以促使他们采取减少威胁脆弱性的致灾因子调整措施。

关于致灾因子分析网站的建议

- 认识到你的网站将被人们认为是最为可靠和准确的信息来源。你必须确保信息是准确的。
- 协调通过你的网站所提供的信息与美国红十字会网站（www. redcross. org/disaster/safety/guide. html）上可获得的《论灾害：标准信息指南》（*Talking about Disaster*：*Guide for Standard Messages*）所包括的指导原则。
- 涉及所有你所在地区容易遭受的主要致灾因子，提供其他事件可能性的信息，并在地图上展示这些信息。这样，人们就能够判断哪一种致灾因子应该最为引起重视。
- 提供致灾因子的非技术性信息，这样，使用者可以理解灾害是怎么影响其社区的。这些信息应包括侵袭的速度、范围和影响时间以及不同类型结果的影响幅度，如伤亡人数（包括死亡和受伤人数）、财产损失和经济影响（对工业、商业、农业和政府活动的影响）。
- 提供有关人们可以采取的保护自己、亲人和财产的行动，并说明实施不熟悉的行动时的具体步骤。
- 提供其他应急信息的链接，如近期发生的突发事件报告和可从其他应急相关组织那里获取的信息。
- 保证文章内容的简洁、清晰。使用大字号和清晰易读的字体，用颜色简单的设计图，这样，信息比较容易阅读。
- 提供充足的图片和表格来解释文章的内容和保持趣味性，但要避免使用过多的图表，因为这会降低下载速度，使用者会因此而变得沮丧。

- 保证你的网站符合《美国残疾人法》(Americans with Disabilities Act)，它要求对图片和表格加以文字描述，同时你的网站在没有鼠标的情况下可被浏览。
- 上传 PDF 格式的文件或主要文字处理软件（如正版的 Word Perfect 或 MS-Word）以使浏览者容易下载信息。
- 在联系信息中加入邮政地址或电子邮件地址、电话号码或传真号码，以方便使用者获得更多信息或提出建议。
- 确保在紧急情况下服务器能够接纳大量的用户。

6.6.9 风险评估

采用致灾因子脆弱性分析方法的一个主要问题是：风险和不确定性。联邦应急管理署（FEMA，1997 年出台）的《多致灾因子识别与风险评估》以及州和联邦机构官方网站的信息能够识别一个社区所暴露的致灾因子。这是一个良好的开端，但还不够。你还应该考虑灾害的概率，而不仅仅是灾害的可能性。发生概率为 50%的事件要比发生概率为 1%的事件更需要人们的关注。但是，概率估算方面经常会产生问题。

- 一个给定规模的事件在一个特定时期内发生的可能性是不确定的。
- 许多技术致灾因子发生的可能性是不能被估算的，如有毒化学物质在运输过程中的泄漏。
- 可能性很难被估算，因为事件的相关历史记录太少。当人们试图确定发生概率极低的事件，如 5 级飓风的发生概率时，这尤其困难。
- 估算出来的概率是不稳定的，因为系统在变化之中。例如，大洪水发生的实际可能性要比表面看起来更大，因为对上游的开发增加了下游发生洪灾的可能性。但是，可能性增加的程度是未知的。
- 事件发生的可能性是保密的。例如，化学设施出于安全原因，不会将其致灾因子分析与公共安全和应急管理人员之外的其他人分享。

由于以上这些原因，你现在还不能够获得有关致灾因子脆弱性的准确信息，而且，在不远的将来，你也不可能获得这样的信息。这似乎是致灾因子脆弱性分析数据有效性的反证，但实际上并非如此，它只是反映了致灾因子脆弱性数据分析技术和你投入这个活动的资源目前存在着局限。

但是，没有非常准确的数据，我们也可以出色地完成任务。这是因为你只需要足够的信息去确定要在不同的活动上花多少钱。也就是说，你需要足够的致灾因子脆弱性分析数据，以确定如何在致灾因子减缓、应急响应准备和灾后恢复准备之间进行资源分配。在你评估不同类型致灾因子的相对威胁之后，要记住这些不同的致灾因子也许具有同样的灾害需求。例如，飓风和内陆洪水发生的可能性也许不同，但它们需要相同的应急响应，如疏散。因此，某些投资可以帮助你应对多种可能发生的致灾因子。一般来说，所有的致灾因子都要求对突发事件进行有效的管理，多数致灾因子都要求管理者做好人员防护工作。

你也需要致灾因子脆弱性分析数据来进行游说以筹集更多的资金。应急管理部门一定会与其他社区在需求上竞争，如教育、卫生医疗和运输等。在这种情况下，致灾因子脆弱性分析数据应该很具体，足以使你能够说服别人接受增加应急资金将惠及整个地区的观点。这不是一个小问题。应急管理部门必须游说以筹集到资金，解决**未来**（future）的问题。教育工作者、卫生专业人士和交通规划工程师更容易成功，因为他们需要钱来解决**当前**（current）存在的问题。当你试图确定在致灾因子脆弱性分析上分配多少时间和资金时，记住致灾因子脆弱性分析本身并不是目的。你应该在致灾因子脆弱性分析上花费足够的时间和金钱，确保将余下的预算用于应急管理活动，而这些应急管理活动也将会最大限度地削减你所在社区的致灾因子脆弱性。

脆弱性评估的另一种方法

NOAA 沿海服务中心（Coastal Services Center，CSC）也在其网站（www.csc.noaa.gov/products/nchaz/startup.htm）上对进行社区脆弱性评估提供了指导。你可以通过网站上的几个练习，完整地评估你所在社区的脆弱性。你在 CSC 的网站上还可以浏览激光探测及测距（Light Detection and Ranging，LIDAR）海滩绘图，以获得精确的高程点数据。它还可以为快速到来的冲击结果提供一个损失评估的工具。它能使工作人员在 GIS 数据库里重新获得数据包，并将其与联邦应急管理署的损失评估结合起来。最后，这个网站还解释了灾害发生后遥感技术如何能被用来提供关于受灾地区的宽广图景。

自我检测

- 描述《多致灾因子识别与风险评估》。
- 描述 HAZUS-MH 系统的用途。
- 定义“脆弱地带”，并解释它们是如何被测算出来的。
- 列举创建致灾因子分析网站的 5 条建议。

总　结

作为应急管理者，你必须知晓使社区容易遭受致灾因子侵袭的因素，一个地区越脆弱，损失可能会越大；你也必须识别最可能受到影响的主要人群；最后，你必须了解决定致灾因子对一个社区破坏程度的因素。记住这些细节，你就能够确定如何应用致灾因子减缓措施和应急响应措施，从而最大限度地保护你所在的社区。

关键术语

逆向选择	指一种致灾因子保险的倾向，多由处于最高风险之中的人购买以申请损失赔偿。
农业脆弱性	指所有植物和动物的脆弱性。
应急准备措施	指灾害前采取的、提供支持灾害影响发生时采取积极行动所需的人力和物力资源的行为。
致灾因子暴露性	指生活或工作所在地可能受到致灾因子影响的程度。
致灾因子减缓措施	灾害影响发生时所采取的被动保护行为。
“致灾因子美国—多重致灾因子”	一种电脑程序，用来预测地震、洪灾、飓风所带来的损失。该程序还能估算伤亡人数、财产损失和经济损失。
人的脆弱性	由于极高的环境危险程度，人遭受死亡、伤害或疾病的容易程度。
《多致灾因子识别与风险评估》	指 FEMA 出台的描述许多自然致灾因子和技术致灾因子的暴露性的手册。
常态偏差	人们对认为不可能发生的事件正在发生和产生影响的认识延迟的倾向。
《北美应急响应指南》	一种列举了运输中常见的化学物质的手册。它详细地说明了 172 种应急响应指南中哪一种可提供有关化学物质泄漏响应的信息。同时，它还能帮助你确定应离泄漏地多远进行就地避难或疏散居民。
物理脆弱性	人类、农业和建筑物遭受灾害损失和伤害的容易程度。
社会脆弱性	缺乏应对灾害影响的心理、社会、经济和政治资源。
建筑脆弱性	指建筑物等的结构被环境事件损毁的容易程度。
《致灾因子分析技术指南》	列举了极端有害物质并阐述了测算脆弱地带的操作方法的一种指南。
脆弱地带	容易遭受化学物质泄漏影响的地区。

测试你的理解能力

登录 www.wiley.com/college/lindell，测评你对风险分析有关知识的掌握情况。通过比较测试前和测试后的结果，衡量你的学习情况。

总结性问题

1. 下面哪一项不决定灾害的物理影响？

(a) 致灾因子暴露性

(b) 物理脆弱性

(c) 逆向选择

(d) 社会脆弱性

2. 一般来说，对任何环境压力最为敏感的人是婴幼儿、老人和免疫力低下人群。对还是错？

3. 人的脆弱性比农业脆弱性更复杂。对还是错？

4. 可感知的线索（如风、雨或地面震动）也会使你对即将发生的灾害产生警觉。对还是错？

5. 现在，个人电脑非常普及，几乎所有社区都全面分析了自己社区内的环境致灾因子。对还是错？

6. 下面哪一项延迟了人类对那些被认为不可能发生却发生了的事件的认识？

(a) 个人冲突

(b) 常态偏差

(c) 压力

(d) 他人的影响

7. 灾害的物理影响可以通过以下哪一项之外的其他各项测算出来？

(a) 事件的媒体采访

(b) 受伤人数

(c) 财产损失

(d) 死亡人数

8. 统计数字表明，哪一种灾害能造成最大的人员伤亡？

(a) 地震

(b) 飓风

(c) 火灾

(d) 洪灾

9. 下面哪一项是导致难以估算极端自然灾害和技术灾害发生的可能性的原因？

(a) 很多技术灾害发生的可能性不能被估算出来

(b) 由于事件的相关历史记录太少而使得可能性很难被估算

(c) 由于一切都在变化之中，估算出来的可能性也是不稳定的

(d) 以上三项都是

10. 灾后恢复如果是基于灾害袭击后所制定的计划，那将会更快、更有效率。对还是错？

11. 以下哪类人最不可能患有创伤后心理压力紧张综合征等严重心理疾病？

(a) 具有先天心理问题特征的人

(b) 个人遭受严重影响的人

(c) 创伤性事件后得到了社会大力支持的人

(d) 经历持续压力的人

12. 如果附近的核电站发生放射性物质泄漏，混凝土、砖和石头等密度大的建筑材料能够提供最有效的防护。对还是错？

13. 室内外空气交换的速率是以每秒钟空气的交换量来计算的。对还是错？

回顾性问题

1. 决定灾害影响的三个前影响条件是什么？
2. 对于具体事件，决定灾害影响的三个条件是什么？
3. 物理脆弱性的三个类型分别是什么？
4. 何为社会脆弱性？
5. 致灾因子的六个特征是什么？
6. 生命或财产威胁不再存在以后，社区必须马上开展灾后恢复行动。社区成员承担的三个紧急任务是什么？
7. 为什么监测灾害的社会影响是重要的？
8. 你如何测算灾害的物理影响？
9. 灾害的五个心理影响因素是什么？
10. 说出三种致灾因子减缓的方法。
11. HAZUS-MH 系统可支持什么级别的分析？
12. 说出人类将自己置于风险之中的五个原因。
13. 说出五个脆弱群体及其脆弱指标。
14. 举出三个有特殊要求的设施或场所的例子。
15. 举出地震引发次生致灾因子的例子。
16. 致灾因子脆弱性分析的工具或资源是什么？

本章应用

1. 你是中西部一个大城市的应急管理者，而且有一座高层办公大楼即将兴建。那么，大楼的用户将会暴露在什么样的致灾因子之下？大楼设计可能要能够抵挡这些致灾因子中的哪些？什么类型的人可能在大楼旦工作？他们的社会脆弱性有什么不同？

2. 你是新奥尔良市的应急管理者。有许多人失去了家园和工作，几乎一无所有的人们来找你，问你如何能够得到资金帮助。你将会告诉他们什么信息？

3. 你是一名位于中西部小城镇的应急管理者。有人让你描述灾害可能给社区带来的影响。你将在一个发言中阐述灾害的物理影响和社会影响，还要描述社区可采取的将灾害影响最小化的减缓措施。你的发言中将涉及哪些内容？

4. 你所在的社区之外有一些化学设施。你需要创建一个化学物质目录，并制定一个计划，以防其中任何一个设施发生泄漏。你将如何说服社区领导提供创建化学物质目录及估算脆弱地带所需的资金？

5. 你正在和网站开发商合作为芝加哥的郊区创建一个致灾因子分析网站，设计者需要你提供放入网站的信息。请你做一个发言，向设计者说明网站需要包括哪些信息。

6. 你是东部沿海城市的应急管理者，你被要求完成一个关于不同的致灾因子脆弱性分析工具优缺点的报告。请问你的报告将涉及哪些内容？做一个发言，展示你报告中所包括的内容。

试试看

寻找避难场所

对于那些不能投靠亲戚、朋友的人，他们在住房方面要经过四个阶段。以卡特里娜飓风为例，具体对每个阶段进行阐述。

分配任务

灾害来临时，每个组织的角色可能会混淆不清。你如何保证每个组织都了解自己的职责所在？

分析威胁

你是一个沿海城镇的应急管理者。此地区不仅面临飓风的威胁，还紧邻一个核电站。如果飓风来袭或核电站发生事故，你将要疏散人群。那么，你将如何让国家和地方的利益相关者明白：你需要建立疏散系统和增强投资能力呢？

第 7 章

致灾因子减缓——削减风险

预先测试

➤ 登录 www.wiley.com/college/lindell，测评你对削减风险有关知识的掌握情况

➤ 确定你需要努力的重点在哪里

你将在本章中学到

➤ 致灾因子减缓的法律框架

➤ 致灾因子减缓战略

➤ 致灾因子减缓措施

学习本章后，你将能够

➤ 分析和应用建筑施工措施

➤ 演示土地使用措施

➤ 将致灾因子减缓战略应用于应对不同的致灾因子之中

目标与结果

➤ 管理和降低自然致灾因子的风险

➤ 评估技术要素的风险性，并通过削减风险来进行管理

➤ 评价五种减缓战略以及它们是如何被应用于应对不同的致灾因子中的

导　言

在本书前文，我们曾提到，作为应急管理者，准备应对可能会影响你所在社区的多种突发事件是你的工作。如果新奥尔良的应急管理者准备得更加充分，卡特里娜飓风到来后所出现的场景就会截然不同。

公众不仅对卡特里娜飓风的应急响应表示强烈抗议，而且也关注政府为何没有采取措施来防范大规模飓风所造成的损失。批评家们认为，大堤在飓风来临之前应该得到加固。诸如此类用以防范或减少损失的措施被称为致灾因子减缓。灾前的致灾因子减缓是最为有效的，但是，社区也应该把致灾因子减缓融入灾后恢复中去。政策制定者正试图将致灾因子减缓纳入新奥尔良的重建规划之中，这样，下一次飓风所导致的损失就不会如此之大。致灾因子减缓的一种定义是：灾前影响行为，可在灾害影响发生时提供被动性的保护，应急响应行动的要求因此而减少。

本章将涉及致灾因子减缓的话题，包括致灾因子减缓的法律框架、致灾因子减缓战略以及致灾因子减缓措施的实施。

7.1　致灾因子减缓的法律框架

联邦政府不能直接干预地方的土地使用或建筑行为，但是，联邦政府要在灾后恢复方面支付相当多的费用。因而，它试图去改变这些行为（Mileti，1999）。多年前，联邦政府曾想以减小致灾因子暴露性来减少损失。以防洪为例，联邦政府曾因此而实施堤坝修筑计划，不幸的是，洪灾的损失却在继续增加。因此，联邦政府近年来尝试进行间接性的干预。在总统宣布进入灾害状态后的六个月内，各州必须更新致灾因子减缓计划，这是获得联邦灾害援助的前提条件。

现在，联邦应急管理署、各州及地方代表在灾后组成致灾因子减缓调查小组，以识别社区减缓的需求机会。不管总统何时宣布进入灾害状态，联邦致灾因子减缓官员（federal hazard mitigation officer，FHMO）都会被授权管理致灾因子减缓项目。他要参加灾害初步评估，协助评估地方致灾因子减缓行动，制定减缓战略，并为进行区域性分析、提出区域性建议而评价各州的减缓计划。联邦应急管理署和受灾州签订书面协议，确定灾后联邦政府、州政府和地方政府所承担的义务与责任。这些要求以及其他方面的一些要求大大提高了州与地方政府对致灾因子减缓的投入力度。

地方政府时常感到，联邦政府和州政府的要求过于严格，而且未能提供充足的资金。作为土地使用和建筑行为的直接管制者，地方政府在政治上很容易因以下问题而受到指责：截留土地，阻碍发展；要求实施增加地方开支的致灾因子减缓措施。州政府已经用不同方式努力支持地方政府，并满足联邦政府的要求。这些方式包括明令地方辖区可应用土地使用规划的传统工具，如分区与再分规定。但是，各州也鼓励地方政府把致灾因子减缓目标纳入日常投资政策之中，以减小社区的致灾因子脆弱性。

由于灾害成本上升，一些保险公司已经不再为致灾因子易发地区提供保险。但是，保险行业已经开始推动家庭的致灾因子减缓计划。作为保险行业的协调组织，企业与家庭安全研究院（Institute for Business and Home Safety，IBHS）通过“示范社区工程”（www.ibhs.org），成为这一活动的领军力量。同时，它还通过“企业开放工程”提供灾害规划资料，以增强企业在灾后的可持续发展。

在美国，致灾因子减缓面临着重大的法律挑战。几个“管制性获取”的案件已经被最高法院审理，其中，最有名的是卢卡斯诉南卡罗来纳州海岸管理委员会（Lucas v. South Carolina Coastal Council，1992）一案。这些案例都说明了辖区在何种情形下可以为实现公共目标而支配私有财产的使用。从传统意义上讲，政府拥有**征用权**。如果财产用于公共目的，政府可以强制私有财产所有者以公平的市场价格将财产出让给政府。

征用

征用的原则最近被最高法院的一项决议所修订，这项决议通过了人们对“公共利益”的宽泛定义（Kelo vs. City of New London，2005）。但是，这并没有改变政府在“获取”私有财产时仍要满足其他既定条件的职责。政府必须对其通过征用而获取的财产的经济价值给予足够的补偿。还有，由最高法院的决议引起的民愤很可能使各州立法机关作出反应，使其在土地征用权上加强法律约束以保护私有财产。

自我检测

- 定义致灾因子减缓。
- 阐述 FHMO 的含义。
- 说出企业与家庭安全研究院为灾害规划与增加企业可持续发展所提供的项目。
- 定义征用权并确认其拥有者。

7.2 致灾因子减缓战略

致灾因子减缓战略有很多不同的分类方式，最常见的一种是将其分为结构性减缓与非结构性减缓。其中，结构性减缓最常见的例子就是大坝、堤岸、海堤及其他可以防止洪水到达保护区域的永久性屏障；非结构性减缓包括不同的活动，如减少水处理工厂的化学物质储存量，购买未开垦的漫滩并将其变成空地，加固处在飓风多发的沿海地区的建筑的窗户，在地震带将暖气固定在墙上。把减缓战略划分为结构性减缓与非结构性减缓所带来的问题是术语含义模糊不清。

为了避免混淆，本章应用联邦应急管理署（FEMA，1986）开发出来的体系，将致灾因子减缓战略划分为五类，即致灾因子源控制、社区防御工程、土地使用措施、建筑施工措施和建筑物内部物体的保护。

7.2.1 致灾因子源控制

对于某些致灾因子，控制其源头是可能的。技术致灾因子是可以预防的，例如，只有同时存在燃料、氧气和火源时，火灾才能发生。将燃料控制在一定的范围内以防止其与氧气结合，这样可以控制结构性火灾的源头。你也可以使燃料与空气的混合物远离火源，避免发生火灾。化学物质泄漏的源头控制可以通过使用无毒物质的办法来实现，也可以通过减少化学物质的数量、维护设备，来防止由于容器、管道和阀门的原因而导致的化学物质泄漏（Ashford，et al.，1993）。

致灾因子源的控制对于自然致灾因子而言是不起作用的，但也有例外。山火的致灾因子控制就可以通过限制林地可燃物负荷和控制火源来实现，洪水的致灾因子控制则能够通过维护地表植被来实现，因为地表植被可以使雨水渗透进土壤，从而减少地表径流。

7.2.2 社区防御工程

社区防御工程最为普遍地被用于分流经过位于洪泛平原的社区的洪水，也可被应用于防范其他类型的水流，如海啸、飓风。而且，社区防护工程还可被应用于防御两种地质致灾因子，即滑坡、火山岩浆流以及某些工业致灾因子。

洪水控制工程的四个主要类型是：

（1）引流；

（2）大坝；

（3）河堤；

（4）海堤。

引流（channelization）是加深、取直水渠的过程。加深渠道是通过增加水渠能够承载的水容量来防洪。取直水渠通过缩短洪水必须流经的距离而使水快速地向下游流动。

大坝（dams）是坐落在河床之上被加高的屏障，它增加上游水库里的地表洪水储存量。这些建筑可以由混凝土、泥土或者混有沙石的泥土建造而成。它们有水闸和泄洪道，管理员可以借此来从水库中放水。对多数水库而言，人们进行水位管理以实现四个相互冲突的目标。发电、水的再生和灌溉是通过库满状态实现的，而洪水的控制则是通过空库状态实现的。解决的方法就是部分地填充水量，让水库留有蓄洪的容量。但是，如果水库是满的，那么，上游洪水泛滥就可能需要紧急泄洪以保护大坝。在一场剧烈的暴风雨中，水库会装载大量的雨水，这就要求人们快速泄洪。否则在某些情况下，这可能会导致下游洪水泛滥，这种情况所导致的结果与没有修建大坝的结果一样。

若大坝发生灾难性的垮塌，则会导致下游洪水泛滥，当然，洪水泛滥的程度要取决于水库的大小。大坝的安全是日常运行中的一个问题，因为全世界每年有 20 座大坝垮塌，其中有 83%是因用土壤或者岩石填筑大坝造成的。大多数风险源自缺少或没有工程监督。

滞洪池与大坝类似，但它是用土壤或岩石填充的建筑，是在洪水发生时才蓄水的干库。大坝的水闸和泄洪道被人们主动地管控，相反，滞洪池是被动地外溢，其实现方式是在地面水平高度上铺设穿过大坝的管道。管道里的水能够顺畅地流经大坝，但任何超过管道承载能力的水都会倒流入水库之中，这有效地调控了下游的排水量。所以，它不会超过预定的流速。因为滞洪池底部多数时间是干涸的，它们可以作为空地被人们加以利用。滞洪池可以很好地用作球场、远足路径，甚至是停车场和野炊场所，因为这些设施的开发度低，人们可以在洪水消退后使它们快速、成本低廉地得到修复。

河堤（levee）是沿着河床被提升的屏障，它限制水流，使其流向分洪河道。河堤必须修建在地基牢固的土地上并由不透水的土壤——例如压实后可防止沉降的黏土——筑成方能有效（Army Corps of Engineers Committee on Floodproofing, 1993）。河堤的表面通常种植草皮或其他矮小植被以防止其遭到腐蚀，洪水侵袭时，其他防腐的方法是使用混凝土或者石头铺砌裸露的表面。人们可以轻而易举地加高土质堤岸的高度。在电视报道中，我们常常可以看到随着水位的上涨，志愿者不断堆砌沙袋，以提升河堤的高度。然而，洪水期间堆沙袋的行为是应急响应行动，而非灾前影响阶段的减缓行动。

河堤有很多设计、建设以及维护方面的问题，很多是由预算有限的地方河堤行政区所修筑的，结果，它们不能得到很好的维护。有四个基本的作用机制导致溃堤（见图 7—1）。

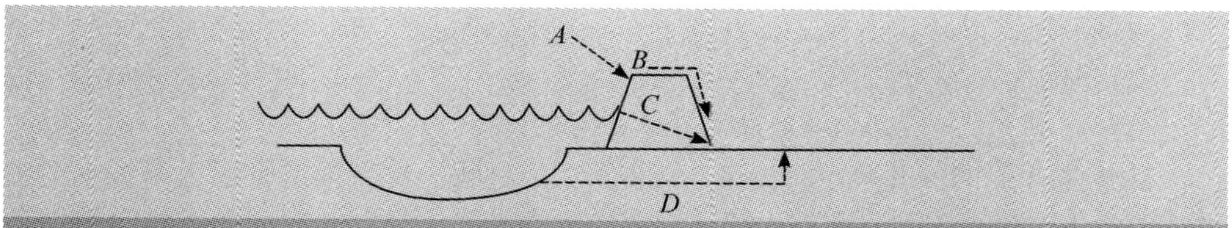

图 7—1 溃堤模式图

（1）**波浪作用**（wave action）（A）通过冲击堤岸正面、冲刷堤坝构成物质而导致溃堤的一种破坏情况。

（2）**越顶**（overtopping）（B）发生在水位超过堤岸高度之时。一旦发生越顶，越过堤岸的水流将冲蚀出一条通道，使更多的水流出决口处，这将迅速地淹没堤岸后面的区域。

（3）**管涌**（piping）（C）发生的原因是：动物的洞穴、腐烂的树根或其他干扰堤岸的因素导致了穿透或几乎穿透堤岸的环形长洞的产生。一旦洪水进入这些环形长洞似的“管道”，就打开了一条通向堤岸朝陆地一面的通道，从而导致溃堤。

（4）**渗流腐蚀**（seepape erosion）（D）发生在河水高度施压于已渗入河床、堤岸下或堤岸朝向陆地一侧的土壤中的水时。产生的水流能够导致泥水逐渐冒泡，从而侵蚀出一条通道，使水流向堤岸下面，然后又越过堤岸。

堤岸使淤泥聚积在河流底部，而不是沉积在周围的漫滩上。因此，河堤增加了洪水的危险，同时降低了土壤的肥力。

海堤（floodwalls）采用如混凝土之类的结实物质筑成，它们比河堤成本更高，但也更牢固。此外，它们可以被建造成近乎垂直状，这使得海堤在空间有限且土地价值高昂的城市地区富有吸引力。海堤必须建造在稳固的土壤之上以防止沉降和倒塌。同时，不渗水土壤上的建筑也可避免来自海堤底部的渗流腐蚀。河堤和海堤既可以建造成大规模的足以保护整个社区的大型工程，也可以修筑成小型工程用以保护个体建筑。

大坝、滞洪池和河堤虽然挽救了很多人的生命，但人们也必须要认识到，这些防护工程只能在一定程度上预防事件的发生，这被称为**基于事件的设计**（design basis event，DBE）。在美国，基于事件的设计一般指百年一遇的洪灾，即任何一年中发生概率只有1%的洪灾。如果事件较此更严重，那么，大坝、滞洪池和河堤都不能起到保护作用。社区防护工程的最大问题就是人们高估了其具有的有效性。在某些情况下，人们认为，防护工程会消除所有的洪水危险，从而，当超过了基于事件设计的洪水灾害来袭时，人们就会准备不足。

滑坡控制（landslide controls）的设计目的是减小剪应力、增大抗剪力或两种力的合力（Alexander，1993）。剪应力的减小降低了一层土地对于另一层的压力，抗剪力的增大则加强了两层土壤保持原地不动的能力。滑坡的防护通过以下措施稳固山体的斜坡：增加土壤表面的硬度以防止水渗透；挖掘排水沟使水不能渗入土壤里；建造固定的建筑，如扶壁、挡墙和拉杆。在暴雨季节里，你可以通过避免在不稳定的边坡上修筑建筑来降低滑坡的风险。滑坡的风险还可以通过降低斜坡承载的负荷而得到削减，例如，限制开发可以防止由额外的房屋和道路重量所造成的更为严重的滑坡事件。

工业致灾因子控制（industrial hazard controls）用于控制有害物质的流动。例如，在储存罐周围，人们可以修筑堤防以限制任何液体的泄漏，这样的防护工程在石油储存罐周围较为常见。人们以风险分析确定在不同溃堤模式下可能产生的泄漏量，然后，以预期泄漏量和泄漏率来确定防护堤内的存储能力。

7.2.3　土地使用措施

土地使用措施（land-use practices）是指人们利用土地的方式，涉及林地、牧场、农地、住宅、商业、工业建筑以及基础设施。地方政府通过风险沟通、激励和处罚来影响土地使用措施。

- 风险沟通可以主动地改变土地使用行为，因为产权所有者可具有对于脆弱性和致灾因子调整更为准确的理解（Lindell and Perry，2004）。

● 激励也可以主动地改变土地使用行为，因为产权所有者可以自由选择是否接受。对致灾因子易发财产的先期开发来说，开发权的出售是一种激励措施。如果激励足以补偿土地所有者的机会成本（他们通过开发土地而获取的利益），那么，他们就可能接受这种激励。如果激励太少，他们就会继续开发。

● 规章制度可以被动地改变土地使用行为，因为产权所有者因违反规定会受到法律的处罚，如罚款或者被判处徒刑。

地方政府有很多用以减小致灾因子暴露性的土地使用办法。其中，最主要的就是土地使用规划，这是一个广为人知的自然致灾因子减缓的工具（Burby，1998；Godschalk，Kaiser，and Berke，1998）。宪法规定，州政府将制定土地使用规划的职能以警察权的形式下放给了地方政府，以保护公众的健康、安全和福利。各州政府所需要的土地规划水平有所不同，所以，地方对土地规制的依赖程度也大不相同。一些州政府要求地方政府制定综合性规划，包括土地使用要素和环境致灾因子，其他州政府则提倡但不硬性要求制定综合性规划或者土地使用规划。所以，在这些州，地方行政区域很少制定此类计划。地方政府用以减轻自然致灾因子影响的其他工具还包括地产权或开发权、资本改进计划、财政政策、致灾因子减缓计划、区域划分以及细分条例。地方政府应该在这些方面进行探索。

地产权或开发权的获取

在某些情况下，一个地区会直接购买土地来阻止含有致灾因子的区域的开发，这样的土地通常位于河流、湖泊和海岸边上。对于远足和自行车道、高尔夫球场、野餐等公共用途而言，它们是良好的选址。你也可以只购买其开发权，而不购买其所有权。只购买开发权是指允许土地所有者继续使用他们的地产，例如，农民可以继续在已被购买开发权的土地上种植农作物以及饲养家畜。作为交换，社区土地不能被用来建造民用、商业或工业型等增加致灾因子的物理脆弱性的建筑。

资本改进计划

资本改进计划（capital improvements program，CIP）被用来规划社区基础设施和重要设施，它们需要大量的公共资本投资。所以，资本改进计划对这些设施的要求进行评估，描述建造何种类型的设施、建造的地点和融资方式。在某些社区，地方政府控制的基础设施数量是很少的。但是，地方政府可以确保自己控制的基础设施建设于限制致灾因子暴露的地方。这些设施也可以根据限制物理脆弱性的建设规划条例来建造。

财政政策

地方政府在财政政策和税收使用方面，具有处置权，以分摊在含有致灾因子的产权上进行私人开发的公共成本。街道和污水管等基础设施的影响费抵消了在含有致灾因子的区域内建筑所增加的成本。城市还能够通过减少含有致灾因子的区域未开垦土地的地产税负来提供税收刺激，这削弱了对这类土地进行密集性及逐利性开发的动机，其做法是以当前土地使用价值，而非市场价值来评估地产税。所有者需要签订一个书面协议，以使地产保持在当前开发水平上。如果他们决定在以后开发，那就必须赔偿先前所减免的所有税收。

致灾因子减缓计划

致灾因子减缓计划是综合治理计划的一部分，综合治理计划基于对社区进行以下项目的评估：

- 地理和历史；
- 经济；
- 人口趋势；
- 交通运输；
- 住房；
- 历史保护；
- 环境保护；
- 土地使用措施。

这种数据被人们用来制定实现居民愿望的开发战略，这些战略也决定了基础设施和重要设施的选址。综合治理计划的一个优点是：增加了致灾因子减缓措施适应全区域的可能性，而不是只针对某一特定的地点（Milliman and Roberts，1986）。

在其他情况下，你可能拥有一个独立的致灾因子减缓计划。一些地区尽管没有综合性计划或者只拥有薄弱、过时的计划，但是它们面临着重大的致灾因子。所有的地方政府必须拥有致灾因子减缓计划以获取联邦政府的灾后恢复援助，这就为将致灾因子减缓与土地使用政策通过规划过程联系起来提供了一个机会。

致灾因子减缓计划应该建立在致灾因子脆弱性分析的基础上。致灾因子脆弱性分析为设定削减致灾因子脆弱性目标提供了一个框架，信息可以提交给公共官员以帮助他们制定有效的土地使用政策（Burby，et al.，1985；Petak，1984）。这些致灾因子信息还可以提供给个人，这样，他们可根据这些信息，做出更好地利用土地的决策。地方官员也可以公布这些信息。

不仅如此，该计划应该为实现这些目标制定具体的政策，它应该确立一种方法以定期评估实现既定目标的进程。规划过程与文件本身同样重要，有效的规划过程能够使社区内所有受影响的部门都参与进来，以发现需要做什么以及如何去做。

区域划分

最初，区域划分是为了区分“不兼容的土地使用方式”而设计的，例如，具有噪声和污染的重工业要远离居民区。区域划分还减小了爆炸或有害物质泄漏对居民区或医院、学校等特殊设施或场所产生影响的可能性；同时，区域划分还能使居民和商业财产远离地震断层线和漫滩。

细分条例

细分条例控制着将未开垦土地变成小块建筑用地的方式。这些条例可以在许多方面使用。它们调控高于基准洪水高度的正在上升的地产或者限制对湿地等环境敏感区的开发密度。细分条例还要求远离断层线、斜坡和漫滩。在易受山火威胁的区域，细分条例要求在建筑物周围清理出周长为 30 英尺的**防御空间**（defensible space）。

7.2.4 建筑施工措施

由于风险沟通或激励，财产所有者会主动改变其建筑行为。由于建筑规范的要求，他们也会被动地改变其建筑行为。

建筑构成元素

建筑物可以分为民用型建筑、商业型建筑和工业型建筑。民用型建筑又可分为单户型房屋、公寓型房屋和移动型房屋，商业型建筑也可分为低层建筑和高层建筑。典型的民用型建筑和商业型建筑包括三个结构体系，即地基、墙体和屋顶。此外，它还有许多辅助系统，如电力、管道和供热、通风、空调系统。

建筑物的地基应建造在自然或者人为压实的土壤上。这样，建筑物就不会因自身的重量而陷进地里。通常，地基可以是一个直接插入地里、支撑地板的厚重水泥板，也可以是挖出来的深坑底层。底层有一个水泥板，因为它处于地面以下（水平面以下），所以，它的墙体是由垂直的混凝板（多见于老房子内）或混凝土块建成的。在某些情况下，正如后面要谈到的，建筑物建在打入地里的桩上。

大多数住宅都由墙体构成，这些墙体都是以 2 英寸×4 英寸的木制立柱建成的框架结构。如图 7—2 所示，每个墙体沿着墙体底部都有一个长的水平板条，叫作底系定板，在墙体顶部也有一个长的水平板条，叫作顶系定板。通常，建造者用长为 16 英寸的竖直板条来连接底系定板和顶系定板，他们也会在墙体上留下一些开口以便在完成框架结构后安装窗户和房门。

图 7—2 小型住宅的墙体结构

墙体框架通常是在地面上平铺而钉起来的，这样方便组装。当所有的四面墙体都组装起来后，它们就被立起来钉在建筑物的各个角落上。墙体结构被钉在地基上以保证其原地不动，然后将 4 英尺×8 英尺的夹板钉在墙体框架上。把抗潮塑料板钉在整个板条表面后，再钉上外用薄板，这种外用薄板可以是胶合板、楔形板或水泥灰板。

整个墙体都用砖头建造的房子也是很常见的，但实际上这是把砖墙覆盖在木制框架上。一个真正的砖墙是由很多用灰泥固定的水平砖层构成的。尽管这种结构在外部是不可见的，但砖墙实际上包含了两面紧邻的平行墙。这使墙体更厚重，可支撑上部的地板和屋顶。然而，当遭受剪应力、扭转力或者拉力时，砖墙就很脆弱了。普通的砖墙被叫作砖砌体墙（unreinforced masonry，URM），它们没有钢筋来抵抗这些力。砖砌体建筑在地震中倒塌的可能性较大。

在小型多层建筑中，地板是用 2 英寸×6 英寸的、连接间隔为 16 英寸的两面墙托梁构成的。托梁安置完毕后，它们就被粗糙的底层地板或木板覆盖了，然后上面再覆盖上表面光滑的胶合板。多层底层地板被用来制作坚硬的地板来抵抗居民、家具和器具的重力，可见的地板置于底层地板之上。

屋顶通常有三种设计类型，即平顶、三角形顶和四坡顶。平顶这个概念似乎是指这种类型的屋顶是完全水平的。但是，这样的屋顶通常在沿着屋顶背面的方向上有一个小坡度，围绕屋顶正面和侧面有低矮的女儿墙（高度为 6～24 英寸）。这种结构能阻挡雨水，并使雨水沿着背部的水槽流走。图 7—3（a）说明了这种平顶建筑的结构。

三角形顶有着两个呈现一定角度的平面被连接在屋脊线上，一个 2 英寸×6 英寸的长板条与屋顶长度相同，每个侧面向下朝着对立墙体的方向倾斜［见图 7—3（b)］。三角形屋顶的两个面只连接两面墙体，如果没有填充物的话，就使得另外两面墙体的两端留下了一个三角形开口。这个以墙体顶部为底、屋顶两面为腰、屋脊为顶角的三角形就是三角形屋顶的一端，当然，这个三角形会被结构框架所填充，或者被套住或者像其他墙体一样被胶合板覆盖。

四坡顶则是由三角形顶延伸出来的、有四个角的屋顶，四个面都朝着四面墙体的方向倾斜［见图 7—3（c)］。四坡顶与三角形顶的显著区别就是，垂直的三角形一端部分与垂直的墙体不在同一平面上。因为现在面临暴雨的威胁，所以它也就被木瓦或饰板覆盖起来了，而不是被墙体胶合板覆盖。四坡顶抵御大风的能力要强于三角形顶，而两者抵御风的能力都强于平顶。

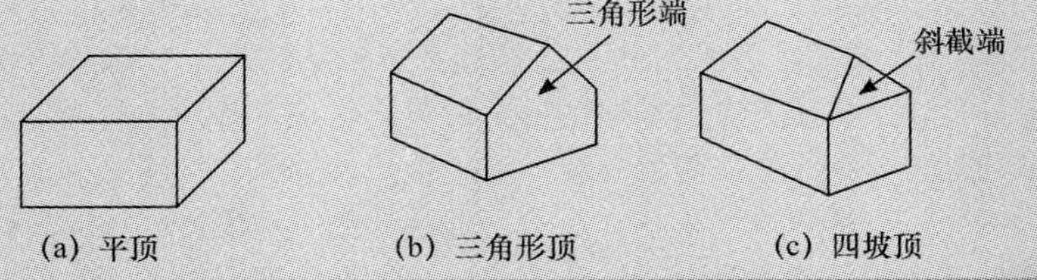

图 7—3　平顶、三角形顶和四坡顶

这三种屋顶结构的任何一种都要求有不同形式的支柱。平顶本质上就只是一个用水平托梁支撑的、具有抗雨水渗透能力的平板，它的表面通常是由 4 英尺×8 英尺的夹板钉在托梁上而成的卷材屋面。油毡纸和沥青层都能够在不同天气里起到保护作用。三角形顶和四坡顶要求有其他形式的支柱，因为它们的表面是倾斜的。如图 7—4 所示，这个支柱由从墙体向上延伸到屋脊的椽木组成。有时，从一个墙体到另一个墙体的跨度非常大的建筑物，是靠桁架支撑的，而不是靠椽木支撑的。**桁架**（如图 7—4 中虚线部分）是在内部被支撑起来的工程体系，能够以最小的重量提供最大力量。桁架是在场外制造的，并用起重机拖到所需地点。三角形顶和四坡顶也有 4 英尺×8 英尺的夹板被钉在椽木上，而且，三角形顶和四坡顶通常都用一层单层油毡纸铺在钉于油毡纸和夹板之间的夹板和木瓦上。

大型多层建筑和商业型建筑使用牢固的材料。大型建筑要重得多，所以它们必须有比较坚实的地基，有时，地基被建造在延伸到基岩的混凝土基桩上。这些结构支撑着上部楼层作用于内部框架的重量，内部框架是由钢筋大梁或钢筋混凝土支柱构成的。此外，这些大型建筑物经常有用混凝土浇筑而成的地板。它们还有平坦的屋顶，带有小棚屋，里面装配着电梯运转所需要的机器。

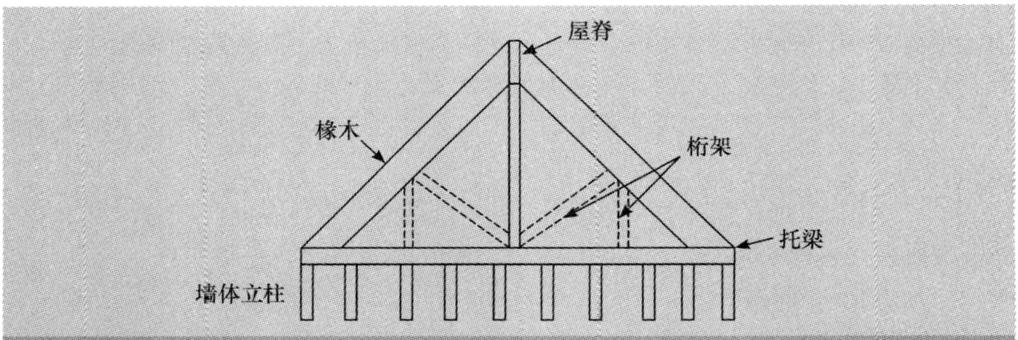

图 7—4 简化的屋顶系统

水文致灾因子的结构性防护

防范水文致灾因子的主要方法有四种。成本最低的办法就是提升房屋的高度，使最底层高于洪水水位。你可以在连续墙基上提升建筑物的高度，也可以在开放式墙基上提升建筑物的高度。

连续墙基上的结构提升——在连续墙基上提升建筑物的高度时，承包商会使用千斤顶将房屋提升到比洪水（通常指百年一遇的洪水）基准水位稍高的位置上。然后，承包商将现有的墙基提升到所需高度。下一步，承包商再将建筑回降到新的（更高的）地基上。这就是我们所说的连续墙基上的结构提升。这种方法增加了地下室墙体的高度，形成了安全的储藏场所。但是，这种方法只适合高速水流和波浪作用风险低的地方。如果洪水深度可能大于 1 英尺，那么，地基必须有开口处，让洪水流进和流出。这样可以防止水文压力和地基外部的水压将墙体向内推进。

开放式地基上的结构提升——在开放式墙基上提升建筑物的高度时，地基只是在关键点上支撑建筑结构。开放式地基上的结构提升使地基允许高速水流和波浪几乎不受阻挡地从底部通过。两种提升方式都必须有足够深的地基，这是为了避免水流冲刷地基以下的土壤。此外，对于小型木制建筑来说，这两种方法要比大型的砖、钢筋或钢筋混凝土建筑更为简单和造价低廉。

另一种防御水文致灾因子的方法是干燥防洪，即将建筑结构密封起来，使洪水无法进入。墙体用不透水的涂层密封，这种防护罩避免了门窗等的可渗透性。回水阀门被安装在污水排水道里，这样，洪水就不能够流进建筑物内。简易的回水阀门带有一个橡皮球，通常安装在排水管道的底部。当洪水穿过排水系统倒流进地下室时，橡皮球就浮上来堵住了排水管。干燥防洪法在洪水深度为 3 英尺以上的地区是不宜提倡的，因为水文压力能够导致非钢筋水泥砖石建筑（URM）倒塌，水的浮力也能使混凝土地板断裂，甚至能导致整个建筑“浮”起来。

第三种结构性防护方法是潮湿防洪法。当洪水发生时，它允许洪水进入建筑物的空阔部位，设备被移到高处或者有防洪墙保护的地方。此外，不能被移动的易损材料要用防洪材料来代替。

第四种结构性防范水文致灾因子的方法是变换地点，即将建筑物转移到远离漫滩的高地。转移要求托起建筑结构，将其支撑在钢筋梁之上，再将其回降到新地点的地基之上。与转移砖瓦、钢筋和钢筋混凝土结构建筑相比，转移木质结构建筑的成本更为低廉。

防御海啸和飓风的危险要更加困难，因为这两种海岸致灾因子会产生破坏性海浪。当飓风风暴潮发生时，海浪通常很小，主要对木质结构建筑造成威胁。但是，位于开放式海岸的建筑物应该建在很深的基桩上。这样，如果表层土壤或泥沙被水冲走，建筑物也不会倒塌。

海啸如此强劲，它们能够威胁到坚固的砖石结构建筑。海啸曾经完全毁坏了阿拉斯加海岸的苏科其·盖普（Scotch Cap）灯塔，除了地基之外，一切都被卷走了。处于海啸多发海岸线附近的建筑物存在被完全摧毁的风险；而离海岸线较远，但仍在海啸袭击范围内的建筑物，如果是钢筋混凝土结构的，那么，就比较安全。此外，它们还要有高于预期海浪高度的底板。在大多数情况下，这种高成本建筑只有应用于那些海啸预警期间可作为避难场所的公共设施的建设才是合理的。

山火致灾因子的结构性防护

飘浮在空中的燃烧着的木头可能落在屋顶上，正在燃烧的树木和灌木丛会发生辐射热，直接与火焰接触会产生对流热，山火因此而对建筑造成威胁。房产所有者不应该将房屋建在山坡的顶部或者峡谷洼地附近，因为这些地点都容易遭遇山火危险。此外，房产所有者应该修建一个半径为 30 英尺的收进地带，清除房屋附近的植被。建筑物还应该用阻燃材料建造外用墙或屋顶，并用金属、混凝土或砖石来代替木制板壁。同样，房产所有者也应该用金属或瓦片代替屋顶上的木制或沥青木瓦，用金属代替木制房门，安装钢化玻璃来保护窗户。

风力致灾因子的结构性保护

时速为 150 英里的大风所产生的压力是时速为 75 英里的大风所产生压力的 4 倍。但是，风速和风压对不同建筑物表面的作用力不尽相同。建筑物对于风力的脆弱性在墙体、屋顶以及门、窗等透风处的表现形式也是不同的。迎风墙承受着正压力，将其向内推动；背风墙和侧墙承受着负压力，将其向外推动。对于屋顶也一样，屋脊的迎风面承受着正压力，将其向下推动；而屋脊的背风面承受着负压力，将其向上推动。门、窗等处被称为“脆弱点”，因为它们最有可能被风刮掉或者被飞来的碎片击破。当门窗被毁坏时，风就从内部施压于建筑物。这种内部压力使墙体向外倒塌，使屋顶向上掀起。内部压力增加了外部压力，并引发灾难性的建筑坍塌。建筑坍塌是因为风使建筑物受到侧面和向上的压力，而建筑物只能抵御向下的重力。这些力有时候能够毁坏墙体和屋顶的木制支柱，但是，它们更常见的影响是将固定框架的钉子拔起。许多用钉子连接的部件都不太结实，因为钉子是以 45°角被钉在木头里的，这要比垂直钉入更为脆弱。

建筑结构可以得到保护，防止风力破坏的最好的解决办法就是在地基、墙体、椽木和屋顶桁架上安装异常牢固的连接件。这一过程包括以下步骤：先在混凝土地基未干的时候，将螺钉的底端嵌入地基；墙体部分建好之后，在单个板上钻孔，这样，螺钉的螺线一端就能被拧进底部了；然后，拧紧螺帽，保证单个板能牢牢地被钉在地基上，这样就完成了一个非常牢固的连接过程。

屋顶系统通过飓风带被连接在墙体上。这些飓风带的每一端都有洞，木工通过这些洞将钉子垂直钉入。飓风带的一端被钉在椽木上（或屋顶桁架上），另一端则被钉在墙体支柱上。在屋顶四周的多个位置安装飓风带会使屋顶和墙体牢牢地连接在一起。屋顶夹板通常是一个胶合板层，应该用螺丝钉钉在椽木上。与钉子相比，螺丝钉能够将两块木板更牢固地钉在一起。

牢固的连接能强有力地抵御大风，也能加固墙体。安装永久性的百叶窗能够进一步加固建筑结构。最方便的百叶窗是用索道滑动的，能通过电动装置来控制升降。其他永久性的设计还有两折百叶窗，它有两片叶，每一片都与窗户的两边相连。当风暴来袭时，它能够迅速地关闭和锁住。还有一种就是临时百叶窗，它可以用夹层板切割而成，钉（不是用钉子，而是用螺丝钉）在窗户的框架上，它也能取代树脂玻璃等防风（碎片）的玻璃。

很多防风减缓措施都可以在已有的建筑结构上改进，但其成本却比在新建建筑上直接安装要高，因为翻新改进需要移走外部墙体防护层，然后进行翻新，最后再重新安装防护层。而且，在新建筑上采取防风减缓措施还有一个优点：能够采用防风设计以及防风建筑材料和建筑结构。例如，新兴建筑可以使用四坡顶来代替平顶；也可以不修建屋顶的突出部分，从而使风不会将屋顶掀起；还可以不安装双倍宽的车库大门，以避免其在风速小的时候也遭破坏，因为风作用于表面积大的物体上的压力可以使滑轮脱离轨道。车库大门的毁坏对车库附近的房屋也是一个重要的问题，因为车库大门的破坏增大了从车库到房屋门的风压。房屋门没有被设计成防风式的，所以它就变成了下一个被毁坏的房屋组件。厨房门的毁坏使风压作用于房屋的内部，通常这是房屋倒塌前的最后一步。

保护建筑物免遭飓风破坏的措施也能被用于防范龙卷风。龙卷风的中心会产生能将一切夷为平地的破坏性风速。但是，在风暴边缘的建筑物，如果它们采用防御飓风的减缓措施，那么，损失就会减少。此外，建筑物使用者建造一个可以抵挡最剧烈的龙卷风的安全室，也能起到保护作用（FEMA，1998c）。

地震致灾因子的结构性保护

保护建筑物免遭风力致灾因子损害的基本原则中，许多也适用于防范地震致灾因子。与风产生的晃动相似，地震产生的晃动也能产生横向的力与向上的力。但它们之间的一个重要的区别是：地震产生的力呈现出周期性的波次，所以，建筑物的摆动是有节奏的。但是，这与用于削减结构脆弱性的减缓措施相比并没有多大的不同。

建筑构造不规则是导致建筑设计中结构脆弱性的基本因素之一，因此，T形、L形和U形建筑比矩形建筑更容易遭受破坏。这是因为建筑物的每一个支柱以不同的方式对地震力作出反应，受力会集中于两边相连的铰合部位。此外，依靠地表支柱支撑的“软底屋”容易遭受破坏，这样的设计常见于大型公共建筑和商业建筑。一层为车库或停车场，二层为居住区的公寓建筑也比较脆弱。

结构脆弱性的另一个来源是建筑材料，特别是非钢筋水泥的砖石建筑(URM)。用砖石或混凝土砖石组件建造的建筑对地震的响应能力较差，因为它们太僵硬了而不能在地震波前后摆动时弯曲。非钢筋水泥的砖石建筑在美国的某些地区较为常见，如中部的新马德里地震带（New Madrid Seismic Zone)。美国的这些建筑可以通过增加混凝土墙、钢角撑、墙肋和扶壁柱来进行改进。非钢筋水泥砖石建筑的屋顶通常是带有女儿墙的平顶。不幸的是，这些非结构建筑元素是不稳固的，它们必须被加固或者拆除，以防止它们砸中在下面人行道上的行人。与非钢筋水泥的砖石建筑不同，木制建筑比较牢固和柔韧。尽管如此，将墙体系统拴在地基上并将其与屋顶捆绑在一起以加固老旧的木制房屋，仍不失为一种明智的做法。

对窗户的保护在地震中也是非常重要的，因为碎玻璃是造成居住者受伤的一个主要原因。以不会破碎的钢化玻璃取代普通玻璃能够避免此种伤害，或者，房屋主人可以在普通玻璃上包一层塑料膜以使玻璃稳固。在地震晃动中，玻璃会破碎，但塑料膜将碎片限定在窗户框架里。基于美观考虑，碎玻璃将会被换掉，但是，建筑围护结构还应继续存在，用于在玻璃被更换之前保护建筑物使用者。

空气中有害物质的结构性保护

建筑能够提供保护，防止人们吸入有害物质。如果人们能够在空气清洁的临时避难所避难，他们就能避免这些空中污染物的侵害。多数建筑不能阻止污染以一定的速度渗入建筑物内部，这种速度可以用每小时的空气交换量（air changes per hour，ACH）来测量；另一种方法是用交换时间来计算空气交换量，它是空气交换量的倒数，即

$$t_B = 1/\mathrm{ACH}$$

渗透速率为1.0ACH不代表所有清洁的空气在1小时内将全部消失，而是说，受污染空气的比例逐渐上升，直到在1.0t_B小时后63%的原有空气被污染空气所替换，以及在3.0t_B小时后95%的原有空气被污染空气所取代。因此，在渗透速率为1.0ACH时，室内空气全部被污染则需要3小时以上。这个结果非常重要，因为它显示：就地避难要比多数人所认为的还有效。检测空气交换的表面机制和实际机制的差异，最能够说明结果出现差异的原因。如果污染空气以某种方式将未受污染的空气“挤出去”，那么，取代清洁空气就只需要1个小时（错误的结果)，这是不可能发生的情况。相反，渗入建筑内部的被污染空气与清洁的空气相混合，污染空气并没有将室内的空气“挤出去”。比起仅仅是清洁空气的渗出，受污染的空气与未受污染的空气混合而成的气味的渗出而耗尽室内空气所花的时间更长。结果，在减少吸入暴露方面，就地避难的有效性至少比乍看起来增加了2倍。

尽管这种时差效应是重要的，但它不是就地避难可降低负面健康影响的唯一机制。减幅效应也可以降低烟雾浓度的波动，这些波动来源于气象条件和当地地形的不规则性。室内峰值浓度比室外峰值浓度要小得多。化学物质对健康的主要威胁在于其峰值浓度，而非剂量的累加，这一点是非常重要的。

如果身处致灾因子影响区域的人在烟雾流过室外后仍继续就地避难，那么，他们将继续暴露于室内被污染的空气之中。因此，当污染空气流过后，室内外空气的作用就颠倒过来了。也就是说，未受污染的空气流进室内，与室内的受污染空气相混合。未受污染空气与受污染空气的混合物排出时耗尽室内空气所需的时间，要比受污染空气排出室外所需的时间更长。结果，在烟雾流过之后仍在原地避难，这就延长了吸入受污染空气的时间。这会导致遭受暴露程度的加剧，它与在整个烟雾流通阶段处于室外所遭受的暴露程度是一样的。通过发出“警报解除”信号来使致灾因子影响区域的人知道何时出来是安全的，可以使这个问题得到解决。这时，他们要打开门窗，让建筑物通风以排除剩余的受污染空气。

建筑规范

地方建筑规范是在由非政府组织建立的标准建筑规范的基础上制定的。建筑规范是受工程分析影响的，政治和经济因素也会起作用。标准建筑规范在被地方社区采用之前，没有成为法律要求（Nordenson，1993）。在采用的过程中，要对规范进行修改，以适应当地的环境。在这一层面，政治和经济因素也会起到作用（Jirsa，1993）。

规范的采用只是减小脆弱性的第一步。第二步是培训建筑承包商和建筑工人，他们必须了解如何符合新规范的要求以及规范之所以确立的原因。规范的执行是非常重要的。在灾害中，有许多由于建筑设计、建筑材料及建筑方法违反当地建筑规范而导致建筑倒塌的例子。只有当地的规范采用机构有施行规范的意愿时，规范才能奏效。建筑官员通过检查计划和巡察施工情况从而施行规范的程度，取决于地方法律和预算支持（Nordenson，1993）。

建筑规范即使已经被采用了，也仍然处于被反复考虑的持续状态中。大灾之后，建筑规范时常会被修改（Martin，1993）。例如，1971 年的圣弗尔南多地震、1985 年的墨西哥城地震和 1989 年的洛玛·普列埃塔（Loma Prieta）地震都使建筑规范得到了重要的修改，尤其是在地震易发地区（Nordenson，1993）。因此，建筑物的寿命也非常重要，因为老旧建筑是按照过时的规范建造的。而且，美国东部和中部的建筑与西部的建筑也不一样，东部和中部地区有很多非钢筋水泥的砖石建筑（Jirsa，1993）。

7.2.5 建筑物内部物体的保护

对于多数致灾因子而言，不仅要保护建筑物免遭损坏，也要避免建筑物内部的设施和用具受损。但是，有一个例外，就是财产拥有者被推荐选用“潮湿防洪”措施来保护建筑物。潮湿防洪措施允许水进入建筑物内，这样，地下室墙体就不会因为静水压力而倒塌，但建筑物内部的物体将会遭到破坏，除非用其他方式加以保护。同样，地震也能够造成建筑物内部设施的破坏，即使建筑物本身没有遭到损坏。例如，地震的晃动能够造成灯具等固定物脱离基座而松动、重物因为重心高而倾倒以及玻璃门窗破碎等。这些没有固定的物体能破坏其他内部设施，也能伤及居住者。目前，有三种不同的方式来实施建筑物内部设施的保护战略：第一种是内部转移，包括将财产转移到建筑物内更加安全的地点，通常为地势较高的地点；第二种是原地保护，即遮护内部设施使之免遭进入建筑物内部的致灾因子所造成的损坏；第三种是内部稳定，即防止内部设施及用具的移动。

室外的家具、棚屋、储藏容器和空调在大风中也可能成为致灾因子。当重量轻的物质被大风所推动时，它们会变成致命的“导弹”。例如，一根 2×4 螺柱以 100 英里/小时的速度飞行，就能穿进砖石墙体（FEMA）。其他物体因为太重而不能在空气中飞行，但却能形成巨大的翻卷危险。它们缓慢的速度被自身巨大的重量所补偿，使之打破门窗甚至墙体。轻便物体能被移动到室内，而较重物体则可以被牢牢地固定在地面以实现就地保护。固定物体也会保护灯具固定物、家具、储存容器、发电机、空调以及暖气免遭地震所带来的损害。这些措施能够减少人员伤亡和财产损失（American Institute of Architects，1992）。更为综合性的保护方法目录，请见美国红十字会网站：www. redcross. org/services/prepare/0,1082,0_77_,00. html。

洛杉矶地震

加利福尼亚是一个地震易发的州，它有一个地震安全委员会，致力于发展减轻地震危险的建筑规范。地震安全委员会也提供关于人们如何改进房屋以预防地震的信息。例如，洛杉矶有很多在 1940 年以前建造的房屋，建造时，这些房屋没有被固定在地基上。一些 1970 年后建造的房屋也同样脆弱，因为劣质的支撑材料被用在了跛墙上。跛墙是指连接地基与房屋之间的一层短墙。

自我检测

- 定义引流。
- 描述大坝和河堤的区别。
- 定义工业致灾因子控制。
- 描述连续墙基上的结构提升与开放式地基上的结构提升之间的区别。

7.3　致灾因子减缓措施的实施

如表 7—1 所示，致灾因子源控制适用于 8 种致灾因子。洪水和滑坡可以通过重新植树造林以及其他增加土壤渗透性的方法在源头上进行控制。此外，洪水还可以通过其他措施来控制，如修建蓄水池。工业火灾事故、爆炸、有毒化学物质泄漏和放射性物质泄漏则可以通过系统设计和操作程序来加以控制，这些系统和程序能够降低对容器系统造成毁坏的极端温度、极端压力出现的可能性。由破坏或恐怖袭击而造成的辐射、化学和生化突发事件也可以通过阻止犯罪分子施行其计划得以控制。

表 7—1 致灾因子减缓措施的适用范围

致灾因子	致灾因子源控制	社区防御工程	土地使用措施	建筑施工措施	建筑物内部物体的保护
强风暴/寒潮				×	×
高温				×	
龙卷风				×	
飓风			×	×	
山火	×	×	×	×	
洪水	×	×	×	×	×
风暴潮		×	×	×	×
海啸		×	×	×	×
火山爆发		×	×	×	×
地震			×	×	×
滑坡	×	×	×	×	
工业火灾/大火	×		×	×	
爆炸	×		×	×	
化学物质外溢或泄漏	×		×	×	
放射性物质泄漏	×		×	×	
生化突发事件	×			×	

社区防御工程适用于 6 种致灾因子。在发生山火的情况下，它采取了防火带的形式，将储有大量燃料的区域进行细分。对于内陆洪水、风暴潮、海啸、泥石流和因火山爆发引起的熔岩流，社区防御工程包括阻挡流体的大坝和限制流动的防洪堤。此外，内陆洪水可以通过修建沟渠来减缓，滑坡可以通过建设将地表水从不稳固的山坡引走的排水田并保持稳固山坡的墙体来减缓。

土地使用措施适用于 12 种致灾因子。飓风及所有的水文灾害在某一辖区内的致灾因子暴露程度是不同的。土地使用措施降低了该辖区应对这些致灾因子的脆弱性，同时也降低了该辖区应对地质灾害的脆弱性。在火山爆发的情况下，通过限制在熔岩流、泥石流、火成岩碎屑流流经地的开发项目，可以降低应对的脆弱性。对于地震来说，土地使用措施虽然限制在已知的断层附近、不稳定山坡或易于崩塌的土地上进行建筑，但它不能避免那些必须横跨断层的基础设施所具有的脆弱性。土地使用措施能控制住宅开发的类型和密度以及在滑坡易发区的公路数量，这减小了不稳定山坡的负荷。

在技术致灾因子中，土地使用措施也有相当大的关联。你可以减小技术设施附近和主要运输路线附近的人口密度。土地使用措施也能避免将学校、医院和疗养院等重要设施或场所布局在具有致灾因子的设施或场所附近。如果整个辖区的致灾因子暴露程度没有大的变化，那么，土地使用措施也就没有得到实际应用。对于强风暴、高温和龙卷风来说，情况尤为如此。但是，土地使用措施对于控制生化突发事件的发生而言是没有意义的。

建筑施工措施适用于所有的致灾因子。通过建立与气候相适应的隔离措施，人与财产可以得到保护，以避免强风暴、高温以及寒潮的威胁。通过减少渗透到室内的空气量，这些致灾因子的脆弱性也可以得到降低。同时，这也降低了有毒化学物质泄漏的吸入性危险。防止大风、地震晃动以及爆炸冲击效应，可以通过更好的建筑设计、更结实的材料和建筑系统之间更好的连接来实现。减小应对洪水、强风暴、海啸和火山泥石流的脆弱性，可以通过提升建筑物高度或者修建防洪工程来实现。防范火山灰沉降所带来的危险的重点是加固屋顶系统的支撑。建筑施工措施可以降低应对山火、结构性火灾或大火的脆弱性。将地基打入更深的稳定土壤层中，可以增强对滑坡事件的防范。

建筑物内部物体的保护适用于 7 种致灾因子，即强风暴、寒潮、洪水、风暴潮、海啸、火山爆发和地震。通过对水管及其他可能冻结的储水系统提供额外的隔离措施，人和财产可以得到保护，免受强风暴及严寒的损害。对洪水、风暴潮、海啸和火山爆发引起的泥石流所带来的危险，人们可以提升家具、器具以及中央空调的高度或者在建筑物内部建造防洪墙以降低物理脆弱性。固定重物、在橱柜上加锁和在架子上安装支架，这些措施可以使建筑物内部物体得到保护，减少地震所造成的损失。

7.3.1　削减技术致灾因子的影响

联邦政府降低有毒化学致灾因子的方法主要是关注地方的应急规划和社区的知情权（right-to-know，RTK）。**知情权条款**要求，当一个设施含有致灾因子的物质的数量超过了美国环保署的限值时，社区应该被告知。这个规定促使很多场所审查自己的化学物质存货，也使它们削减储存在现场的化学物质数量或者将其换成危险更小的化学物质。自“9・11”恐怖袭击以来所通过的法律削弱了这个条款，这是基于一种合法的考虑，即有毒化学物质的存货信息可能会被恐怖分子利用。不幸的是，被削弱的知情权条款也影响了公众获取信息的渠道以及他们具有的迫使工厂削减化学致灾因子的能力。

人们期望地方政府在土地使用规划中制定含有致灾因子的设施的选址标准。但是，联邦政府对此事既没有指导，又缺乏激励措施，不做此事也不会得到任何惩罚。同时，联邦政府也没有推行抵御致灾因子的建筑施工措施，这是错失良机的行为。化学致灾因子减缓也能通过采用更严格的节能措施来实现（Lindell，1995）。

7.3.2　削减自然致灾因子的影响

20 世纪 90 年代，联邦政府积极推广对自然致灾因子的减缓方式。联邦应急管理署对那些提供自然致灾因子信息的计划进行了资助，政府也支持创新的发展，如龙卷风安全室和防洪设施的修建方法。其中，在20世纪90年代后期，一个名为影响工程的致灾因子减缓计划得以创立，它鼓励人们共同努力以减少自然致灾因子可能带来的损失。其构想是：填补联邦政府、州政府和地方政府在致灾因子减缓方面的某些工作衔接上的空白（Mileti，1999，p.7）。影响工程建立在“微小的刺激、大量的劝服”的基础上，它没有对不作为进行制裁。在高峰时期，实施影响工程的社区一度超过250个。

以下是影响工程的三个指导原则。预防行动必须在地方层次上加以决定，私营部门的参与是重要的，预防措施的长期努力和投资也是重要的。影响工程的活动分为四个阶段，即伙伴关系、评估、减缓和成功。第一阶段，私营部门作为伙伴参与到该计划中来；第二阶段，地方进行致灾因子评估；第三阶段是一个关键阶段，在此期间具体的减缓与准备工程被选择出来并加以实施；第四阶段，影响工程被成功地传播给所有公民。尽管影响工程作出了承诺，但它从来没有被评估过。2001年，新一届美国政府终止了影响工程。

即使影响工程不复存在，但地方政府可以运用同样的基本原则，制定自己的致灾因子减缓计划。致灾因子减缓措施中的激励措施包括政府赠款、贷款、减税和为减缓工程资金免税。当然，政府仅仅通过赠款不足以支付支持减缓计划所需的费用。偿还本金的贷款并不十分高昂，这将限制政府为资金使用而偿还的利息补贴。减税使纳税人从税前收入中减除全部或部分致灾因子减缓工程的开支。免税是从税单中减除影响工程的全部或部分成本，这些选择没有被人探究过。的确，以美国当前的军事承诺和经济条件来说，这些激励措施在可以预见的将来是不可能被采用的。

在促进致灾因子减缓的过程中，唯一有可能成功的市场机制就是致灾因子保险。在最近发生的灾害中，一个有趣的现象是：保险行业在鼓励个人、企业和政府采取减缓措施中发挥了积极的政治作用，其目的是减小保险公司对金融风险的暴露性。

有时，购买保险被认为是一种致灾因子减缓战略。但是，这并不正确。它是一项恢复准备措施，也就是说，保险是用于补偿客户在灾害中被损毁财产的金钱价值。这与防止损失最初发生的土地使用措施和建筑施工措施恰好相反。即使致灾因子保险不是减缓的方法，但如果保险金可反映致灾因子易发区内建筑物的实际风险，那么，它能为致灾因子减缓提供激励因素。

7.3.3 建立灾难后可恢复的社区

几个富有挑战性的趋势促使人们重新思考致灾因子减缓的方法，其中一个趋势就是日益增强的致灾因子暴露性。人们可以从天气模式的变化中、从极端天气事件的增加中、从海平面的上升中看出气候变化。其中，还有全球对城市化的推动、农业的日益产业化以及土地肥力的日益下降。结果，小农场被合并成农业企业，背井离乡的农民被吸纳到城市之中。在城市里，农民们不能获得就业、教育和医疗机会。许多发展较快的城市位于暴露在有多重致灾因子的地区，如环太平洋的沿海地区。

另一个趋势是社会脆弱性增加。在这些趋势中，有些涉及人口的变化。在最富裕国家，中年人口数量正在快速增长，而最贫穷国家仍然在经历着各年龄段人口的增长。而且，很多国家的贫富差距总体被拉大，美国也不例外。这些趋势预示着一个并不美好的未来，因为老年人和穷人在灾害中是最为脆弱的群体。

为了应对这些问题，《布伦特兰报告》(*Brundtland Report*) 提出了“既满足当代人的需求，又不对后代人满足其需求的能力构成危害”的**可持续发展**的理念 (UNWCED, 1987)。可持续发展认识到了大自然的限制。灾害是一个信号，标志着当前的发展从长远来看是不可行的。关于“是否重建新奥尔良的低洼地区”的争论的核心是一个可持续发展的问题。可持续发展强调，要建立大灾发生的可能性较小并且如果大灾发生也能够恢复的社区。随着灾难响应与恢复成本的上升，美国更加关注可持续发展。减灾与可持续发展之间是有联系的。总统可持续发展委员会的报告 (Reports by the President's Council on Sustainable Development, 1996) 呼吁停止对于漫滩开发的补贴。其他报告也提出：发展应该重视地球的自然变化，如季节周期及更长的周期 (National Science and Technology Council, 1996)。

为了改变发展模式，人们需要重新调整对发展的理解。第一个改变就是应该认识到发展不同于增长 (Daly, 1995)。一个城市能够停止在规模上的扩展，但这并不一定意味着其在能力改变、提高和发展上的终结。当前的经济体系建立在满足消费者欲望的基础上，但是，人的欲望是无限的，地球资源却是有限的。我们所需要的是一个既保留自由市场经济的优势，又更加重视人类需求（而不是欲望）的满足和公平的体系。

可持续发展的一个尺度就是“生态足迹” (Rees, 1992; Wachernagel and Rees, 1995)，这是对支撑特定消费和发展模式所需土地和水资源的评估。不同社会用以支撑每个个体所需的土地数量是不同的。例如，每个北美人拥有 5 公顷 (12.5 英亩) 的生态足迹。但是，这一资源数量只有美国能够具有，因为其他国家公民的生态足迹更小。

可持续发展与致灾因子减缓

可持续发展与致灾因子减缓的原则有时候会产生冲突。如果设计拙劣的致灾因子减缓计划降低了穷人的生活标准，那么，这些冲突就会发生。例如，对漫滩上房产的公共采购会导致租金的增加；反过来，这也就减少了价格合理的住房的供应。这些冲突必须通过综合性的方式和寻求解决根本问题的公开决策过程来加以解决。

尽管改变政策选择以采取可持续发展战略是一个挑战，但最近的进步也令人欣喜。在许多地区，随着人们越发认识到自己如何降低自身的脆弱性，“预防文化”正在兴起，知识为全世界所共享。各级政府都在努力解决这些问题，贫穷和弱势的群体成为很多计划所关注的焦点。随着地方政府和个人资源的增加，这些努力就有可能削减灾害所造成的影响。人们越来越多地定居在更加安全的地区。

自我检测

- 定义知情权，并列举其法律规定。
- 描述地方政府如何设计自己的致灾因子减缓计划。
- 解释为什么说购买保险不是一种致灾因子减缓战略。
- 解释可持续发展的概念。

总　结

这一章考察了致灾因子减缓战略和减缓措施。它解释了建筑施工措施、土地使用措施以及其他法律义务是如何影响社区的致灾因子减缓的。你也有责任了解如何通过削减自然和技术致灾因子的影响来对其风险进行管理。最后，你不仅仅要了解致灾因子减缓战略，还需要知道如何将其实施于不同的致灾因子。换句话说，我们应该知道如何为可能发生的坏事情做好准备。致灾因子减缓战略非常重要，因为它最终能挽救人们的生命和财产。

关键术语

资本改进计划	指用来规划社区基础设施和重要设施的计划。
引流	指加深和取直水渠的过程。
大坝	指位于河床之上被加高的屏障，用以增加上游水库里的地表洪水储存量。
连续墙基上的结构提升	用于提高房屋的高度，使其略高于预想的基准洪水水位线，增加地下室墙体的高度，提供安全储藏的一种方法。
开放式地基上的结构提升	用于建筑地基只是在关键点上支撑建筑结构，以使高速水流和波浪几乎不受阻挡地从建筑物结构下方通过的一种方法。
征用权	政府所拥有的出于公共目的强制私有财产所有者将其财产以市场价值出让给政府的权力。
海堤	用混凝土等结实的材料建造的防水屏障。其造价要比河堤昂贵，但比堤岸更牢固。
工业致灾因子控制	用来控制有害物质流动的社区防御工程。
土地使用措施	指人们利用土地的方式。城市化地区的居民、商业和工业区域的发展对决定灾害影响特别重要。

滑坡控制	用于减小剪应力、增大抗剪力或这两种力的合力的方法。
河堤	沿着河床被提升的屏障，它限制水流，使其流向分洪河道。
越顶	水位超过了堤岸的高度。一旦发生越顶，越过堤岸的水流将冲蚀出一条通道，使更多的水流出决口处。
管涌	一种穿过大坝或堤岸的渗透。往往发生在因动物洞穴、腐烂的树根或其他干扰堤岸的因素导致了穿透或几乎穿透堤岸的环形长洞产生时。
知情权条款	当一个设施含有致灾因子物质的数量超过了美国环保署的限值时，必须通知邻近社区的一项法律要求。
渗流腐蚀	一种腐蚀形式。当河水高度施压于已渗入河床、堤岸下和堤岸朝向陆地一侧的土壤中的水时，渗流腐蚀发生。产生的水流能够导致泥水逐渐冒泡，从而侵蚀出一条通道，使水流向堤岸下面，然后又越过堤岸。
可持续发展	以不损害后世子孙满足需求的能力为代价满足当代人需求的理念。
桁架	以最小重量提供最大力量的内部支撑工程系统。
波浪作用	通过冲击堤岸正面、冲刷堤坝构成物质而导致溃堤的一种破坏情况。

测试你的理解能力

登录 www.wiley.com/college/lindell，测评你对削减风险有关知识的掌握情况。通过比较测试前和测试后的结果，衡量你的学习情况。

总结性问题

1. 联邦政府不直接干预地方的土地使用措施或建筑施工措施。对还是错？

2. 作为获得联邦政府灾害援助的条件，各州必须在总统宣布进入灾害状态后的六个月内更新致灾因子减缓计划。对还是错？

3. 下面哪一项不影响土地使用措施？

(a) 风险沟通

(b) 激励

(c) 环境

(d) 处罚

4. 综合性减缓计划要评估社区的哪些方面？

(a) 地理和历史

(b) 人口趋势和经济

(c) 历史保护和环境保护
(d) 以上各项都有
5. “9・11”恐怖袭击之后所采取的法律加强了知情权条款。对还是错?
6. 下列哪一项是影响工程的指导原则?
(a) 预防措施的长期努力与投资是非常重要的
(b) 预防性行动必须在地方层级决定
(c) 私营部门的参与很重要
(d) 以上各项都是
7. 适用于所有致灾因子的措施是什么?
(a) 社区防御工程
(b) 建筑施工措施
(c) 土地使用措施
(d) 以上各项都有

回顾性问题

1. 什么是征用权?为什么它在联邦法庭上有争议?
2. 联邦致灾因子减缓官员的作用是什么?
3. 致灾因子减缓的五个分类是什么?
4. 溃堤的四种机制是什么?
5. 资本改进计划的作用是什么?
6. 洪水控制的四种类型是什么?
7. 区域划分的目的是什么?
8. 通过控制致灾因子源,哪两种致灾因子可以被减缓?
9. 人们可以用来防御风暴潮和海啸的减缓措施是什么?

本章应用

1. 联邦政府不能直接干预地方的土地使用措施和建筑施工措施。但是,它想改变这些措施,因为联邦政府要为高昂的灾后恢复成本埋单。多年前,联邦政府试图通过降低致灾因子暴露程度来减少损失。在发生洪水的情况下,这使一个大坝和河堤计划得以出台。不幸的是,洪水损失继续增加。所以,近来,联邦政府又试图进行间接性的干预。作为接受联邦政府灾害援助的条件,州政府必须在总统宣布进入灾害状态后的六个月内更新致灾因子减缓计划。关于联邦政府试图干预地方的土地使用措施和建筑施工措施,你还有其他什么建议?举出两个具体的例子。

2. 你是你所在地方社区的建筑监督人员。应急管理者要求你写一个关于建筑施工措施的报告。那么，你的报告内容将包括什么？撰写一份包括这些要素的报告。

3．一个社区领导团体要求你描述地方政府在无任何外界援助的情况下可以实行的致灾因子减缓战略。你将对听众说些什么？

试试看

致灾因子减缓与征用权

你认为，在什么情况下，政府会征用私人土地用于致灾因子减缓？

在洛杉矶买房子

如果你打算在洛杉矶买房子，你会要求建筑具有何种特征以确保自己不受地震的威胁？

可负担的住房

新奥尔良市的官员已决定不重建第九区，原因是房屋位于堤坝之后、海平面以下，他们不想让另一场飓风夺去居民的生命。然而，许多人居住在第九区，因为他们和“大家庭”的亲人已经在那里居住了几十年，而且，他们中的很多人就在那个区域工作。他们无法负担其他地方的住房。你将如何平衡致灾因子脆弱性减缓、邻里关系维护和可负担住房的提供之间的关系？

第8章

灾害响应的假设与现实——紧急事件中公众与社区如何响应

预先测试

➢ 登录 www.wiley.com/college/lindell，测评你对灾害响应的假设与现实有关知识的掌握情况

➢ 确定你需要努力的重点在哪里

你将在本章中学到

➢ 对灾害中人类行为的假设

➢ 治疗型社区对灾害的响应

➢ 发出警报的方法及其不同的途径

➢ 影响疏散率的变量

➢ 受灾时谁来对灾民实施救援

➢ 紧急事件中的家庭行为

➢ 幸存灾民的压力影响和健康后果

学习本章后，你将能够

➢ 考察灾害的假设，将其与人们响应灾害的事实进行比较

➢ 区分恐惧、恐慌和震撼

➢ 分析人们对信息源的信任

➢ 展示对家庭疏散的理解

➢ 协调官方和非官方搜救队

- 分析灾害中社区将如何响应
- 准备应对灾害中的压力影响和健康后果

目标与结果

- 反驳关于灾害中人们如何响应的假设
- 设计一个聚集计划
- 设计一个警报传播计划
- 创立一个内容涉及与志愿者、新兴组织合作的计划并对其进行组织
- 分析对疏散时间的估计
- 预测人们如何响应灾害
- 分析哪些人群将承受心理压力

导　言

你处理紧急事件的方式取决于很多因素。最大的因素之一是：你如何会相信人们将在危机时刻采取行动。即使是那些从未经历过灾害的人，也对人们如何响应灾害抱有一种看法。在这些看法中，许多都是假设，它们要么是错误的，要么过于笼统，因为它们仅仅适合一小部分人。一些对于家庭应急响应的特定误解以及不正确的假设虽然不太引人注目，但也具有同样的破坏性。误解容易识别与矫正；相反，不正确的假设是很难矫正的内隐信念，因为它们更难被察觉到。假设、误解和不正确的假设都导致了人们对家庭应急过程的错误印象。你必须知道人们在灾害中的真实反应是什么，这样，你才能适当地对响应进行规划。本章主要讨论家庭应急响应的假设与现实。

8.1　家庭灾害响应的假设

也许是因为媒体的描述，许多人认为，灾民的行为是非理性的。他们在恐慌之中逃跑，在震撼之中漫无目的地游荡，顺从地服从官方的权威。这种影响发生后，他们不能保护自己和他人，也不能保护自己的财产免遭更多的损害。所以，他们需要政府机构或非政府组织，如美国红十字会的帮助。社会秩序的崩溃导致了抢劫和犯罪率的上升，因此，戒严法必须公布以恢复秩序。还有，关注灾害的公众必须来到灾区，捐献血液、食品和衣服。的确，数十年来，有关灾害的电影、小说和新闻报道都强调一个一般化的主题，即少数杰出人士带领惊恐万分与消极待毙的灾民摆脱了危险（Wenger，1980）。因此，常规思维认为，灾民是以震撼、消极或恐慌来响应灾害的（Dynes and Quarantelli，1985；Perry，1983）。

研究反复证明，绝大多数的灾民不会做出这样的反应（见 Tierney，Lindell，and Perry，2001，最近总结）。很少有人会产生震撼的反应，恐慌也极少发生。在

对灾害情境理解有限的情况下，人们按照自认为最符合其利益的方式进行响应。大多数人通过寻找信息、按照合乎逻辑的步骤努力，进行有建设性的应对，且行为一般是符合社会准则且合理的。灾害来袭之后，未受伤的灾民常常最先搜救幸存者，照顾伤员，帮助他人防止财产遭受进一步的损害。当灾民寻求帮助时，他们常常联系如朋友、亲人以及当地组织等信息源。他们更愿意联系这些与他们地位平等的组织，而不是政府机构或者准官方组织，比如红十字会。诸如抢劫等反社会行为是极少发生的。事实上，在灾难的影响发生后，犯罪率甚至趋向**下降**（decline）。人们冲向灾害现场以提供帮助，即便是身处远方的人们也会捐钱捐物。灾民所呈现的图景是：负责任的行动方式，自力更生，社区支持；使用一切可以获得的资源，最大限度地使灾害情境达到自己所认为的最好状态。灾民们一般会努力获得官方组织和资源的支持，也会得到那些没有受到事件直接影响的人的捐赠支持。

假设不仅仅是错误的，也是危险的。应急管理者如果相信这些假设，就会作出拙劣的决策。例如，相信人们会恐慌，这种看法会成为隐瞒威胁信息的原因。事实上，人们在只拥有模糊和不完全的信息时，更可能会不服从命令。因此，应急管理者对恐慌假设的认同将会导致更少的人去采取防护行动。这个例子说明：为什么回顾那些描述人们实际灾害响应模式的研究是重要的。对于人们普遍持有的关于灾民响应的三条看法，即对灾害震撼、恐慌、灾民响应的同质性等的行为记录是一清二楚的。

8.1.1 灾害震撼

有些报道已谈到了灾民陷入心理震撼的状态，这种状态的特征是：屈从、无序思维、对当前环境线索不敏感。孟尼格（Menninger，1952）认为，一些洪水中的灾民经历了诸如冷漠、困惑和怀疑的情绪。此后，有许多研究确定了震撼症状发生的案例。麦立克（Melick，1985）回顾了从1943年到1983年的研究，得出了以下三个重要结论：

（1）震撼最常出现在造成大范围破坏、创伤和死亡的突发事件中（Fritz and Marks，1954；Murphy，1984；Melick，1985）。

（2）当状况出现时，很少有人会感受到。弗里茨和马科斯（Fritz and Marks，1954）的报告称，14%的灾民表现出与震撼相关的早期症状，但大部分的症状表现都不是很明显。这些症状大概包括不安和失眠。例如，摩尔（Moore，1958）的报告称，17%～30%遭遇某次龙卷风的家庭至少有一个成员“情绪不安”；泰勒（Taylor，1977）对另一场龙卷风的研究报告称，有27%的灾民“无法安睡”。

（3）震撼最多持续几个小时或几天，极少持续更长的时间，这并不意味着症状消失。基于这些情况，研究得出结论：情景式焦虑、恐惧症和压抑会持续数年（Gleser，Green，and Winget，1981）。但是，这些症状是与灾害震撼完全不同的心理状况。

灾害与受灾居民中精神健康问题的增加无关。例如奥伦迪克与霍夫曼（Ollendick and Hoffman, 1982）称，1978 年明尼苏达州罗切斯特（Rochester）发生洪灾之后，1/3 的灾民样本显示，他们经历灾害之后过得更好。你可以预测灾害会产生几方面轻微的心理影响，但几乎不会产生巨大的心理影响。辛格（Singer, 1982, p. 248）以如下概述总结了这些发现：

> 有关实际经验的报告显示，大多数人以一种适应的、负责的方式进行响应。那些显然表现出不适当响应的人往往是明显占少数的。与此同时，作为对灾害的一种瞬时响应，大多数人的确表现出一些情绪扰动的迹象，它们趋向于表现在多个有特点的阶段中或步骤中。

灾害对许多灾民来说是重要事件。灾民对灾害的反应包括睡眠紊乱、焦虑、恶心、呕吐、尿床和易怒等（Houts, Cleary, and Hu, 1988）。在极少数情况下，会出现严重的心理症状，如长期的悲戚情绪、压抑和精神病（Erikson, 1976）。但是，这样的症状更多地出现在一个不能进行合理解释的突发性灾害发生之后。此外，这些症状最常出现在那些有慢性心理问题的人身上，这使得很难把这些心理问题与任何灾害直接联系起来。但是，特定的灾害经历会加剧先前存在的症状。

经历灾害震撼的人要么自我恢复，要么靠接受短期的心理辅导来恢复。这种短期压力反应并不会影响灾民独自或者按照指示负责任地采取行动的能力；长期震撼的个别案例的确影响了一些人，但这种反应就居民整体而言，是非常少见的，也是非典型的（Wert, 1979）。总之，灾害震撼是极少发生的，因此，它也并不会妨碍一个社区的应急响应或者灾后恢复。

8.1.2　恐慌

关于人们对灾害的反应，最根深蒂固的假设可能莫过于普遍的恐慌。一般来说，**恐慌**可以被定义为“一种剧烈的恐惧反应，其标志是由非社会性和非理性的逃跑行为而引起的自我控制能力的丧失”（Quarantelli, 1954, p. 272）。尽管恐慌是恐怖电影的主要题材，但这是一种极为少见的灾害反应。恐惧并不等同于恐慌，人们对灾害影响的恐惧会刺激他们采取规避影响的行动。因此，只有当恐惧达到了一个不可控制的水平即恐慌时，人们才会采取一些非理性或非社会性的行为。

恐慌的假设由于对灾害中人们反应的不正确解释而得到强化。第一，人们认为恐慌是常见的，因为灾民常常在接受新闻媒体采访时将其直接反应归类为一种“恐慌”的情形。例如，一个灾民会说：“当我看到漏斗云时，我恐慌了。”这意味着他们只谈及了剧烈的恐惧反应。灾民随后的话通常描述他们的理性响应。比如，一个灾民可能会继续说：“我迅速地抱起孩子，从楼上的卧室跑了出来，在房屋倒塌之前躲进了地下室。”但是这样的随后的陈述常常被忽略。

第二，观察者还会错误地解释灾民的心理状态。比如，新闻报道可能会断言，在一场汽车旅馆火灾中，被发现死在大厅储藏间的遇难者之所以到那里，是因为他们的“恐慌”。爬过能见度为零的浓烟，遇难者可能错误地推断：在这个不熟悉的门厅里，他们遇到的第一个没有上锁的门是通往楼梯间的。当他们意识到自己的错误时，他们可能会觉得躲在储藏间里似乎更安全；或者，不断燃烧的火焰已经阻断了他们的退路。简而言之，一个判断上的错误并不能成为恐慌的证据。

第三，甚至当灾民成功地逃脱了死亡的魔掌，观察者也常常把任何逃离危险的努力理解为恐慌的证据。但是，很难理解，为什么人们要认为远离威胁生命的事件是非理性的行为。在这种情况下，那些受影响者将评估威胁并且将立即采取防护行动。

当然，有些恐慌逃跑的案例不能被误解为观察者的错误。虽然这极少发生，但恐慌逃跑在某些情况下的确会发生。20 世纪 50 年代初的研究对发生恐慌逃跑的情况进行了分析，确定了引起大众恐慌逃跑必然会出现的几个条件，也可能是同时出现的条件（Fritz，1957；Quarantelli，1981；Drabek，1986）。这些条件是：

- 认识到迫在眉睫和极端的危险。
- 存在有限的疏散路线。
- 认识到疏散路径关闭，需要立即逃跑。
- 缺乏沟通。

认识到这些条件是从个人看法的角度来定义的，这一点很重要。注意到一个事件的发生与这个事件潜在的危险结果之间存在差别，这也是很重要的。库兰特利（Quarantelli，1954，p. 274）观察到以下情况：

> 被坍塌的巷道所掩埋、知道搜救人员在挖到他们之前还有足够氧气的煤矿工人不会恐慌。恐慌出现在对可能受困的迫近危险后果的反应中，而不是被困本身。

总之，恐慌有时被记录为对自然灾害和技术灾害的响应，但是，它并不是对任何类型灾害的常见反应。观察恐慌逃跑就会发现，它似乎只是涉及相当少的一部分人，他们暴露在致灾因子下，通常惶惶不可终日。即使有条件导致恐慌出现，恐慌也并不总是会出现。比如，约翰逊（Johnson，1988）的报告称，1977 年发生在肯塔基州的比华利山庄超级俱乐部（Beverly Hills Supper Club）火灾导致 160 位顾客丧生，在这起火灾中疏散很有秩序，利他主义得到普遍的响应。相似的发现也出现在其他火灾报告中。

8.1.3 灾民响应的同质性

一个常见的误解是：存在一类单独的“公众”或者“居民”。事实上，有许多类公众或居民。每类公众或居民在其灾害知识、家庭角色和家庭资源上都有所不同，特别地，你需要识别居民、暂住居民和特殊场所的居民。这些居民在撤离意愿和能力方面有所不同（Urbanik，2000）。居民是指那些在一个含有致灾因子的地区居住或生活的人。暂住居民则主要是那些住在汽车旅馆等商业住宿场所里的人。但是，在一些灾害发生时，你也不得不考虑白天来访的客人。当灾害发生时，如在恐怖袭击和核电站事故中，这部分居民需要被重点关注。但是，白天来访的客人在飓风和其他有充分预警的危险中，不会成为难题，因为他们会提早离开。对于学校、医院、疗养院和监狱等特殊场所中的人们，也要进行区别分析。他们的预警和撤离模式不同于居民和暂住居民（Urbanik，2000）。

1993 年双子塔（Twin Towers）的反应

在“9·11”恐怖袭击之前，世界贸易中心曾在 1993 年遭受炸弹袭击。疏散过程持续了 6 个小时，而造成撤离障碍的是楼梯间停电。尽管出现了这些问题，阿圭尔、翁格尔和维果（Aguirre，Wenger，and Vigo，1998）在报告中称，1993 年世界贸易中心的疏散过程是紧张而有序的，其中并无恐慌的报道。

自我检测

- 定义“恐慌”。
- 描述麦立克关于“震撼”的三个结论。
- 解释为什么应急管理者对恐慌假设的认同会导致更少的人采取防护措施。
- 解释不同类型的居民在疏散意愿和能力方面如何不同。

8.2　社会整体响应

灾害有时会导致居民在一些价值观上的变化，从而产生更为强大的社区。翁格尔（Wenger，1972）记录了灾害后社交活动的减少、奢侈品购买的削减和社会控制问题的降低。与此同时，灾民与灾区其他公众的相互支持度有所增加（Wilmer，1958；Fritz，1961；Boileau，et al.，1979）。这些行为产生了治疗型社区响应（Fritz，1968；Midlarsky，1968）。在受灾害影响的地区，人们努力工作而且希望去帮助别人。因此，至少在灾害影响初期，灾害会使一个社区更紧密地团结在一起。

8.2.1　聚集

治疗型社区响应与聚集相关。通常灾害现场会涌现出大量的志愿者和捐赠品。

聚集的积极影响是使基础性资源增加。聚集也会提升灾民的士气，使他们目睹他人的关照，相信能够战胜灾害。

尽管聚集能够提供资源，但它也可能妨碍灾害响应。举例来说，来自远方社区的消防部门出现在路易斯安那州坠机地点时，制造了紧张气氛（Kartez and Lindell，1989）。当局不仅必须处置坠机事故，而且还不得不使后续的响应者加入有序的灾害响应中。捐赠也会不宣而至，并且持续数天或数周。这些捐赠和志愿者尽管存在潜在的价值，但也是一种不利条件，因为他（它）们是预料之外的。制定捐赠管理程序是必不可少的，泛美卫生组织的供应管理（Supply Management，SUMA）就是这样一个计划。捐赠管理程序也适用于对志愿者的整合，同时还设计一个接收、储藏、使用材料和装备的流程。

8.2.2 资源

积极社会响应的第二个方面是来自公众的同情行为。这和聚集有关，但又与其有区别，在这里指的是慈善。许多志愿者通过提供急需的衣服、食物和安身之所等帮助灾民。也许，关于此种类型响应的最早文献记录出现在普林斯（Prince，1920，p. 137）对发生在新斯科舍省（Nova Scotia）哈利法克斯（Halifax）爆炸事故的研究中。

其想法是把灾民安置到私人家里，这变成了需要去做的事情。人们在社会压力下也会接收难民。当然，社会压力使那些有闲置房屋的人发挥了有效的作用。

一个更新的案例是公众对卡特里娜飓风的响应，全国各地成千上万的人向背井离乡的灾民敞开了家门。一些研究也表明了并未受到灾害直接影响的人对灾民提供支持的程度。慈善行为在世界各国的社会中都被看作一种正常的响应，重要的是利他主义所营造的积极的社会风气。

这些过程的结果就是产生了一个治疗型社会体系。人们的热情和直接帮助为许多灾民提供了支持（Barton，1969）。当然，这并不能给灾民提供完全的支持，它也没有完全消除灾害导致的消极心理，灾害对很多灾民来说是一种危机经历。典型恐怖袭击使得许多援助之手伸向灾民，“9·11”恐怖袭击后涌现出的大量支持就是一个典型的案例。灾害在带来消极影响的同时，也会产生积极的影响，认识到这一点很重要。

早期的研究者将治疗型社区看作“一种利他主义情感和行为的宣泄，开始于大规模的救援工作，持续到灾害影响发生后的数天、数星期，甚至数月”（Barton，1969，p. 206）。令人遗憾的是，人们没有足够多的研究去证实巴顿（Barton）的观点是否正确。治疗型社区也许并不是一个持久的状况（Quarantelli and Dynes，1976，1977），灾后的共识是一个短暂的现象。比如，“9·11”袭击后六个月，人们在如何分配赔偿金的问题上发生了冲突。一个治疗型社区在灾后短时期内得到发展，人们对此并无异议，它对灾民心理起到了积极的作用。但也要记住，无论如何，它都是短暂的。

"9・11"后的捐赠

"9・11"袭击发生后，整个纽约接受了大量的捐赠。好心人捐赠的食品、药品、玩具、衣物来自世界各地。许多捐赠品并不是实际需要的，比如，有人为搜救犬捐了几磅的狗粮，但是实际上，它们有专门的饮食。纽约的仓库仍然囤积了很多类似的并不需要的捐赠品。

自我检测

- 解释制定捐赠管理程序的重要性。
- 描述社会性整体响应的优缺点。

8.3　报警

一般认为，官方最先向具有致灾因子的区域的居民发出警报，同时，会提供几乎所有关于灾害的信息。但是，这并不完全正确。人们也会在很大程度上依靠新闻媒体、地位平等者（朋友、亲属、邻居和同事）及环境线索获取信息。人们观察其他人的行动，估计采取诸如撤离等防护行动的需要。不管最初的警报来源是哪里，他们也寻求对警示的确认，试图去证实已经收到的信息并思考响应的细节。确实，在大灾中，接入的电话量及受影响区域内的电话量将会导致电话线路容量超负荷。

警报传播的过程会产生一个家庭初次接收警报的时间分布。图 8—1 显示了罗格斯和索伦森（Rogers and Sorensen，1988）的警报接收时间随着样本时间的变化而出现的累加分布。该曲线是非线性的，所以，警报接收率最初是上升的，后来随着时间的变化而降低。比如，在第一个小时里有 39%的家庭收到了警报信息，另外 47%的家庭在第二个小时里收到，只有 12%的家庭在第三个小时里收到，而 1%的家庭在第四个小时里收到，几乎很少有人需要经过很长时间才能接收到警报。

在过去的 50 年里，人们对是否以及何时接收到警报进行了大量的研究（Lindell and Perry，2004）。不同的警报源在易获取性上有所不同，这些不同是由社区的不同造成的。比如，林德尔和佩里的研究报告称，处于圣海伦斯火山喷发风险之下的大多数人从其地位平等者那里接收到最初的警报（见表 8—1）；在图特尔（Toutle，一个离火山非常近的小镇），58%的人从地位平等者那里获得初次警报；而在伍兰德（Woodland，离火山相对远一些的小镇），有 47%的人也是从地位平等者那里获得初次警报。社区之间最大的差异与新闻媒体有关，新闻媒体负责向伍兰德 39%的居民提供最初的警报，但是仅仅负责向 6%的图特尔居民发送最初的警报。

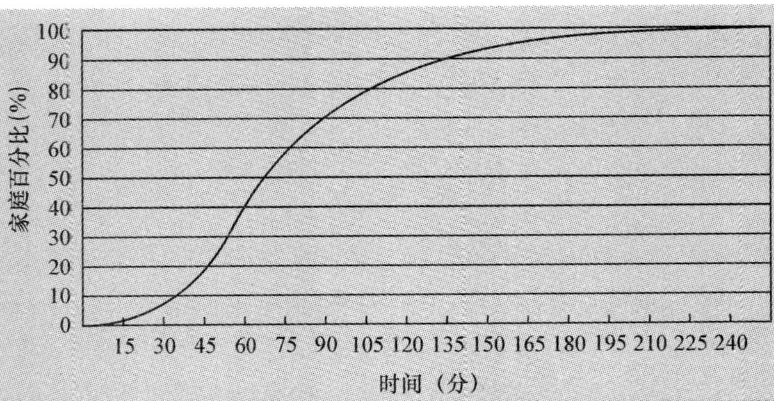

图 8—1 接收警报信息的家庭随时间变化的累加分布

表 8—1 社区初次有关火山喷发警报的来源

	图特尔镇		伍兰德镇	
	人数	百分比（%）	人数	百分比（%）
原始环境线索	27	30	12	14
官方	6	6	0	0
新闻媒体	6	6	34	39
地位平等者	51	58	41	47

8.3.1 不同的报警方法

任何一种信息源在何种程度上提供初次警报、全部人口中有多大比例的人口收到警报，这取决于每一种信息源所使用的信道。林德尔和佩里（Lindell and Perry, 1992）将可用的报警方法总结如下：

- 面对面；
- 道路报警（流动车辆的高音喇叭）；
- 汽笛；
- 商业广播和电视；
- 语音警报广播；
- 电话；
- 报纸。

这些报警方法在许多方面有所不同，包括：

- 使最为危险的团体获得警报信息的能力；
- 在人们从事日常活动时，引起其注意的能力；
- 提供具体信息的能力；
- 信息内容抗曲解能力；
- 随着时间变化而获得信息的公众数量；

- 发布和接收警报的要求；
- 反馈。

信息源可以使用有广泛受众的信道，这能使更多的人接收警报。但是，只有广播电视接收器被打开，它们才能提供警报。当人们在睡觉或者出门在外时，其有效性就受限制了。当人们正在从事喧闹的活动或者正在睡觉的时候，汽笛也发挥不了作用。因此，既定的警报方法的有效性会因人们从事活动的类型不同而有所变化。语音警报广播在提供快速警报传播方面一贯是有效的，这是因为当国家气象局广播站（National Weather Service Radio Station）播放特殊的语音时，它会打开并接收警报信息。

许多致灾因子都有环境线索，比如，从建筑物里冒出的浓烟或者爆炸发出的噪声。然而，对于那些没有环境线索的致灾因子，人们必须依靠来自人的信息源，这些信息源可能是官方、新闻媒体或地位平等者。每一个家庭接收到官方警报的时间取决于官方所使用的警报机制，比如，道路警报的传播取决于所派遣车辆的数量及其行驶的速度，而语音警报广播的传播取决于谁拥有这样的装置。

每一个家庭通过新闻媒体接收警报的时间取决于人们是否对这一信息源予以关注。各个家庭接触新闻媒体的程度会有所不同，有些人似乎整天开着电视机或者收音机，而另一些人却极少去看电视或去听收音机。接触媒体的程度更多地因一天的时段不同而有所差异——在白天和傍晚拥有最高的水平（Lindell and Perry，1992；Rogers and Sorensen，1988）。

每一个家庭从地位平等者那里接收警报的时间取决于人们彼此之间的互动程度，这和许多变量有关。特别地，同亲戚、朋友和同事的社会互动与年龄（Perry，Lindell，and Greene，1981）、社会经济地位（Alvirez and Bean，1976）、民族性（Bianchi and Farley，1979）是负相关的。一方面，民族性造成了某种程度的复杂性，因为少数民族家庭更可能成为扩展型家庭，所以少数民族更多地被整合进可加速警报传递的亲属关系网之中；另一方面，一些家庭成员很可能并没出现，这在他们都被考虑进来之前减缓了响应速度。

在各个社区，不同警报源对不同民族群体的相对重要性存在着很大的差异。佩里和穆什卡特尔（Perry and Mushkatel，1986）发现三个社区的葡萄牙人一致倾向于从地位平等者那里接收初次警报。但是，新闻媒体作为一个警报源，其角色对于这个民族而言在不同社区有所变化。不同社区的差异更加明显地表现在非裔美国人身上：在一个社区，非裔美国人从官方获得初次警报信息；然而，在另外一个社区，几乎没有非裔美国人从同一来源获取初次警报信息。白人社区之间也有所不同：在一个社区里，多数白种人从新闻媒体获得初次警报；但是，在另外一个社区，地位平等者是最常见的最初警报源。

8.3.2 个人风险评估与响应

人们向官方寻求采取何种防护行动以及何时采取防护行动的信息。但是，他们也依靠新闻媒体、地位平等者以及环境线索。他们还会借助自己先前拥有的关于适当防护行动的经验。佩里和格林（Perry and Greene，1983）在报告中提到了圣海伦斯火山喷发期间四个最重要的疏散原因。

（1）环境线索（29.1%）；

（2）官方的疏散建议（26.6%）；

（3）亲属的疏散建议（20.3%）；

（4）对邻居撤离的观察（12.7%）。

个人经验在疏散中并不是一贯有效的（Baker，1991）。没有证据表明，错误的警报会减少未来疏散的可能性（Dow and Cutter，1998），但是，错误的警报却会减少正式警报源的权威性。为了避免这一问题，官方应当解释预报和警报并不能做到完全正确。的确，索伦森得出结论："如果错误警报的原因为人们所理解，人们对警报响应的可能性是不会因为其被称为'狼来了'综合征而减小的。"（Sorensen，2000，p.121）

在解释人们对警报的响应这一问题上，人口统计学的特征并非很有用处。警报信息的来源与内容在很大程度上决定了对警报的响应。

警报

在发布警报时，要确知风险区域的居民说或懂何种语言。不要假设每个人都讲英语。比如，在纽约的布鲁克林区（Brooklyn），应急官员把不同社区使用的语言绘制成地图。仅仅在布鲁克林区，就有10种不同的语言被人使用。

自我检测

- 说出三种报警方式的不同。
- 说出人们在灾害中依赖的主要信息源。

8.4 疏散

疏散旅次（evacuation trip generation）是指从风险区域疏散出来的车辆数量和位置。人们常常假设，风险区域的所有车辆都将疏散，但是，这并不是事实。疏散车辆的数量可以用交通工程师和灾害研究者制定的程序来加以估算（Lindell and Prater，2005）。你可以借助美国统计数据，评估三个影响疏散旅次的因素。

- 居民人口的规模和分布；
- 每户居民家庭的人数；
- 依赖公共交通的人口的规模和分布。

另外，可以从地方会展局和旅游局搜集到两个变量的数据。

- 流动人口的规模和分布；
- 每户流动家庭的疏散车辆数量。

最后，有四个变量必须根据行为研究来进行估算。

- 每户居民家庭的疏散车辆数量；
- 每户居民家庭的疏散拖车数量；
- 遵从居民防护行动建议/自发疏散的百分比；
- 遵从流动人口防护行动建议/自发疏散的百分比。

你可以通过地理信息系统估计人口的规模和分布。比如，你可以把风险区域边界与人口普查街区组的边界相对应，计算每个风险区域内居民的人口规模（Lindell, et al., 2002b）。另外，风险区域的居民在一天的不同时段在家的人数是不同的（Alam and Goulias, 1999）。也就是说，在一些时候，全家人都在；在另外一些时候，部分家庭成员在家；有时，家里完全是空的。90%以上的人从晚上 10 点到早上 6 点都待在家里；但是，只有大概 1/3 的人从上午 10 点到下午 3 点在家（Klepeis, et al., 2001）。白天开始的疏散应该包括从工作地点或学校回家的时间，这一变化对于核与化学设施附近区域的疏散特别重要，这些区域会发生预警时间短暂的突发事件（Hobeika, Kim, and Beckwith, 1994; Urbanik, 2000）。然而，飓风预警会使家庭成员们待在家里以等待疏散（Lindell, Lu, and Prater, 2005）。对于有较多预警时间的致灾因子，你可能不需要为家庭活动的变化而进行调整。

人们常常假设，所有的家庭都有自己的私人汽车，但是，这是不准确的。正如我们在卡特里娜飓风来袭时所看到的那样，在一些城市里，有 1/3，甚至更多的家庭依靠公共交通出行。这就是说，在沿海各县，有 15%，甚至更多的人暴露在飓风之中。这种对公共交通的依赖在农村和城市地区都存在，在这些人中，许多都与地位平等者一起撤离（Lindell, et al., 2005）。因此，撤离需要依赖公交者的数量可能会比预期的要少。但是，动员公交汽车、搭乘撤离者和驶出风险区域，可能要比疏散乘坐小汽车的家庭耗时更长。如果依赖公交的家庭必须与在特定场所的公众共同乘坐数量有限的公交车，那么这种情况更容易发生。

你也应该评估流动人口的规模和分布情况。你可以通过地方会展局有关宾馆房间数量的数据来估算（Hobeika, et al., 1994; Lindell, et al., 2002b）。另外，霍贝卡等人（Hobeika, et al., 1994）还考虑到了野营地的数量及其占用率。你必须考虑流动人口的季节性变化。比如，在夏天的假日周末，沿海地区有较高的游客占用率；而在劳动节后的一周内，占用率要低得很多。占用率常常是按月报告的，而不是按周或日来报告的，因而分析者必须考虑一个月内的变化。

有一些分析人士假设，70%～80%的注册车辆将用于白天的疏散，而 90%的注册车辆将用于夜间的疏散（Southworth and Chin, 1987）。这些分析人士也坚持认为，只有 75%的车辆将用于发展迅速的突发事件之中，遗憾的是，没有任何数据支持这一假设。取而代之的是，将疏散车辆的估算数量建立在疏散家庭数量的基础上，这更具有逻辑性，这是因为 50 年的灾害研究已经将家庭确定为撤离的基本单元。的确，当警报发出后，分散的家庭成员几乎总是试图在离开风险区域之前重新聚集到一起（Drabek，1986；Lindell and Perry，1992；Tierney，et al.，2001）。每一户居民家庭疏散车辆数量的数据已经被收集起来，从一个县到另一个县，这一数据变化很大，低的为每户平均 1.1 辆，高的为每户平均 2.15 辆（Lindell，et al.，2005）。但是，最可能的范围是每户平均 1.2～1.5 辆。每户居民家庭疏散拖车数量的数据是一个重要的考虑因素，许多沿海地区的家庭在疏散时把船放到拖车上，这些拖车占用高速公路的空间，应该纳入交通需求估算中来。

警报遵从涉及那些被警告要疏散，实际上也进行了疏散的人所占的百分比。自发疏散涉及那些没有被警告疏散，却进行了疏散的人所占的百分比。许多疏散分析人士认为，会有 100%的疏散遵从，而没有任何自发疏散；相反，林德尔等人（Lindell，et al.，2002）使用基于风暴严重性和居民风险区域的预期疏散率数据。原始数据中的疏散百分比受到抽样误差的影响，该数据在统计学上可以消除误差，得出表 8—2 中的百分比（Lindell and Prater，2005）。

表 8—2 与以前的研究结果一致，它表明风险区域居民的疏散率是不理想的。理想模式是在建议疏散区域内实现 100%的疏散和 0%的自发疏散。

表 8—2　在 1～5 级飓风背景下有望疏散的家庭所占平滑百分比（按风险区域统计）

风险区域	1 级	2 级	3 级	4 级	5 级
1	45.9	63.7	87.8	98.2	100.0
2	35.9	53.7	77.8	88.2	91.4
3	31.1	48.9	73.0	83.4	86.6
4	28.2	46.0	70.1	80.5	83.7
5	26.5	44.3	68.4	78.8	82.0

道和卡特尔（Dow and Cutter，2002）称，在南加利福尼亚发生弗洛伊德（Floyd）飓风期间有 65%的警报遵从率；普雷特尔等人（Prater，et al.，2000）称，在百瑞特（Bret）飓风期间，有 34%的警报遵从率；林德尔等人（Lindell，et al.，2005）称，在莉莉（Lili）飓风中，5 个辖区的疏散率在 11.7%～86.8%之间不等，随着与飓风登陆地点距离渐远，疏散率递减。这些发现与贝克尔（Baker，1991）的报告结论一致：在 15 个研究中，既定地点的疏散遵从率因风暴的不同而产生变化。

自发疏散的数据是稀缺的。贝克尔在 1991 年的报告中提到在“低风险”区域，居民的自发疏散率在 20%～50%之间。关于暂住家庭遵从疏散警报或自发疏散所占的比例，还没有可用数据。人们可以合理地推测，游客会 100%地遵从飓风警报，不管他们处于何种风险区域。

8.4.1 离开时间的选择

离开时间的选择是指疏散车辆随着时间的变化进入疏散路线系统的速度。通常假设，人们在收到警报后会立刻撤离，但是，事实并非如此，实际上有两组明显不同的人群，即常住居民和暂住居民。人们必须借助行为研究，对他们离开时间的选择进行评估。对于每一组来说，重要的是，评估疏散早的家庭（在官方警报发出之前）的百分比和官方警报发出后才撤离的家庭的离开时间的分布。

林德尔等人（Lindell, et al., 2005）的数据显示了在莉莉飓风袭击时家庭决定疏散时间的分布。这次风暴强度为 4 级，并且沿着稳定的轨道前进。由于这两个因素，当局希望国家飓风中心在周三上午发布飓风警报。相应地，他们在周二晚宣布将在周三上午开始疏散。如图 8—2 所示，许多家庭决定在官方警报发布之前撤离。人们有一个倾向，就是在早晨做决策，这样，他们在白天有大量的时间撤离。

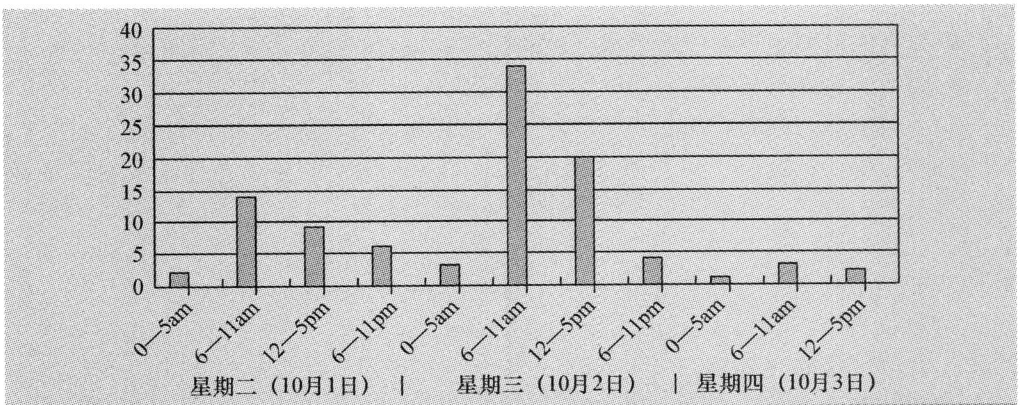

图 8—2　疏散决定的时间分布

关于家庭撤离的时间分布，我们没有足够的数据。我们有关于四次洪水和圣海伦斯火山爆发的警报和准备时间的数据（Lindell and Perry, 1992）；另外，索伦森和罗格斯（Sorensen and Rogers, 1989）记录了两次有害物质泄漏的警报和准备时间。研究者们已经使用这样的数据，通过结合来自两个不同状况的警报和准备时间，去构建飓风中疏散的撤离时间分布（Lindell, et. al., 2002）。为了与快速的警报相似，他们使用 1980 年圣海伦斯火山爆发的数据（Lindell and Perry, 1992）。火山爆发前一个月进行的一项调查支持了这些数据的可用性。这个调查显示，全体居民中有 34%每天 2～3 次通过新闻了解关于火山的消息，另外的 56%则每天超过 4 次了解火山的消息（Greene, Perry, and Lindell, 1981）。这个致灾因子监测水平反映了在飓风登陆前，飓风风险区域几天内的情况。

为了估算应对飓风的准备时间，人们进行了调查，询问了沿海居民完成以下活动的时间：

- 准备离开工作岗位；
- 从工作地点回家；
- 集合家庭成员；
- 打包行李物品；

- 安装风暴窗板；
- 在疏散之前，确保家庭的安全。

莉莉飓风期间，预期的准备时间比实际的准备时间要晚，它们是紧密关联的(Kang, et al., 2004)。研究者们也估算了暂住居民的撤离时间。在德雷贝克(Drabek, 1996) 工作的基础上，研究者们推断：暂住居民相对于常住居民，将更快地收到警报，更迅速地做好疏散的准备。

8.4.2 目的地/路线选择

最后，决定被疏散者的目的地/路线选择的因素有四个：

- 疏散的最终目的地，被疏散者在回家之前要居留的地方；
- 最近的目的地，被疏散者离开风险区域的地点；
- 路线的选择，被疏散者用以逃离风险区域的道路；
- 主要疏散路线的使用，用于疏散的车辆使用官方疏散路线的百分比。

一些分析人士推断，当遭遇交通堵塞时，被疏散人群会动态地选择自己的路线。特别地，谢非、玛哈萨尼和鲍威尔 (Sheffi, Mahmassani, and Powell, 1981) 认为，司机们对于可将自己带到最近目的地的备选路线持有一个“近视的观点”，他们从理论上分析了司机们在交叉路口选择最不拥挤道路的情况。但是，最近的飓风疏散报告 (Dow and Cutter, 2002; Prater, et al., 2000) 显示，被疏散者趋向于选择内陆最熟悉的路线（特别是州际高速公路），他们使得那些路线超出负荷，却忽略替代道路的闲置交通能力。这看起来像是有一些司机坚持走预先安排好的路线，而另一些司机在遭遇到交通拥堵问题时则会变更他们的路线。人们需要更加充足的数据去确定每一种类型司机所占的相对比例以及影响这些比例的条件。

休斯敦疏散 (Evacuation of Houston)

疏散过程中经常会有交通堵塞和长时间等待以离开风险区域的情况。在瑞塔 (Rita) 飓风期间，为了疏散交通，当地官员开启了所有的出城州际通道。从休斯敦撤离到其他城市——如圣安东尼奥 (San Antonio)、奥斯汀 (Austin) 和达拉斯 (Dallas) 所需要的时间比在正常状况下所需要的时间多出几个小时。正常需要花费 3～5 小时的路程在疏散时则会花费 15～25 小时，有时甚至会更久。

自我检测

- 定义“交通疏散旅次”。
- 描述当一个城市进行疏散时，司机们如何选择路线。

8.5　搜寻和营救

我们可以通过参考图 8—3 来理解灾害的社会响应。最里面的圆环是完全影响区域，这个区域的人员伤亡和财产损失最大；紧邻完全影响区域的是边缘影响区域，在这个区域，人员伤亡和财产损失也相当大，但并非最大；接下来的圆环是资源过滤区域，通过这个区域，信息从里层区域（完全影响区域和边缘影响区域）传递到外层区域（社区援助区域和区域性援助区域）。物资从外层区域传递到里层区域；社区援助区域是发生小灾时援助的来源，而支持大灾的应对与恢复则需要区域性援助区域。

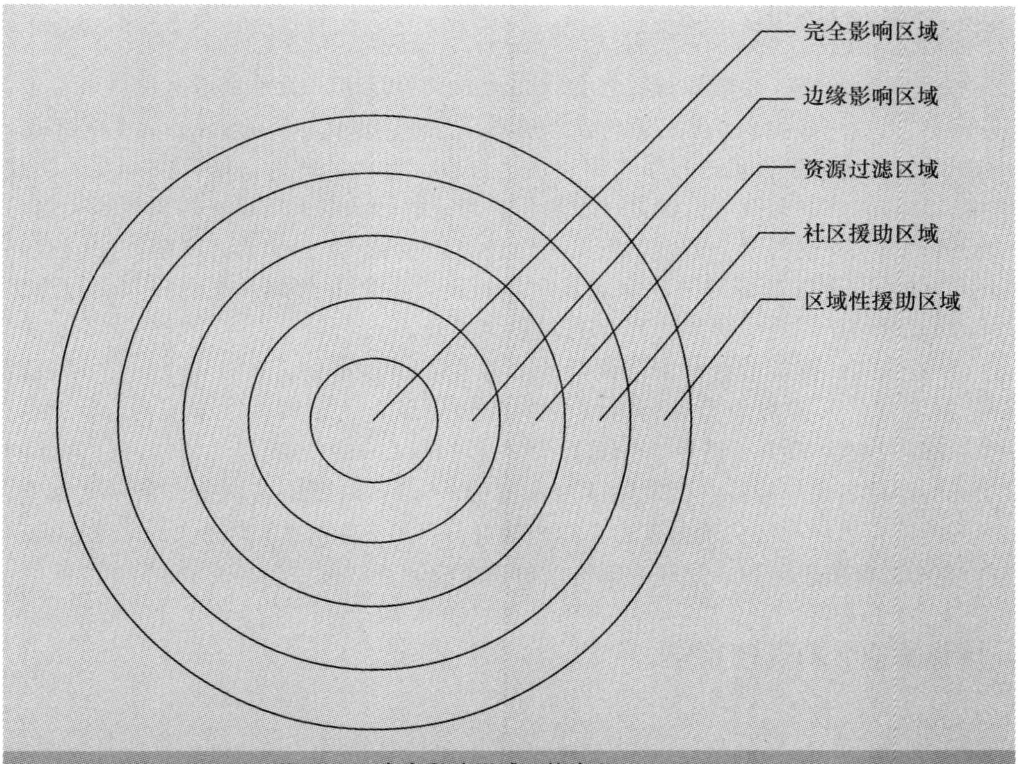

图 8—3　灾害影响区域（摘自 Dynes，1970）

受影响区域的幸存者往往是最先对灾害影响进行响应的人。他们搜寻被困在建筑物废墟里的人，在可能的情况下对灾民开展救援，同时对灾民进行初步的治疗，运送伤员去医院。随着时间的流逝，更多位于边缘影响区域和其他区域的人参与其中（Dynes，1970；Form and Nosow，1958）。如果当地建筑材料是木结构和非钢筋混凝土的砖石结构时，志愿者的搜救行动会很有效。但是，坍塌的钢筋混凝土建筑则需要配备有特殊装备的训练有素的队伍进行搜救。

8.5.1 医疗运输

人们通常推断，灾民会被救护车送往医院。但是，46%的伤员是坐自己的汽车或地位平等者甚至是旁观者的汽车到达医院的（Quarantelli，1983）。灾民中的绝大多数（75%）被运送到最近的医院，结果造成这个医院常常是超负荷运转，尽管其他医院仅仅有少量的伤员，甚至没有伤员。一个对 14 种灾害的研究发现，平均 67%的伤员是在同一家医院治疗的，事实上在影响区域内有 3～105 家医院（Golec and Gurney，1977）。你必须与当地的应急医疗服务机构合作，确定如何在现有的医院之间分配伤员。

8.5.2 避难场所的使用

人们还会推断，多数被疏散者会待在大众关爱场所（避难场所）里。事实上，只有少数人这样做。米莱蒂、索伦森和奥布瑞恩（Mileti，Sorensen，and O'Brien，1992）对 23 次疏散行动进行了考察。通过考察，他们了解到在所有灾害发生的过程中，14.7%的被疏散者会走进避难场所。当疏散行动在天气良好的清晨和交通路线畅通的情况下进行时，避难场所使用的最小比例是 5%；相反，当疏散区域有高比例的低收入者或者少数民族家庭及疏散行动发生在深夜、天气恶劣、交通拥挤时，对避难场所的需求可能达到 20%，甚至更多。

一般来说，被疏散者倾向于回避大众关爱场所。比如，2001 年的一次飓风规划分析发现，大多数的问卷调查回应者期望与朋友、亲属在一起（占 46.3%），32.9%的回应者期望去商业宾馆或者汽车旅馆（Lindell，et al.，2001），另外的 4.3%的回应者则期望待在露营地或者车房里，3.2%的回应者期望去另一处家宅，9.8%的回应者声称他们不知道将会待在哪里或考不予回答，只有 3.4%的回应者期望待在公共避难场所里。这些发现与以前的疏散调查结果一致。

8.5.3 应急响应者的责任放弃

人们普遍担心的另一个问题是：应急响应者放弃其职业责任而去保护他们自己的家人。当应急响应者面临是保护公众还是保护家人的选择时，人们推断：他们将保护家人。一般而言，这是不准确的。库兰德利（Quarantelli，1982）对灾害调研中心（Disaster Research Center）数百项紧急事件的研究进行的考察表明：没有责任放弃的证据。这是因为应急响应者常常会制定家庭应急规划；另外，许多应急响应机构也制定家庭保护计划以预防冲突。

相对于应急响应人员不放弃其责任这一普遍原则，卡特里娜飓风中新奥尔良警察的绩效似乎是一个可以载入史册的例外。人们未来将毫无疑问地对其进行研究来解释在此情境之下警察的表现为何与以前研究的所有灾害都大相径庭。另外，林德尔等人（Lindell, et al., 1982）提醒人们，关于应急人员责任放弃的结论不适用于应急响应辅助人员，因为这些人要履行其正常的职责，但没有接受过紧急状态下履行职责的培训。比如，你可能会指望校车司机去帮助疏散没有汽车的人，其实你不应该推断这些司机在紧急状况下也会履行职责。相反，你应该有一些应急响应辅助人员，使其对在紧急状态下履行职责做出明确的承诺。你应该鼓励他们与其他响应者一样，做好准备。

8.5.4 志愿者与新兴组织

在应急响应和灾后恢复方面，志愿者是重要的财富。但是，你需要去组织他们。为了达到有效的效果，志愿者必须被整合进那些他们有能力完成任务的组织中去，他们也必须能够与应急响应组织的其他人有效互动。黛妮思（Dynes, 1970）的灾害组织类型学提供了一个理解志愿者的有用途径。如表 8—3 所示，任务的特征有正常或全新之分，正常的任务是常规的，全新的任务是成员只有在灾害发生时才执行的；同样，组织结构的特征也可被归纳为正常或新兴的，正常组织是成员遵从正常角色与权威关系的组织，而新兴组织则是指组织内的组织或成员开发新的角色和权威关系的组织。

表 8—3　　灾害中有组织行为的类型

		任务	
		正常	全新
组织结构	正常	既定的	延伸的
	新兴	新兴的	扩展的

这四个条件产生了四类不同的灾害响应组织。

（1）**既定组织**（established organizations）：在正常组织里完成正常的任务，如警察指挥疏散交通。

（2）**延伸组织**（extending organizations）：在正常组织里完成全新的任务，如公共工程机构挖掘瓦砾去解救受困灾民。

（3）**扩展组织**（expanding organizations）：在全新的组织里完成正常的任务，如红十字会志愿者在专职工作人员的监督下负责大众关爱场所的管理。

（4）**新兴组织**（emergent organizations）：在全新的组织内完成全新的任务，如地震后邻居们组成组织，去搜寻、解救受困的伤员。

德雷贝克等人（Drabek, et al., 1998）进一步发展了这个分类，认为：所有这四种类型的组织必须经常通过全新的方式互动，他们把这种结构称为**新兴多元组织网络**（emergent multi-organizational networks, EMONs）。新兴多元组织网络一般由当地政府各机构的专业人员和志愿者组成，也包括来自州和联邦机构以及非政府组织和私营部门的代表。这些组织有不同的组织头衔、组织结构、培训、经验和法定权威。正因为如此，在沟通彼此以及协调对灾害的响应方面，新兴多元组织网络经常面临严峻的困难。当所有应急响应者按照突发事件指挥系统或突发事件管理系统的要求接受培训后，他们可将努力的重点确定在拯救生命和保护财物之上，而不是在争论谁应负责应急响应上。

自我检测

- 说出三个灾害影响区域。
- 解释应急响应者是否会在灾害中放弃他们的责任。
- 说出四种灾害响应组织的类型。
- 解释什么是新兴多元组织网络。

8.6 紧急事件中家庭行为的基本原理

在信息和选择有限的情况下，灾害中的人们以看起来合乎逻辑的方式进行响应。人们一般会随机应变，有时甚至会奋不顾身。比如，想一想 2001 年 9 月 11 日的联合航空公司 93 号航班乘客的案例，与当天先被劫持的航班上的乘客不同，他们了解劫持者的目的，组织起来，攻击劫机者。他们选择使飞机坠毁在宾夕法尼亚的一片田地里，而没让飞机撞击华盛顿特区的某一建筑物。通过解读数十年灾害研究的结果，确立了公民对此类事件预期响应的不同模式。

8.6.1 信息

第一个基本原则是：受灾害威胁的人有着多重信息源。这些信息源中，没有一个被人们认为是完全可信的；任何一个来源都不完全包括一个家庭进行自我防护所需的所有信息；有时还会产生有冲突的信息，除非不同的来源协调其风险沟通。比如，图 8—4 显示了 1985 年华盛顿 Longview 与 Kelso 居民就致灾因子知识掌握程度给自己、地位平等者、新闻媒体和政府的打分。他们被要求对三种致灾因子的致灾因子知识分别做出判断。第一种是圣海伦斯火山爆发，这发生在他们所居住社区以东 40 英里处；第二种是一辆在附近道路上的卡车或火车发生氯气泄漏；第三种是特洛伊核电站放射性物质发生泄漏，这个核电站在 10 英里以内。如图 8—4 所示，多数人认为自己比地位平等者对致灾因子了解得更多，还认为自己比新闻媒体和政府了解得少，同时认为新闻媒体没有政府对致灾因子知识了解得多。而且，对于人们更加熟悉的火山致灾因子而言，各方在知识方面的得分差距较小。有意思的是，比起氯气致灾因子，放射性致灾因子的知识得分一致较高，这可能是因为联邦许可规章（federal licensing regulations）要求核电站每年分发应急信息小册子。没有一方被评估为对任何致灾因子都非常了解（也就是，得分为 4 分或以上），注意到这一点是重要的；同时，没有任何一方被评估为完全缺少知识（也就是，得分为

2 分或以下)。各方之间有明显的差异,但每一方都掌握一定水平的知识;因此,不同信息源所提供的信息之间的冲突很难解决。

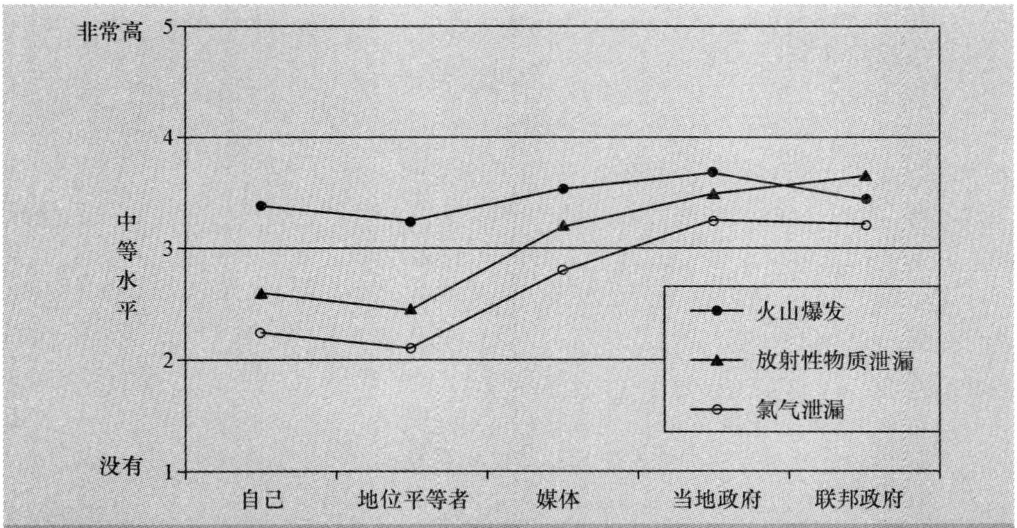

图 8—4 危机常识的判断水平

8.6.2 恐惧

第二个基本原则是:人们一般都会经历**恐惧**(fear)。他们不会经历令人神经衰弱的恐慌。恐惧是人们对自己或所爱之人受到威胁的状况所做出的正常反应,很少会势不可当,以至于妨碍人们做出响应。但是,它却损害了人们通过复杂、陌生问题而进行推理的能力。当人们缺少有关致灾因子暴露后果的信息时,恐惧程度则特别高。涉及化学、生物或放射性物质的技术致灾因子和恐怖事件本身就包含未知的结果。这些物质中,许多是靠正常人的感官所无法探查到的,人们并不能判断自己是否被暴露。另外,这些物质中,有些具有很长的潜伏期,这意味着症状的出现需要几十年的时间。它们会导致令人生畏的状况出现,诸如癌症高发和新生儿畸形(Slovic, Fischhoff, and Lichtenstein, 1980)。

直接地涉及人们关心的问题,这对你来说很重要。你可以通过提供信息的方式加以解决,不要试图使人们接受有关致灾因子的大学教育,但是可以提供有关致灾因子的清晰、直接和相关的信息,告知人们致灾因子可能给个人带来的后果。另外,人们也应该知道,为了使他们远离威胁,官方正在做什么。人们应该被告知怎样才能获得更多的信息。与通常的假设相反,减少恐惧的途径是提供信息,而不是封锁信息(Quarantelli and Dynes, 1985)。

8.6.3 防护性行动

第三个基本原则是:当人们认为自己正处于风险之中时,他们就会采取行动。

对威胁状况的初始响应大概就是搜寻信息，那些推断出自己正处于风险之中者会采取防护性行动。官方的警报信息要包括防护行动建议，这一点是非常重要的。如果官方不提供行动建议，人们也会采取行动。他们将采取自己已知的或地位平等者、媒体所传授的最恰当的行动，同时使用一切可月的资源。图 8—5 展示了一些因素：当人们被告知正受到有毒化学物质泄漏的威胁时，他们可能会考虑这些因素（Lindell and Perry，1992）。第一，除非警报中特别提及，许多人甚至不会想到就地避难和临时性的呼吸保护，认识到这一点是很重要的。第二，许多人不知道如何实施就地避难，也不知道如何进行临时性的呼吸保护，即使他们被告知要去做这些事情。第三，疏散似乎是最好的选择，因为人们认为它比其他两种保护行为更加有效。疏散有吸引力，因为相对于就地避难和临时性的呼吸保护，疏散几乎不需要更多的技能。但是，相对于其他保护行为，疏散需要更多时间、精力和财力并会遇到更多的障碍。优点和缺点并存可能会使人们在疏散问题上犹豫不决。另外，调查发现，人们在飓风等物理破坏危险中会对疏散有所顾忌，比如，在莉莉飓风期间，被疏散者担心，疏散使得他们的家庭面临抢劫和风暴的威胁，他们相信自己如果待在家里，就能够避免这些后果（Lindell，et al.，2005）。

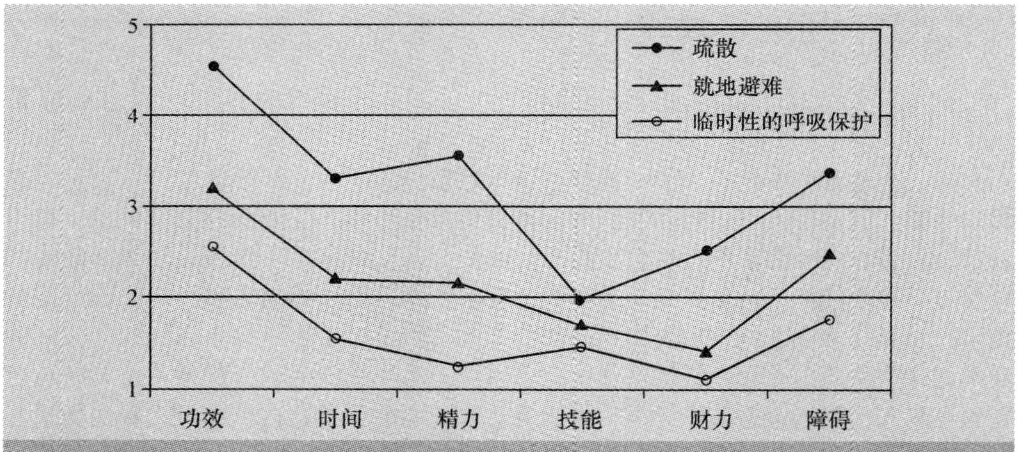

图 8—5 化学致灾因子保护行动的直观特征

你应该思考这些得分，以反思其中的误解。比如，人们可能会相信，就地避难和临时性的呼吸保护与疏散在功效上相同，它们只是在时间要求上有所不同。换个角度，你可能想知道为什么就地避难在障碍这一项上有如此高的得分。如果障碍是不知道怎样进行就地避难，你可能需要在风险沟通活动中提供如何去做的信息，这可能会使就地避难更有吸引力。

一条缺少保护行动指导的警报不能提供减少恐惧的机会。在提供保护行动建议方面，你可能需要解释为什么此行动是有效的，比如，告诉人们**为什么**（Why）隔离在家将减少暴露在诸如天花等生物致灾因子之下的程度。这种信息完成了两个任务：第一，它告诉人们遵从官方建议的基本道理；第二，它劝阻人们不要想当然地采取其他貌似合理的替代性行动，因为这些行动并不能起到保护作用。

8.6.4 遵从

第四个基本原则是：有些处于风险之中的人会遵从官方的建议，但是，他们的遵从极少是自发的。遵从的水平取决于其他各种因素：

- 信息源；
- 警报内容；
- 接收者的特点；
- 形势特点，比如对威胁的熟知和响应的紧迫性。

在发生诸如季节性洪水等情况下，风险区域内的居民可能熟知威胁及其环境线索。在这些情况下，遵从官方保护行动建议的程度可能要低于较为陌生的威胁，如有毒化学物质。当身处风险之中的人们熟悉有害物质时，他们了解或者认为自己了解致灾因子所在，知道何时、何地这些致灾因子会出现，知道应该如何去应对。他们对形势的自我评估可能会导致他们拒绝接受官方的建议，至少，他们不会彻底地考查官方建议的依据。当对威胁的熟知程度较低时，人们更可能接受官方的估测。这是因为他们对于威胁有较少的经验或者完全缺乏个人经验；而且，当警报称影响将很快到来时，人们会更愿意遵从，这是因为没有时间去考虑。

这是从对灾害文献的研究中得出的一个结论（Lindell and Perry，1992）。在处于极大压力时，人们会寻求政府的保护。当对破坏因素不熟悉或难以理解时，或者当后果极为严重时，人们获得保护和帮助的愿望会更加强烈，因此，人们对技术威胁和恐怖威胁的遵从程度会更高。比如，“9·11”袭击后的全国民意调查显示对政府的信任水平有大幅度的提高。公民的关注与认为需要采取行动结合起来很重要，它为人们关注应急部门的警报做好了铺垫，也提高了人们的遵从性。与其他类型灾害中出现的情况一样，人们还会回归到对政府一贯持有的怀疑态度。尽管如此，在危机达到一定程度时以及日后的某一时刻，这种信任还会出现。

在响应阶段，人们表现出对警察和消防人员指示的严格遵从。比如，1999年3月在亚利桑那州凤凰城，一些妇女被认为遭受到炭疽的威胁，她们裸体接受男性有害物质技术人员的消毒。这发生于一个没有屋顶的消毒场所，新闻直升机盘旋其上。只有一个妇女温和地提出自己的忧虑，但所有人都毫不犹豫地遵从命令。从此，凤凰城大城市医疗响应系统有了更加完备的消毒所，他们现在有能力部署完全由女性组成的消毒团队。当威胁不为人们所熟知且行动时间有限时，突发事件就会成为遵从应急指令的案例。

对遵从的期望也包括赋予地方当局一个特殊的责任，也就是说，官方必须负责任地进行管理。他们必须有最新的并且是持续更新的脆弱性评估，在技术条件允许时，他们必须有威胁探查与预测系统。响应计划必须到位，他们必须有能力执行这些计划。在缺乏计划的情况下，人们会通过政治程序，甚至可能通过法庭来让官方承担责任。

8.6.5 自发疏散

第五个基本原则是：有些未处于风险之中的人也会遵从保护行动的建议。在对核电站事故和飓风等不同致灾因子的响应过程中，人们会自发进行疏散。2005 年丽塔飓风期间，出现了自发疏散。大约 180 万人从休斯敦或加尔温斯顿地区自发进行疏散，尽管事实上只有大约 70 万人处于风险区域中。这次疏散可能受到三周前新奥尔良卡特里娜飓风破坏性后果的巨大影响。而且，人们意识到了在新奥尔良的疏散者所处的困境，因为休斯敦为卡特里娜飓风的疏散人群开展了最大规模的大众关爱行动。在对卡特里娜飓风的响应中所存在的困难被新闻媒体每天报道。丽塔飓风期间的疏散表明：大规模自发疏散不限于辐射等令人陌生的致灾因子。

三里岛疏散（Three Mile Island Evacuation）

在三里岛核电站事故发生期间，疏散人口是疏散建议人数的 10 倍（Lindell and Perry，1992）。当发出 1.5 万人的疏散建议时，有 15 万人实际上已经撤离。

自我检测

- 描述人们如何寻找有关迫近灾害的信息。
- 解释恐惧是怎样影响公众的。
- 描述灾害期间人们行动的基本原则。
- 解释警报遵从与自发疏散的区别。

8.7 对压力影响和健康后果的预测

心理影响很少会阻止人们在短期内做出响应，但是，任何一种灾害经历对少数灾民来说都可能会有长期的影响后果（Perry，1985）。你需要与从事精神健康工作的专业人员合作，以预测灾害震撼和创伤性反应。受灾居民中，一部分受灾居民有可能出现创伤后心理压力紧张综合征，其他困难包括情绪沮丧和“幸存者综合征”。调查文献显示，这些长期的影响后果在以下人群中较为多发：

- 目击过死亡或处理死者的人；
- 曾置身于大规模财产损毁场景中的人；
- 有亲属、邻居或朋友伤势严重，甚至丧生的人。

但是，即使出现的情况没有如此严重，人们也会变得情绪沮丧。随着官方从响应阶段进入恢复重建阶段，他们应该预见到指派工作人员进行危机咨询的必要性。

有些人需要其他的短期治疗以减少长期的负面影响。灾民对经济支持的需求也应得到关注。他们需要一种一切都已经过去的感觉，也需要一种将灾害经历融入世界观的方法，这种世界观使他们能够过渡到稳定的生活状态之中（Perry and Lindell，1997）。

8.7.1 对健康后果的预测

人们研究最少的灾后现象之一是灾民生理健康症状的趋势（Bourque，Russell，and Goltz，1993）。佩里（Perry，1979）注意到，研究可追溯到普林斯（Prince，1920）对新斯科舍省哈利法克斯爆炸的调查。它显示，灾民灾后产生了心理反应和生理反应，甚至在无明显心理症状的情况下，灾民与非灾民在灾后也产生了生理健康反应。一些健康问题与灾害因素无关。梯锡纳（Tichner，1988）称，相对于非灾民而言，灾害幸存者在事件1年之后会出现更多的健康问题。泰勒（Taylor，1977）发现，龙卷风的受害者表现出更高程度的头痛、恶心，更加经常地到诊室就诊。洛古及其同事（Logue，et al.，1979）发现，遭受飓风威胁后，人们更经常去急诊室，他们也发现了更多的胃炎、便秘、膀胱问题和头痛病例。史密斯、汉德默和马丁（Smith，Handmer，and Martin，1980）称，洪水过后灾民有较高程度的心脏病症状。加纳里奇（Janerich，1981）发现，灾民（也是在洪水过后）有着更高程度的自然流产、白血病和淋巴癌。自然灾害和上述与非灾害影响相关的生理健康问题之间并没有直接的联系。但是，灾害事件与症状的发生之间存在着时间联系，这个状况使直接（但未知）死于生理健康的病症存在可能性；或者，通过心理过程，其间有一种间接（但未被研究）的联系（Logue，Hansen，and Streuning，1981）。正如麦立克（Melick，1985，p. 196）所得出的结论："灾民们表现出较差的灾后健康状况。"无论如何，未来的研究需要借助更好的研究设计以更好地解释这种现象。

8.7.2 对适应性行为的预测

根据黛妮思（Dynes，1983）的**新兴人力资源**（emergent human resources）模型，你应该假定：许多风险区域的居民有与灾害相关的能力；另外，你应该依靠家庭现有的社会与任务模式，而不是希望他们学习新的模式。最后，你需要使用现有的官方结构和沟通渠道，了解占多大比例的人会采取不同的应急响应行动、家庭需要何种资源以有效地进行响应。避免对所有家庭"一刀切"，认识到家庭的多样性，特别是要避免认为其他家庭与你家一样这种错误想法。认识到许多家庭并不是自力更生的核心家庭，而自力更生的核心家庭有性能可靠的汽车、能够（也将）疏散、有支付疏散开支的信用卡。最后，你应该意识到志愿者大量涌入所带来的问题，应该避免因大量物资汇集而带来的混乱。成立专门的单位去组织志愿者，设立专门的场所和程序去管理捐赠物。要求人们向红十字会等组织捐赠，而不是邮寄供给品。

自我检测

- 描述犹太人大屠杀幸存者、“9·11”袭击世界贸易中心幸存者和卡特里娜飓风幸存者所经历的境况的不同。
- 说出最可能在心理上经受灾害后果影响的人群，描述他们所需要的治疗。
- 说出灾害与健康问题之间的联系。

总　结

你必须知道人们在灾害中实际上是如何反应的，这样，你就可以恰当地制定响应计划。本章展示了家庭应急响应的假设与现实。当灾害来袭时，人们可能会经历恐惧。但正如本章所示，不管情况如何，他们都会寻求信息并以采取保护行动的方式响应。除此之外，那些没有经历灾害的人也常常以志愿提供帮助的方式进行响应。因为你可以预测一些行为，所以制定响应这些行为的计划对你来说是很重要的。作为应急管理者，你必须发布信息给需要它的人，必须确保有适当的警报、防护等解决方法，甚至要及时地制定计划来组织那些灾后挺身而出、进行援助的人。

关键术语

新兴多元组织网络	一个组织群落，其彼此之间的合作因响应灾害的要求而发展，并非预先规划好的。
新兴组织	一个在全新组织中完成全新任务的灾害响应组织。
既定组织	一个在正常组织中完成正常任务的灾害响应组织。
疏散旅次	从风险区域疏散出来的车辆数量和位置。
扩展组织	一个在全新组织中完成正常任务的灾害响应组织。
延伸组织	一个在正常组织中完成全新任务的灾害响应组织。
恐慌	一种剧烈的恐惧反应，其标志是由非社会性和非理性的逃跑行为而引起的自我控制能力的丧失。

测试你的理解能力

登录 www.wiley.com/college/lindell，测评你对灾害响应的假设与现实有关知识的掌握情况。

通过比较测试前和测试后的结果，衡量你的学习情况。

总结性问题

1. 抢劫等反社会行为在灾害中和灾害后都是很常见的。对还是错？
2. 灾害与受灾人群中不断增加的心理健康问题并不相关。对还是错？
3. 聚集的积极影响是使资源基础增加和士气提高。对还是错？
4. 警报的来源和内容在很大程度上决定了人们对警报的响应。对还是错？
5. 乘坐自己的车辆或借助朋友、路人的帮助到达医院的伤员占多大比例？
(a) 超过 75%
(b) 27%
(c) 46%
(d) 少于 10%
6. 信息从里层区域传递到外层区域的过程，涉及下述哪几个区域？
(a) 完全影响区域
(b) 边缘影响区域
(c) 社区援助区域
(d) 资源过滤区域
7. 如果官方没有提供行动建议，人们就不会采取行动。对还是错？
8. 当人们对灾害进行响应时，你能期望人们做什么？
(a) 受到灾害威胁的人们有多元化的信息来源，也会去搜索、发现信息
(b) 人们一般都会经历恐惧
(c) 当人们认为自己身处险境时，他们都会采取行动
(d) 以上都是
9. 新兴组织是________。
(a) 在全新的组织里完成全新的任务
(b) 在正常的组织里完成全新的任务
(c) 在全新的组织里完成正常的任务
(d) 在正常的组织里完成正常的任务
10. 在全职工作人员的监督下，红十字会志愿者管理大众关爱中心。这是一个________的典型案例。
(a) 延伸组织
(b) 扩展组织
(c) 新兴组织
(d) 既定组织

回顾性问题

1. 为什么灾害假设是危险的？

2. 引发恐慌性逃跑的因素是什么？
3. 什么是治疗型社区？
4. 发布警报的方法是什么？
5. 确定被疏散者目的地/路线的四个因素是什么？
6. 灾害响应组织有哪些不同的类型？
7. 影响警报遵从水平的因素有哪些？
8. 公民对灾害的预期响应的不同模式是什么？

本章应用

1. 作为一个倡议的组成部分，该倡议是为了教育大众使其了解灾害假设的危险。你将为网站写一篇文章，列出你会在文中提到的要点。

2. 你住在中西部，正在收看国内新闻对佛罗里达沿岸飓风的报道，媒体预测飓风会导致严重的财产损失和人员伤亡。你希望佛罗里达周围社区作出何种响应？你希望你所在地区的公众作出何种响应？

3. 你需要警示人们飓风即将来临。你会采用何种类型的警报系统？为什么？

4. 你正在疏散一个城市。当评估疏散时间时，你要考虑哪些因素？

5. 应对洪水威胁与应对核电站放射性物质泄漏的威胁，哪一种情况下遵从率可能更高？自发疏散率会如何？为什么？

6. 在龙卷风摧毁一个社区后，你受命去组织那些表示要伸出援助之手的志愿者。你会怎样组织这些志愿者？

7. 作为一个应急管理者，你需要去理解压力对灾害幸存者的影响。在灾害中，他们失去了自己所爱的人或者存在着苟活的愧疚。研究压力如何影响创伤事件的经历者并且描述悲剧幸存者怎样应对这些影响。

8. 作为一个应急管理者，你被要求去描述人们响应灾害的适应性行为。你的听众认为，普通人会在灾害发生之前从灾害区域撤离出来。你知道，因为个人环境的不同，其中会有许多潜在的问题。那么，你会建议与听众讨论什么问题？为什么解释适应性行为的问题是很重要的？关于个体环境，什么是不能假设的？

试试看

管理志愿者和捐赠

在灾害发生之前，你会采用哪些步骤来确保你和你的员工不会被志愿者和捐赠搞得忙乱不堪？

社区响应

在大灾发生之后，你能从临近社区得到何种类型的响应？较远社区的情况又如何呢？

医疗运输

你采用什么步骤来确保受伤的灾民被救护车运送到合适的医院？

第 9 章

应急响应的准备——组织响应

预先测试

➢ 登录 www. wiley. com/college/lindell，测评你对应急响应的准备有关知识的掌握情况

➢ 确定你需要努力的重点在哪里

你将在本章中学到

➢ 应急规划的指导原则

➢ 应急响应的基本功能

➢ 应急响应的组织结构

➢ 应急准备的一般结构

➢ 联邦应急运行计划的制定

学习本章后，你将能够

➢ 考察应急规划的导向原则

➢ 比较、对比应急响应的四种基本功能：应急评估、致灾因子管理、人员保护和突发事件管理

➢ 比较、对比应急响应和灾害准备的不同组织结构

➢ 考察突发事件管理系统的基本原则

➢ 考察联邦应急运行计划指南的制定

目标与结果

- 管理规划过程中的阻力
- 撰写一份应急运行计划
- 评估应急响应功能
- 选择应急响应组织
- 选择应急准备组织
- 组织应急运行中心

导 言

在灾害中，你的目标是减少人员伤亡和损失。怎样做才能有效地实现这一目标呢？如何制定灾害计划？在大多数情况下，地方政府不需外界援助就有满足应对灾害需求的资源；在少数需要外援的情况下，诸如卡特里娜飓风之类的特大灾害来袭时，地方政府也必须有能力在州和联邦的援助到达之前自我维持相当长一段时间。在这一章里，我们将探讨如何采取灾前预案进行社区应急准备，灾前预案对威胁社区的极端事件做好了应对准备。在这一章里，你将评估应急规划的指导原则，考察应急响应功能，评估应急响应和应急准备的组织结构，并对应急运行计划（emergency operations plan，EOP）的目的和指导该计划的联邦指南进行评估。

9.1 应急规划的指导原则

规划是一个过程。你必须制定一个计划，以确保个人和团队具有应急响应所需的技能，评判该团队的绩效，并且进行任何必要的调整（Dynes，Quarantelli，and Kreps，1972；Kartez and Lindell，1987，1990）。应急响应规划因社区不同而不同。一些社区有正规的流程、具体的责任部门、专门的预算以及成文的应急运行计划和**标准运行程序**（standard operating procedures，SOPs）；而另一些社区只有一个非正规的过程，机构间的权责模糊、预算有限，还可能缺少成文的计划或标准运行程序。在某种程度上，应急规划的正规程度取决于社区的规模。较大的社区拥有较多的资源和人力，备用人员较多，更依赖书面文件和协议，因而规划更正规；而在较小的社区，规划过程主要依靠非正式的人际关系，因而基本没有形成文件。另外，规划过程的正规性也因受致灾因子影响的频率不同而有差异。在频繁遭受威胁的社区，致灾因子响应可能是家常便饭。比如，一个经常遭受洪灾的社区可能觉得不需要撰写计划；官员们可能会相信，每个人都知道消防部门会在洪水到达某一条街道时，将他们从地势低洼的地区撤离。

尽管规划过程存在差异，但是应急规划也有其共通之处。下面是制定高水准的社区应急规划的基本原则（Quarantelli，1982）：

- 对规划过程中的积极阻力和消极阻力，应急规划者应该同时预见并制定管理这些阻力的战略；
- 灾前预案应该涉及社区面临的所有致灾因子；
- 灾前预案应引导所有响应组织参与、作出承诺和达成清晰的协议；
- 灾前预案要基于对以下问题的精确假设：威胁、灾害中人的典型行为、州及联邦机构等外部资源可能提供的支持；
- 应急运行计划应该区分应急响应行动的类型，应急响应行动既包括计划中确立的最合适的行为，也鼓励持续应急评估基础上的临时决断；
- 应急规划应该协调应急响应与灾后恢复和致灾因子减缓之间的联系；
- 灾前预案的应急规划对所有层次的应急响应组织进行培训和评估——包括个人、团队、部门和社区；
- 应急规划应该是一个持续的过程。

9.1.1 管理规划过程中的阻力

在以上列举的原则中，第一条谈到，一些人并不想参与到应急规划的过程中来，另一些人则会抵制这一过程（Auf der Heide，1989；McEntire，2003；Quarantelli，1982）。许多人不愿意去思考灾害发生的状况。他们担心，备灾会占用那些本来可用于更为紧迫需求的资源，如道路的维修和学校的扩建。规划提出了有关援助的条款，但援助也是有限的。规划行动要求在以下三方面中至少得到一个有力支持：一是首席行政长官，他们拥有合法权、奖酬和强制权；二是“问题倡导者”，也就是人们所熟知的**政策企业家**（policy entrepreneur），他们有推销应急规划的技术专长和合法性；三是灾害规划委员会，他们能动员很多社区组织来支持规划（Lindell，et al.，1996；Prater and Lindell，2000）。但是，接受规划需求并不会消除冲突。组织努力维护其自主、安全和威望，所以他们抵制可能对其目标构成威胁的合作性行动（Haas and Drabek，1973）。应急规划需要权力和资源（特别是人力和预算），一个组织中的每个单位都希望其“适当的角色”得到认同，并获得此角色所需的预算。

9.1.2 采取全致灾因子方法

如果针对不同致灾因子只有单独的应急规划，你还需要将它们整合到一个计划之中。你可以先确定社区所面临的威胁类型，然后考察不同致灾因子源对应急响应提出的相同要求。当两个致灾因子源相似时，我们可能会采取同一类型的响应。这为重复利用人员、程序、设施和装备提供了机会，并通过减少功能附件简化了应急运行计划。另外，这还简化了训练过程，增强了应急期间组织绩效的稳定性。但当致灾因子呈现不同的特征、需要不同的响应时，人们需要为功能附件制定针对特定致灾因子的附录。

9.1.3　促进多组织参与

规划过程应引导其他组织参与，使各组织对规划中达成的协议作出承诺。显然，这些组织应该包括公共安全机构，如应急管理、消防、警察和应急医疗服务机构；也应该包括那些属于潜在致灾因子源的组织，例如，负责危险物质设施和危险物质运输的人员；还应该包括保护敏感人群的机构，如学校、医院、疗养院。所有这些组织必须相互协调，因为它们具有的能力和脆弱性不同。为了有效地履行职能，应急响应人员必须意识到每一个应急组织的：

- 使命；
- 组织结构；
- 运行方式；
- 沟通系统；
- 配置稀缺资源的程序。

9.1.4　依靠精确的假设

应急规划必须建立在确知威胁及人们可能做出的响应这一基础上。因此你必须识别社区所面临的致灾因子，了解其以下的特征——它们的初始速度、影响的范围和持续时间，还要了解这些致灾因子导致人员伤亡和财产损失的可能性。然后，确定哪些地理区域暴露在这些致灾因子之下，识别处于风险区域的设施和人口结构。

当涉及致灾因子识别时，规划者和官员们经常意识到自身的技术专业局限，意识到自己缺乏关于地球物理致灾因子特性、气象致灾因子特性或是技术致灾因子特性方面的精确知识。所以，他们知道需要寻求专家的帮助。遗憾的是，关于人在灾害中的可能行为，世界上并没有放之四海而皆准的精确知识。问题并非人们不知道何为正确的，而是人们所知道的是错误的。对于灾害误区的笃信会妨碍应急规划和应急响应的有效性，这些神话误导了资源和信息的分配。例如，官员有时拒绝发布信息，因为他们担心那会使人们恐慌。这种方法是被动的。研究表明，当人们所获得的信息模糊或不完整时，他们更不愿意配合实施官方建议采取的保护性行动。因此，笃信恐慌误区，只会导致现实与官方试图实现的目标南辕北辙。由于这些原因，规划过程必须包括有关在紧急状态下人类行为的知识。

最后，规划必须建立在对社区外部援助精确假设的基础上。在大灾中，医院可能会不堪重负，电线和运输系统的损毁可能会长时间地阻碍外界援助，恢复中断的供水、排水、电力和天然气管道系统则需要更长的时间。因此，家庭、企业、政府机构必须做好准备，以实现一周内的自给自足。

9.1.5　在鼓励临时决断的同时，确定适当的行动

应急运行计划既应该确定那些可能是最为恰当的行动，也需要强调灵活性。人

们要鼓励灾害相关者基于灾害评估，进行临时决断（Kreps，1991）。仔细的规划会加快响应的速度，这种思想一再得到人们的强调。快速响应的确重要，但它并不是应急规划的唯一目标。响应的适当性与响应的速度同样重要（Quarantelli，1977）。另外，实现最佳响应的基础是进行持续而精确的估计。在迫在眉睫的高压情境下，人们很少会束手待毙。但是，重要的是要认识到最好的行动可能就是动员应急人员并积极监测情况。比起采取不必要的行动来说，进一步收集信息会更好。

规划过程除了要提供详细的运行程序外，还要考虑到应急响应的原则。因为过分强调细节，将会导致四大问题。

（1）预测所有突发事件是不可能的（Lindell and Perry，1980）。

（2）特定细节会很快成为明日黄花，这使你不得不经常更新计划（Dynes，et al.，1972）。

（3）非常具体的计划常常包含过多的细节，以至于所有的应急功能呈现出同样的重要性。这导致响应行动优先次序不清晰或混乱（Tierney，1980）。

（4）越详细的计划就越复杂，这使得人们更难理解每个人在整体响应中的角色。如果不能理解每个人的角色，他们就不能有效地实施计划。

9.1.6 将应急响应与灾后恢复及致灾因子减缓相联系

响应和恢复并非两个截然不同的阶段（Schwab et al.，1998）。一些居民仍然在进行应急响应，而另一些居民则已经转而执行灾后恢复任务。而且，官员们在继续致力于应急响应任务的同时，也必须开始灾后恢复的工作。因此，灾前应急响应预案应该与灾后恢复预案相联系，这能够加快恢复的速度。协调应急响应预案和灾后恢复预案的途径是：让负责这两个预案的委员会一起工作。

9.1.7 开展全面培训与评估

培训和评估必须是应急运行计划的组成部分。第一，向参与应急响应的管理者和人员解释应急运行计划；第二，培训所有承担应急响应任务的人，包括消防员、警察和应急医疗服务人员，医院、学校、疗养院以及其他可能需要采取保护行动的人员也要加以培训；第三，你应该将处于风险中的人员纳入进来，他们必须意识到社区应急规划正在实施，知道人们希望他们做些什么，知道灾害中可能会发生什么，知道组织能为他们做什么、不能做什么。培训应包括检验所建议的响应行动，这一点也是非常必要的。首先，训练和演习能够使人们更好地理解彼此的专业能力和性格特征。其次，演习同时检验计划和程序、人员配备水平、人员培训、设施、装备、物资。最后，演习具有公开性，这种公开性使公众确信应急规划正在实施、灾害准备正在得到加强。

9.1.8 采取持续的规划过程

规划是一个持续的过程。威胁、人员、设施、装备随着时间的流逝而发生变化，因此，规划过程必须察觉到这些变化并对其作出回应。遗憾的是，人们并不是总能认识到这一点。翁格、佛佩尔和詹姆斯（Wenger，Faupel，and James，1980，p. 134）发现，“部分官员的身上存在这样一种倾向，即把灾害规划看成是一个产品，而不是一个过程”。规划的确需要成文的文件，但是，规划也包括不能被文件所记录的因素，即包括对政府和私营部门可用资源、应急要求和其他机构的能力的了解，包括与其他组织建立合作关系。有形的文件和硬件不能充分地表明应急规划过程的成果。如果把书面计划当作最终产品，那么，你就有可能在并未做好应急准备的情况下认为准备妥当（Quarantelli，1977）。随着时间的流逝，书架上红色三环文件夹中的计划给人留下的深刻印象似乎仍像发布日那天一样。然而，许多变化已经发生了，比如，新的危险性设施可能已经建立起来，而另一些则已经退役了，新小区可能已经建立起来了，机构可能被重组了。变化的可能性要求人们对计划和程序进行周期性的审查，至少是每年一次。

致灾因子建模

灾害准备的原则之一是依靠精确的假设。你可能需要与其他人合作并模拟灾害，目的是了解灾害可能产生的影响。比如，在卡特里娜飓风之前，应急官员们使用致灾因子建模软件，模拟新奥尔良海堤发生 5 级风暴时所造成的影响。他们从模拟中得知，当飓风超过 3 级时，海堤就有可能溃决。

自我检测

- 解释在小城市与在大城市制定应急运行计划的异同。
- 定义政策企业家。
- 解释为什么两个类似的致灾因子可能需要同一类型的响应。
- 说出应急响应人员为促进多组织有效参与所必须理解的五个方面。

9.2 应急响应功能

你必须分析你所在组织执行应急响应基本功能的能力。应急响应的基本功能有四个。

- **应急评估**（emergency assessment）：发现威胁，预测其潜在影响，决定如何响应。

- **致灾因子作业**（hazard operation）：采取行动以限制灾害影响的范围。
- **人员防护**（population protection）：采取保护性措施，实现伤亡人数的最小化。
- **突发事件管理**（incident management）：动员与指挥应急响应的资源。

本章描述了你在灾害前必须采取的应急准备行动，这样，你就能在灾害发生期间按计划实施。这些应急准备行动包括确定应急响应组织所需要的人力、程序、设施、装备、物资和给养。实施这些功能的操作问题将在以后探讨。

9.2.1 应急评估

你需要决定，你所在社区应如何对所面临的每种威胁进行探查和分类。一些自然致灾因子，如地震等，由地方机构探查和分类；另一些致灾因子，如飓风，由联邦专业机构探查和分类；固定设施的突发事件由工厂相关人员进行探查和分类；运输突发事件由运输公司人员、地方最初响应者和路人探查。

你需要回顾致灾因子脆弱性分析，以决定如何实现探查、如何通知当局有关部门。对地方致灾因子进行探查，需要你建立、维护探查系统。对于探查到的其他致灾因子，要确保警情能够发送给某一警报点。这个中心需要配备24小时值班人员，这样，你就有可能使用社区的调度中心。

应急评估的另一组成部分是**致灾因子监测**（hazard monitoring）。你必须持续地监控致灾因子并预测其未来的状态。监测技术因致灾因子的不同而有所变化。在很多情况下，持续的信息是由探查源提供的。例如，国家飓风中心每六个小时提供一次有关飓风的最新信息，同样，工厂的相关工作人员应持续提供工厂紧急事件及有害物质泄漏可能性的信息。

当有害物质通过风或水扩散时，人们也需要进行环境监测。有毒化学物质、放射性物质、火山灰会随风扩散。这意味着你需要建立程序去获得当前的天气报告和未来天气状况的预报，这个信息使你能够监测风向、风速和大气稳定性的变化。然后，你可以识别风险区域，并确定它们是否会随着时间的流逝而发生变化。对于向实体扩散的有害物质，你也需要进行环境监测。河流、湖泊或海洋的水流速度和流向决定了海岸的哪些部分将会受到影响。在紧急事件出现之前，人们要对信息源进行识别。

- **损失评估**（damage assessment）首先要确定受影响区域的边界，然后评估受影响区域内建筑物和基础设施的损失总量。总统依据这一信息来判断是否宣布该地区进入灾害状态。在紧急事件来临之前，你需要确定进行损失评估所需要的工作人员、装备和程序。
- **人口监测和评估**（population monitoring and assessment）确定了风险人口的规模。如果风险区域的人数随时间而变化，那人口监测与评估便极为重要了。

在高危险暴露区域，许多社区都有运动比赛和节日。你应该持有一个大型活动的日程安排，这样，你就知道是否需要为这些场合发布特殊的警报和制定特殊的疏散程序；你也需要同学校、医院、疗养院的管理人员合作，建立特别设施疏散程序；最后，你需要与警察、运输官员合作，建立程序，监督疏散交通流，在出现交通堵塞时改变疏散路线。

9.2.2　致灾因子作业

致灾因子作业的准备活动因为致灾因子的不同而不同。在一些情况下，致灾因子作业需要社区通常可用的装备，比如，结构性火灾只需要常规装备，而森林火灾常常需要专用的灌丛消防车对致灾因子源进行控制。区域防护工程则是另一种类型的致灾因子作业，比如在洪水期间加高防洪堤就是一个最佳的例子。这一行动需要你预先制定计划，确定从什么地方可以得到你所需要的沙袋。一些致灾因子要求在灾害造成影响前为应急响应行动做好准备以实施建筑规范，例如，暴露于地震致灾因子之中的社区应该确定支撑材料的来源，防止受损严重的建筑物倒塌。最后，你需要去预先制定计划，为建筑内人员、财务的防护建立程序。例如，你需要确定胶合板的来源，为防止窗户遭受风力的破坏做好准备。

9.2.3　人员防护

你需要通过选择**防护性行动**（protective action）为紧急情况做准备。就一些致灾因子而言，可能只有一种建议性的防护性行动。例如，受到龙卷风威胁的人应该就地避难，那些面临内陆洪水和海啸威胁的人则应该选择疏散。然而，在有毒化学物质和放射性物质泄漏时，应该根据当时的情况采取适当的防护性行动（Lindell and Perry，1992；Sorensen，Shumpert，and Vogt，2004）。

你也应该制定程序并获得装备来对处于风险区域的人员发出警报。在灾害（如飓风）的缓慢发展期，你可能有足够的时间启动不同类型的警报机制，比如路线警示，即应急车辆在驶过居民区时通过扩音器发布警报；你甚至可能有足够的时间让应急人员向住户发布警报。但是，快速发展的事件如有毒化学物质泄漏之类就需要使用汽笛去警示人们打开收音机或电视机。你还需要给有组织的团队提供专门培训和装备，做好搜救的准备。其他人员防护任务，如控制或安保、医疗救护等进入影响区域，也需要专门的装备与程序。

9.2.4　突发事件管理

不管致灾因子是否相同，致灾因子管理都涉及同样的任务。比如，机构都需要装备（如寻呼机）及人员（如全天候的值班员）进行通知和动员。你还必须建立程序，确保重要人员能够很快获得通知。你还需要划出一个空间，用作应急运行中心（emergency operations center，EOC），储存重要文件。以上的行动可以方便你获取应急设施和装备。为了方便沟通与文件使用，你可以采购收音机、电话系统和个人电脑。这些任务同样可以得到程序的支持以记录与传送信息。你也要为所在的应急响应组织的特别工作做好准备，包括分析或规划、内部指挥与控制、后勤、财务和外部协调。确定人员完成任务或处理非常规的报告的方式。你可以设计组织图表、任务检验清单、电话名录和其他工作绩效辅助工具帮助他们履行职责，同时做好向媒体提供公共信息的准备。建立联合信息中心（joint information center，JIC）：为媒体人员提供额外的电话线路、灾区发展的背景资料、社区的致灾因子信息，并提供你所在组织的信息。

自我检测

- 定义损失评估。
- 描述致灾因子源控制。
- 解释人员防护准备在有毒化学物质泄漏和地震这两种情况下有何不同。
- 描述建立联合信息中心的目的。

9.3 应急响应的组织结构

应急响应的组织结构应该符合两个基本原则。第一，用于应对日常紧急情况的结构是灾害防护设施（应对大型灾害）的基础；第二，地方响应结构必须灵活。当组织为满足灾害需求而纳入外部资源时，组织结构必须能相应地扩展。应急响应组织最为常见的结构是突发事件指挥系统（Incident Command System，ICS）和突发事件管理系统（Incident Management System，IMS）。

9.3.1 突发事件指挥系统与突发事件管理系统

多年来，联邦政府为州和地方政府提供了评估其应急运行计划的标准，但是，它没有要求，甚至推荐一个符合这些标准的具体结构。在某种程度上联邦政府不愿意这样做是基于这样一个原则：州和地方政府应该可以被允许用任何它们认为合适的方式去达到规划的标准。另外，各州政府在其结构和资源上彼此不同，地方政府也是如此。将同一个结构强加给所有应急响应组织，这看起来注定是要失败的。联邦政府以绩效为导向的方法产生了一个非常合乎逻辑的结果，但是不同辖区应急响应组织结构、地位、资源名称和程序上的不同，甚至妨碍了同一个州里相邻社区相同机构（如消防部门）之间的合作。

1970 年，南加州发生一系列山火后，消防部门联合起来抗灾。他们的顾虑如下：

- 缺乏共同的组织结构；

- 应急评估不足；
- 规划协调不利；
- 资源配置不协调；
- 事发现场机构间沟通不充分。

这导致了突发事件指挥系统的发展，它可以总结为七个基本原则（Irwin，1989）。

（1）**标准化**（standardization）：所有的社区必须使用共同的应急响应组织结构，其子单位有标准化的名称和功能。

（2）**功能专业性**（functional specificity）：在所有社区内进行劳动分工，每个社区内都被分配了专门的功能。

（3）**可管理的控制幅度**（manageable span of control）：建立子单位，以限制每个单位管理者直接监管的人数。一般为五个下属，但允许在三到七人之间浮动。

（4）**单位完备化**（unit integrity）：将接受过专业训练的人员（比如，警察或消防人员）分配到同样的单位中。

（5）**统一指挥**（unified command）：单个突发事件指挥者（incident commander，IC）管理大多数的突发事件。当多个机构对一个特定的突发事件负责时，统一的指挥团队对响应进行管理。

（6）**目标管理**（management by objectives）：高级突发事件管理者制定包括具体、可衡量目标在内的行动计划。他们通过监测这些目标的实现情况，对其效用进行评估。

（7）**综合性资源管理**（comprehensive resource management）：突发事件指挥者或者统一的指挥团队指导响应任务中的所有资源配置，包括人员、设施、车辆和装备。

在接下来的十年，突发事件指挥系统得到了越来越多的支持。遗憾的是，突发事件指挥系统的发展趋向于区域专门化。到了 20 世纪 80 年代，特别是消防服务开始关注响应部门需要一个共同的突发事件指挥系统以便增强对较大突发事件的响应效用。南加州应对潜在紧急事件消防资源组织（Firefighting Resources of Southern California Organized for Potential Emergencies，FIRESCOPE）开发了一个突发事件指挥系统的新版本，它由联邦应急管理署资助、采纳和推广（FEMA，1987）。FIRESCOPE 的突发事件指挥系统以计划为基础，将规划的功能与应急运行中心的功能结合在一起。规划与协调通过一个多机构协调系统（multiagency coordination system，MAC）来完成。这个系统由机构领导者团队来运作，并被分为两个子系统：第一个是以软件为基础的消防信息管理系统，它存储了大量火灾相关的数据；第二个是协调系统，它实施多机构协调系统制定的政策。FIRESCOPE 的应急运行中心组成一些部门以管理现场行动、后勤、规划与财务。

FIRESCOPE 的突发事件指挥系统是专门为大规模突发事件，特别是为南加州的消防服务所设计的，在先前系统基础上有了巨大发展（Coleman and Granito，1988；Lesak，1989）。后来，阿兰·布鲁纳希尼（Brunacini，1985，2002）在国家消防协会的支持下，又强化了FIRESCOPE系统。他改变了FIRESCOPE系统，使突发事件指挥系统在处置小规模事件时能够像处置大规模突发事件一样有效。布鲁纳希尼改变了指挥功能，吸纳了专业顾问，还拓展了运行功能，将日常部门的响应需求包括进来，也把与城市应急运行中心的联系单位和警方突发事件指挥者纳入其中。修订后的结构被称为突发事件管理系统（Incident Management System, IMS）。其优点是它在所有突发事件——不论大小——中的日常使用能够增强其应对大规模突发事件的功效。突发事件管理系统目前在美国的消防服务中得到了广泛的应用。在加拿大、英国和澳大利亚的消防服务中，它也得到了应用。

突发事件管理系统的主要优点是：使所有的资源可为每一个突发事件所用。不管是日常的紧急事件还是大规模的灾害，都是如此。因为突发事件指挥员不断提升响应等级以满足新出现的突发事件需求，所以资源是自动提供的。突发事件管理系统本身是一个现场结构，可以从突发事件指挥部对多个影响现场的资源进行管理。在这种情况下，突发事件管理系统可能得不到应急运行中心的支持，这在小型突发事件中尤为明显。在影响广泛的灾害中，一个辖区的应急运行中心可能会承担现场突发事件指挥部的角色。在对生物袭击进行的响应中，情况就有可能如此，因为生物袭击的影响在袭击发生后很长时间才能被探查到。

使用突发事件管理系统作为应急和灾害响应的基础，其优点是：它能够快速、有效地启动应急行动。每一个突发事件最初都是在突发事件指挥员的指导下由训练有素和装备精良的应急响应人员管理的，这些人员总是处于值守状态，回应所有的要求。不论突发事件是众所周知的一场灾害，还是最初只表现为一个日常事件但将发展成为一场灾害。突发事件管理系统是一个可被扩展为适应各种情境需求的响应组织结构。总之，突发事件管理系统是一个组合资源、指导应急响应活动的灵活的结构，它可以适应任何类型的风险，可以应对大型、复杂的突发事件，也可以应对小型、日常的突发事件。遗憾的是，人们还没有对突发事件管理系统或突发事件指挥系统的有效性进行研究。总之，突发事件管理系统的应用依赖于这样一种信念，即七个基本原则是有效的。

9.3.2 突发事件管理系统的基本原则

突发事件管理系统是一个以职责为基础的系统，这些责任被分派给专门的标准化职位，这意味着机构必须选择、培训其工作人员以履行所有与这些职位相关的义务。任何一位响应者都可能承担突发事件指挥员的角色，但是，在实践中，突发事件的指挥员常常是最先到达现场的连长或营长。突发事件管理系统的基本原则是：在每一个突发事件的现场，必须有且仅有一名突发事件指挥员。在最先到达事件现场的人员中，级别最高的官员负责指挥。随着其他高级官员的到达，指挥权将被移交。图9—1显示了适用于大灾、结构完整的突发事件管理系统结构。突发事件指挥员为了满足突发事件的需求，会相应拓展突发事件管理系统的规模与构成。该结构开始于对指挥权的承担和指派专门单位去处理现场的致灾因子，这包括处理那些由致灾因子产生的要求以解决威胁本身，也包括由响应产生的要求以支持与协调其他机构。

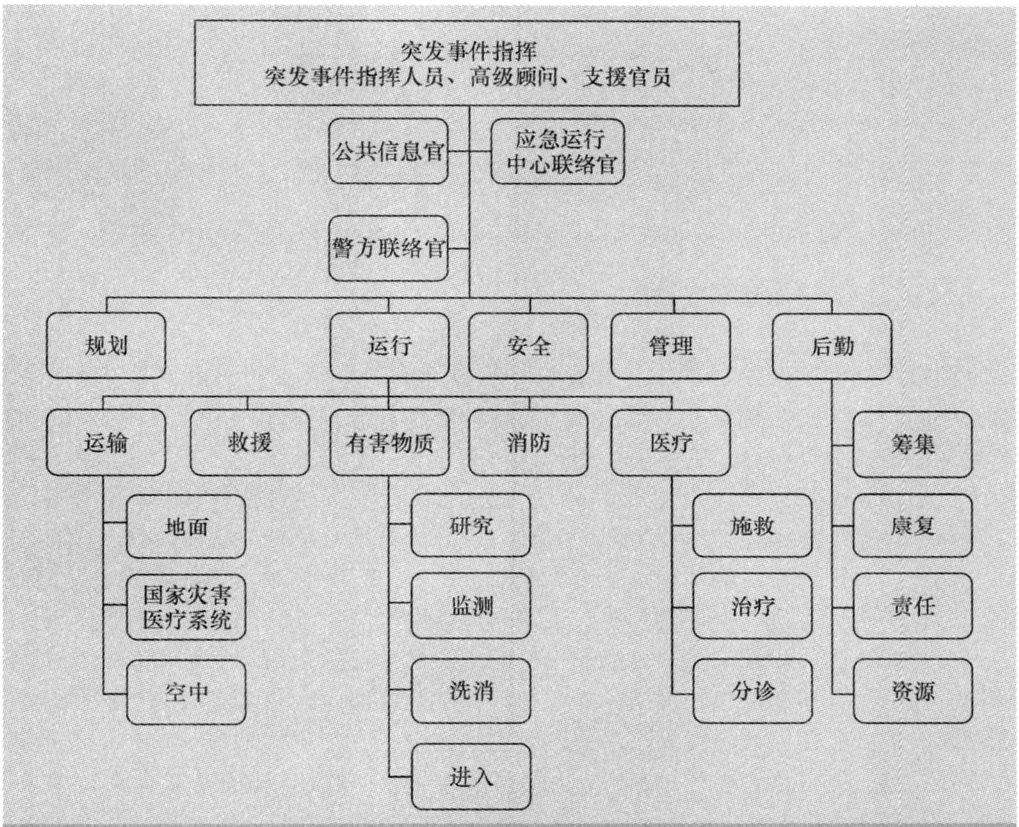

图 9—1　突发事件管理系统组织结构样本

突发事件管理系统使用部门、分支机构、小组的概念去描述人员、装备和器械的不同规模的组合。在图 9—1 中，有五个部门直接隶属于突发事件指挥，这五个部门是规划、运行、安全、管理和后勤部门。它们的人员配置取决于突发事件的规模和情况。处于突发事件指挥岗位的部门领导与指挥人员合作，规划总体应急响应战略；然后，部门领导指挥和监督运行过程；分支机构和小组的官员则实施战术行动。在一个结构完整的突发事件管理系统内，部门以下设有分支机构，它负责与该部门相关的功能性战术。例如，图 9—1 显示运行部门以下的五个分支机构，分别是运输、救援、有害物质、消防和医疗机构。

分支机构依据其执行的特殊行动而命名。分支机构的数量取决于人们响应突发事件所需功能的多少，比如，城市地震的突发事件管理系统包括一个庞大的营救分支机构。小组列在分支机构以下，执行具体的任务。一般而言，小组包括消防连或特种团队。分支机构和小组被启动，以响应（最好是预测）突发事件的要求。相对而言，在几乎无人伤亡的小规模有害物质突发事件中，医疗分支机构可能只有一个单位，被称为医疗小组。在没有火灾的事件中，消防分支机构不会被启动。虽然突发事件管理系统的基本原则容易掌握，但是更先进的理念提供了一个为响应战略、战术和任务分配责任的复杂方法（Brunacini，2002；Carlson，1983）。

如前文所示，突发事件管理系统和突发事件指挥系统在结构上有所不同。在突发事件指挥系统之下，既没有高级顾问，也没有支援官员，只有指挥部门设有一名科技官。安全事务只由该官员，而不是一个独立的小组负责。此外，突发事件指挥系统只有一名联络官，而不是把警察与应急运行中心联络官分立。最后，突发事件指挥系统把财务和行政定义为两个独立的部门，而不是像突发事件管理系统那样，将两者合并在一起。

9.3.3 突发事件管理系统的实施

在较大规模的突发事件中，突发事件指挥员会得到支援官员和高级顾问的协助。在高级官员到达现场后，他们在突发事件管理系统指挥部门担任这两个附加的角色。承担指挥任务后，突发事件指挥人员会建立一个指挥部。在应对突发事件的整个过程中，指挥人员要完成表 9—1 列出的七项行动。通过这些职责，指挥人员开发和维持用于终止突发事件所需的战略与资源。指挥人员向高级顾问和支援官员委派任务，包括对突发事件行动计划的变化进行审查、评估和建议。特别地，高级顾问专注于总体管理或全局性问题，监测全局性的突发事件。作为高级顾问，他或她评估为满足当前和未来需求可能作出的响应，然后确定是否应激活更多的分支或部门，同时，高级顾问也评估是否需要与其他部门和团队合作。支援官员提供额外的帮助。他或她帮助确定优先次序，同时提供安全指导并帮助形成一份书面的控制和责任计划。他或她还要评估响应组织的活力、控制的幅度以及追加资源的需求，并委派后勤任务。

表 9—1　　突发事件指挥活动

1. 进行初始情况评估和持续性再评估
2. 发起、维持、控制沟通
3. 确定突发事件管理战略，制定行动计划，调配资源
4. 需要补充性资源，包括启动应急运行中心
5. 开发组织的指挥结构
6. 持续审查、评估和修订突发事件行动计划
7. 准备继续、移交和终止指挥权

当大规模紧急事件发生时，人们必须多采取几个步骤。大多数辖区应做好准备，使指挥人员得到一个现场公共信息官（public information officer，PIO）及一个警方联络官的支持。此外，还有一个负责协调突发事件现场与应急运行中心的应急运行中心联络官。联合指挥的目的是将职能分配给专家，这使现场的响应者与现场外的应急权威部门能够有效地进行沟通，也使突发事件指挥员专注于突发事件的需求。

指挥人员负责建立一个公共信息小组来回应新闻媒体。这个小组提供新闻媒体所需要的信息，以便使新闻媒体就突发事件的状况及其响应进行精确的报道。公共信息官负责指导该小组，为媒体设立一个不会妨碍应急行动的区域。公共信息官收集关于突发事件的信息。在一个重大突发事件中，现场的公共信息官应与应急运行中心及其他机构的同行合作。这确保了信息的一致和准确，也避免了敏感信息的泄露。

有些突发事件，特别是恐怖袭击事件，可能需要执法行动。在这些情况下，指挥人员指定一个警方联络小组。突发事件指挥人员可能与警方指挥部建立通信联系或者要求委派警察督察到消防指挥部。警方联络小组负责处理所有要求并协调两部门的行动，包括交通控制、人群控制、突发事件现场安全、疏散和犯罪现场管理。

指挥人员把实施响应战略的责任分配给五个部门的领导。规划部门主要负责预测突发事件的要求及其他规划功能。规划部门是作为突发事件指挥官的“信息交换中心”，在生化或放射性（chemical，biological，or radiological，CBR）突发事件中，这一功能特别关键。这是因为源于不同专家的信息将会流向现场，规划部门将信息从这些来源传递给指挥人员。

运行部门在突发事件现场直接处理所有与致灾因子源控制相关的行动，此外，还对部门内工作人员的安全负有责任。运行部门的一个重要管理职责是：建立分支机构，即根据突发事件的需要，创建和监管所需要的分支机构。一般而言，分支机构具有运输、救援、控制有害物质、消防和医疗等主要运行功能。运输分支机构负责将伤员从突发事件现场运送到医院去接受良好的治疗。救援分支机构负责搜救、解救失踪、被困或身处险境的消防队员，并可能会根据突发事件的规模，监督大量负责快速响应的单位（心肺复苏与急救单位）。心肺复苏与急救单位对营救应急响应人员负有特别的责任。此外，也可以组建疏散分支机构，负责疏散受到威胁的市民。

有害物质分支机构一般包括四个小组以负责四个基本功能，即研究、监测、洗消和进入。在有害物质突发事件中，有害物质分支机构处理重要的响应事务：识别致灾因子，标出热区、暖区和冷区，在现场进入控制和特别事务方面与执法部门协调。为了有助于识别致灾因子，这个分支机构由规划部门、现场毒理学专家和其他专业人士予以支持。进入小组（entry team）负责进入热区现场，并由一个替补小组提供支持，后者在对前者进行救助或救援时发挥作用。对受害者的消毒始于最初进入现场的小组。有害物质分支机构组装洗消设备并实施洗消。

消防分支机构负责管理和扑灭火灾。在适当的情况下，它也支配一些小组。有时，火灾发生于存在爆炸物或危险品等其他致灾因子的环境中。这些情况下，消防分支机构和突发事件指挥员合作，共同确定处置的优先顺序。消防分支机构的运行在其他致灾因子被解决之前，以保持一种防御性的姿态。当其他致灾因子被处置后，它会转入进攻性行动，扑灭大火。在运行阶段，消防分支机构配置一个安全小组，即一个负责快速救援受困消防员的预备连。与建筑物相关的部门负责高层建筑突发事件发生时进入事发地点和扑灭内部火灾。人们组建指挥小组以应对防御性和进攻性攻击。灭火行动要一直持续到突发事件指挥员宣布火灾已得到控制，火焰已经被扑灭时。然后，调查小组成立，负责扑灭任何残留的明火。只要有扑灭自燃火灾的需要，调查小组就要长时间停留在现场。

医疗分支机构涉及转运和治疗患者。施救小组负责找到患者并将其转运到治疗区。分诊小组要对患者情况和治疗需求进行初步的评估。在有害物质突发事件中，初步评估可能会于洗消前、洗消中和洗消后进行。有害物质的毒性决定了对受害者的评估。在涉及神经毒剂的情况下，药理学家决定何时给受害者服用解毒剂。分诊和初步治疗也会在施救小组内进行。同样，根据毒剂情况，服用解毒剂也可能在最初阶段进行，在这种情况下，治疗在大规模洗消之前或大规模消毒的过程中开始。当时间对于生存并非至关重要时，解毒剂的服用可能会在治疗区进行。分诊标签用于给患者的伤势进行分类和记录所实施的治疗，分诊标签号码也是病人的追踪号码。

行为健康是作为医疗分支机构内的一个小组运行的，这些人员和单位在现场可能会被委派从事各种工作。现场行为健康协调员通过医疗分支机构的官员开展工作，同时与规划部门及应急运行中心保持联络。行为健康单位可以监督和帮助患者。这可在病人等待洗消、正在接受洗消、接受治疗和被转运的过程中进行。

随着突发事件的升级，运输分支机构可扩展成四个部门。北向与南向运输代表着地面运输的不同方向，其目的是将患者运送到地方医院或大众关爱场所。转运可能涉及不同的交通工具，因为它们要适应病人的需求。如果消防部门不能调动自己的救护车系统，就应当与地方应急管理服务供应商及救护者服务部门签订正式的协议，征用其运输车辆。根据所涉及的致灾因子及病人的情况，在确保安全的前提下，空中运输小组使用直升机转运患者。最后，国家灾害医疗系统（National Disaster Medical System，NDMS）小组根据当地的 NDMS 计划，为伤员转运做好准备。

安全部门由一名安全官组成。这个官员负责在现场动员，并维持安全运行。安全官的主要任务是制定、实施救援和突发事件现场安全计划。安全官也必须在应急行动结束后，对环境进行清理。在大规模突发事件中，更多的人员会支持安全官。他们监控来自所有突发事件现场的报告，向指挥小组报告进展情况。如果安全小组人员发现不安全的行为，安全官有权力中止现场行动。

管理部门关注的是采购、成本回收、债务和风险管理。这些活动包括与供应商签订合同，获得不能由响应机构提供的服务。他们也会在不同的响应机构之间达成资源共享协议，并记录伤亡人员和财物损失情况，以便日后进行理赔。

后勤部门有多种职能。后勤小组设有四个基本的分支机构，即筹集、责任、康复和资源机构。筹集分支机构监督最初到达、未被分派任务的单位。责任分支机构跟踪响应单位和个人团体，确保他们的安全。康复分支机构监督所部署的人员，满足其生理和心理的需要。比如使用专门装备，给应急人员提供食物、水和汇报的机会。最后，资源分支机构监管所有的装备，他们可提供各种通信设备，负责维修和补给。在有害物质突发事件中，这个分支机构负责运送解毒剂、医疗用品和设备到现场。

总之，突发事件管理系统是一个弹性结构，它的价值在于将应急规划与行动紧密联系起来。为了对威胁进行响应，应急响应组织必须适应每一个突发事件的特殊要求。突发事件管理系统同时反映和提高了组织应对突发事件的能力。地方突发事件管理系统的规划过程有更大的灵活性，所以更有可能被成功地实施。相对于早期的突发事件指挥系统，突发事件管理系统的优点是：它更加周全地考虑到了那些必须在突发事件现场以外实施的行动。例如，突发事件管理系统涉及突发事件指挥系统没有涉及的警报和疏散行动。遗憾的是，这些行动必须全部由运行部门实施。比如，一个疏散分支机构将协调临近现场的风险区域人口的转移，也将协调信息的发布。这要求现场运行官员对其不能直接领导的分支机构或小组负责。将这些工作委派给运行官员，可能违反了可管理控制幅度的原则，因为一个人不能每件事都做。运行官员可以监督警报、疏散和大众关爱机构，这是在监督运输、救援、有害物质、消防和医疗分支机构之外补充的事情。

从突发事件管理系统的复杂性中，你可以很容易地看出：只有应急响应人员在突发事件发生前接受过全面的培训，这个系统才能有效地运转。显而易见，这意味着消防员、警察和应急医疗服务人员必须接受培训。此外，其他组织的高级官员和人员如果承担应急响应的某些职责，也必须接受一些突发事件指挥系统或突发事件管理系统的培训。根据你所在社区致灾因子的类型，这可能包括由公共工程、美国红十字会、救世军和其他支持性服务组织所提供的培训。

9.3.4 应急运行中心

应急运行中心是设立在安全区域内，为突发事件现场响应者提供支持的部门。这种支持必须包括信息、人员、装备或给养。应急运行中心非常重要，因为资源通常在一个辖区内分散地分布。专用资源可能只存在于其他辖区或高层政府手中。在特定地点应对特定类型突发事件的特定资源是不可能事先预测的，而且许多组织参与到突发事件的响应中，且每个组织必须有接受和处理突发事件信息的能力，这意味着你应该给应急运行中心分配足够的人力，这样人们就不会应接不暇了。但是，你也不能分配太多的人员给应急运行中心，否则响应行动将陷入嘈杂与拥挤的环境之中。靠近突发事件现场的组织必须被赋予决策权，这是因为它们更了解当地情况。但是，更多的技术知识和资源常常只有在较高层级上才能获得。因此，人们在应急运行中心应实现所有层级组织间的紧密协作。

应急运行中心的位置应该方便那些对及时、有效的响应至关重要的人士进入，这包括有技术知识的和负有政策制定职责的人员。应急运行中心必须有足够的空间支持在其中进行的响应任务。此外，它的布局应经过精心设计，以便工作人员取得所需的装备、信息和物资。以前的指南和规范都要求，应急运行中心必须执行表9—2所列的任务。

在执行任务1期间，你应该建立一个设计团队。这个团队应该包括应急准备、建筑学、人类工程学和信息技术方面的专家。在执行任务2期间，设计团队应该检验应急运行计划和标准运行程序以确认职能团队。团队应该考察内部需要编制的职位以及职位之间是如何联系的。此外，设计团队应该对资源流进行评估，特别是要对信息流进行评估。计划、工厂布局和疏散路线等静态信息可提前收集并以方便查找的方式存储。你必须收集关于致灾因子的动态信息，将其传达给那些需要的人，并快捷、准确地对其进行加工。静态信息和动态信息都能用三种不同的形式进行传达，即口头形式、数字形式和图表形式。一些类型的信息共享困难，加之信息量大，使得应急运行中心人员履行其功能的能力捉襟见肘。所以，你需要使用先进的电子信息技术，如电子邮件和电脑信息展示屏来管理信息流。

设计团队必须意识到，应急运行中心在刚被启动和换班时，人员的流动性很大，而且，一些职位需要大量的人员流动。许多组织有分析团队，其领导者把自己的团队与执行团队或应急指导者（如市长或市执行长）联系起来。团队领导者需要在组织之间来回流动，因为这样频繁的流动，应急运行中心必须确保团队领导人在其他团队时也能获得有关事件的信息，同时这些领导者在来回流动时不能干扰他人。

表 9—2　　应急运行中心的设计任务

任务 1	建立应急运行中心的设计团队
任务 2	分析应急运行中心的组织情况
任务 3	评估与职位相关的资源流
任务 4	确定每一职位的工位需求
任务 5	评估支持职位的所需环境条件
任务 6	确定每一职位的空间需求
任务 7	开发应急运行中心的概念设计
任务 8	记录应急运行中心的设计基础

正如表 9—2 所示，在执行任务 4 期间，设计团队应该确定每一职位的工位需求。他们应该提供适合不同工作者的工位，同样，键盘高度和电脑视角也应是可以调整的。

在执行任务 5 期间，设计团队应该对所需环境的条件进行评估。应急运行中心的所有职位对供暖、通风和空调情况的要求可能相同。但是，在照明及噪声控制方面的需求可能有所不同，灯光的变化可以通过提供局部可控照明来满足，噪声控制则可以通过使用吸音材料来实现。

在执行任务 6 期间，设计团队应该确定每一职位的空间需求。每一职位的空间需求取决于水平工作空间的大小需求。同时，这也由人们需要方便运动的流动空间所决定。不同类型的突发事件要求不同规模的人员配置，这要求在空间配置方面的设计具有灵活性。在大多数情况下，这种灵活性可通过采用有可移动隔板的开放性空间设计来实现。

在执行任务 7 期间，设计团队的设计师可以使用信息流去构建一个邻接矩阵，邻接矩阵描述了应急运行中心的一个团队需要与其他每一个团队位置临近的程度。邻接矩阵与空间分析得出的信息一起，能够被用于制定一个理想化的布局。在大多数情况下，这个理想化设计必须适应应急运行中心所处的现有建筑的物理约束。在执行任务 8 期间，设计团队应该记录应急运行中心的设计基础，并准备一个设计基础的记录文件，以总结其分析结果和最终的设计。这个文件应该被管理者审查，也要被组成应急响应中心、代表每一个团队的委员会审查。设计审查会为使用者证实设计基础的精确性提供一个机会，也会给关于应急响应中心改造的后续建议评估提供一个基准。

设计一个应急运行中心

像其他组织一样，美国核管理委员会从一个房间起步，最早建立了应急运行中心。他们在信息控制台安排了一个值班官员，这个控制台可以收到任何有紧急事件发生的核电站所发出的应急通知。由于该机构在突发事件和演习中不断积累经验，相邻的办公室也被应急运行中心所占用，所以这样的一些空间都划入了应急运行中心。例如，一个相邻的会议室成为执行团队的工作空间，另外一些房间还是作为办公空间正常使用，但在突发事件响应期间，它们将被分析团队接管。几乎每一个人都抱怨应急运行中心的嘈杂和拥挤，因此负责应急运行中心的一个分部主任雇用一个团队设计了新的应急运行中心。按照表 9—2 所列的步骤，这个团队推出了一个让运转更加有效的设计。事实上，核管理委员会的地区办公室和其他联邦机构使用了同样的团队（和同样的程序）去重新设计自己的应急运行中心。

自我检测

- 列举突发事件指挥系统七项原则中的四项。
- 解释突发事件管理系统和突发事件指挥系统的结构差异。
- 说出应急指挥人员在突发事件中需要采取的七个行动。
- 解释应急运行中心为何重要。

9.4 应急准备的组织结构

在应急响应中，对你有帮助的组织结构有很多。其中，最重要的三种是：大城市医疗响应系统（Metropolitan Medical Response System，MMRS）、城市区域安全倡议（Urban Areas Security Initiative，UASI）和国家突发事件管理系统（National Incident Management System，NIMS）。

9.4.1 大城市医疗响应系统

健康与社会服务部（Department of Health and Human Services，DHHS）在 1997 年启动了大城市医疗响应系统。截至 2004 年 3 月，124 个城市和地区的大城市医疗响应系统计划被建立起来。它们倾向于关注人口稠密的地区和其他可能成为恐怖主义袭击目标的地区，43 个州至少有一个大城市医疗响应系统计划，该计划覆盖了美国较大部分的人口。

该计划的最初目的是：强化地方处理恐怖分子使用大规模杀伤性武器而导致的重大突发事件的能力（Perry，2003）。这一任务为这样一个事实所驱动：对于地方政府来说，联邦对其遭受的恐怖袭击的援助在 48～72 小时之内才能到来。其目的是：确保城市在援助到来之前仍然能够依靠自己的力量运行；开发一个能有效整合联邦资源的强大的地方突发事件管理系统。这个计划的目的随着时间的流逝以建设性的方式不断演进，其关注的焦点包括化学、生物与放射性战剂及其他能够导致人员大量伤亡的战剂。该计划已经牢不可破地被建设成为一个全致灾因子计划，其最独特的两个主要特征是资助和组织。健康与社会服务部直接给城市提供资金，这就消除了资金在中间层级政府流失的顾虑，也增强了城市采购的灵活性。其局限是，城市必须制定广泛参与的计划。城市各部门（不仅仅是消防和警察）、县和州的机构、私营部门（比如医院）必须合作。资助的条件是取得收益，但是，组织问题是巨大的挑战。

大城市医疗响应系统连接多个响应系统。横向联系包括与同一区域的其他部门合作；此外，还要有纵向联系，例如，公共卫生的参与涉及市（镇）、县和州的机构。私营部门组织被纳入规划过程，目的是与在大规模伤亡事件中提供重要服务的团体建立联系，这些团体包括医院、丧葬指导者协会、环境清理公司等。城市必须有如何接收及使用联邦援助的计划，包括接收和分发国家储备药品的计划。

不管是否按照设计，大城市医疗响应系统计划对接受该系统的城市强制推行综合性应急管理程序。这些城市要：

- 运行突发事件管理系统。
- 把突发事件管理系统同辖区的应急运行中心相连。
- 强化与周边社区的互助协议。
- 整合县、州的机构。
- 持续地开展联合规划、联合培训和联合演习。
- 开展一次由联邦进行评估的全面演习。

2003 年 3 月，大城市医疗响应系统计划的职责被转给了国土安全部。该计划的挑战性在于：保持其资金来源和政策的优先次序。健康与社会服务部在多年履行监督职责的过程中，持续性地给建立了大城市医疗响应系统的城市注入资金，但是，对城市的资助额度每年都是变动的。显示该计划实力以及证实其严守承诺的指标是城市要保持计划的活力，甚至在联邦拨款较少的年份也是如此。它们做出了艰难的选择，分配当地的资源，并以此保持了该计划的活力。在国土安全部之下，维持现有大城市医疗响应系统计划的资助依然持续，但是，联邦未来的支持并没有保障。2003 年以来，并没有新的大城市医疗响应系统得以建立，而且，联邦对这一计划的资助也在 2005 年进行了削减。

9.4.2　城市区域安全倡议

2002 年 7 月，布什总统批准了《国土安全的国家战略》(*National Strategy for Homeland Security*)。城市区域安全倡议就是该战略一部分。2003 年下半年，布什总统将城市区域安全倡议的资金增至 40 亿美元之多。2003 年，7 个新城市区域得到了资助，2004 年又增加了 50 个。国土安全部在 2005 年又增加了 7 个城市区域，但中断了对 2004 年得到资助的 7 个城市区域的资助。财政补贴是可观的，多少不等：较高的是对纽约市超过 2.07 亿美元的资助，较低的是对肯塔基州路易斯维尔市 500 万美元的资助。此外，25 个大型运输系统在 2004 年也得到了资助。

城市区域安全倡议的目的是：对恐怖袭击活动的预防、响应和恢复。在发起城市区域安全倡议的过程中，识别出了高威胁、高人口密度的地区。在某种程度上，每个区域获得资助的水平取决于脆弱性评估和需求评估。城市区域安全倡议不能把一般性的模式强加给参与其中的城市区域，相反，它指定核心城市并要求周围的多个地方政府合作制定战略计划，以应对针对城市区域内任何地方的恐怖袭击。城市区域安全倡议批准五个方面的计划支出：

(1) 规划；

(2) 装备采购；

(3) 演习；

(4) 管理；

(5) 行政。

城市区域安全倡议的一个优点是，有为地方需求提供大量资助的优势，而且，它允许地方在规划、行政和资助方面进行选择。其另一个优点是，签署城市区域安全倡议的 50 个城市中的 47 个核心城市已经被纳入大城市医疗响应系统计划，这意味着它们参与了大量的应急规划，可在现有结构之上进一步实现能力发展。但城市区域安全倡议也受到了公众的批评，例如人们认为联邦权威机构在预算这一类别中对已授权的支出规定过严。对于地方政府来说对所有这些经费负责是很耗时的，也是很困难的。人们还注意到，从联邦到州，再到地方的手续履行机制很复杂，行政性要求苛刻。最后，如果城市区域安全倡议是成功的，联邦、州、县和市政府必须有更高层次的持续合作，每个城市区域的市政府之间也必须展开合作。

9.4.3　国家突发事件管理系统

建立国家突发事件管理系统是为了对 2001 年 9 月 11 日的恐怖袭击作出响应。它是一个管理应急准备和应急响应的标准化体系，以突发事件指挥系统和突发事件管理系统结构为基础。建立国家体系的原因之一是：不同的辖区和不同的行业开发出了不同版本的突发事件管理系统或突发事件指挥系统，很明显，多重版本破坏了建立标准化系统的初衷。美国国土安全部在 2004 年 3 月 1 日发布了有关国家突发事件管理系统的文件，它要求所有的联邦机构立即采用国家突发事件管理系统；如果州和地方组织希望获得联邦准备基金，2005 年起必须采用国家突发事件管理系统。

国家突发事件管理系统与突发事件管理系统之间名称的相似性使得国家突发事件管理系统听起来很像前面部分所描述的突发事件管理系统。事实上，国家突发事件管理系统要比突发事件管理系统宽泛得多，因为它涉及应急准备和应急响应，其有六个组成部分。

第一个组成部分被称为**指挥和管理**（command and management），包括突发事件管理系统的基本特征，再加上“多机构合作系统”和“公共信息系统”的定义，使得国家突发事件管理系统更接近于加利福尼亚州的标准化应急管理系统，而不是为普通消防服务而设立的突发事件管理系统。国土安全部定义的多机构合作系统和公共信息系统与传统的消防服务突发事件管理系统相重叠。传统的消防服务突发事件管理系统能够联系不同机构和政府（比如，公共建设工程、应急管理服务、执法机构、医院）所运行的突发事件管理系统，并包括联合信息系统在内，向公众传播突发事件信息（Brunacini，2002）。这些相同的特征也为所有城市的大城市医疗响应系统计划所拥有。

第二个组成部分被称为**准备**（preparedness），“包括对规划、培训、演习、人员资格和证书标准、装备和认证标准、公布管理过程和活动的整合”（U. S. Department of Homeland Security，2004，p. 4）。正如其他版本的突发事件管理系统一样，你需要规划、培训和演习以及制定互助协议。国家突发事件管理系统相对于其他版本的突发事件管理系统而言更为严格，因为国土安全部计划发布标准、测试人员，以证明他们能够执行“与国家突发事件管理系统相关的功能”。国家突发事件管理系统也有一个对装备的认证过程。最后，准备部分规定，突发事件响应期间所使用的表格必须符合联邦标准，这包括突发事件行动计划表、组织任务清单以及许多其他事项。

第三个组成部分被称为**资源管理**（resource management），该部分是复杂且广泛的。它要求地方按照标准体系，制定资源目录。国家资源管理系统的资源分类系统对每一类型的资源都有具体的定义，它也包括理出以下问题的判定原则：突发事件需要什么资源，资源是怎样购买、动员、跟踪、报告和补充的。最后，该部分要求有关人员有证书和资质。

国家突发事件管理系统的最后三个部分不如上述三个部分那样容易定义。**通信与信息管理**（communication and information management）部分为突发事件中的通信建立了标准，具体规定了管理突发事件信息的过程；**技术支持**（supporting technology）部分鼓励地方采购并持续评估突发事件管理中新技术的可用性；**持续管理和维护**（ongoing management and maintenance）部分“发起一个为国家突发事件管理系统提供战略性指导和监督的行动，支持日常性评估以及对系统及其组成部分的长期持续性改进”（U. S. Department of Homeland Security，2004，p. 6）。

人们很难在实施阶段对国家突发事件管理系统进行评价。在国家突发事件管理系统产生的过程中，灾害研究似乎无人问津。人们不清楚，国土安全部征求过其他什么指导、征求过何人的意见、指导是如何被采纳的。对于许多地方应急管理者和响应者而言，更令人担忧的问题是：国家突发事件管理系统规定了有关程序和协议的细节。克里斯顿（Christen，2004，p.96）用低调的语气说，在消防服务中，“并非每个人都对用国家标准和协议取代地方标准和协议表示满意”。更重要的问题是，这些详细的规定是促进还是妨碍了应急和灾害管理的效用和效率，还很难说。

财政投资

凤凰城消防部门在应急准备上投资巨大。它创办了一个指挥培训中心，对本部门指挥人员和其他周边地区的指挥人员进行资格认证。但是，模拟模型、支持、计算机和软件需要大量的财政投入。较小辖区可能会发现，要满足国家突发事件管理系统资源管理部分的要求将更加困难。

在实践层面，国家突发事件管理系统成功实施的可能性是难以估计的。毫无疑问，国土安全部能够对接受联邦灾害准备金资助的机构强加其要求，但是，有效实施一般要比正式采纳困难得多。突发事件指挥系统的指挥管理部分与美国消防服务机构大量采用的突发事件管理系统相同，因此，那些组织是有可能有效实施国家突发事件管理系统的。然而，公共建设工程部门、医院和执法机构对其的实施很难评估。为了有效地实施国家突发事件管理系统，这些组织必须对培训、训练和演习作出郑重的承诺。

国家突发事件管理系统也给国土安全部和地方辖区提出了其他重大的挑战。一个重要的挑战就是国土安全部需要大量的资源去制定标准、每年都要对美国的指挥人员进行考核与认证。如果装备也必须接受认证，这个任务将更会令人望而却步。即使将认证与考核下放给地方，许多辖区可能也会不堪重负，这个过程很可能被看作又一个“无补贴的联邦命令”。对那些日常并不使用突发事件指挥系统或突发事件管理系统的地方政府而言，遵循国家突发事件管理系统所需要的额外资源数量很大。可能因为预见到过渡过程具有挑战性，国土安全部成立了一个“国家突发事件管理系统整合中心”。它有一个网站，网址是 www.fema.gov/nims，用于回答有关系统采纳的问题。此外，国土安全部提供了关于国家突发事件管理系统和突发事件指挥系统基础的多种在线课程。

自我检测

- 简略描述三种在应急响应中对你有帮助的组织结构。
- 解释大城市医疗响应系统的目的。
- 城市区域安全倡议的目的是什么?
- 比较国家突发事件管理系统和突发事件管理系统。

9.5 应急运行计划发展的联邦指南

多年来，联邦政府给州和地方政府提供评估其应急运行计划的标准。其中的一些指导是为了特定的致灾因子而制定的，如核电站突发事件、有毒化学物质突发事件，而另一些指导则采用了全致灾因子方法。关于化学致灾因子的指导（National Response Team，1987，1988）看起来是从早期关于放射性致灾因子的指导（Nuclear Regulatory Cammission/FEMA，1980）演变而来的。然而，关于这两种致灾因子的指导与全致灾因子指导之间有着显著的差异（FEMA，1988，1990，1996）。当然，没有应急管理者愿意为化学或放射性突发事件单独制定一种应急运行计划，而为所有其他致灾因子再制定另外一种应急运行计划，因为那样会背离全致灾因子方法。因此，以下内容试图解释关于应急运行计划发展指南的两种不同的来源之间的关系。

9.5.1 应急运行计划的组成部分

应急运行计划应该有四个基本组成部分：基本计划，功能附件，特定致灾因子附录，标准操作程序和检验清单。

基本计划

每个计划的第一页应该包含原始计划的日期和按时间顺序排列的所有修订计划的日期。一般而言，应急运行计划的副本会提供给多个机构和组织，你必须小心翼翼以确保计划分发清单上的所有人和组织总能得到最新版本的文件。通常，总计划的条款按照以下七个分列的标题撰写：

（1）**目的**：主要陈述计划的任务。它是对基本计划的总结。

（2）**情况和假设**：回顾社区脆弱性分析。它也描述了限制应急响应组织授权的政策。

（3）**运行概念**：描述应急响应行动的顺序。

（4）**组织和责任的分派**：描述应急响应组织的结构。

（5）**行政管理和后勤**：描述通过互助和志愿者扩展应急响应组织的政策。它也涉及识别资源需求、采购额外资源、追踪资源的配置和补偿的政策。

（6）**计划制定和维持**：确定计划的审查和更新。

（7）**授权和参考**：涉及应急运行计划的法律与行政管理基础。它向读者提及其他文件，如致灾因子脆弱性分析，以便读者有更为详细的了解。

功能附件

功能附件的定义可能是撰写一份应急运行计划时最为棘手的部分。每一个功能附件应该描述应急响应组织如何执行响应灾害所需求的功能。因此，全致灾因子应急运行计划的附录应该一并列出应对全部致灾因子所需要的应急响应功能。遗憾的是，没有一个联邦指导文件能提供一个综合性的清单。事实上，这些指导文件所列的应急响应功能的清单彼此互不一致。表 9—3 的前四列对应联邦指南的四个来源。第一列列出了林德尔与佩里（Lindell and Perry，1992）从核电站应急准备（nuclear power plant emergency preparedness，NUREG -0654）中引申出来的四项组织功能，第二列列出了与四项基本功能分别对应的组织子功能，第三列列出了化学性应急准备（chemical emergency preparedness，NRT-1）功能，第四列是联邦应急管理署（FEMA，1996）《州与地方指南—101》（SLG-101）中的典型功能附件清单。SLG-101 中列出的每一条都归入了看起来最恰当的应急响应基本功能。相对而言，SLG-101 的功能看起来近似于 NUREG-0654 和 NRT-1 的功能，但是更少强调应急评估。据推测，这反映出：在核电站和化学物质突发事件中，人们更关心精确的应急评估。第五列将突发事件指挥系统的部门对应到应急响应的基本功能中。突发事件指挥系统不在部门层面上涉及应急响应的基本功能，但在分支机构和小组的层面上有所涉及。第四列与前三列之间最为明显的区别是：突发事件指挥系统更强调致灾因子作业及突发事件管理，而不是应急评估和人员防护。考虑到不同系统的起源，侧重点不同不足为奇。NUREG-0654 和 NRT-1 由联邦管制机构撰写，目的是为大规模有害物质突发事件的准备提供指导；突发事件指挥系统和突发事件管理系统则是由消防员制定的，目的是对火灾的响应进行指导。

表 9—3　　　　应急响应功能的类型

组织功能	组织子功能	NRT-1 功能	地方计划的功能附件（SLG -101）	应急指挥系统功能
应急评估				
	威胁探查/紧急事件分类	持续性突发事件评估		
	隐患/环境监测	持续性突发事件评估		规划
	人口监测和评估			
	损失评估		恢复	
致灾因子行动				
	致灾因子源控制	遏制与清理	消防或火灾/救援 有害物质/油料外溢	运行
	防御工程	公共建设工程	公共建设工程/工程设计	运行
	建筑施工			运行
	建筑物内部物体的保护			运行
			公用事业	运行
人员防护				
	保护行为选择			
	人员警报	警报系统和应急公共通知	警报	
	保护行动实施	公民的个人保护	疏散/运输 放射性保护	
	影响区域进入控制/安全	执法	执法	

续前表

组织功能	组织子功能	NRT-1 功能	地方计划的功能附件（SLG-101）	应急指挥系统功能
	接收/关爱灾民	社会服务	避难所/大众关爱场所 社会服务	
	搜救	消防和救援	搜救	
	应急医疗	健康和医疗	健康/医疗服务	
	致灾因子暴露控制	响应人员安全		
突发事件管理				
	机构通知/动员	响应机构的初始通知	警报	
	启用应急设施/装备			规划
	通信/文件	响应者沟通	指导和控制	
	分析/规划			规划
	内部指导和控制	指导和控制	沟通	指挥
	公共信息	公共信息/社区关系	应急公共信息	指挥
	财务/行政管理	资源管理	资源管理	规划 后勤 财务/行政管理
	后勤		捐赠管理	后勤
	外部协调	指导和控制		指挥
			法律	

作为一个应急管理者，你应该意识到这些系统对不同应急管理功能的侧重不同。当你按照所在社区的应急规划工作时，你可能发现合作者的侧重点与你不同，对此你不应感到奇怪。那些在工作中关注建筑火灾和山火的人可能趋向于更强调致灾因子作业，而不是其他功能；而那些专注于核电站突发事件或飓风的人则可能更重视人员的防护。

你不应该将联邦指导缺少一致性看作应急运行计划的一个问题，地方辖区有权力决定自己如何定义应急响应功能。因此，你所在的辖区可以用与辖区所面对的致灾因子及辖区正常组织结构最兼容的方式，组织应急运行计划的功能附件。

特定致灾因子附录

特定致灾因子附录规定了响应特定致灾因子的方式，这种响应不同于标准响应。你要避免混淆特定类型的致灾因子（比如恐怖袭击）与一般致灾因子的响应，这点非常重要。恐怖袭击可能涉及四种类型的危险物质——化学制品、生物战剂、放射性或核物质、爆炸物。它们中的每一种都会带来特殊的致灾因子，这要求你调整一些应急响应的程序并对应急响应的某些方面进行较小的调整。因此，恐怖袭击应该列在特定致灾因子附录中，而非功能附件中。

标准操作程序和检验清单

标准操作程序和检验清单列举了个人和组织执行特定应急响应任务的步骤，这些步骤有的可能包括在应急运行计划中，而有的可能只被简单地提到。应急运行计划应该有一套完整的部门计划和程序，以及检验清单、地图和其他岗位绩效辅助工具。

自我检测

- 定义功能附件。
- 列举恐怖分子会使用的四种类型的危险物质。

总 结

作为一个应急响应者，在灾害条件下，你要努力防止人员伤亡和财产损失。正如文中所示，通过适当的规划从而有效地实现这一目标是有可能的。规划可能会很困难，但是，确定如何实施响应的基本功能，会辅助应急管理者就应对紧急事件创立一个组织化的框架。在没有任何外部援助的情况下，地方政府通常也有资源来满足灾害的需求。但是，有了适当的规划，多个团体便可能以约束的形式相互合作。正如美国的自然灾害卡特里娜飓风、丽塔飓风以及“9·11”之类的恐怖袭击所示，应急管理者必须进入一种严阵以待的状态，及时对威胁社区的极端事件作出响应。

关键术语

损失评估	一种评估，它首先要确定受影响区域的边界，然后评估受影响区域内建筑物和基础设施的损失总量。总统依据这一信息来判断是否宣布该地区进入灾害状态。
功能附件	应急运行计划的一部分，它描述应急响应组织对灾害需求进行响应所需要的功能以及如何实现这些功能。全致灾因子应急运行计划的功能附件应该一并列出应对全部致灾因子所需要的应急响应功能。
政策企业家	一个具有技术专长和宣传应急规划合法性议题的倡导者。
人口监测和评估	识别处于致灾因子中的人群的过程。

测试你的理解能力

登录 www.wiley.com/college/lindell，测评你对应急响应的准备有关知识的掌握情况。

比较测试前和测试后的结果，衡量你的学习情况。

总结性问题

1. 应急规划应该作为一个持续的过程。对还是错?

2. 致灾因子源控制是突发事件管理的一部分。对还是错?

3. 突发事件管理系统运用下列所有术语来描述不同规模的人群、装备和器械,除了________。

(a) 部门

(b) 分支机构

(c) 指挥部门

(d) 小组

4. 在大城市医疗响应系统计划下,城市要求将县和州的机构整合起来。对还是错?

5. 下面哪项是国家突发事件管理系统的组成部分?

(a) 准备

(b) 探查和分类

(c) 致灾因子监测

(d) 致灾因子源控制

6. 国家突发事件管理系统比突发事件管理系统更为宽泛。对还是错?

7. 应急运行计划的运行概念,

(a) 申明了计划的任务

(b) 描述了应急响应行动的顺序

(c) 描述了应急响应组织的结构

(d) 定义了计划将如何审查与更新

8. 应急运行中心应该有

(a) 部门计划和程序

(b) 检验清单

(c) 地图

(d) 以上各项

9. 撰写应急运行计划最为棘手的方面是

(a) 得到撰写的帮助

(b) 撰写任务

(c) 撰写功能附件

(d) 撰写运行概念

回顾性问题

1. 在规划过程中,过分强调细节所导致的四个问题是什么?

2. 应急响应的四个基本功能是什么？简要地解释每个功能。
3. 在设计应急运行中心时，应该执行哪八项任务？
4. 大城市医疗响应系统是如何将多个响应体系联系在一起的？
5. 应急运行中心基本计划的条款应该用哪七个标题？简要地解释每一标题。
6. 为什么应该审查应急运行计划？多长时间审查一次？

本章应用

1. 天气预报预测一场 5 级飓风将会袭击南卡罗来纳州的默特尔海滩（Myrtle Beach）和北卡罗来纳州的基蒂霍克（Kitty Hawk）之间的大西洋海岸。作为一个应急管理者，你会采用什么步骤去完成应对这次灾害的准备工作？

2. 你所在的社区发生了几次爆炸，人们怀疑是恐怖袭击。在突发事件现场被确定为犯罪现场后，你是否需要在现场附近采取更多的措施？

3. 两辆卡车在拥堵的高速公路上相撞，其中一辆装载的是牲畜，另一辆装载的是汽油。你会采用什么步骤处理此次突发事件？

4. 你和其他机构合作，讨论社区的应急准备。你如何安排规划、培训和演习的相对优先次序？

5. 你是一个易受飓风袭击的临海小镇的地方应急管理者，需要设计和组织一个应急运行中心。应急运行中心应该设在什么地方？为什么？谁应负责该中心？

6. 你所在的社区正和其他社区联合扑灭一场山火，这场山火正在小镇郊外几个小区域附近燃烧。你是突发事件指挥部的高级顾问，你的职责是什么？

试试看

公共信息官

你所在的社区被飓风摧毁。公共信息官需要什么类型的信息去与媒体打交道？

应急运行中心

你是一个团队的项目管理者，该团队负责对一个新组建的应急运行中心进行设计。当你的团队设计应急运行中心时，你应该考虑什么因素？

应急运行计划

你正在为你所在的社区撰写应急运行计划。在撰写、组织该计划前以及过程中，你应该考虑到什么因素？是否存在合适的时机，使你能够为每一种致灾因子单独撰写计划？

第 10 章

有组织的应急响应——处置紧急事件

预先测试

- 登录 www. wiley. com/college/lindell，测评你对有组织的应急响应有关知识的掌握情况
- 确定你需要努力的重点在哪里

你将在本章中学到

- 响应阶段的应急评估活动
- 特殊致灾因子的致灾因子作业任务
- 人员防护措施及如何实施
- 突发事件管理的任务及其重要性

学习本章后，你将能够

- 选择适当的地点执行应急响应功能
- 解释突发事件分级系统
- 分析在应对不同的致灾因子的过程中保护风险区域公众的行动
- 研究作为突发事件管理核心的八项具体功能

目标与结果

- 在响应阶段进行应急评估活动
- 设计一个计划，在社区易遭受的致灾因子中，保护公众和建筑

➢ 管理应急运行中心内的信息流动

➢ 管理和组织公共部门、私营部门和非政府组织的工作，以成功地应对社区范围内发生的灾难

导 言

在应急响应阶段，你所采取的行动依赖于应急准备期间所确立的应急运行计划和程序。当然，我们不可能完全精确地预测到每一特定事件的需求，因此，应急响应组织总是需要临机决断。过少的临机决断就意味着人们太机械化，过多的临机决断则说明准备不足。当你应对一个紧急事件时，你应该专注于你必须执行的四项基本功能即应急评估、致灾因子作业、人员防护和突发事件管理。本章将探讨各个功能并说明它们对实施有效响应以降低伤亡和损失所起的关键作用。

10.1 应急评估

响应阶段的应急评估活动是以信息为导向的，即了解致灾因子动因和处于风险中的人员、财产状况。这项功能涉及使用在威胁性影响发生之前已经确立或获得的分级系统、协议和装备。特定的威胁、其影响的可能性、管理威胁的政策都始于辖区内的致灾因子脆弱性分析。详见表 10—1 对应急评估行动的描述。

表 10—1　应急响应功能与具体行动

功能	突发事件现场/指挥部	应急运行中心	其他地点
紧急事件评估	地方威胁探测和紧急事件分级 地方致灾因子监测 损失评估	区域性威胁探测和紧急事件分级 区域性致灾因子监测 环境监测 人员监测和评估	
致灾因子作业	致灾因子源控制 防御工程 建筑施工规范 建筑物内部物体的保护规范		
人员防护	防护性行动选择 人员警报 搜救 影响区域进入控制与安全 致灾因子暴露的控制 应急医疗服务 环境保障	防护性行动选择 人员警报	人员警报 防护性行动实施 灾民的接收与关爱 应急医疗服务

续前表

功能	突发事件现场/指挥部	应急运行中心	其他地点
	机构通知与动员 应急设施与装备动员 沟通/文件记录 分析/规划 内部指导与控制	机构通知与动员 应急设施与装备动员 沟通/文件记录 分析/规划 内部指导与控制 后勤 财务/行政 外部协调 公共信息发布	公共信息发布 应急设施与装备动员

10.1.1 威胁探测和紧急事件分级

威胁探测包括：

- 确知威胁的存在；
- 评估受影响的范围、位置和时间；
- 确定如何应对。

第一步是确知威胁的存在。你可以亲自探测到或者被别人告知威胁的存在。信息源经常取决于致灾因子动力的类型，比如：

- 国家气象局通知你强风暴正在形成龙卷风；
- 设备操作员通知你一个核电站突发事件正在演进；
- 911 接线员通知你一辆火车脱轨导致有毒化学物质泄漏。

探测到一个威胁之后，你将经常发现利用**紧急事件分级系统**（emergency classification system）的益处。紧急事件分级系统把大量潜在的突发事件归纳到一组分类中，这些分级系统将威胁评估与响应组织的启动水平联系起来。紧急事件分级系统对于每一种致灾因子都是特定的，它们的实施取决于相关致灾因子的技术状况。国家气象局利用飓风观测来分级。**飓风观测**（hurricane watch）说明了在特定的海岸上，36 小时内飓风条件（风速至少保持在 74 英里/小时）形成的可能性；**飓风警报**（hurricane warning）显示在未来 24 小时或者更短的时间内，飓风条件形成的可能性。飓风观测和飓风警报发出信号告诉我们飓风将会何时登陆。萨菲尔-辛普森分级进一步补充了信息，它能预测飓风可能的破坏等级。当飓风警报确认存在 5 级风暴后，受威胁辖区显然应该在风暴来临之前做好最后的准备。

同样的思考方式也被应用于固定场所设施的技术致灾因子上。这些设施对其系统进行日常监测，以发现生产条件的变化。这样的监测可以使致灾因子在远未对人和财产构成威胁之前被监测到（McKenna，2000），从而使现场和场外人员能够快速地进行响应（Lindell and Perry，2006）。但是，仅仅进行监测是不够的。现场和场外人员应该建立起紧急事件分级系统，确保设备操作员在情况变得很危险时能够有效应对。对于设备操作员不能有效应对的情况可从以下四个方面寻找原因：

(1) 在设备遭遇突发事件时，监测装置常常显示出混乱的信息。设备操作员常常专注于弄清发生了什么，而不是通知他人。

(2) 设备操作员不理解仪表数据的含义，低估事态的严重性。

(3) 设备操作员自信地认为他们可以在事态恶化前控制局势。他们要用很长时间才会意识到事态已经失控。

(4) 设备操作员低估当地公众采取场外保护措施所需的时间。他们没有意识到，通知、警告、疏散等行动都需要几个小时而不是几分钟。

紧急事件分级系统就是针对这些问题的，为确定威胁的严重性提供了具体、客观的标准。相应地，该系统事先为下列事项规定了适当的行动措施：

- 摸清情境的应急评估活动；
- 预防或矫正失能的致灾因子作业；
- 避免暴露或使暴露可能性最小化的人员保护行动；
- 启动、协调应急响应组织的突发事件管理行动。

紧急事件分级系统应考虑以下三个方面来确定紧急事件的级别：

(1) **致灾因子产生** (hazard generation)：如果一个极端事件发生的可能性较大、幅度较大、影响点较近、在较短时内来袭，紧急事件的等级就比较高。

(2) **致灾因子传播** (hazard transmission)：当影响更可能传播给周围环境并且环境经受影响的能力有限时，紧急事件的等级就会较高。在大多数情况下，随着离事发地的距离越来越远，爆炸性能量会减弱，危险化学物质也会消散。

(3) **社区脆弱性** (community vulnerability)：当社区没有针对致灾因子采取致灾因子调整措施时，紧急事件的等级应该更高。比如，在既定风速下，无保护性窗体的木结构房屋显然比带有窗板的钢筋混凝土建筑更危险。当有毒的化学物质泄漏发生时，高渗透率的建筑比密封建筑更加危险。

一般而言，只有清晰地界定了每个突发事件的应急行动等级，人们才能放心地应用紧急事件分级系统。应急行动等级 (emergency action levels, EALs) 是一个具体的事件或者一种具体的情况，它作为测量紧急事件严重性的指标，很容易被识别。例如，核管理委员会和联邦应急管理署定义了四类核电站紧急事件。

(1) **非正常事件** (unusual event) 被定义为设备安全的潜在恶化。除非有其他事件发生，否则不会发生泄漏。

(2) **警报** (alert) 指设备安全重大恶化。超出国家环保署规定的暴露界限的泄漏可能发生。

(3) **场内紧急事件** (site area emergency) 是指设备的安全功能基本丧失。泄漏可能超过国家环保署规定的现场界限，但并没有超过场外界限。

(4) **总体紧急事件** (general emergency) 是指重要的部分出现恶化，放射性物质可能从控制性建筑物内外溢。泄漏可能超过国家环保署规定的场外界限。表10—2对此进行了全面的描述。

表 10—2　　核电站总体紧急事件的定义

等级描述
事件正在演进或已经发生，它们包括实际或即将发生的重要部分的恶化或熔化，以至于存在容器受损的可能。对于远远超过近场区域范围的泄漏，人们有理由预测它会超过国家环保署《保护行动指南》(Protective Action Guideline) 规定的场外暴露水平。
目的
总体紧急事件宣布的目的是：(1) 启动预先确定的公众保护行动；(2) 持续评估从认证机构和场外组织监测中获取的信息；(3) 按照事实或潜在泄漏的要求，启动附加行动；(4) 为场外当局提供咨询；(5) 通过场外当局向公众提供最新情况。
专业行动（部分清单）
1. 立即通知州和地方场外政府进入总体紧急状态，一旦查明事因，立即对紧急情况做出解释（同时通知州或地方政府）。 2. 通过启动现场技术支持中心（technical support center，TSC）、现场运行支持中心（operational support center，OSC）、近场应急运行设施（emergency operations facility，EOF），增加资源。 3. 评估和响应。 4. 派遣现场和场外监测小组，携带相关通信设备。 5. 指派专人负责将设备更新状况传达给场外政府并定期进行新闻发布（也许与场外政府联合）。 6. 让高级技术与管理人员到现场与核管理委员会和州政府进行协商。
州或/和地方场外政府的行动（部分清单）
1. 提供所需的任何援助。 2. 及时启动向公众传达紧急状态的通知，并提供周期性的更新。 3. 建议在方圆 2 英里内和下风向 5 英里外避难，评估延长距离的需要。考虑疏散的可行性（比较预计可用的时间与估计疏散的时间）。 4. 通过启动主要响应中心来增加资源。 5. 派遣主要应急人员，包括监测团队，携带相关通信系统。 6. 派遣其他应急人员去方圆 5 英里内的值班电站，提醒他人处于待命状态。

每个紧急事件的级别有一个具体的定义，它是用预先确定的应急行动等级来衡量的。应急行动等级由核电站制定并经核管理委员会批准。相应地，每个紧急事件等级确定了紧急事件被宣布时应采取的行动。该系统以多人在危险发生前所做出的一致性客观判断取代了一个人在威胁发生期间的主观判断。建立一套紧急事件等级本身并不能提供一个有用的紧急事件分级系统。比如说，第一版的国土安全咨询系统有五种颜色对应不同的威胁等级，它并不是很有用，这是因为除了国土安全人员，没有人知道不同威胁等级所代表的具体情况。不公开这个信息是为了防止它为恐怖分子所用，这是可以理解的，但是，处在风险之中的人们无法确定威胁等级的变化真正意味着什么。比如，人们无法知晓等级从黄色变成橙色时增加了什么威胁，更糟的是，最初的系统没有说明家庭、企业、社区应采取何种行动以应对每一个等级的威胁。直到该系统将不同的等级与特定的响应行动联系起来，它在某种程度上才变得有用了。有趣的是，红十字会负责规定州和地方政府、机场和其他关键场所、普通家庭和企业应做些什么（见 www. redcross. org)。

当你所在的社区有化工单位时，紧急事件分级系统是非常重要的。国家核管理委员会与电厂合作，确立了紧急事件分级系统。你应该直接与当地的化工单位合作，开发其分级系统。

另一个重要评估活动出于判断一个突发事件何时达到稳定的需要，这让你知道，你何时可以宣布紧急事件已经结束。过于简单地宣布紧急事件的结束是一种误导，因为确定紧急事件的结束有许多标准。比如：当安全地结束诸如疏散公众之类的防护性行动时，当响应人员可以降低人员使用的防护装备水平时，当应急响应人员可以撤离时。

你要能够解释为什么结束不同的响应功能要使用不同的标准。比如，当外溢的酸性物质已经经过中和处理、不再构成威胁时，现场突发事件指挥员可能会让人员停止使用个人防护装备。然而，你可能需要等待，直到几个小时后警察准备恢复道路巡逻时，才会重新向被疏散者开放受影响区域。作出这样的结束响应的决策时要考虑影响的性质。在一些突发事件中，危险的结束要晚于响应行动的结束。比如，在某些有害物质突发事件中，响应行动还必须包括环境修复，因为你必须将污染降低到人们可以安全返回的水平。所以，评估程序应包括确定突发事件结束的标准。

10.1.2　致灾因子监测与环境监测

你必须随时跟踪致灾因子，确定威胁在可能性、范围、演进速度或是影响区域方面发生的变化。你也需要监测可能改变灾害影响或促进成功响应的环境条件。致灾因子和环境监测是相互紧密联系的，因为有些致灾因子源于大气，另一些致灾因子会通过大气转移。在飓风发生时，你可以通过监测风暴当时的位置、可能的轨迹、来袭的概率、强度、规模和速度等方面的数据，预测其影响。在有毒化学物质泄漏的情况下，你可以根据泄漏率、持续期以及风速和风向、大气稳定性来建模，预测其影响。此外，你应该预见到可能导致更多泄漏的火灾，也应该预测降水和风向转变的可能性，因为雨水能分离出大气中的水溶性有毒化学物质，而风向转变则可能改变受影响的区域。

你应该涉及监测和推断致灾因子实际严重性的技术与组织规定，你应该能在紧急状态期间随时做到这一点。执行这项任务的能力会因环境致灾因子的不同而变化。对于地震而言，监测和推断是不可能的，因为目前无法预测这种致灾因子发生的可能性，但是，我们很早就能预测河流泛滥之类的致灾因子了。联邦机构负责监测地方范围内的致灾因子，这样的机构包括国家飓风中心（National Hurricane Center）、太平洋海啸预警中心（Pacific Tsunami Warning Center）和疾病控制与预防中心（Centers for Disease Control and Prevention）。收集这些致灾因子的信息，需要专业的设备以及具有专业技术的工作人员，需要他们帮你解释信息，并在此基础上行动。在涉及放射性有害物质和其他化学有害物质的情况下，潜在的泄漏源存在于社区中。然而，影响范围却是极其地方化的，这里，你也需要设备来获取由设备操作员或者化学物质运输者所提供的信息，还需要运用工作人员的技术专长去解释信息并在此基础上采取行动。此外，你要能够获知目前和未来的天气情况。最后，你还要有人员和装备去跟踪有害物质烟雾，测量致灾因子的等级。用于探测和识别的装备正在变得愈发复杂、小巧和灵活。1996 年的《纳恩-卢格-多米尼西法案》（*Nunn-Lugar-Domenici Act*）使得地方政府能够买得起这类装备，美国司法部（Department of Justice）的后续拨款使这一规范得以持续。

一个主动监测烟雾的程序使你在泄漏期间能够评估任何人或动物暴露在危险中的情况。烟雾监测也使人们有可能更准确地确定何时解除人们的防护性措施，如疏散和就地避难。监测的一个主要作用是：识别暴露于烟雾风险中的社区，这一信息使得通知公众与进行响应的动员更加容易。记录从固定地点设施中泄漏的有害物质在下风向的浓度，这一点非常重要。这些设施的特定监测点可以事先设计。人们可以做一个标准化的记录表，有些州为了探测生物致灾因子，已经这样做了。

此外，有些社区已经建立了团队去记录致灾因子烟雾的位置及移动情况。监测烟雾的团队应该由特定的规程来指导，这一规程应该说明，有关人员应如何识别和监测所泄毒物的浓度。建立有害物质响应团队的社区能够提高社区的响应能力。许多大型消防部门会将先进的装备空运至现场，比如生物战剂探测器。因为在有些突发事件中，根据所运输物质的性质的信息和容器的目测检查，就能对威胁进行判断；但在其他情况下，只有使用先进的传感仪器，才有可能清晰地识别致灾因子的位置及严重性。在先进的监测设备到达之前，响应者应该：

- 在现场周围，建立环形防御带；
- 防止人们进入热区；
- 给暴露者消毒；
- 记录出现的任何人员；
- 保持医学观察和隔离，直到权威医疗机构发布解除命令。

10.1.3 人员监测和评估

你需要知道受影响区域在特定时间内的人口数量。如果收到将有飓风袭来的预警，知道通常该时间该区域内有多少人能帮助你管理疏散工作；在你发布疏散警报之前，知道人们是否已经离开将对你更有帮助，在灾害袭击发生之后，你需要知道已有的伤亡人数。

记录常住人口规模与人口普查数据，这样可以让你随时利用这些信息，但是，你需要按照年龄和民族将这些数据细化，也需要再去评估工人、旅行者和其他流动人口的数量（Lindell and Perry，2003；Perry and Lindell，1997）。商业部门例行公事地保存这样的信息。在紧急状态下，不同部门、群体的响应不尽相同，有些部门、群体具有很强的动机去遵守防护性行动的建议，而另一些部门、群体遵守防护性行动建议的动力和能力相对有限。比如，相对于度假者，常住人口更不愿意被疏散，同时学校里的孩子、医院里的病人和住在养老院中的人疏散的能力有限。

人口监测的另外两个方面是伤亡估计和响应者的责任，这些在应急响应的最后阶段变得很重要。人们需要借助伤亡评估来确定有多少人员失踪、他们可能在哪里，这些信息对搜救队（search and rescue，SAR）来说是至关重要的。责任信息使搜救队能够对建筑物区别对待并集中搜救的力量（Olson and Olson，1985）。显然，知道哪些建筑物里无人，搜救队便可越过这些地点，这样，队员们可以集中力量去那些可能有伤亡的建筑物中搜救。由于同样的原因，响应者的责任是必需的。应急响应组织，特别是安全官员应该有一个人员花名册和任务职责表来帮助自己高效地履行职责。

10.1.4 损失评估

损失评估主要衡量灾害对公众和个人财产的影响。人们多在恢复过程中考虑到这一功能，但事实上，损失评估是一个始于应急响应阶段的持续性过程。第一个阶段，应急响应者需要进行**快速损失评估**（rapid damage assessment）来界定物理影响区域的界限并估计影响区域内的损失，这能为你提供有关影响程度的最新信息。在知晓这些信息之后，你就能确定你是否有充足的资源来满足突发事件的需求。如果答案是否定的，你就可能需要去调动非值勤人员。如果这样还不能为你提供足够的应急响应资源，你就需要向邻近辖区或私营部门请求援助，或者向更高层次的政府请求援助。

持续评估

在完成最初的损失评估后，你需要继续评估突发事件的影响。比如，你可能对地震进行了最初评估。随着突发事件的继续发展，人们需要一个更为广泛的物理影响评估，检验二次威胁的可能性。比如，你需要去考察余震导致大坝坍塌、有害物质泄漏、山体滑坡或者主震中受损建筑倒塌的可能性。

此外，你应利用快速损失评估，确定如何随着情况的变化而重新配置资源。比如，在对河流泛滥进行响应期间，你可以借助损失评估团队，识别堤坝上需要加固的薄弱之处。

自我检测

- 明确应急响应功能及其具体的行动。
- 定义“紧急事件分级系统”。
- 解释“致灾因子监测”与“环境监测”之间的不同。
- 定义“损失评估”和“快速损失评估”。

10.2 致灾因子作业

致灾因子减缓是一个在灾害影响发生时提供消极保护的战略。但是，其中有些行动能够在响应阶段实施，就是说，致灾因子作业行动与灾前致灾因子减缓行动的目的相同，但是，致灾因子作业行动只在需求出现时才实施。就灾前致灾因子减缓行动而言，致灾因子作业行动的可实施性因致灾因子的不同而出现巨大的变化，而且，必须将致灾因子作业行动与永久性致灾因子减缓措施归为同类。其主要区别是：致灾因子作业措施必须能够快速实施，这不受所有土地使用规范的限制（见表10—3）；另外，致灾因子作业措施不适用于事前不能充分预警的龙卷风、地震等致灾因子。

表10—3　致灾因子作业的适用范围（按致灾因子分类）

致灾因子	致灾因子源控制	防御工程/行动	土地使用措施	建筑施工措施	建筑物内部物体的保护
强风暴/寒潮					×
高温					
龙卷风					
飓风				×	
山火	×	×		×	×
洪水	×	×		×	×
风暴潮		×		×	×
海啸		×		×	×
火山爆发		×		×	×
地震					
滑坡	×	×			
工业火灾/大火	×			×	
爆炸	×			×	
化学物质外溢或泄漏	×			×	
放射性物质泄漏	×			×	
生化突发事件	×			×	

如表10—3所示，可用于致灾因子产生阶段的致灾因子源控制措施有许多，比如，用水灭火可遏制山火的蔓延，修补或堵塞储存设备的漏洞能阻止有害物质泄漏。此外，防御工程能够改变致灾因子传导的过程，比如，可通过堆沙包及其他堤岸加固措施来控制洪水；同样，推土设备能够构建堤坝，拦截有害物质外溢的径流。建筑施工措施包括在灾害来袭前的最后一分钟在窗户上安装夹板以防止风力及碎片的破坏，临时性的建筑物内部物体的保护行动包括：当寒潮被预报后，在其来临的最后时刻，对水管进行包裹。其他此类措施包括：当洪水被预报后，将家具、设备和衣物转移到更高的楼层。

预防性和矫正性措施

设备管理者可采用许多预防性和矫正性的行动，以防止有害物质泄漏或限制其规模。核电站和化学生产场所可以注入冷却水，隔离泄漏储存罐或管道，修理发生泄漏的泵和阀门，修补被损坏的储存罐。其中，一些措施可以防止泄漏的发生，另一些措施可矫正导致泄漏的设备问题。在一些情况下，可利用水幕去吸收水溶性蒸汽或者使用火炬塔去燃烧可燃蒸汽（Prugh and Johnson，1988）。

你应该为致灾因子作业行动的选择确立一个指导方针。标准运行程序应该包括一些规则来确定采取或避免每种致灾因子作业行动的条件，它们可以与实施行动所需要的检验清单相互参照。举一个具体的例子，针对可燃性有毒气体泄漏的减缓措施之一是故意点火，你应该清楚，谁能授权实施这样的行动，在何种条件下应该尝试点火行动，何时批准处置权以及何时不能点火。在不同的情况下，决策的权威机构是不同的，比如，在私有产权的范围中，发生于固定地点设施的突发事件由设备人员进行控制，一般发生在公共产权范围中的运输突发事件由突发事件指挥官员进行控制。

自我检测

- 解释致灾因子源控制措施如何可以在致灾因子产生阶段进行干预。
- 解释致灾因子作业行动的可实施性随着致灾因子的不同而大为不同。

10.3　人员防护

应急响应组织应该拥有防护工作人员和公众的技术与组织机制，你必须对此进行监督。具体的任务包括：

- 选择防护性行动；
- 对受影响人群发出警报；
- 实施防护性行动；
- 控制致灾因子暴露；
- 控制和限制影响区域的进入；
- 接收和关爱灾民；
- 开展搜救行动；
- 提供应急医疗服务。

通过应急功能评估表而收集的信息是实施人员防护的基础，你所关注的重点应为：确定何种行动在某一具体情境中是适当的。此外，你必须确保自己拥有实施防护性行动所需的资源。

10.3.1 防护性行动选择

你必须确定，哪些人员防护性措施可能是有效的，还必须确定家庭或企业得到建议、采取行动的时间。适当的保护性战略取决于：

- 环境威胁的类型；
- 发生的确定性；
- 影响的严重性；
- 影响的迫近性；
- 影响的持续时间。

一般来说，威胁随着与影响点之间距离的增加而降低，因此，一定距离以外可以不要求采取防护性行动。比如，人们应该从河流附近、估计会发生洪水的区域被疏散出来；而在可能发生洪水的区域之外，不需要采取行动。在许多情况下，你会发现很难定义疏散区域的边界；以洪水为例，你不能确知将被淹没的地区；同样，你也无法预测，有毒气体达到哪种程度会对生命造成威胁。科学预测工具可以提供帮助，但不能消除所有的不确定性。

而且，在有些情况下，建议人们采取的防护性行动因地点的变化而不同。以火山爆发为例，在受到严重火山灰沉降或泥石流威胁区域的人们应被建议接受疏散，而在受到轻微火山灰威胁区域的人们被建议就地避难并戴上防护面罩，只有在火山灰沉降区域以外，才会无任何行动要求。在这些情况下，那些得到警报、被建议在不同区域采取不同防护性行动的人必须知道自己身处何处，但是，人们对风险的理解并不准确，即便他们已经拿到了标明风险区域的地图（Arlikatti, et al.，出版中；Zhang, Lindell, and Prater, 2004）。你可能需要利用预警机制，精确定位，并提出不同防护性行动建议的目标区域。

10.3.2 人员警报

警报通常是直接涉及公众的第一个应急响应任务，你应该确保每次公共警报都由获得法律授权的人来发布。完成警报任务还要求明确以下事项：

- 决定编辑警报信息的人或委员会如何发布警报；
- 在警报传播的过程中，还需提供相关组织的联系方式；
- 确定编辑和发布预警信号的人或委员会，确保信息人人都能理解。

有些辖区为每个暴露于致灾因子之下的社区准备了“填空”式的警报信息，然后在警报发布前将它们补充完整。

在紧急事件期间，特定的警报应该由专家和可靠的信息源来传播。他们应该描述威胁的地点、严重程度和预期的影响时间，也应该推荐适当的防护性行动，提示如何获得更多的信息。这些警报必须以及时和有效的方式传达给所有可能处在灾害影响区域中的人，响应者可以利用委员会在规划、培训与演习等准备阶段所分析的机制来传播这些警报，但是，报警机制的选择和警报信息的内容必须符合当时的应急评估结果。所以，人员需要培训，一方面保证他们能进行有效的技术判断；另一方面使他们知道，如何尽快地与技术专家取得联系。

10.3.3 防护性行动的实施

防护性行动实施的重点是：确保打算遵循政府防护性行动建议的人们事实上采取了行动。一般来说，人们实施防护性行动，可能需要下述一些资源（Lindell and Prater，2002）：

- 金钱；
- 知识和体能；
- 设施和交通工具；
- 工具和装备；
- 时间与能源；
- 社会合作。

这些资源在各个辖区人口中的分布并非一致。对于哪些家庭缺乏执行防护性行动所需的资源，你在某种程度上必须做到心中有数。你需要对基本没有应急响应资源的人员进行统计，并确定他们所居住的小区。

针对有毒化学物质进行就地避难时，所需的主要资源是一个密封建筑物，因而居住在新近建造的住宅中的家庭有足够的保护，因为这些建筑物一般能更好地防止空气渗透。居住者只需知道关上门窗，关闭中央空调系统，封闭烟道即可。但是，在温和气候条件下老房屋封闭性较差，它们不能提供足够的保护，所以，居住在这些建筑中的家庭可以使用胶带和塑料板，封闭一个内室，从而获得更多的保护，但是，这些材料必须预先购买和储存。同样，在飓风或龙卷风来临时进行就地避难的家庭需要有可以承受极端风压的建筑物，如果有地下室或安全室，他们就能够得到充分的保护。相比之下，房车居民可能需要小区中的社区避难所，在飓风到来之前，他们需要获得充分的预警信息以及时到达避难场所。

疏散是一种更为复杂的响应，因为它需要更多的资源。第一，人们需要一种交通方式，所以你必须为那些没有车辆的人提供疏散交通方面的支持，也必须为那些不能步行到疏散公交车停靠点的人提供行动上的支持；第二，人们需要一个行动路线，所以，你必须进行疏散交通管理来引导人们采取适当的疏散路线，帮助车辆沿着疏散路线有序地移动；第三，人们需要疏散目的地，应急响应组织必须能够为那些无处投靠或没钱住旅馆的人提供大众关爱场所；第四，家庭需要疏散信息，比如，乘坐疏散公交车的家庭必须知晓停靠点在哪里，而使用私人汽车的人应该被告知疏散路线，这些最好是在突发事件发生前告知人们。

有效的疏散计划确立了指导疏散的领导机构，规定了疏散交通管理程序来协调人们疏散行动的时机及方向。你需要与运输官员、执法人员合作，选择疏散路线，确立保持车辆稳定流动的程序。程序应该指明交通管理所需的人员和资源，还应该规定资源储备的地点，还应该包括分发人员和资源部署人员的联系信息。

你也应该为需要交通援助的人制定一些条款，这一般涉及三类人。第一类人由无私家车、依赖公交的家庭组成，他们也没有可能搭载的其他私人车辆。所以，你需要为其准备公共汽车，并告知他们乘坐公交车可携带的个人物品的信息。此外，你必须广播公交车停靠点的信息。将公交车集中在当地小学是符合逻辑的，因为小学一般在大多数家庭步行可达范围内，而且小学的位置也是众所周知的。第二类是家人中有行动不便者的家庭。他们需要身体方面的照顾或者医疗支持。这些人分散在社区的各个地方，在许多情况下，政府事先不知道其住址，此时，私人疗养院可能乐意提供回家养病的病人的统计数据。即使存在为患者保密而禁止透露病人住址的规定，情况也是如此。第三类是制度化人群。在许多情况下，监狱、医院、疗养院的工作人员负责组织其监护对象的疏散，疏散领导机构应该对此进行协调，这确保了多个机构不会用相同的疏散公交车或者同样的接待场所接待自己的监护对象。作为制度化人群的一部分，学校孩子的疏散需要事先规划，确定学生们是由父母从学校接走、回家还是集体被疏散到接待中心并在此与其父母会面。作为学校官员，你应该与家长们提前商量这些选择，也应该在每学年、每学期之初，提醒家长和学生不要忘记相关的程序。

其他人员保护的选择，即就地避难，在某种程度上要比疏散简单，但也有一些复杂之处。在龙卷风出现期间，最好是去地下室躲避；如果这种方法不可行，厕所或浴缸也能起到一定的保护作用；房车几乎无法提供保护，所以，住在房车中的人们应该去社区避难场所。而对于有毒的化学、放射性或者生物致灾因子，处于风险区域的人应该在现有的建筑物中寻求安全。他们可能需要去加固现有建筑。在一些情况下，人们能够进行更多的个人防护性行动，比如采取临时性的呼吸防护。在化学或放射性空气污染的威胁发生时，在家中避难可能需要采取如下措施：

- 关闭中央空调系统；
- 用塑料板或胶带密封门窗；
- 用湿毛巾捂住鼻嘴呼吸，以过滤掉空气中的颗粒或水溶性气体。

成功地实施就地防护取决于有效的沟通。你可以通过告知风险区域的公众何种建筑物可提供最大限度的保护，使其进行及时的响应。你要让人们知道他们需要就地避难多久，如果人们需要就地避难的时间更长一些，你必须广播需要继续待在室内的后续信息。在公共卫生威胁中，这一点特别重要，因为隔离期可能会很长(Perry and Lindell，2003)。

10.3.4 影响区域进入控制与安全

这个关于人员防护的要素会具有挑战性，因为它取决于致灾因子的范围和持续时间。第一步是到影响区域周边的主要道路上建立交通控制点，以防止没有授权许可的人进入；第二步是在影响区域内进行安全巡逻，这只在一定程度上才能实施，因为你也不能让执法人员暴露在任何致灾因子之下。

实施进入控制与安全的原因有四个。第一，防止抢劫。在美国，人们通常会高估灾后抢劫的发生率，无论如何，显而易见的控制点能起到大有裨益的威慑作用，同时也打消了被疏散人员对财产的顾虑；第二，安全措施确保人们不会因贸然闯进受影响区域而暴露于致灾因子之中；第三，安全措施允许响应者不受妨碍地进行致灾因子作业和保护执行人员的安全；第四，安全保护措施限定了响应者和风险区域居民的人数，他们可能受到延迟性恐怖袭击的二次埋设装置袭击。这些原因使得进入控制成为控制二次致灾因子暴露损害的重要组成部分。

受影响区域的进入控制与安全应该在应急运行计划中有所涉及。然而，这并不需要冗长的讨论，因为这些任务都清楚地列在了警察标准运行程序之中。在多数情况下，执法部门是这一要素的领导机构，其他机构在派遣人员进入影响区域之前，需要与这一领导机构进行协调。领导机构的权威必须受到尊重，这一点至关重要，同时涉及安全的所有组织间必须有清晰的沟通路线。影响区域安全的另一个复杂问题是：在恐怖袭击突发事件中，这一地点被认为是犯罪现场。在这样的情况下，联邦调查局是领导机构，地方、州和联邦机构的有效协调非常关键，因为有效的协调能减少受影响区域内安全维护工作与证据保留工作间的冲突。你应该遵循包括四个要素的安全协定。第一，负责安全的人员应该受到尊重，将控制权转给其他机构的规定应该被遵守。第二，应急运行计划中所描述的进入控制类型应该按计划和演习得以实施，除非其条件需要修改。一般而言，冲突存在于以下四个目标之间：

(1) 保护响应人员和风险区域内居民免遭暴露；

(2) 保护风险区域内居民的财产免遭盗窃；

(3) 保护风险区域内居民的财产免遭进一步的损失；

(4) 允许风险区域内居民恢复其正常活动。

前两个目标可以通过使受影响区域人员数量最小化而最大限度地实现，后两个目标要通过允许风险区域内居民自由进入受影响区域才能最大限度地实现。在应急响应期间所实施的进入控制政策应该建立在灾前计划和程序的基础上，但也必须适应灾后的条件，比如，控制程度、控制时间的长短、受控制区域的规模和类型都应发生变化。火山喷发程序可能要求控制居民出入时间长达数周或数月，这类进入控制要求灾前计划不仅要考虑周边安全，也要考虑在给定的临时入口对居民进行护送及他们的安全。

第三，必须根据自由进入的后果来确定准入控制所需要的巡逻或监控系统类型。如果放射性或化学暴露可能严重损害健康，那么进入控制的水准就必须很高。显然，人们也必须保持对致灾因子暴露进行控制，以保护巡逻人员。第四，当局必须具体规定允许在受限区域的居民暂时回家的程序，进入控制人员应该公布由于某些原因允许进入的政策，如取药、照料家畜等。

警察也应该在辖区应急运行中心建立一个安全范围，同时为辖区内的其他机构提供安全保障。医院一般有自己的安保人员，尽管有时由当地警官进行补充。有时，医院为满足过量的需求而在礼堂、体育馆或者会议中心设立临时的医疗场所，在这种情况下，地方执法部门也应该在其周围划定安全边界。

10.3.5 搜救

搜救行动通常发生在无确定权威机构行使权力的、结构松散的情境中（Quarantelli，1980a）。时间压力很大，错误的后果严重。所有这些条件都构成了特殊的挑战。

在大多数灾害中，受害者和旁观者会立即开始临机搜救行动。在一些情况下，特别是发展中国家，志愿者可能是唯一能挽救灾民的人。如果影响区域小，几乎无人被困于瓦砾之间，废墟很容易被清理，那么旁观者能营救很多人。在大多数发达国家的城市灾害中，专业响应人员会到达现场并很快地为搜救行动作出贡献。如果影响区域大，很多灾民受困，倒塌的建筑是钢筋混凝土结构的，此时，只有训练有素、备有大型救援装备的应急响应人员才能成功搜救。**重大救援**（heavy rescue）使用专用装备探查受困的灾民，比如用千斤顶将钢筋混凝土建筑的废墟支撑起来。特别是在地震和爆炸发生后，重大救援能力非常重要。遗憾的是，目前美国拥有重大救援能力的消防部门较少。因此，你应该直接提出对重大救援的需求，包括：

- 指定一个领导机构；
- 维持一个可用的重大救援装备的目录；
- 建立决策标准，如果多处发生倒塌，要给建筑物确立救援的优先次序；
- 签订协议，快速获取确定灾民位置的专家服务。

在这些行动中，突发事件指挥官指导应急响应，同时，派遣中心或者应急运行中心管理资源。在重要突发事件中，指挥官应该任命一个搜救协调者，他利用电话通讯录启动搜救小组。通常，灾民与旁观者需要远离现场，这是突发事件现场封控和安全措施的一部分。但是，时间压力和缺乏专业人员可能要求使用当地的志愿者。如果要使志愿者有效地参与，你就需要一个程序，对志愿者进行登记并将他们组成一个小组。这些志愿者搜救队应该被委以与其技能水平相宜的任务。特别地，在垮塌的高层建筑中工作，救援人员面临极大的风险，所以，这样的工作应该仅由专业响应人员完成。同样，在危害物质突发事件中，志愿者会受到污染，因此，未受过训练的志愿者应该只被允许承担低风险任务；否则，他们又会成为需要关注的额外灾民。无论如何，搜救协调者应该保持与大众关爱机构、应急医疗服务协调者和停尸房的通信联络。

在搜救期间，与大众传媒无计划的接触是一个重要问题（Drabek，Tamminga，Kilijanek，and Adams，1981）。这些接触会导致灾民姓名的泄露，使灾民受到骚扰，以及发布不完全信息或误导的信息。为了使这些问题最小化，搜救人员应该严格遵守应对媒体的程序。特别地，搜救人员应该被告知向媒体发布信息的程序，一般包括将记者推荐给公共信息官，使其从那里获得关于灾民数量、灾民身份以及搜救进展的信息。

10.3.6 灾民的接收与关爱

灾民的接收与关爱是灾害中常见的问题，应急机构提供短期的食物、住宿和有限的医疗上的支持。为了避免混乱，以下部分使用**接收中心**（reception center）这个术语来指代被疏散者登记注册的地点，使用**大众关爱场所**（mass care facility）来指代为灾民提供食物和临时住所的地方。有时候，接收中心和大众关爱场所位于同一个机构里。然而，许多地区，特别是用于飓风疏散的接收县会在主要疏散路线上建立接收中心，在那里，疏散人员被指引到最近的大众关爱场所。

在突发事件期间，应急响应者应该遵循应急运行计划对接收和医护协调员的设计。这个团体——经常是红十字会或救世军——运作接收中心和大众关爱场所。许多大型的市政消防部门掌控技术救援单位、应急医疗服务和救护车运输。在这些情况下，要保证畅通无阻地向接收中心和大众关爱场所运送未受伤灾民。当然，搜救、交通、接收中心和大众关爱场所与应急运行中心是相互协调的，相关人员应该服从既定的决策协议，以便确定接收中心和大众关爱场所的数量和位置。在诸如地方性洪水之类的小规模灾害中，同一管辖区域内的中心可在需要时开放。在诸如飓风之类的大规模灾害中，规划研究被用于评估疏散者的数量（Texas Governor's Division of Emergency Management，2004）。这些疏散数据与对大众关爱场所内疏散人员所占比例的估算相结合，其历史平均水平为15%（Mileti，Sorensen and O'Brien，1992）。

接收中心负责的一个任务是：对疏散人员进行注册并将其分配到大众关爱场所。一些社区使用带有简单数据库的笔记本电脑来完成此项任务。对疏散者进行登记，一是为了人口监测，特别是为伤亡评估提供信息；二是使失散的家庭成员能够找到彼此；三是为食宿场所提供精确的统计。应急运行计划应该设立一个评估灾民是否需要衣服及住宿设施的程序，应该涉及如何保证后勤支持以满足这些需求。人们对食物的需要也要得到关注，服务地点、烹饪安排、食物储存和运输安排都是巨大的挑战，浴室和淋浴设施的公共卫生也应考虑周全。当这些场所接待儿童时，人们要考虑更多的具体安排，比如提供游戏、玩具和喂养场所，家庭宠物的到来也会成为问题。经验表明，不允许宠物进入会使贫困家庭拒绝使用庇护场所。一些场所管理者把被疏散人员的宠物安排到当地动物保护场所中。最后，灾民需要经常获得有关突发事件状况、响应行动和被疏散区域的最新消息。

10.3.7 应急医疗服务

这个功能在辖区范围内变化很大。在一些情况下，消防部门内部有应急医疗服务功能及救护车转运伤员的功能，而在另一些情况下，这些功能全部由不同的组织来提供。大灾中灾民的医疗服务主要由以下三个主体提供：

- 现场应急人员。
- 地方医院网络。

• 国家灾害医疗系统。该系统装备有军用飞机，用以支持治疗以及将病人转移至全美任何地方。

在现场，灾民在一个一直延伸到医院急诊室及医疗机构的链条中接受治疗。人员伤亡评估的目的是：适当地分配和管理病人。突发事件现场的医疗服务有四个功能：

• 分诊；
• 医疗；
• 精神健康支持；
• 将患者送到医疗机构。

分诊的目的是把灾民分成不同的级别，这样，应急响应者就能够最有效地进行治疗，以拯救最多数量的生命（Auf der Heide，1989）。应急医疗人员应该用分诊标签来显示病人需要哪一等级的治疗。最常见的等级是：

• 死亡的；
• 灾难性的；
• 紧急的；
• 轻微的；
• 临界性的。

分诊标签确定受伤的类型及是否需要现场治疗，这是一个最初的患者跟踪系统。在灾民数量很多的突发事件中，初步分诊的方法是用毡笔在其前额上标出先后次序。分诊标签要尽可能快地贴到患者身上。

突发事件管理系统的医疗分支机构会在威胁较小的地方建立医疗区，开始现场治疗。医学治疗解决患者基本的维持生存的需求。在化学危险发生的情况下，它包括给患者服用解毒剂；在发生放射性危险的情况下，它包括给患者服用碘化钾。在治疗区域附近，人们应该指定一些区域作为向医院转运患者的集合处。医疗人员在这些区域监督患者进行消毒（如果必要的话），监测其身体情况并提供所需的后续护理。

关注灾民及其家属的精神健康也同样重要，这在恐怖袭击事件中尤其如此。许多消防部门都设有精神健康机构以满足相关的需要。红十字会和其他志愿性组织有精神健康专业的日常工作人员和志愿者，为灾民及其家人的精神健康提供支持，这在现场行动和后续行动中都可能是需要的。在突发事件现场，精神健康人员被部署在洗消线上和医疗区内，也可以被部署在交通运输分支机构的集合区。精神健康机构也被安排到接收灾民的医院，以支持医院的专业人员来关注灾民的短期需要，包括分享叙述。如果大众关爱场所开放，精神健康人员会在这些地点提供相同的服务。突发事件之后，精神健康机构能为灾民及其家人的治疗安排资源，可以将那些需要帮助的人与社区资源，包括医学或心理健康护理联系起来。

灾民可能会从突发事件现场转移到接收医院或大众关爱场所，这取决于其医疗评估。在化学、放射性或生物突发事件中，只有当患者有生命危险时，才会在消毒之后被转运。这减轻了医院消毒队的负担，也降低了医疗设施自身被污染的可能。人们根据灾民的情况及医疗需求，使用各种车辆转运灾民，包括救护车和高承载车，如果情况特别紧急，还可使用直升机。如果病人的伤势严重或者当地医疗系统已经超负荷，病人会从现场被直接转移到国家灾害医疗系统。

医院的灾害响应是由各个组织的灾害计划来指导的，这些计划涉及六个问题。

(1) 医院的内部和外部安全；

(2) 锁定程序；

(3) 消毒；

(4) 追踪未预约的病人；

(5) 决定在场所内治疗患者或/和在医院外治疗区治疗患者；

(6) 对未预约的病人进行分诊。

相关派遣中心通知接收灾民的医院：灾害正在演进。医院的灾害计划常常要求接收医院进入锁定状态，同时把守所有的大门，进行进入控制。医院按照它们自己的程序，确定是否需要利用院外区域来处置群死群伤的突发事件。医院可以开放预留的现场区域来应对超负荷的病人。此外，辖区的应急运行中心可以建立医院外的医疗场所，它们作为医疗援助站而被人们所熟知。决定进行医院外治疗的因素包括：

- 灾民的数量；
- 受伤的状况；
- 所需要的治疗/服用解毒剂的类型；
- 灾民污染医院设施的可能性。

你可能不得不去处理一个化学或放射性突发事件，如果这样，你应该通过应急运行中心来确保药品、解毒剂和设备被运到了接收灾民的医院。应急运行中心的医药代表监控药品的需求。医药代表通过应急运行中心与地方药品生产厂家、药品分销商和国家药品储备部门联系，以获得更多的药品并进行补给。

除了从现场转移来的患者以外，医院应该还会面对未预约或自我诊断的病人，他们可能自己前去医院或者被旁观者送至医院（Auf der Heide，1989）。医院对这些病人进行消毒、分诊、治疗。受灾民污染的可能性要求医院为工作人员配备个人防护器材，可能包括防护面具、手套、防护服和呼吸保护设备（Goetsch，1996）。如果要求超出了医院的消毒能力，你可能需要调用辖区的资源来支持他们。

医院的医护人员决定病人的治疗需求，对于有些类型的化学或放射性暴露，地方不能提供适当的护理。在这些情况下，医院工作人员应该把病人转交给国家灾害医疗系统，将其运送到可提供有效治疗的机构。每一所医院都必须确定自身的患者容量，当医院达到能够容纳的最大的患者数量时，新到的灾民将要被送到其他的接收医院。如果所有的医院都已满员，灾民将被送到国家灾害医疗系统的接收区，并准备向其他地方转运。

在多数社区，建立停尸房、处理灾害遇难者，是受法律保护的（Hershiser and Quarantelli，1976）。应急运行计划通常会具体规定临时性和永久性停尸房的位置，也规定了把死者移送至停尸房并保留尸体相关记录的程序。最后，它们规定了认领尸体的程序。在美国，县医学检察人员办公室通常履行死者后事职能，包括：

- 接收尸骸；
- 保证个人财产的安全；
- 死者身份的证明；
- 准备、完成每位死者的档案记录；
- 适当地进行拍照、留取指纹和采集 DNA 样本；
- 签发死亡证明书；
- 协调和发放遗骸以进行最后的处理。

法医负责处理遗体，他承担了有关犯罪行为起诉证据保管链上的重要角色。死亡人数可能会超过停尸房的承载能力，这时，只要额外场所有足够的安全保障、公用设施和运输保障，停尸房承载能力便可得到提高。备选场所必须适应多个检查站的快速启用。这包括划分区域去：

- 接收尸体；
- 如果需要，清理尸体；
- 验尸；
- 进行毒性化学实验检查；
- 按指示进行尸体处理，包括签发死亡证明书。

多数医学检查人员拥有永久性的运输能力。他们也有工作人员将死者运到停尸间。在群死群伤的事件中，你应该制定计划，以增强这种运输能力。

生物突发事件需要运用公共卫生机构的技术专长，这些机构常常没有或者很少有与应急管理者合作的历史，因为他们在其他类型的灾害中扮演的角色有限。地方公共卫生部门监督诊所和医院的记录，搜集传染病的证据；进行识别和控制生物战剂的科学调查，为暴露人群制定预防性措施。在大规模灾害期间，应急运行中心可以吸纳地方公共卫生人员，这是一个不错的想法。因为他们能提供涉及以下两个特殊权力的专业知识，而这两个特殊权力只授予了公共卫生部门。

第一个是决定实行群体性预防措施的权力。预防性措施就是防病措施，例如免疫。如果出现传染病疫情，州或地方卫生部门有权命令实施群体性预防措施。这是一种医学决策，其决策依据是：致灾因子的类型、可用药物治疗的效果和可行性、可用的时间。公共卫生官员会调用地方储备来获得所需的药品及疫苗，如果这个还不够，那么他们会从地方政府储备或国家药品储备中获取更多的资源。

第二个是决定实施检疫隔离的权力。检疫隔离的定义在各个州不完全相同，但是，它一般被定义为因公共卫生威胁而对公民或财产进行的限制。疾病控制中心(Centers for Disease Control，CDC) 对隔离和检疫进行了区分。隔离是针对有症状的患者，检疫是针对无症状、被暴露的人 (他们可能受到生物战剂的感染，也可能没有受到感染)。不管你所在的州作何区分，公共卫生部门必须确定实施隔离的区域和时间，警方将协调实施检疫隔离时的疏散工作。在大多数州，接受检疫命令的市民会被依法强制从家中转移，然后，会被运送到大众关爱场所中。如果有必要，他们会在那里继续被隔离。警方会在周边设置警戒线并采取进入控制措施。公共卫生部门既是发布检疫命令的唯一合法来源，也是唯一可以撤销此命令的机构。

10.3.8 致灾因子暴露的控制

这一功能旨在将人们的致灾因子暴露降到尽可能低的程度（as low as reasonable achievable，ALARA），这是一个非常重要的原则，因此实施的方案应该根据目标的重要性而调整。有目标才谈得上暴露。根据该原则，让应急响应人员进入不稳定的建筑物营救被困伤员是恰当可行的。在这种情况下，拯救更多生命的价值平衡了应急响应者面临的风险。相比之下，这一原则不会支持应急响应人员冒着生命危险，进入无人的建筑物取出一些宝贵的文件。应急响应人员应该从三个方面实现使致灾因子暴露尽可能低的目标。

- 使花费在风险区域内的时间尽可能短（时间）；
- 根据需要，远离致灾因子源（距离）；
- 与致灾因子隔离（防护）。

正如前面所提及的，突发事件区域进入控制通过使人们远离风险区域而保护他们，将他们在风险区域内的滞留时间减少到零。致灾因子暴露的控制解释了你为何要限制居民在风险区域抢救财物的时间。另外，让警方进行护送可以快速地传递危险程度意外提高的消息；然后，你可以发出快速返回安全地带的命令。保证人们处于风险区域之外，这也是利用距离进行保护。如果你在足够远的地方建立进入控制点，你就能把公众所面临的危险最小化，也能使进入控制点的应急响应人员所面临的危险最小化。最后，应急响应人员最经常采用的防护措施是使用个人防护装备，防止自己遭受致灾因子的影响，如空气过滤器或瓶装氧气、化学防护服、手套、靴子等都为避免暴露于化学、生物或放射性（chemical biological or radiological，CBR）致灾因子中提供了防护手段（见图 10—1）。

10.3.9 环境保障

以化学、生物或放射性致灾因子为代表的危险物质很可能在空气、水或者土壤中留下致灾因子的残留物。即使突发事件只涉及了少量的化学、生物或放射性要素，也会造成严重的污染问题。许多致灾因子都会造成危险物质泄漏的次生灾害。同时，恐怖袭击也包括故意泄漏危险物质。在这些情况下，重新进入受影响区域的人们会暴露于致灾因子中，对健康造成长期的影响。因此，许多社区使用危险物质应对团队，测试、减轻和监控此类污染。

环境保障的实现非常复杂，它可能要涉及突发事件管理的许多阶段。另外，作为响应的后期阶段的主要工作，它还常常会延续到灾后恢复的过程中。一个污染区域也可能是一个犯罪现场，将污染降低到安全水平的目标必须与恢复、保存证

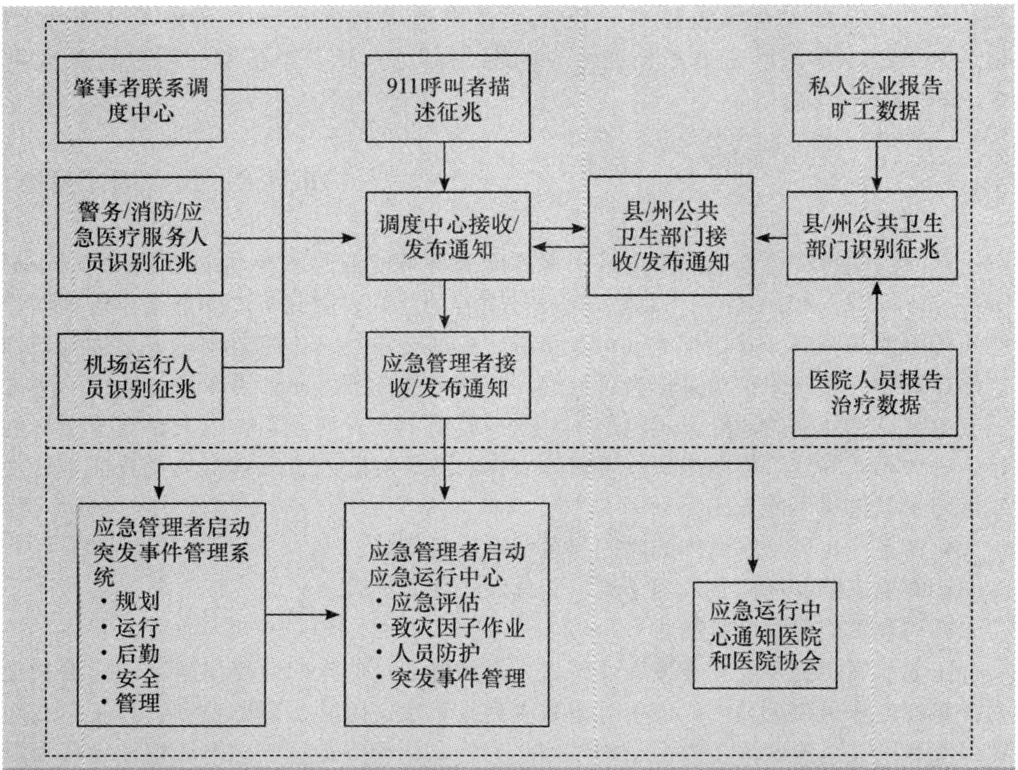

图 10—1 化学、生物或放射性突发事件的地方通知程序

据的目标相协调。联邦调查局必须从头到尾介入所有阶段的威胁评估和证据收集中。

一些突发事件有一个或多个受污染区域。在危险物质技术人员一直在操控的地区，这很可能是事实。突发事件指挥官常常要确保所有热区和暖区的人员、设备都进行了消毒。此外，所有其他可能遭受暴露的人员和设备也应该接受消毒。在消毒之后，危险物质技术人员从消毒通道收集径流样本，并按照地方标准运行程序关闭走廊。人们可对径流水进行分析以确保识别任何未知的化学、生物或放射性元素，同时检测、证明所有酸性或腐蚀性物质已经被中和。

对于所有的污染而言，现场威胁评估和补救措施都遵循地方的程序。在大多数情况下，它们与联邦的环境方针相一致。许多不同机构都对现场补救活动有所贡献，州应急管理机构通常监控这一过程。县（或州）的卫生部、国民警卫队、州运输部都可以通过使用自己的致灾因子监测仪器，全力支持致灾因子监测。这些机构也可能在收集和分析致灾因子样本的过程中提供专业支持。

县或州的环境保护部门负责收集环境样本以进行初始评估。《综合性环境响应补偿与责任法案》(Comprehensive Environmental Response Compensation and Liability Act，CERCLA）中规定化学、生物和放射性突发事件中，这些机构和国家环保署合作，实施《国家紧急偶发事故计划》(National Contingency Plan，NCP)。该计划协调环境应急响应，包括：

- 现场评估；
- 咨询；
- 致灾因子因素识别；
- 环境清毒；
- 环境洗消；
- 长期的现场恢复。

通过美国健康与社会服务部的《健康与医疗服务支持计划》(Health and Medical Services Support Plan)，你还能获得更多的支持。

空气、水或土壤以及未知物质的环境样本常常由危险物质技术人员在突发事件现场收集和包装。在多数情况下，县或州的资源被用来收集环境样本，并为将其运交实验室进行分析做好准备。这项措施要根据疾病控制中心标准运行程序中有关容器化的指导来完成。最初响应者团队与联邦调查局的地方官员就如何将样本运到分析实验室进行了沟通。为了安全起见，也为了确保证据保管的连续性，由联邦调查局批准的一个执法办公室来负责运输材料。人们需要一个保管链文件，除非联邦调查局另有规定。确保样本安全的责任通过保管链文件被转移给实验室人员。实验室只有在联邦调查局认为是适当的情况下才能作为安全场所。

在搜救期间与媒体的沟通

对于官方而言，限制新闻媒体获得应急响应运行期间所传播的信息，这一点非常重要。2006 年 1 月初，13 名矿工被困在西弗吉尼亚州的一座煤矿里。在搜救过程中，记者在控制中心无意中听到了煤矿搜救队与控制中心官员的谈话。虽然没人知道他们确切地说了什么，媒体人员和矿工家属认为，他们听到搜救队员汇报说矿工们仍然活着。新闻媒体在没有核实消息之前，立刻对此进行了报道。后来，搜救人员发现其中的 12 名矿工已经遇难。不准确的报告导致人们空欢喜一场并增加了遇难者家属的痛苦。

接收到样本后，实验室对其进行实验分析，或者在必要的情况下，将样本转交给疾病控制中心。在运送未知物质之前，现场的危险物质团队应该评估其稳定性，如果有必要，他们应该请求联邦调查局帮助。被运送的样本应该附有对该物质的评估，比如当容器被打开时物质爆炸或溢出的可能性。

自我检测

- 描述有效疏散计划的主要要求。
- 列举采取进入控制和安全措施的四个原因。
- 解释县医学检查人员办公室一般执行的停尸房功能。
- 说出应急人员实现致灾因子暴露程度尽可能低的目标的三种方式。

10.4 突发事件管理

要对一个社区范围的灾害成功响应，首先要求地方应急响应组织快速地进行动员，相应地，这要求辖区的应急运行计划预先确定行动理念。行动理念是对需要执行何种应急功能以及如何完成它们的总结性说明。几乎在所有情况下，这都要求多个公共部门、私营部门和非政府组织进行协调，也要求人们对怎样动员社区外资源并将其整合到响应行动中作出具体的规定。这一节将讨论作为突发事件管理核心的八项具体功能。

10.4.1 机构通知与动员

向辖区内有关部门发出的通知有不同来源，这取决于威胁的性质。联邦机构常常通告预先确定的警报点。这个警报点可能是地方应急管理者、警务或消防部门的派出机构，对于日常的紧急事件，派出机构是最普通的警报点。警报点接到通知后，必须通告其他机构并启用适当的资源。应急运行中心应该规定如何与人们取得联系。你需要安排应急响应机构 24 小时运行，非 24 小时运行的相关部门应设置随时保持待命状态的值班人员，保证你总是可以联系到他们。只有当具有响应责任或响应能力的各方均被通知到时，通知过程方可结束。通知的目的是：确定所需的组织，警告它们开始各自的启动程序，并使其为开始响应做好准备。因此，你应该建立标准，确定谁可能启动通知过程，他们需要知道应该通知谁、什么通信频道可用、发出什么消息。

针对不同的致灾因子，有不同的通知过程。在飓风中，通知过程是“自上而下”的。国家飓风中心在探测到飓风时，通知州和地方的应急管理机构，这些机构再依次通知辖区内的其他部门。在危险物质场所发生突发事件时，其通知过程则具有“自下而上”的特点。该场所通知辖区，辖区在通知州和联邦机构之前，通知辖区内的各部门。危险物质运输突发事件的通知则更为复杂，因为危险物质的运送方通常不会与特定的辖区存在互动联系。在大多数情况下，卡车司机或者火车司乘人员会试图去通知公司的调度部门和地方、州的警察局。在任何一种情况下，地方或州的警察局经常都是第一个赶到现场的机构。第一个赶到现场的机构会依次通知其他地方和州的机构，如果需要，州领导机构会与联邦应急响应系统取得联系。

恐怖袭击突发事件的通知尤其复杂，因为通过许多不同的方式，化学、生物和放射性物质可能都会被探测到。首先，求救者可能会通知警方或消防部门，或者，调度员可能从通话中判定危险物质已经泄漏。对明显是例行的通话进行回应的消防队员和警察可能会注意到化学、生物与放射性物质暴露的信号。县或州卫生部门可能会在地方雇主的例行通话播放中，发现越来越多的无应答信箱，进而发现危险物质的泄漏。医院和诊所的监控系统可以显示出与化学、生物、放射性物质暴露相符的症状。

10.4.2 应急设施与装备的动员

应急响应的一个主要步骤是启动辖区的应急运行中心，作为一个机构，应急运行中心没有统一的模式。在危险更为易发（和更加富有）的社区，应急运行中心有全职的工作人员，有许多通信设备、大型计算机、先进的显示屏幕等装备，这为支持应急响应运行创造了一个稳定、实在、随时可用的场所。与此截然相反的是，许多社区的应急运行中心由会议室发展而来，仅仅在墙上多悬挂了一些运行状况板，多安装了几部电话。但是，这并不意味着只要拥有价格高昂的应急运行中心就万事大吉，有时一个基本的应急运行中心就能有效地发挥作用。事实上，有效的应急运行中心必须建立在对所履行功能进行详细分析的基础上（Lindell, et al., 1982）。建立一个设计装备与功能相匹配的普通应急运行中心，要比建立一个设施昂贵却无法提供足够支持的大型应急运行中心更好。

通常，社区中有很多机构被称作应急运行中心，比如，一个机构可能作为辖区的应急运行中心。许多消防和治安部门可能也有自己部门的应急运行中心。消防部门通常把应急运行中心建在调度中心内部或附近，有些治安部门也是如此，而其他部门则有独立的技术运行中心，公共工程和运输部门通常维护自己的部门性应急运行中心。但是，每一个应急运行中心关注的焦点都是管理各自组织的响应，部门性应急运行中心接受辖区应急运行中心的指令，启动自己的标准运行程序，分派自己的资源。

各种应急运行中心实质上都发挥着同样的功能，它们是辖区内应急信息处理的枢纽，也是辖区与外部援助资源的总部。应急运行中心索取数据、接收数据、处理数据，然后利用这些信息去协调社区的应急评估、致灾因子作业和人员防护行动。图 10—2 描述了一个典型的应急运行中心的信息流动情况（Lindell, et al., 1982; Perry, 1995）。沟通团队从三个主要来源索取和接收数据。第一个来源是州和联邦致灾因子探测机构，比如国家气象局。第二个来源是一个或多个地方突发事件指挥部，第三个来源是地方固定地点的机构或危险物质运输公司的调度办公室，这些组织提供致灾因子监测数据。

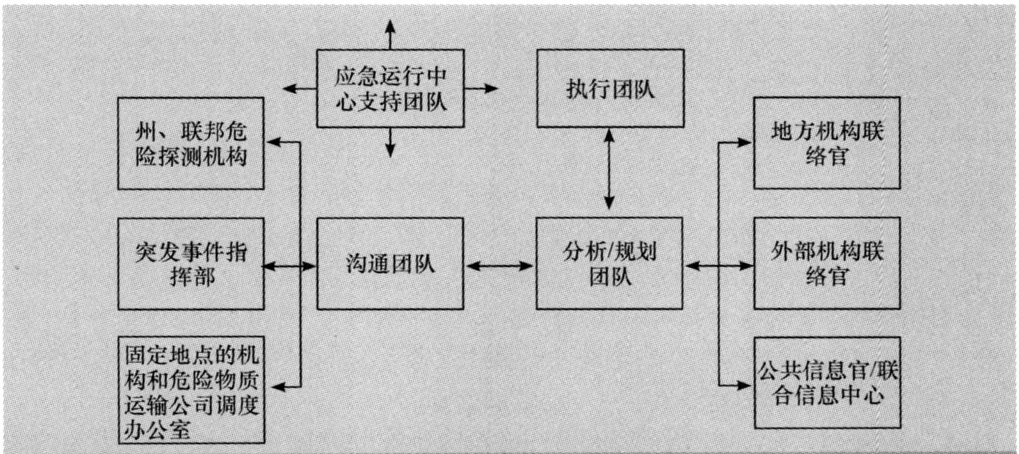

图 10—2 典型的应急运行中心的信息流动

沟通团队接收关于突发事件情况的信息，也接收应急响应状况及现场团队对更多资源需求的最新信息，然后将数据传递给一个或多个分析/规划团队。这些团队处理数据，预测未来的危险和环境的可能状况，还考察当前和未来环境条件对人员防护的影响。这些分析/规划团队一般涉及突发事件指挥系统或突发事件管理系统所定义的规划、后勤和财务/管理活动。他们将其分析结果提交给执行团队，建议开展深入的应急评估、致灾因子作业和人员防护行动。执行团队审查分析/规划团队的建议，并在此基础上采取行动。应急运行中心支持团队定期向分析/规划团队、执行团队、公共信息官和联络机构简要通报信息，相应地，公共信息官用这些信息准备新闻发布会和情况介绍会。在应急运行中心附近的联合信息中心，公共信息官向新闻媒体发布消息，联络官向相关机构发布信息，包括要求启动额外资源、向集结地点派发所启用的资源。在市级层面上，该机构的联络官是治安、消防、应急医疗服务和公共工程的代表，也有来自公共和私人机构、红十字会、救世军的代表。除了这些组织，应急运行中心还可能有更高层级政府的代表。有些机构，譬如联邦应急管理署，负责几乎所有的大灾，其他组织只是在特定类型的灾害中出现。应急运行中心内还可能有无组织代表的存在，这取决于威胁的性质，也取决于应对威胁所需要的政府资源网络。

应急运行中心支持团队为应急运行中心提供管理和后勤支持，也记录突发事件随着时间发展而演进的状况以及应对这些情况的响应行动。除了应急运行中心协调员之外，它还配备了各种工作人员来负责监督与协调手头的紧急事件。在紧急状态下，负责沟通团队和分析/规划团队的官员经常向应急运行中心协调员报告，即使在正常运行期间，他们也经常向应急运行中心协调员报告。之所以如此，是因为应急运行中心官员扮演的角色与机构联络官的角色大为不同。应急运行中心工作人员不代表机构，而是执行满足社区整体要求的职能。此外，应急运行中心协调员要确保应急运行中心完全发挥功能，包括维护计算机的硬件和软件、显示仪器和通信设施，还包括为应急运行中心人员编排值班表（12 小时值班，12 小时不值班），以确保在长时间的突发事件中有不间断的人员配备。

10.4.3 沟通/文件记录

在应急运行中心中，沟通/文件记录功能比突发事件指挥部所占据的位置更高，因为沟通对于应急运行中心而言是至关重要的。沟通团队收集、展示和记录环境条件、伤亡人数、财产和环境损失的数据，比如，沟通团队从国家气象局获取飓风和洪水方面的天气数据。在涉及未知物质的突发事件中，物质鉴定是在现场进行的，突发事件指挥部把结论通报给应急运行中心。在一些突发事件中，应急运行中心内部的分析/规划团队可能没有满足所有需求的技术专长，在这样的情况下，沟通团队就需要联系其他地方的专家以获得必要的信息。

有时，小辖区指派未经训练的办公室人员担任应急沟通员，这些沟通员负责与其他响应组织保持畅通的联系。如果不得不使用文员，那么文员就必须接受培训。

经验显示，如果他们不能理解所收到的信息，就有可能错误地记录信息。在许多方面，比起根本没有信息，一个不准确的信息可能更加具有误导性，反倒更加危险。

文件记录是应急运行中心所有人员的一个重要任务，而不是某一个单位的独有任务，因而，沟通团队必须记录沟通日志。这些日志要记录谁给应急运行中心打进电话或谁从应急运行中心打出电话、打电话的时间、电话涉及的相关者、电话的内容。分析/规划团队必须不断更新突发事件情境的状况和资源的状况，公共信息官必须记录媒体的提问和对他们的回应，联络机构必须记录媒体的提问及对问题的回答。协调员可能要建立一个文件夹，用作在事件发生后收集评估应急响应优缺点的报告。人们还必须记录应急运行中心之外的突发事件现场和其他地方所发生的活动。的确，当应急运行中心没有被启动时，这些是活动需要被记录的仅有的地点。此外，事件指挥部应该保存突发事件的行动计划和突发事件指挥系统的其他文件。

当你有能够满足所有部门需要的表格时，文件记录就简单多了。人们为正常情况设计了正常的文件记录系统，但是，它们可能是时间密集型的或者不适合紧急条件下使用的。你应该与财务及管理部门合作，创造一种文件记录系统；此外，对于总统宣布进入灾害状态期间所报销的开支，可能需要不同的文件记录过程，你应该确保这些文件也能达到标准的要求。

应急运行中心工作人员并不应该试图去记录每一条到处流传的信息。但是，它应该遵循基本的程序，确保对最重要的响应行动有所记录，包括响应行动的背景、响应行动所使用的资源。这意味着要记录突发事件及响应的状况，以及运行决策的时间及有效性。这些数据对调整响应战略以满足灾害需求非常关键，而且，从长远来看，这些数据也是采取响应行动后进行评估所必需的，这些评估为未来改善灾害管理提供了反馈。另外，那些认为自身受到了应急响应组织行动不利影响的人也可能对组织提起诉讼，这时记录的文件就为应急响应组织的辩护奠定了基础。

10.4.4 分析/规划

分析/规划团队评估突发事件情境的现状，预测其未来的状况。比如，分析/规划团队可能使用国家气象局对即将到来的天气前锋的预报，预测风向的改变并可能以此为依据疏散先前被认为是安全的小区的居民。这些团队也使如毒理学、放射学等特定领域的技术专家因生物、化学和放射性突发事件而行动起来。分析/规划团队也使用致灾因子监测的数据，预测突发事件要求上的变化。这些信息使他们可以确定：突发事件指挥者是否需要额外的资源来满足这些新的需求。反过来，随着突发事件要求的降低，分析/规划团队可以评估什么时候结束动员那些不再需要的响应单位。最后，分析/规划团队有时也负责将关于情境状况、资源状况和响应行动的数据粘贴在应急运行中心的状况板上；这一任务也要求记录一些信息，通报正在发生的换班情况以及行动的情况。

10.4.5 内部指导与控制

这为“谁来负责”的问题提供了答案。答案有三个。在第一个答案中，首席行政长官应该是应急指导者，他可能有由部门首长组成的执行委员会作为顾问。这一战略的优点是保持在正常条件下社区管理方式的连续性；但是其也有缺点，即首席行政长官可能因为没有经过决策的培训或缺少相关经验而过度承担决策的重压。此外，人们必须制定替代者的条款，为首席行政长官提供固定的休息时间。在第二个答案中，首席行政长官将责任下放给一个灾害相关部门的领导。这一战略的优点是：这些官员接受过与灾难响应直接相关的培训，也有与灾难直接相关的经验。但是，他们如果需要阐明一些政策问题，则仍然需要向首席行政长官咨询。他们也需要一个替代者。

在第三个答案中，首席行政长官将责任下放给地方应急管理者。这直接把权力授予了那些经受过最多灾害培训和经验最为丰富的人，但这个战略仍然需要其他人去承担应急运行中心协调员的职责。而这样也会造成某些辖区内的冲突。比如一些辖区在另一个部门内把应急管理设为分支机构，在这种情况下，地方应急管理人员不得不向通常是他的上级的人员发号施令。

在某种程度上，适当的管理战略取决于正常的组织结构，同时还取决于紧急事件的需求。比如，作为应急运行中心协调员的应急管理者应该通过以下方式处理较小的紧急事件：

- 与应急运行中心工作人员协商；
- 制定响应紧急灾害的政策；
- 在适当的情况下，与首席行政长官和机构领导协商政策批准事宜；
- 执行被批准的政策。

对于大灾，应急运行中心的管理工作应该转移给首席行政长官。首席行政长官应该得到由大灾相关机构领导组成的执行团队的支持。应急运行中心协调员应该牢记该团体决策的要求，并执行它们的政策。

内部指导和控制包括三个具体的行动，即管理监督、政策制定和与地方机构的协调。第一个行动是灾害运行的管理监督，涉及监测现场单位的绩效，以保证他们根据应急运行计划和机构的标准运行程序进行响应。这不意味着应急运行中心承担现场行动的战术指导责任，事件指挥官最有能力做出这种决策。相反，应急运行中心专注于为突发事件指挥官提供信息和资源的支持。应急运行中心监测响应以确保灾害要求不会被忽略，这些要求通常会随着时间而发生变化，初始影响的要求可能会下降，来自次生威胁的新要求可能会增多，比如，在大洪水中，最初对疏散和救援的关注让位于对因污水系统溢流和饮用水系统被污染而导致的公共卫生问题的关注。灾害需求变化导致响应行动的变化，进而导致突发事件管理行动的变化。应急运行中心必须持续监测突发事件指挥员对威胁响应的变化，必须持续审查并重新部署资源，以对不断变化的需求做出响应。

内部指导与控制的第二个行动是制定政策。当灾害来袭时，应急运行计划一般是协调的框架，为不同的响应组织确定了功能性任务。它确定了指挥链条，列出了可用的资源。如果一个灾难引起的问题没有在应急运行计划或标准运行程序中被充分考虑到，突发事件管理者可能就需要临机解决。执行团队需要批准临机决策的程序。

第三个行动是与地方机构协调。这包括确保那些不能直接向突发事件指挥者报告的应急响应机构接收有关突发事件及响应现状的信息。此外，它还包括指示每一机构去执行由决策过程演变而来的计划外的行动。

10.4.6　外部协调

这涉及地方应急组织与外部组织的联系。在这些联系中，许多是通过电话来建立的，但现在越来越多的联系是通过电子邮件建立的，以网络为基础的危机信息管理软件有着很大的潜力来支持应急运行中心（Department of Justice，2002）。但是，许多系统与其他系统无法彼此兼容。一些系统无法为突发事件指挥系统和突发事件管理系统提供充分的支持（Hunt，2005）。只有当系统无成本或低成本时，才有可能被广泛采用，例如 CAMEO 就得到了推广。

在大灾中，州和联邦机构派遣联络人员去地方应急运行中心协调行动，你需要在应急运行中心内部或附近为这些人提供空间。此外，应急运行中心必须在不妨碍响应行动的前提下，接待来访者。应急运行中心管理者时常不能预想到，访问者是打算参观，还是要求简要通报信息。在这些来访者中，一些人有与灾害相关的法定职能，其他人只有表示关心的愿望。遗憾的是，灾害的规模越大，重要访问者的数量可能就越多，他们很难被打发走。所以，你需要建立一个程序来接待他们。应急运行中心协调员可以派遣一名公共信息官去陪同采访者以完成可说明应急响应运行的访问；在应急运行中心附近，安排一个让人们可听取专门汇报、自由提问的地方，也是非常有帮助的。

10.4.7　公共信息发布

公共信息在哪里发布，这取决于突发事件的规模，也取决于应急行动是否正在确定的突发事件现场展开。在小规模、短期、有确定现场的突发事件中，公共信息的发布时常以现场为基础；在大规模突发事件中或者没有确定事件现场的地方，公共信息是通过应急运行中心进行处理的。在影响到许多社区或者多级政府的大灾中，发布公共信息的地点将是一个联合信息中心。

突发事件管理者应该任命一个博学多识的首席发言人，他要能够动员专家回答具体的问题，所有其他响应人员应该引导媒体向发言人提问。相反，公共信息官必须保证突发事件管理者被告知新闻媒体和公众需求的信息。媒体的信息要求能够通过记者提出的特定问题来确定，公众的信息要求能够通过日常监控打给辖区谣言控制中心的电话内容加以确定。反复提出的问题应该在记者招待会中被阐明。

快速通知

对一个紧急事件进行快速通知是至关重要的，因为它使人们有时间采取保护行动。即使一个突发事件发生于乡村或发生于午夜，快速通知也是有可能的。在科罗拉多州东南发生的一次放射性物质外溢事件中，卡车出现事故，客车司机被卡在了卡车的驾驶室内。1小时后，当地县长办公室就通知了运输公司（Hornsby, Ortloff, and Smith, 1978）。这个例子说明，事故尽管发生于乡村地区的午夜，但通知比较迅速。

此外，公共信息官应该定期安排媒体情况介绍会。人们应该做好准备，尽快地拿出情况介绍会所需要的图表资料，如地图。这样的材料应该说明灾害影响区域的位置，这将有助于那些以描述的方式报道响应信息的人。公共信息官推动媒体访问的要求得到满足，并且有责任为突发事件现场的媒体提供适当的人员防护装备，并确保它的合理使用。最后，当条件达到某一程度时，公共信息功能需要从突发事件指挥部转到应急运行中心或者从应急运行中心转移到联合信息中心。这时，公共信息官要向应急运行中心提出建议。

10.4.8 行政支持与后勤支持

在小规模突发事件发生期间，突发事件指挥部能提供行政支持和后勤支持，但是，在社区范围的灾害中，行政支持与后勤支持就被转移到了应急运行中心。这个功能涉及突发事件指挥系统或突发事件管理系统的后勤和财务/管理部门。应急运行计划应该考虑到，应急响应组织与其他组织一样，需要支持服务。应急运行中心工作人员需要日常办公设备的维修及办公用品，例如打印纸，而且，应急运行中心可以通过承担后勤部门服务与支持的职能，对突发事件指挥部进行支持，同时也承担财务/管理部门的许多职责。

自我检测

- 定义运行的概念。
- 列举作为突发事件管理核心的八项具体功能。
- 列举机构通知的目的。
- 描述公共信息官的责任。

总　结

正如本章所述，在应急准备期间制定的应急运行计划和程序影响了你在应急响应期间所采取的行动。但是，因为没有任何紧急事件能够被完全准确地预测，任何特定突发事件的需求也从来不能被完全准确地预见。因此，当需求出现时，你必须随机应变。你要关注四项基本功能：应急评估、致灾因子作业、人员防护和突发事件管理，并理解与四项功能相关联的任务。最为重要的是，响应行动能够有效地开展以实现人员伤亡和财产损失的最小化。

关键术语

警报	由核管理委员会和联邦应急管理署定义的核电站紧急事件等级，涉及设备安全的重大恶化。超出国家环保署的暴露界限的泄漏可能发生。
运行理念	对何种应急功能需要执行以及它们如何完成的总结性陈述。
紧急事件分级系统	把大量潜在的突发事件归纳到一组分类中的方法。这些分级系统将威胁评估与响应组织的启动水平联系起来。
总体紧急事件	由核管理委员会和联邦应急管理署定义的核电站紧急事件等级，涉及重要部分的恶化，放射性物质可能从控制性建筑内外溢，泄漏可能超过美国环保署规定的场外界限。
医疗急救站	医院之外的医疗救护场所。
快速损失评估	灾害评估的第一步，提供有关影响程度的最新信息。它定义了物理影响区域的界限，评估了影响区域内的损失。
场内紧急事件	由核管理委员会和联邦应急管理署定义的核电站紧急事件等级，涉及设备安全功能的基本丧失。泄漏可能超过国家环保署规定的现场界限，但并没有超过场外界限。
非正常事件	由核管理委员会和联邦应急管理署定义的核电站紧急事件等级，涉及设备安全的潜在恶化。除非有其他事件发生，否则不会发生泄漏。

测试你的理解能力

登录 www.wiley.com/college/lindell，评估你对有组织的应急响应有关知识的掌握情况。

通过比较测试前和测试后的结果，衡量你的学习情况。

总结性问题

1. 飓风警报表明了 36 小时内海岸的某一指定部分飓风形成的条件（持续风速至少为 74 英里/小时）的可能性。对还是错？

2. 致灾因子作业对所有的致灾因子都是可行的。对还是错？

3. 在疏散过程中，人们需要什么？
(a) 大众关爱
(b) 疏散运输支持
(c) 疏散交通管理
(d) 以上各项
4. 关于应急运行中心，以下哪项是对的？
(a) 应急运行中心是辖区内紧急事件信息处理的枢纽
(b) 应急运行中心由职务不同的一大群人进行管理
(c) 为了做到有效，应急运行中心的需求是巨大而广泛的
(d) 以上各项
5. 在警报中：
(a) 泄漏预计将远低于美国环保署的暴露界限
(b) 泄漏预计将恰好符合美国环保署的暴露界限
(c) 泄漏预计将高于美国环保署的暴露界限
(d) 没有任何危险物质泄漏
6. 在定义紧急事件等级时，哪个因素没有被使用？
(a) 致灾因子产生
(b) 致灾因子传播
(c) 社区脆弱性
(d) 地方应急管理团队的能力
7. 公共信息官应该：
(a) 几乎不参加会议
(b) 与最初响应者现场合作
(c) 在突发事件现场为媒体提供适当的人员防护装备并确保其正确使用
(d) 只和重要的人物交谈

回顾性问题

1. 威胁探测包括什么？
2. 怎样建立选择致灾因子作业行动的指导方针？
3. 为了实行防护行动，人们需要什么？
4. 说出和解释内部指导和控制所涉及的三种具体行动？

本章应用

1. 在你所住的小镇边缘，有一辆火车出轨，一车厢液化天然气在燃烧，它的

旁边是一辆装满氯气的罐车，风向偏离了小镇。这一致灾因子发生后，你为什么需要监测天气情况？

2. 龙卷风摧毁了你所在城市工业区的大部分。为什么你需要实施进入控制和安全措施？

3. 你是一个小镇的应急管理者。小镇上发生了地震，你很快意识到需要重大救援。你会采取什么步骤来直接解决这一要求？

4. 在一个大型展览的过程中，会展中心的屋顶突然倒塌。你将怎样处理这一群死群伤的突发事件？

5. 假定你是公共信息官，在一个地方工厂的爆炸事件后负责沟通。在不确定有无人员伤亡，有多少人员伤亡出现的情况下，你会怎样回答记者的提问？

试试看

化工单位事故

你正在和附近化工单位的工作人员一起开发紧急事件分级系统。你需要涉及哪些主要问题？

疏散

在预测到一场大洪水将会到来后，你需要去对城市地势低洼地区进行疏散。你会采取什么步骤以确保每个人都收到警报并能接受疏散？

应急运行中心内部的支持团队

山火正在逼近你所在的城市。你已经动员了应急运行中心。应急运行中心的支持团队应该执行什么任务？

第 11 章

灾后恢复——管理过程

预先测试

➤ 登录 www. wiley. com/college/lindell，测评你对灾后恢复有关知识的掌握情况

➤ 确定你需要努力的重点在哪里

你将在本章中学到

➤ 在灾害来袭前，社区如何发挥功能
➤ 恢复过程的步骤
➤ 家庭恢复的三个基本要素
➤ 什么企业需要恢复
➤ 政府对于恢复的影响
➤ 灾害险在恢复中的作用
➤ 恢复运行计划的作用

学习本章后，你将能够

➤ 比较和对照在灾后恢复期间家庭、企业以及政府如何正常发挥功能

➤ 检验恢复的过程
➤ 区分家庭恢复中的三个组成要素
➤ 探寻帮助企业恢复的方式
➤ 分析政府如何对恢复提供帮助

- 识别灾害险的影响
- 考察地方政府在恢复中如何进行援助
- 解释恢复运行计划的功能

目标与结果

- 概述你所在社区的正常运行情况
- 准备可确保灾后有效、快速恢复的计划
- 在恢复过程中对家庭进行支持，确定你所在组织在恢复中的援助方式
- 灾后援助企业，帮助其完成恢复
- 有效管理政府的援助
- 起草一份计划，增强灾害险意识
- 支持地方政府的恢复行动
- 创作、开发一份恢复运行计划

导　言

恢复不同于发生在应急管理周期中其他阶段的活动。通过有效规划，你能看到家庭、企业和社区全过程参与恢复活动。家庭、企业和社区也从其他来源——包括州和联邦政府、灾害险和慈善团体获取援助。

在这一章中，你将考察怎样管理恢复过程。首先，你将关注灾害发生前社区怎样正常地发挥功能。然后，你将评估恢复过程：企业和家庭怎样恢复，政府怎样援助恢复，怎样设计一个恢复运行计划；你也将学习如何增强灾害险意识。最后，你将分析对恢复至关重要的地方政府的恢复功能以及如何快速、有效地实施它们。

11.1　美国社区的日常功能

在探讨恢复问题之前，让我们先来看一看灾害发生前社区功能是如何发挥的。**社区**是一个特定的地理区域，通常是一个有政府的镇、市或县。社区还有两个额外的组成要素，即心理联系和社会互动（Poplin，1972）。心理联系是源于共同目标、价值和行为标准的一致认同感，由此引起了“内部人”与“外部人”的不同（Lindell and Perry，2004）。而且，内部人彼此之间的互动比内部人与外部人之间的互动更为频繁。在这些互动中，既有很多涉及物品和服务的买卖，也有些是基于情感和社会支持的活动。

社区拥有基本的单元——家庭、企业和政府机构。每一个社会单元都有人和资源。家庭为企业提供劳动力以获得收入；同时，家庭花钱购买私人供应商的产品、服务以及政府的服务。此外，家庭还与朋友、亲戚、邻居和同事互动。企业

利用家庭提供的劳动力生产产品或服务，然后再卖给消费者；和家庭一样，企业用从消费者那里得到的资金向原材料供应商、基础场所和政府支付费用。营利企业提供产品和服务的目的是获得利润，政府提供产品和服务是为了换取税收。但是，也有以成本价格或低于成本价格，有时甚至免费提供产品或服务的非营利性非政府组织。交换产品和服务引起的资金平稳流动就是人们所熟知的**现金流**(cash flow)。

在自由市场经济中，政府建立宽泛的规则。在这些规则之下，人们可以自由地交换资源。但是某些产品（如海洛因）和某些服务（如卖淫）是不可接受的而且是非法的。政府提供一些私营部门不能或不愿以合理价格提供的服务。握有更多社会、经济和政治权力的单元会强迫弱势单元接受不利的结果。

这些基本单元在合作、竞争和冲突中运行（Poplin，1972；Thomas，1992）。

- **合作**（cooperation）是指那些能导致互惠互利的活动。供应商以产品或服务换取顾客的金钱就是一个例子。
- **竞争**（competition）存在于双方为同一个目标奋斗、只有一方能够实现目标的情况下。在公平竞争中，双方使用合法的方法。比如，两个企业以质量和价格为基础，争相向顾客出售同一种产品。
- **冲突**（conflict）是指一方在试图直接挫败另一方实现目标时发生的对立。比如，一个企业试图利用自己更多的资源迫使供应商拒绝为竞争对手提供服务。

许多社会机构，如学校、教堂，通过使成员社会化，促进人们就价值和实现目标的合法手段取得一致。但是完全的共识从来没有达成过，政治机构的存在就是为了解决分歧。

首先，社会单元中的家庭、企业和政府机构有人力资本。人力资本包括智力、体能和在家庭、企业、政府中生活或工作的人格特征。这些特征与时间和努力相结合，产生**劳动**（labor）(Schneider and Schmitt，1986)。此外，社会单元还拥有有形资产，包括土地、建筑、装备、家具、衣物、车辆、庄稼和动物，这些有形资产也被称作“产品”。其次，社会单元有**财务（资本）资产**［financial (capital) assets］，比如现金、股票、债券、存款和保险，在许多情况下，这些资产是通过贷款、抵押和信用卡负债来获得的，贷款、抵押和负债就是所谓的**金融负债**（financial liabilities)。但是，大多数资产是从雇佣、有形资产出租、利息和分红之中获得了收入。收入必须与消费和生产的支出平衡，也要与其他资产的投入平衡。最后，各个社会单元所拥有的资源也是不尽相同的，少数民族、年长者和女性主导的家庭相对于其他社会单元通常只拥有更少的资源；同样，小企业和小范围政治辖区拥有的资源也较少，这使得他们难以承受重大灾害所导致的影响。

11.1.1 家庭活动

一天之中，家庭要从事各种各样的活动。有些活动，比如吃饭、睡觉是必需的，而其他一些活动，如参加一些文化活动以及唱歌或跳舞等则具有很大的随意性。当必做之事增多时，一些随意性活动可以被适度减少或取消。此外，一些活动与年龄、性别有关，比如，在家庭成员中，成年男性可能参加庭院劳作和汽车维修，而成年女性则更倾向于购物和照顾孩子。近年来，成年男女逐渐有可能同时参与工作。如果灾害使家庭成员改变日常活动的正常模式，这将产生心理和经济上的扰动以及社会冲突。

11.1.2 企业活动

企业生产出了各式各样的产品和服务。其中，有些产业创造的产品和服务出售给本地区之外的顾客，这些产业奠定了社区的经济基础，经济基础模式又决定了进口的商品、服务、内部投资以及消费的数量（Chapin and Kaiser, 1985）。当出口超过进口时，国内将会具备更多的资金投资和消费。当出口销售收入用于社区内消费时，会产生乘数效应，结果，城市地区从每 1 美元的出口收入中获利 1.5～2.5 美元的地方引致收入（Blair and Bingham, 2000）。一般来说，采矿、制造业、批发零售、银行金融以及高质量的服务场所（如全国知名的医疗诊所）是经济基础的主要贡献者，当然也有例外（Chapin and Kaiser, 1985）。

以上活动对于恢复都有影响。首先，一些社区经济基础薄弱，出口很少，投资不多，内部消费很大，这些社区需要外界的帮助才能恢复；其次，从事出口生产的产业在灾后会迅速得到人们的关注，它们能刺激地方投资和消费，从而带动其他产业的恢复。

11.1.3 政府活动

多数地方社区的政府都履行着私营部门所不能履行的各种职能，每一个职能被分配给下设的单位，我们称之为机构或部门。所有的部门都要向辖区行政长官汇报，行政长官可能是市长、市执行长、县参事委员会主席。其中的一个部门或机构负责应急管理，其他管理部门涉及规划、执法以及公共工程。

储蓄率

家庭的日常事务也影响着灾后恢复。不同的经济学家对于储蓄有不同的定义，但他们都认为，美国人年储蓄量是很低的，多数家庭的存款仅占其收入的 0～4%。当财产在灾害中被损毁时，他们需要财政援助。

自我检测

- 阐述社会的定义。
- 阐述冲突的定义。
- 阐述竞争的定义。
- 解释储蓄率是如何影响恢复的。

11.2 恢复过程

当紧急事件已经稳定，对生命和财产不再构成威胁时，恢复过程开始；当社区从灾害中恢复过来时，恢复过程结束。多数人的目标就是使其生活重新回到灾前的状态。人们认为，他们必须重新修建建筑物和基础设施，使它们和以前一样。现在，人们知道，使社区恢复到灾前状态会又一次产生导致灾害的致灾因子脆弱性。

美国多数社区都能从灾害中迅速恢复。然而，事实上，作为一个整体的社区，恢复并不是，甚至根本不是意味着特定小区的快速恢复，也不意味着具体企业可以维持和重新运转。了解哪些人口和经济部门在灾后恢复中所遇到的困难最大是重要的，这使你在必要时能够提供科技和财政援助。你也可以监督恢复过程，鼓励家庭和企业采取降低其致灾因子脆弱性的减缓措施。

灾后恢复既是一个物理的过程，又是一个社会的过程，包括处理伤亡所采取的行动。家庭必须探索出以情感为核心的战略，以至爱亲朋的关爱、支持来应对死亡；他们也必须具有以问题为核心的战略，以应对获得收入、管理家庭、抚养孩子所需资源的匮乏。受伤会增加情感和财政上的压力。同样，企业必须有效应对雇员的流失，他们可能死亡、受伤或者要忙于照顾家人和朋友。

灾后恢复包括应对财产损失。家庭必须修复轻微的损坏并且重建被毁财产。企业和政府机构必须修复工商业建筑，包括修复关键性场所，如医院、警察局以及消防站；同时也必须修复基础设施，如供水、排水、电力、能源、运输以及电信设施。

恢复中最困难的内容之一是使社会及经济活动恢复常态。“回到正常”的过程既包括恢复人们心理的稳定，也包括从灾害性经历中获取有益的经验。与朋友互动是“回到正常”的另一方面的内容。人们也需要恢复全职工作状态，获得与灾前同样的收入。

遗憾的是，“正常”是使社区出现麻烦的首要原因。例如，当城市允许人们在漫滩上过度开发时，“正常”并非一个可持续的目标。灾害弹性社区应从以往的经历中汲取教训，包括查找不可靠的设计、建筑方法和建筑材料，识别并加固那些有缺陷的建筑物、基础设施以及关键设施，最后，应该知道哪些家庭、企业以及政府机构的资源或生活方式有缺陷，限制了其灾害响应与恢复能力。

灾害弹性社区应学会如何使灾害成为改变人们行为的焦点事件。灾害发生后，人们应该意识到自己处于风险之中，应该考虑采取何种行动来保护自身及财产，应该找出什么样的危险调节最适合自己的社区。灾害弹性社区应支持可持续发展的政策，还要动员政府，要求政府实施有效的政策。

11.2.1　改进灾后恢复的条件

灾后恢复包括许多活动。一些活动是同时进行的，另一些则依次进行。有时，一些家庭可能参与这一系列的恢复活动，而另一些家庭则参与另一系列的恢复活动。有些家庭可能比其他家庭早几个月，甚至早几年完全恢复，而有些家庭或企业再也得不到恢复。学者们认为，灾后恢复过程是分阶段进行的，但他们对于阶段的数量和名称存在着分歧。他们一致同意，灾后恢复至少有两个阶段——短期恢复和长期恢复。

社区必须能够识别具体的问题并对其作出响应，这种能力帮助它们更为迅速地恢复。作为地方应急管理者，你应该与当地政府部门合作，以便对需求作出反应。如果你在灾害来袭前能预见到最大的需求并且制定解决计划，灾后恢复过程会更容易（Rubin，et al.，1985）。在灾害前制定计划并不能排除灾后临机决断的需要，但是，灾前计划却能使恢复更具可控性（Kreps，1991）。正如你必须预见灾害需求并制定应急响应计划一样，你也应该预测灾害需求并且制定灾后恢复计划。

施瓦布等人（Schwab，et al.，1998）强调有必要在灾害发生前制定灾后恢复计划。制定恢复计划是了解恢复需求的最好方式。其中有短期的决策，如在哪里安置疏散者；也有长期的决策，如怎样资助重建、哪里允许重建及在哪里重建公共基础设施。在从事应急准备、综合计划以及减缓规划的过程中，你应该同时制定多种社区恢复政策（Schwab，et al.，1998）。

为灾后恢复制定灾前计划是很重要的，因为在灾害来袭后留给制定恢复计划的时间不多。而灾前计划使社区将灾害减缓措施融入灾后恢复，同时也有助于民选产生的和任命的官员在灾害发生后顶住压力，使社区恢复到正常状态。通过发展灾害可恢复能力，社区可实现灾害影响最小化。灾前计划能够增强社区在无援助情况下的恢复能力，帮助所有人以及经济部门实现恢复。

11.2.2　灾后恢复的功能

恢复是由社区子单元所承担的任务构成的网络。如图 11—1 中路径 A 所示，受影响的家庭要依次经历一系列步骤，才能实现恢复，这一过程包括经历应急避难所、临时避难所、临时性住所以及永久性住所等阶段（Quarantelli，1982）。

正如路径 D 所显示的那样，受影响的企业会经历略微不同的次序，因为它们会中止生产（图中的虚线部分），直到找到临时运行场所。如路径 B 所示，家庭和企业在恢复正常运行之前需要基础设施，如供水、排水、电力、燃料（如天然气）、运输以及电信。最后，路径 C 尤其重要，因为灾害评估和联邦宣布进入灾害状态是获得联邦财政援助的前提。这项援助使受灾最严重的社区能够重建公共基础设施，使家庭、企业能够恢复被损毁的建筑。为了更完整地解释这张图，下面几节将侧重考查家庭、企业、基础设施的恢复以及灾害宣告的过程。

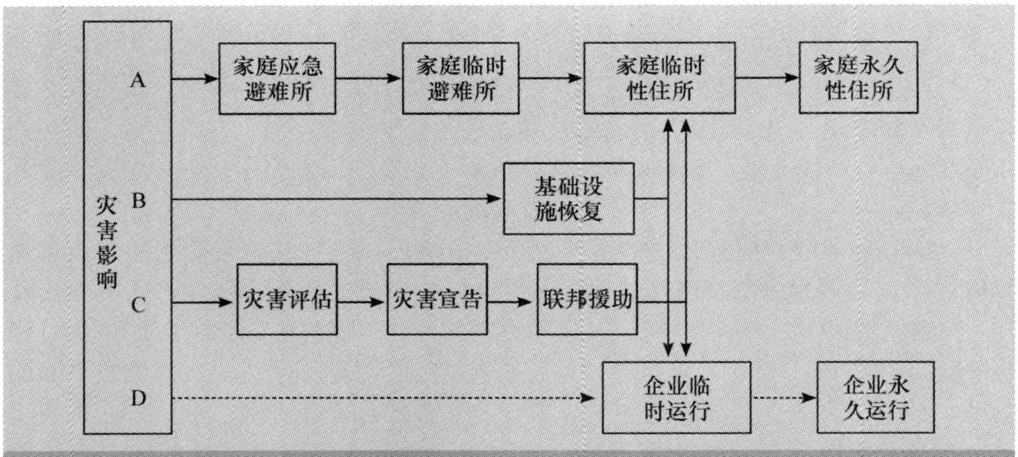

图 11—1 灾后恢复的管理过程

当“正常”并非所愿时

灾后想使事物恢复到灾前的状态，这是人的天性。然而，恢复到正常状态，也意味着重复同样的错误，这些错误导致了最初的灾害破坏。在卡特里娜飓风中，有一种争论是：新奥尔良政府是否应该准许低于海平面的房屋重建。一些人认为，如果坝堤加高到足以抵挡 5 级飓风，这些房屋就是安全的，同时他们提到荷兰浩大（并且昂贵）的防洪工程；其他人认为，荷兰几乎别无选择，其大部分国土低于海平面，所以，他们必须保护自己所拥有的财产，但他们不希望花费大量的联邦资金来解决他们所认为的地方问题。

自我检测

- 解释恢复是从哪里开始和结束的。
- 解释为什么灾害刚刚过后恢复社会常态和经济活动是困难的。
- 解释为什么社区必须识别、回应恢复过程中所出现的特殊问题。
- 解释在灾后恢复中短期决策和长期决策之间的区别。

11.3 家庭恢复

家庭恢复有三个基本的组成部分（Bolin and Trainer，1978），即住所恢复、经济恢复和心理恢复。这三项恢复都要求获取恢复资源，但是，家庭必须投入大量的时间去获得大多数资源。这就意味着家庭成员在他们的日常活动中将受到很大的干扰。

11.3.1 住所恢复

灾后，家庭通常要经过四个住所恢复阶段（Quarantelli，1982）。

- **应急避难所**（emergency shelter）是第一个阶段。应急避难所是未经规划的场所，只提供应对普通气温条件、风雨天气的防护。例如，一些家庭在地震后睡在自己的汽车里（Bolin and Stanford，1991，1998）。
- **临时避难所**（temporary）是第二个阶段。它包括做饭和睡觉的场所，一般由朋友或亲戚帮助提供或者是旅馆、汽车旅馆的房间。另外，学校体育馆、教堂礼堂中的大众关爱场所是最后可以考虑的地方。
- **临时性住所**（temporary housing）是第三个阶段。临时性住所可以使灾民在非最佳地点重新开始家庭日常生活。
- **永久性住所**（permanent housing）是最后一个阶段。永久性住所可以使灾民在最佳地点重新开始家庭日常生活。

应急避难所通常在灾害发生当天使用最多，随后迅速下降。然而，这种减少不会立即增加永久性住所的入住率。的确，在一场灾害发生之后，永久性住所中的受灾人口的比例也可能会下降，这是因为更多的家庭被迫离开当局认为不适宜居住的受损房屋，例如，惠提尔湾（Whittier Narrows）地震后，大众关爱场所在第九天才达到使用的高峰（Bolin，1993）。

临时避难所的地点包括朋友和亲戚的家、旅馆和汽车旅馆等商业场所、红十字会避难所等大众关爱场所。在莉莉飓风来袭时，53%的被疏散者住在朋友和亲戚的家中，30%待在商业场所中，还有3%待在大众关爱场所里（Lindell，et al.，2005）。待在大众关爱场所中的人所占比例平均为15%，但具体范围从1%到43%不等（Mileti，et al.，1992）。一个家庭寻求临时避难的地点是可以预测的。如果朋友和亲戚有未被损坏的房子并且又住在附近，很多家庭会选择跟他们住在一起；如果附近没有房屋未被损坏的朋友和亲戚，那些高收入家庭就会住进商业场所。处于同种状况的低收入家庭，却没有其他选择，不得不住在大众关爱场所。

少数民族人口聚集的地区可能会出现问题，他们的家庭具有“非常规”结构。一些家庭多代同堂，包括祖父、父母和孩子（Bolin，1993；Yelvington，1997）；另一些家庭有着多核心亲属关系，兄弟姐妹与其家人生活在一起；还有一些家庭拥有多核心的朋友关系，来自同一个地方的移民住在同一屋檐下。这些复杂的家庭结构导致出现户主确认方面的问题，使当局不知该向谁发放援助支票。除了拒绝寻求公众避难场所与住所之外，有些灾民不愿意寻求当局的帮助，因为他们没有移民文件（Yelvington，1997）。

临时性住所也包括朋友和亲戚的家、出租房和公寓以及房车停车场。这些地点中，有些就在受灾社区内部或附近，而另一些则在数百，甚至数千英里以外。在距离上班地点较近地区，由于缺少临时替代的住所，一些家庭移居别处。安德鲁飓风之后，南戴德县（South Dade County）的人口流失了 18%，佛罗里达市的人口流失了 33%，霍姆斯特德（Homestead）的人口流失了 31%（Dash，Peacock，and Morrow，1997）。其他家庭仍留在严重损毁的，甚至是不再适合居住的单元里，几个月都没有电和电话服务（Yelvington，1997）。

在一个紧张的住房市场里，灾害中失去住所是一个很大的问题。安德鲁飓风之后，现成住房比例从一年前的 5.5%下降到了 1.6%。住房的稀缺性致使租金增长了 15%～20%，这使低收入灾民无法进入住房市场（Yelvington，1997）。即使灾民找到了临时性住所，他们仍然需要用很长时间才能返回永久性住所。在安德鲁飓风之后，在一个工人阶级社区，异地安置的平均时间为 95 天；在灾害发生的 1 年之后，回迁者只占 62%（Morrow，1997）。

在重建期间，家庭会遇到许多问题。其中的一个问题是维修的价格很高，另一个问题则是工程的质量低劣，违反合同的情况也可能发生（Bolin，1993）。重建的建筑物的确能改善质量和致灾因子抵抗能力，对于公共住房，情况尤其如此（Morrow，1997）。但是，很少有灾民认为，他们为这种改进而要忍受生活上的不便是值得的。

低收入家庭的致灾因子暴露程度更高，这是因为他们居住在致灾因子较易发生的地区。他们因为居住在按照较过时的、不太严格的建筑法规所建造的房子之中，所以有更高的物理脆弱性。建筑者们采用低质量的建筑材料和方法建造这些房屋，而房子又没有得到很好的维护（Bolin and Bolton，1983）。因为低收入家庭的恢复资源较少，所以它们要用更长的时间度过住所的各个阶段。有时，他们需要长时间地居住在损毁严重的家中（Girard and Peacock，1997）；有时，他们不得不接受将临时性住所作为永久性住所的解决方式（Peacock，Killian，and Bates，1987）；有时，甚至当高收入家庭已经重新搬入了永久性住所后，低收入家庭仍需要住在临时性住所中（Berke，Kartez，and Wenger，1993；Rubin，et al.，1985）。

11.3.2 经济恢复

保险覆盖率随着致灾因子力量的不同而不同，一些研究表明，龙卷风的保险覆盖率是 86%（Bolin and Bolton，1986），地震为 25%（Bolin，1994）。风险区域内的居民有可能放弃地震保险，因为他们认为保费太高，保险扣除额太大（Palm，

Hodgson, and Blanchard, 1990)。收入、教育和职业地位都与地震保险的购买有关（Bolin, 1993)。

缺乏足够保险的家庭必须采取其他战略以应对损失，其中包括（Bolin, 1993)：

- 获得小企业管理局（small business administration, SBA）的贷款或商业贷款；
- 寻求联邦应急管理署或非政府组织的赠款；
- 支取个人储蓄；
- 暂不更换损毁物品。

家庭很难获得小企业管理局的贷款，因为它们需要多年才能偿还长期债务（Bolin, 1993)。联邦应急管理署的赠款也很难获得，因为它们需要家庭满足特定的标准，比如让灾民证明自己是受灾害影响地区的居民。但是，没有身份证明，对疏散者或被营救者的登记会出现问题（Yelvington, 1997)。放松贷款和赠款的标准看起来更人道，但这会引起其他问题。它将使长期无家可归者和灾区外的建筑工人获得本应只为灾民提供的服务；反过来，由此而出现的对“免费搭车者”的愤恨可能会产生压力，减少为合法灾民所提供的服务。

一些家庭的经济恢复得很快，但另一些家庭需要很长时间才能恢复。例如，据报道，在受惠提尔地震影响的家庭中，50%在第一年年底完成经济恢复，但是，另有21%的家庭在4年后经济仍然没有或基本没有恢复（Bolin, 1993)。那些收入和储蓄较多的家庭恢复得更快，那些成员较多的家庭、受损严重的家庭或不得不多次搬迁的家庭需要更长时间才能恢复（Bolin, 1993)。在某些情况下，影响经济恢复的关键在于永久性工作岗位的丧失，人们的永久性工作岗位被临时性工作岗位所取代或者被失业替代（Yelvington, 1997)。

不同民族之间的经济恢复速度存在着差异。例如，在1982年的得州巴黎（Paris）龙卷风发生8个月后，在恢复到灾前经济状况方面，非裔美国人家庭（30%）落后于高加索人家庭（51%）（Bolin and Bolton, 1986)。但是，对于这两个民族来说，影响恢复的因素是相同的。成员较少、收入较高、受高等教育更多的家庭经济恢复更快，那些高收入家庭也更可能持有保险。此外，非裔美国人家庭的恢复与初级群体援助、家庭搬迁的次数呈负相关。越大的家庭就越不可能使用灾害援助、拥有足够的保险或得到充分的救助，较大家族会有更多的迁徙，社会经济地位较高的家庭迁徙次数更少。总体的结论是贫困的大家庭在经济复苏中会遇到更多的困难。

11.3.3 心理恢复

少数灾民会由于灾害而产生严重的心理问题，而同时，大多数人只是经历了轻度的困扰。例如，博林和博尔顿（Bolin and Bolton, 1986）发现，在得州巴黎龙卷风过后，消极影响包括缺乏耐心（38%）和家庭关系紧张（31%）等。然而，灾民也受到了积极的影响，包括家庭关系的巩固（91%），物质财产重要性的降低

(62%)，家庭幸福感的提升（23%）。

研究人员还考察了灾害心理影响研究的公共记录。但是，安德鲁飓风没有长期影响出生、结婚、死亡和离婚申请的趋势（Morrow，1997）。飓风过后的大约6个月，家庭暴力的比例一直保持稳定，但是，此后的近两年内，家庭暴力的比例却增加了50%。在所有家庭中，只有12%受影响的家庭表示需要心理咨询（Morrow，1997）。大多数灾民只经历了由灾害损失而造成的正常伤感过程，然而，他们在恢复过程中可能会面临许多挫折。很多人不得不与公共的（政府的）和私人的（如保险公司）官僚机构反复互动。为了帮助人们应对灾害带来的后果，你应该与当地的心理健康机构合作，以确保人们可以获得有组织的心理健康治疗。这一制度应该特别关注：

- 先前存在心理问题的人；
- 目睹亲人死亡或受伤严重者；
- 单身女性户主；
- 儿童；
- 参与艰难搜救行动的应急响应者；
- 工作负担沉重的医务人员。

"（心理健康）服务的接受者是正常人，他们对极端不正常的情境作出了正常的反应"（Gerrity and Flynn，1997，p. 108），也许，这是对心理恢复最好的总结。大多数的灾民和响应者能够在没有帮助的情况下从灾害的压力中迅速恢复过来，那些失去家园和亲人者可能经历了最大的磨难。帮助灾民和最初响应者应对悲伤的适当战略是不要以一种笨拙的方式进行干预，灾后恢复专家应该提供关于物质支持来源的信息，心理健康专业人士应该推动灾民参与社会和情感支持团体。

11.3.4 住所恢复援助的来源

家庭的灾后恢复模式包括三种，但很少有家庭只单独采用一种模式（Bolin and Trainer，1978）：

- 自主恢复；
- 亲情恢复；
- 机构恢复。

在自主恢复中，一个家庭没有得到其他人的帮助。这种恢复模式能否成功取决于家庭里现有的人力、物力和财力资源。人力资源的可用程度取决于家庭成员经历灾害之后是否还活着、没有受伤、对于恢复能力充满信心。另外，自主恢复依赖于成员可继续从就业、资产租金和金融资产利息或股息中获取收入的程度。此外，它也取决于物质资源的可用程度，这包括财产未被损坏或可修复的程度。自主恢复也取决于获得足够保险赔偿的程度。在某些情况下，自主恢复也取决于债权人在何种程度上接受债务人的延迟付款，如贷款、抵押贷款以及信用卡债务。最后，它取决于成员消费的削减程度。

亲情恢复依赖于朋友和家人的帮助。它取决于其他家庭成员帮助灾民的意愿，同时，取决于其他家庭成员的帮助能力。帮助能力取决于其他家庭成员所拥有和分配财产的能力，显然，当其他家庭成员更为贫穷或者远离灾民居住时，亲情恢复更为困难。

机构恢复依赖于政府和非政府组织。这些组织经常会受到组织政策的约束，即确定灾民是否有资格接受援助，是否能提供灾害损失的申报证明。重要的是，机构恢复还取决于灾民投入所需时间的能力、前往援助中心、准备和履行援助申请程序的能力。

各民族之间，家庭恢复在某些方面较相似，而其他方面则显示出明显的差异。如表 11—1 所示，英裔美国人、非裔美国人和西班牙裔美国人在某些领域经历了相同水平的挫折。但是，这些共通之处中的大多数都是不常出现的，它们被列在表格的最后。通过比较可以发现他们在经常发生的问题上有很大差异。对于其中的一些问题而言，英裔美国人显示出最高频率的挫折；而对另一些问题而言，西班牙裔美国人经历了最大的挫折。但是，总体来说，与其他两个民族中的任何一个相比，非裔美国人表现出最高程度的挫折。

表 11—1　家庭恢复中的问题（按民族统计）

发现的较大问题	英裔美国人	非裔美国人	西班牙裔美国人	总样本
与抵押贷款公司就保险金问题交涉	68	49	68	64*
与建筑监管人员交涉	52	38	76	63*
居住在受损房屋内	59	63	59	60
邻里状况	55	60	39	47*
居住在临时处所	45	61	38	46*
与保险公司交涉	33	26	48	40*
与承包商交涉	38	18	45	37*
失业	11	29	30	25*
家庭财务	14	40	20	22*
邻里犯罪	34	23	16	22*
运输	2	28	17	16*
就业迁移	7	21	17	15
与机构交涉	11	20	13	15
儿童行为问题	19	18	10	14
家庭暴力	17	11	5	9*
家庭成员增加	14	0	4	5*
失去家庭成员	4	0	13	4

* 统计学意义上的最大、最小比例误差 < 0.05。

资料来源：Morrow，1997。

恢复需要时间

家庭必须投入时间去获取恢复所需要的资源，这包括发现和购买替代性住宅、衣服、食物、家具和器具以维持日常生活所花费的时间（Yelvington，1997）。提出保险索赔、申请贷款和赠款、找工作也需要花费时间。为获取所需文件而多次奔波也会增加完成上述任务的时间（Morrow，1997）。虽然联邦应急管理署可以提供电话注册，但其价值可能大打折扣，因为灾后电话服务中断或没有足够的接线员，人们需要长时间的等待。如果汽车、路标、交通信号等被损坏，路上耽误的时间也会更长。公共交通可能会停运几星期。由于供应短缺，许多东西的成本上升，这也增加了时间上的负担。最后，灾民还需要技能和自信来应付灾后资助的官僚机构（Morrow，1997）。

自我检测

- 解释为什么低收入家庭的致灾因子暴露程度更高。
- 说出缺乏足够保险的家庭用以应对损失的其他策略。
- 说出家庭用于灾后恢复的三种方式。
- 找出灾后恢复中不同民族的相同与不同之处。

11.4 企业恢复

一些研究已经考察了企业个体进行灾前准备的方式、受到灾害干扰的形式以及灾后恢复的方法。历史较为悠久、规模更大、财务更稳定的企业更可能采用致灾因子调整措施，制造业、专业服务业、金融业、保险业和房地产部门的企业也是如此。

灾害以不同的方式扰乱了企业运行。不难理解，直接的物理损害可迫使企业关闭，另外，对给排水、电力、燃料、运输和电信等基础设施的扰动也会迫使企业关闭。

小企业比大企业更脆弱，其原因有两个：第一，小企业更可能位于被损坏的非工程性建筑之中；第二，它们制定致灾因子管理计划以减少物理脆弱性的可能性更小，所以，在这个方面，小企业类似于具有物理脆弱性的家庭，即贫困家庭、女性主导的家庭或少数民族家庭。小企业同样面临着更大的成本，不愿维修建筑物、更新内部设施，同时，如果搬迁，这些企业可能失去客户。惠提尔地震发生 3 年后，50％的被毁商业空间和 100％的受损商业空间都迁址了（Bolin，1993）。但是，其中有一些是被迫迁移的，这些企业位于老旧的中心商业区，建筑多是非钢筋水泥的砖石结构。由于惠提尔位于洛杉矶的大城市区内，当地居民可以便捷地从邻近未遭受灾害的社区获取商品和服务，这样，受灾空间在重新投入使用时被新的商户租用，因为原有的商户没有那么多的资源长时间等待其重新开业。

灾害可通过更微妙的方式来影响企业。一个间接影响就是人口搬迁，如果许多家庭搬迁，那么这会降低该社区的企业收入，即使这些家庭留在社区，灾害也会影响其可支配的收入。可支配收入的下降将会削弱家庭对很多商品和服务的需求。人们将会把更多的钱花在建筑材料上，而减少在看电影和到餐馆吃饭上的支出。灾害还会增加当地企业的竞争压力，因为外部大企业看准了新兴的大型重建材料市场，这些因素会导致本地小企业在灾后倒闭，特别是那些从前只有边际利润的企业(Alesch and Holly，1996；Alesch，et al.，2001)。事实上，企业也可能在事件发生很长一段时间后出现倒闭；如果在事件发生之前社区就已经处于经济衰退之中，情况尤其如此（Bates and Peacock，1993；Durkin，1984；Webb，Tierney，and Dahlhamer，2002)。

不同商业部门的恢复模式也有差异。批发和零售业会遭受巨大的销售损失，但是，制造业和建筑公司往往在灾后获利（Durkin，1984；Kroll，et al.，1990；Webb，Tierney，and Dahlhamer，2000)，还有，服务于更为广阔市场的公司比起那些仅服务于当地市场的公司恢复得更快（Webb，et al.，2002)。人们发现，小公司比大公司遇到的障碍更多。和大公司相比，小公司更倾向于依赖当地客户，它们还缺乏恢复所需要的财政资源，缺少被纳入政府恢复计划的途径（Alesch and Holly，1996；Alesch，et al.，2001；Dahlhamer and Tierney，1996，1998；Durkin，1984；Kroll，et al.，1990)。所以，商业部门和商业规模可以被看作经营脆弱性的指标，这些指标相当于家庭社会脆弱性中的人口统计指标。

企业的致灾因子脆弱性解释了灾害给生产、销售和利润带来的变化。特别地，可以分四种情况说明企业在灾后销售水平方面的变化。第一类是在影响区域内致灾因子脆弱性最低的企业，专业性服务公司就是一个例证。这些企业在灾害影响发生后，仅仅遭受了小幅度的销售下滑，而且很快恢复到了灾前水平。第二类包括同在影响区域内、具有中度脆弱性的企业。比如，大型制造商经历了销售业绩的大幅初步下滑，而且其恢复要用更长的时间；旅游导向型企业也会遭受巨大的初始损失，由于人们通常在一段时间内害怕到灾区旅游，这些企业只有花费时日才能恢复到原来的盈利水平。

第三类企业经历了初始销售损失，因为它们位于受影响区域内部或附近。但是，它们在灾后会经历产品或服务需求上的增加。建筑、材料、服务等与灾后恢复相关的企业将遵从这一模式。第四类包括处于灾害影响区之外、与恢复相关的企业。它们因为没有遭到破坏而避免了初始损失；另外，它们可在灾后获得收益，因为它们离灾区很近，可从重建中赢利。

人们可以从安德鲁飓风所影响的两个社区的企业恢复数据中发现这些原则(Dash，et al.，1997)。比起佛罗里达市，霍姆斯特德人口更多，人均收入更高，平均家庭估价更高。在霍姆斯特德的人口中，42%是英裔美国人，35%是西班牙裔美国人；佛罗里达市则有 61％的非裔美国人和 37％的西班牙裔美国人。佛罗里达市离飓风登陆的飓风眼稍远一些。但是，飓风对两个城市企业的影响没有初始差异。在霍姆斯特德，飓风后全部商业财产损失为 29％，佛罗里达市是 32％。表 11—2 显示了飓风对商业的影响。

表 11—2　　安德鲁飓风后企业、雇员以及销售额的数量变化

产业	企业的变化（％）		雇员的变化（％）		销售额的变化（％）	
	佛罗里达市	霍姆斯特德	佛罗里达市	霍姆斯特德	佛罗里达市	霍姆斯特德
农业	−71	+4	−92	+74	−93	+66
建筑业	0	−20	+12	−20	+12	−59
制造业	0	−12	−67	−19	−59	−32
运输/通信	−50	+9	−100	+4	−26	+51
批发业	−60	−4	−50	+6	−84	+57
零售业	−64	−2	−84	+16	−84	−5
财政/保险/房地产	−20	0	−59	−1	−32	−32
商业服务业	−63	+6	−94	−5	−65	−14
专业服务	−45	−3	−73	+16	−69	+1
公共行政	−50	+38	−69	+7	n/a*	n/a*

＊销售额不适用于公共组织部门。

资料来源：Dash，et al.，1997。

总体来说，两个社区次年受到的影响有很大的不同。比如，佛罗里达市的总销售额下降了 83％，而霍姆斯特德只下降 1.1％。但是，通过对表 11—2 的观察，我们可以看出，产业之间也存在差异。受灾影响取决于是否考察了企业数量、雇员数量以及销售额的变化。例如，佛罗里达市在农业方面的三个指标上都呈现出显著的下降，然而，建筑业并没有出现变化，甚至出现了略微的增长；相比之下，霍姆斯特德则在农业企业的数量上呈现出轻微的增长，并在农业岗位和销售额的数量方面呈现出显著的增长；此外，它在建筑业方面的三个指标上呈现出显著的下降，这几乎和佛罗里达市是截然相反的模式。这些商业影响方面的差异表明，地方政府应该在灾害来袭之前意识到地方企业的运行状况，也应该监测这些企业的灾后经济状况，从而决定政府是否有进行干预的必要。

由于服务中断而导致的企业停业

蒂尔尼（Tierney，1997）在报告中指出，1993 年的中西部水灾发生后，艾奥瓦州德摩恩市的大量企业由于大范围“生命线”服务的中断而导致了停业。尽管物理损失只是发生在一小部分地区，但仍然出现了企业停业的现象。

自我检测

- 讨论灾害影响企业的微妙方式。
- 说出各商业部门在恢复模式上的区别。

11.5 州与联邦政府在恢复中的角色

州与联邦政府在灾后恢复中扮演着重要的角色。然而，恢复的负担往往落在了地方政府的肩上，这是因为在所有灾害中，仅有大约 1% 被总统宣布进入灾害状态。地方政府应该做好准备，在灾后恢复的过程中履行各种职能。它们必须清楚，在较小规模灾害发生后，它们可能不能从更高层级政府那里得到任何援助。在较小规模灾害中，州政府会在援助地方政府方面扮演重要的角色；而在较大事件中，总统宣布进入灾害状态会启动各种救助和重建计划。在这些事件中，州在联邦政府和地方政府之间起到了一个调节的作用。总统宣布进入灾害状态所带来的额外资金为联邦政府提供了大量的机会在恢复时期影响州与地方的行为。很可能，在总统宣布进入灾害状态之前，灾害响应已经结束，但是，联邦援助在最终到位后，当然还是很受欢迎的。2003 年 1 月公布的《联邦响应计划恢复功能附录》(Recovery Function Annex of the Federal Response Plan) 可以在国土安全部网站 (www. dhs. gov/dhspublic) 上看到，它列出了 71 个联邦灾后恢复计划，这些计划由国土安全部或许多其他联邦组织及自愿者组织直接管理。

在联邦层面，主导恢复的机构是联邦应急管理署。它于 2002 年被纳入国土安全部。当总统宣布进入灾害状态后，其他联邦机构也可能会被动员。这些机构包括小企业管理局、美国陆军工程师部队 (U. S. Army Corps of Engineers) 和经济发展局 (Economic Development Administration)，每个机构都有所资助的具体灾后恢复计划。

《国家应急响应计划》(National Response Plan) 要求在灾区附近建立救灾工作站 (disaster field officers, DFOs)。应急响应团队就在救灾工作站中，包括一个运行部，负责协调联邦、各州以及志愿者的行动。应急响应团队运行部设有一个社会服务分部，负责许多任务，包括：

- 评估需求；
- 成立灾后恢复中心；
- 依据《斯坦福法案》(Stafford Act)，启动、协调和分派灾后恢复计划；
- 管理国土安全部和州的赠款项目。

最后，它设有一个基础设施支持分部，负责公用设施和其他基础设施的恢复；还有一名负责减缓的实地协调副官，这名官员与基础设施支持分部相互配合，以推进减缓与准备活动的运行。

恢复援助计划的主要类型包括个人援助、基础设施支持和致灾因子减缓赠款计划。家庭可以通过“临时性住房援助”计划、个人和家庭赠款、灾害失业援助、法律服务、特别税负政策、危机咨询计划，获得个人援助。个人和企业可以通过小企业管理局的“灾害贷款”计划获得帮助，这个计划能够为弥补房屋、企业和经济损失提供帮助。过去，有很多贷款项目都是低收入家庭所无法获得的。低收入家庭倾向于租房，而不是购买自己的住房。由于收入低，缺少担保物品，他们失去了获得贷款的资格，不能从美国小企业管理局贷款计划、私人保险或非政府组织援助中获得帮助。“个人和家庭赠款”计划就是要满足这些人的需要，但是，从该计划中，人们所能得到的金额较少。

公共援助计划由基础设施支持分部提供，其援助目标是州和地方政府、提供应急服务的某些非营利组织以及印第安部落，这些计划支持因灾受损的公共设施的修复或更新。

自2000年《减缓法案》(Disaster Mitigation Act，DMA，2000）通过以来，提供援助变得越发重要。这部法律要求地方政府识别可被融入受损设施之中的潜在减缓措施。为取得灾前及灾后资助的资格，地方政府必须这样做。这项政策鼓励地方政府参与到减缓活动之中，如绘制致灾因子图谱、规划和制定建筑规范等。2000年的《减缓法案》支持的其他活动还包括：开发培训和公众教育计划，建立重建信息中心，帮助社区促进可持续发展。

联邦应急管理署在卡特里娜飓风中的表现

联邦应急管理署2005年在应对卡特里娜飓风中的表现，为广大公众和政府领导所无法接受，基于此，一些政客要求联邦应急管理署彻底解散，建议用新的组织取代它。一些反对意见认为，联邦应急管理署不应该被解散，而应该作为一个独立的实体从国土安全部脱离出来，因为它曾经先于国土安全部存在。截至本书完稿，联邦应急管理署的前途仍然是个未知数。

在恢复计划的制定与实施方面，各州政府给予的关注和资源投入水平有所不同。一些州制定了计划：如果总统没有宣布进入灾害状态，那么，它们就向家庭和地方政府提供恢复援助。有些州创立了灾后恢复基金以提供这种援助。州也指定部门来提供援助，同时可使用灾后恢复基金，资助这些计划。但是，只有大约一半的州这样做了。一般而言，各州通过立法根据灾害需求划拨资金。另一种类型的灾害基金是灾害信托基金，即将一定比例的销售税和其他收入纳入基金，此种方式还能创造收入。

自我检测

- 说出应急响应团队运行部社会服务分部所负责的任务。
- 解释为何许多贷款计划难以被低收入家庭获得。

11.6 灾害险的作用

灾害险是一种在灾前为恢复而准备的活动。从理论上说，如果每个人都根据其家庭致灾因子暴露程度和结构脆弱性交纳保险费，灾害险就能够完全取代现有的灾害救助计划。另外，灾害险能够减少政府的工作量和支出。它通过以下措施来实现这一目标：将灾害评估的部分行政负担转移给私营部门的保险公司；而且，灾害险提前规定了保险覆盖面的条件，从而减少了政治家在灾后扩大收益的机会。看起来慷慨的愿望会诱惑人们对“政治分肥”工程投赞成票，问题是，向未购买保险的灾民提供慷慨的救助，会激怒那些有远见、事先购买了保险的人，并损害人们购买灾害险的积极性。

遗憾的是，灾害险的潜在贡献还没有完全开发出来。在开发和维持一个良好的致灾因子保险项目方面存在许多困难。国家洪水保险计划在过去的 30 年里获得了显著的进步，但是，它依然需要运营补贴。基本问题之一是：最可能购买洪水保险的人事实上就是那些最可能提出赔偿要求的人（Kunreuther，1998），这种逆向选择问题使得维系一个私人洪水保险市场是不可能的。联邦政府曾试图解决这个问题，它们要求，在百年一遇的洪水平原上，为建筑物购买洪水保险，这必须有联邦支持的抵押贷款。遗憾的是，房屋所有者经常使联邦的政策在 1 年之后失效。这个计划对于那些购房不使用抵押贷款或已付清抵押贷款者起不到任何作用。

灾害险和灾后恢复

一般灾害险的缺失对灾后恢复的影响巨大。有的房屋很快得到恢复，因为其所有者有高质量的保险覆盖；而另一些房屋则要花费更长的时间，因为其所有者仅购买了部分保险；在一些情况下，房屋所有者没购买任何保险，他们可能支付不起高质量保险的费用或因为种族歧视而无法购买该保险（Peacock and Girard，1997）。

自我检测

- 描述“灾害险”。
- 说出洪水保险要求所带来的一些问题。

11.7 地方政府的恢复功能

灾害发生后，地方政府需要很快完成大量的任务，而且很多任务需要同时进行，这使得制定灾后恢复计划像制定响应计划一样重要（Schwab, et al., 1998）。响应与恢复之间从来就没有一条清晰的界线。当一些社区部门正处于灾害响应模式时，另一些已经进入了恢复阶段；有些组织可能同时从事响应与恢复两类活动。这意味着，响应开始之后，就没有时间制定恢复计划；在灾害来袭之前制定恢复计划，会使资源分配更为有效。由于对稀缺资源的竞争，缺乏规划也会增加冲突的可能性。

在灾后恢复期间，地方政府必须执行具体的任务。其中一些任务涉及恢复地方政府灾前提供的服务；另外，地方政府必须恢复遭受损毁的所有关键设施；最后，地方政府履行涉及土地使用和建设方面的调控职能。在恢复期间，这两种功能要求在繁重工作负担下迅速行动。政府需要制定特殊的规定以审查、批准私人财产的重新开发。

在灾前预案中，社区必须克服三个对于恢复的误解。第一个误解是恢复可以在响应完成后临机决断。事实上，及时而有效的灾后恢复需要收集大量的数据和进行规划。将数据收集和规划推迟到响应之后会耽搁恢复过程。第二个误解是在应急响应期间有充足的时间收集数据、制定恢复计划。的确，一些恢复的相关数据必须在响应过程中收集，但是，对从灾害影响中得出的“教训”进行评估，其结果应该用来指导灾前已经设计好的恢复过程。第三个误解是恢复的目标应当是将社区恢复到灾前状态。正如前面所提到的，这仅仅是复制社区存在的脆弱性。

你应该在灾害发生之前建立一个恢复/减缓委员会。该委员会应该将每个恢复任务分派到具体的组织，制定一个恢复运行计划（Recovery Operation Plan, ROP)，并获取任何必要的资源。最后，该委员会应该进行培训与演习，确保恢复运行计划有效地实施。

11.7.1 恢复/减缓委员会

恢复/减缓委员会是恢复过程的重要组成部分，应该在灾前建立。该委员会包括一名主席和一个领导机构，其中领导机构应该是当地规划部门。规划过程应该在社区首席行政长官发布规划指令时开始。恢复/减缓委员会主席应该制定一个规划日程。许多政府机构应参与该委员会，例如，规划、建设和公共工程部门的负责人应该被包括进来；另外，你应该吸纳公用事业公司、企业、教会、慈善组织以及邻里团体的代表。

该委员会应该使用社区致灾因子脆弱性分析，识别社区内致灾因子暴露程度最高的地点。它应该与社区其他机构合作，就所要实施的灾后恢复类型达成共识。接下来，委员会应该制定恢复运行计划，该计划应该把灾害可能造成的影响、社区目标以及社区内公共与私营部门的能力整合起来。另外，恢复运行计划应该确定外部的援助资源及贷款或赠款的条件，这些应该被整合到一个综合性灾害援助计划之中。委员会应该形成一个对灾害进行响应的财政计划，灾害导致的企业经营中断减少了社区的税收。最后，委员会应该与非政府组织和社区组织签订支持恢复的协议，这些团体提供资金与实物的援助以及法律、技术支援。在灾害发生后，委员会应该确保组织实施恢复运行计划。

11.7.2　展望社区恢复战略

恢复/减缓委员会需要与社区合作，就灾后恢复达成共识。大灾过后的短期恢复会迎来经济上的景气。州和联邦政府资金流向社区以重建受损建筑物和基础设施，这些资金用于支付建筑材料和建筑工人的工资。材料和劳动力的本土化采购程度决定了地方收入水平。此外，建筑供应商会雇用更多的工人，这些工人将他们的工资花在住房、食物和娱乐上面。除非附近有未受灾的城镇，否则，这些资金会花在社区之内。

社区还必须考虑灾后恢复给经济带来的长期影响。重建高潮结束后会发生什么？社区如果有许多技术熟练的劳动力和好学校，就能够吸引新的企业。其他优势包括低犯罪率、低生活成本、良好的住房和舒适的环境，如有山、有河或湖泊等（Blakely，2000）。如果能够吸引与已有企业相兼容的企业进驻，社区也能够增强经济基础。我们可以通过询问现有企业谁是它们的供应商和分销商，进而找到兼容的企业。这些新企业也许会被更新的建筑和改善的基础设施所吸引。

如果受灾的社区还没有这些资产，它们可以在经济发展的四个组成要素上进行投资——地方发展、企业发展、人力资源发展和社区发展。地方发展意味着增加社区现有的物质资产，可以通过改善道路、在河边或者湖滨建设公园等方式实现。企业发展意味着挽留现有的企业或者吸引新企业，尽管这并非易事，但我们可以通过与企业合作确认其关键性的需求而实现企业的发展。在某些情况下，这需要建立一个企业孵化器，以使新兴公司获得低成本的空间并共享会议室。人力资源发展意味着利用非政府组织、社区组织以及雇用收入在贫困线以下的社区居民的本地公司。

11.7.3　非政府组织与社区组织的角色

美国红十字会和救世军等组织的角色被人们广为知晓，当地教会和服务组织的角色被人们逐渐认可。所有这些组织都向灾民提供住房、食物、衣物、药品以及资金支持。现有政府社会服务机构为非政府组织所补充，非政府组织增加成员数量，以完成它们在灾后恢复阶段被期望执行的任务（Dynes，1974），而同时，现有的社区组织扩展了自身，超越了正常任务范围，从事全新的活动。另外，在有些情况下，组织不能完全满足灾民的恢复需要，这时，政府机构、非政府组织以及社区组织会组织一个“未满足需求委员会”（unmet needs committee）。这是一个**紧急**(emergent)组织，目的是服务于那些需求没有得到满足的人。

召回企业

有些企业可能不愿意迁入灾害影响地区，甚至是灾害波及的社区。发展小企业，提供价格合理的住房、社区卫生诊所以及优惠的儿童看护条件，这样一个计划有助于消除新企业所认为的迁入社区会遇到的某些风险。

自我检测

- 列举地方政府在灾后恢复期间必须执行的几项任务。
- 解释恢复/减缓委员会的作用。
- 说出美国红十字会、救世军以及当地教会在灾后经常提供的服务。
- 解释“未满足需求委员会”的功能。

11.8 制定恢复运行计划

灾后恢复的需求即需要执行的特定任务。灾后恢复的四个基本任务是灾害评估、短期恢复、长期恢复以及恢复管理（见表11—3）。

表11—3　　灾后恢复任务

灾害评估	
快速评估	灾民需求评估
初步损失评估	“汲取的教训”
现场评估	
短期恢复	
受影响区域的安全与重新进入	应急拆除
临时避难所/住房	维修许可
基础设施恢复	捐赠管理
废墟管理	灾害援助
长期恢复	
致灾因子源控制与区域保护	基础设施的可恢复力
土地使用规范	历史保护
建设规范	环境修复
公共卫生/心理健康恢复	灾害纪念
经济发展	
恢复管理	
机构通知与动员	公共信息
应急设施与装备的动员	恢复法律权威与融资
内部指导与控制	行政支持与后勤支持
外部协调	文件记录

11.8.1 灾害评估

根据灾害影响模型，灾害评估应该包括物理影响评估与社会影响评估。因此，物理影响评估应该包括对伤亡与损失的评估。但是，伤亡评估是一项如此重要的任务，以至于它要在应急响应中执行；社会影响评估应该检验灾害的心理、人口统计及经济影响，这些可以在**灾民需求评估**（victims' needs assessments）中得到体现。最后，社区机构决定是否需要改变恢复运行计划、建筑法规或者其他地方性条例。一份对灾害的反思报告可以指导这些变革。

损失评估

损失评估的基本类型有三种，前两种也包括在应急响应中（FEMA，1995）。第一种是**快速评估**（rapid assessment），确认受灾地区。它也评估物理影响的严重程度，以便确定拯救生命行动的必要性。快速评估应该在灾后 1～3 小时内完成，它让你决定需要展开搜救行动的建筑在哪里，是否有可能发生二次危险，同时也提供基础设施和关键设施的信息。快速评估由警察、消防人员和公共工程人员来完成，其他的数据可以由拥有或经营“生命线”和关键设施的私人组织来提供。

第二种评估是**初步损失评估**（preliminary damage assessment）。它产生了四类结果：毁坏、严重损坏、中度损坏和轻度损坏。该层级的评估应该在 3～4 天内完成。初步损失评估数据将用来支持州与联邦的灾害状态宣布，开展初步损失评估由当地政府工作人员进行“挡风玻璃调查”。调查者在灾害影响区域的街道上驾车行驶并完成调查，如调查名称所示，除非道路被阻塞，否则，他们一般不会下车。调查者将损毁建筑的统计资料与根据收入水平和建筑类型进行分类的居民建筑一一对应。根据损失及居民安全的水平，调查者给贴上红色、黄色和绿色标签。贴上红色标签的建筑已不适合居住。初步损失评估也应包括对参加保险的家庭所占比例进行的估计。

第三种是**现场评估**（site assessment），它是指详细评估每一受影响建筑因维修或拆除而产生的费用。这一信息被用来支持申请联邦对受损财产主人的援助，包括对居民财产、商业财产、工业财产和公共财产的损失进行评估。现场评估需要由受过专业训练的人员对公寓楼等多层建筑进行评估，他们通常是从城市政府工作人员中精选出来的建筑师、结构工程师和建筑督察，还有一些专业技术人员也可能从当地其他组织或社区之外招募而来。熟练的建筑专业人员也可以由那些能对单一家庭房屋进行现场评估的志愿者来补充，前提条件是志愿者们受过训练、会使用设计科学的检验清单。现场评估大约需要 2 周时间来完成，这些损失评估的方法可以与日常建设工程中所使用的成本估算程序相比较，如表 11—4 所示。

表 11—4 灾后损失评估类型

损失评估	日常施工成本估算
快速评估	
初步损失评估	
现场评估	初步成本估算
	详细成本估算

在准备必要的损失评估过程中，来自当地政府部门的工作人员需要加入损失评估团队（damage assessment teams，DATs）之中。该团队所有成员都接受共同的评估程序训练，这加快了评估程序，同时使社区内各损失评估团队的评估结果具有可比性。

灾民需求评估

灾民需求评估可以用来评估灾害的心理、人口统计和经济影响，其准备应开始于灾难影响前制定的恢复规划过程。评估的第一步就是：识别社区脆弱性人口的组成，并将其作为社会脆弱性分析的一部分，社区脆弱性人口也可以按照具体地点、小区或家庭和企业类型来界定。地方辖区应该派出工作人员，参加灾民需求评估团队（victims' needs assessment teams，VNATs），并吸纳其他组织人员对其进行补充。这些补充人员要与非政府组织和社区组织签订合同，他们应与政府工作人员一起接受有关灾民需求评估方法的培训。

储蓄率越低，人们对公共救助的需求就越高。遗憾的是，最近十年来，美国的储蓄率极低。灾民需求评估团队应做好准备，因为他们将发现大量家庭、企业需要救助。除了住房需求，该团队还需要为识别家庭就业需求做好准备。此外，家庭还需要得到经济救助和心理救助。团队成员需要在影响发生前接受培训，了解地方、州、联邦和非政府组织的灾后恢复计划状况，同时这会使他们能够精确地判断灾民的需求，向他们推荐适当的恢复计划。

汲取的教训

恢复/减缓委员会必须制定估算程序，确保人们汲取灾害教训，并将其应用于提高社区的弹性之中。因此，这需要建立一个“汲取教训”分委员会，这个分委员会需要确立对事件进行研究的程序。恢复/减缓委员会应借助该评估，确定社区如何完善土地使用规划、建筑法规和其他社区的工作。其他需要考虑的问题包括基础设施的选址与替代、投资建设规划。评估报告的提交日期应该是在恢复过程的初期，大约是在灾后 30 天，这样，评估的建议可被吸纳到恢复过程中。

11.8.2 短期恢复

灾害评估的第一个益处就是指导短期恢复。这包括在灾害发生后需要立即实施的八项任务，以满足社区成员的迫切需求并为长期恢复做准备。

受影响区域的安全与重新进入

在受影响区域，安全必须能够得到维持。这就是说要确保居民在安全未得到保证之前不返回受影响区域。同时，也要确保公民相信，他们的财产不会遭到抢劫。你必须制定居民重返家园的程序，同时人们需要做好准备，重新进入受影响区域，转移重要的物品。在以上两种情况中，环境必须十分安全，以允许人们进入受影响区域。这可能会要求你拆除一些严重受损的房屋，同时清理大量的废墟。除此之外，人们需要出示适当的身份证明，目的是确保只有居民或经过授权的重建人员才能准许进入受影响区域。最后，在人们回家之前，你必须确立基本的标准。功能正常的交通和排水道系统都是非常重要的标准。在电力恢复之前，人们可能会被允许回家，因为有些人有自备发电机。不管你所在的社区设立了何种标准，它们都应该事先制定。如果灾害已经造成了区域性影响，重新进入受影响区时必须与附近社区协调。

临时避难所/住所

大多数被疏散者选择临时待在朋友或亲戚家中。如果朋友或亲戚离得很远或其本身也是灾民，那么，较为富有的人会选择商业性场所。占被疏散者10%～25%的较为贫困的家庭会倾向于留在大众关爱场所中（Mileti，et al.，1992）。

大众关爱场所必须适应因年龄、民族和物理限制而产生的差异。但它很难适应家庭差异，这些差异包括个人卫生、隐私、生儿育女等个人行为及社会交往所带来的喧嚣。大众关爱场所对其他任务在时间上提出了更多的要求。这减少了照顾儿童的时间，而且会导致儿童失去控制。缺少个人空间和隐私也会使场所中的人们关系紧张（Yelvington，1997）。大灾之后，大众关爱场所的运行可能会比较复杂。在这些情况下，人们需要掌握多种不同语言的志愿者对多民族社区进行救助。你需要有足够的人员来提供持续的工作。在最初的几个星期里，可能会有数千名志愿者，但是，从第二周以后，志愿精神会急剧下降（Yelvington，1997）。拥挤和压力使得保持有关避难所运行决策的透明性尤为重要。你需要制定一套程序，应对灾害前无家可归者、建筑工人和没有资格得到住房的人们。

从临时避难所到临时性住所，这需要一个过程。"与别人挤住在一起"最终会使人们之间出现摩擦。商业机构对于家庭而言会带来财务上的负担。大众关爱场所拥挤、嘈杂、缺少习惯已久的隐私。迁出家庭的数量可能会少于人们有能力支付住房的闲置数量。如果住在这些空房子中，人们可以乘车上下班，当这种情况发生时，现有的住房市场可容纳搬迁户。如果租金过高或者它们离工作地点太远，政府可以引入一些房车，增加临时性住所。

当人们有能力支付的住房数量有限时，在制定恢复运行计划时应该认识到临时性住所的重要性将会增加。迁出家庭的数量包括那些从未受损房屋被驱赶出来的家庭，因为他们失去了工作，不能支付房租。在遭受大范围灾害的主要城市区域，数千辆房车可以作为临时性住所。如果拖车停车场建立起来，当地官员应该安排人们与朋友、家人比邻而居以减少社会冲突。

当企业的正常运营场所遭到损毁时，它们同样需要临时性的运营场所。很多小企业都有愿意多走一段路的忠实客户，但是，忠诚度不是没有限度的。政府应该允许企业在其正常运行场所附近的停车场或其他空间临时运行。恢复运行计划同样需要为临时性住所和企业选址。有些企业可能需要被占用长达一年的时间，这些企业包括旅馆或汽车旅馆和餐馆。当应急工作者和建筑人员重建被损毁的建筑时，他们也需要这些机构为其提供食宿。

基础设施恢复

有很多家庭和企业仅仅是因为缺水断电而不能恢复正常的运转，所以，人们需要对管道和电线进行检查和维修。街道、桥梁、路标和灯也需要检查与维修。像医院、警察局、消防站等关键场所必须得到快速修复。但是，一个社区的公共基础设施也需要其他设施提供的服务，如水处理厂、公交运输候车亭、公共工程装备停车场、政府办公室等，还有一些私人运营的基础设施，包括电站、电视和广播台设施、电话交换设施。这些设施的清单在致灾因子脆弱性分析中应该可以得到。

在恢复期间，资源是有限的，所以，人们必须对相互冲突的各种排序方案进行选择。在基础设施恢复方面，社区的住宅、企业和工业各组成部分可能存在着排序的冲突。但是，更糟糕的是，冲突可能存在于邻里之间、商业部门之间和工业部门间。在灾前制定的恢复计划必须包括优先次序安排，其原因就在这。其中也应包括与损失评估程序的联系，这些损失评估程序使恢复管理者能够根据形势的需要调整预定的基础设施，恢复优先次序安排。

废墟管理

自然灾害和爆炸可以摧毁很多建筑，这就产生了大量必须清除的废墟。废墟管理应该指定临时场所，将可回收物与不可回收物区分开来，不可回收物应该被转运到永久性处理场所。当犯罪证据必须得到系统采集时，废墟管理变得很复杂。你可能要采集犯罪证据以开展事故调查；或者，当现场可能是犯罪现场时，你也需要采集犯罪证据。在这种情况下，废墟清理将要被推迟，人们需要临时性的分拣场地，将物证与废墟区分开来。

应急拆除

一些建筑严重受损，可能出现倒塌的危险，人们需要一些程序，迅速地评估其稳定性。你要作出它们是否应该被加固和重建或拆除的决定。显然，这个评估需要专业结构工程人员的帮助。人们应该咨询历史保护主义者：这个建筑是否有文化意义（Donaldson，1998）。如果人们在灾前就进行过历史建筑普查并制定了目录，这一过程会更加有效率。人们应该规定灾害发生后的损失评估程序，以避免对受损历史建筑不必要的拆除（Kariotis，1998；Kimmelman，1998）。恢复运行计划应该制定一个政策，其中包括拆除严重受损建筑的标准，建筑所有者应该被充分告知。此外，这些程序也应包括拆除合同的样本，这些合同要求法律咨询人员确保这一过程尊重个人财产权。

维修许可

恢复运行计划应该包含一个标准，用来判定哪些建筑符合重新使用的条件。这是基于建筑物不同组成部分受损的比例，例如地基、墙壁和屋顶系统、外墙和内墙、地板、水管、电力系统和中央空调系统。对建筑修补许可的大量需求可能会使当地执法部门应接不暇（Schwab，et al.，1998）。在为此进行准备的过程中，许可办公室工作人员应该能够动员其他社区及企业的人员。另外，恢复运行计划应该规定一个包括 10 天小修延缓期在内的许可程序，占灾前财产评估 50%或以上的大修应有 30 天的延缓许可，这就使得城市有时间去雇用足够的人员对所涉及的财产和区域进行评估。当然，重建关键设施需要免税，这个过程应该被尽量简化，简化程序应在恢复运行计划规定的有限期间内持续实施。

恢复运行计划应该预见到开发者可能会购买许多受损房屋，目的是以公寓取而代之。例如，一个城市对申请建设新公寓规定了 5 个月的延缓期。同时，它也对新建筑设立了限制，这使得一个设计评估委员会能够将与现有小区不兼容的建筑设计排除在外。

每次灾害都会导致人们对建筑承包商的投诉。因此，恢复运行计划应该有对外地承包商进行监督并登记的要求。你可能需要为财产受损的主人提供合同方面的建议。人们需要注意确保针对承包商的管理不要妨碍人居组织之类的团体得到志愿者的劳动帮助。

捐赠管理

灾害使得灾区之外家庭和团体的捐赠物品大量涌入。通常，在这些捐赠品中，有大量的有用物品，但也会有许多垃圾。捐赠要占用人力对捐赠品进行分类，即使是有用捐赠品，也需分类。有关捐赠品的另一问题是：大量捐赠品的流入减少了人们对当地企业产品的购买，这威胁到这些企业的收入，因此，捐款比捐物更好。由于必然会有捐赠品运到灾区，你需要对它们进行管理。你必须在安全地区建立一个聚集区域，在这里，捐赠品被接受、分类并且做好运送的准备。

灾害援助

在恢复期间，人们经常需要在短时期内联系多个机构。由于工作人员有限，访问这些机构的人越多，排长队的现象就越突出。在有些灾害中，办公室从一个地点转移到另外一个地点，这使问题变得更加糟糕。对于你来说，提供“一站购物”很重要，这样，灾民们就能够在一个地方满足所有的需求。同样重要的是，这个地方要方便公共交通工具的进入。为了最大限度地解决为灾民办事的效率低的问题，你必须招募更多的工作人员，并对其进行培训。

捐钱更好

灾害过后，人们捐献各种各样的物品，有人曾捐献女式晚礼服。飓风过后，南方居然收到了人们捐献的厚重的羊毛衣服。即使是有用的捐赠品，比如罐装食品，也要分类整理，贴上标签。“9·11”之后，纽约市收到如此之多的物品，以至于人们不得不把剩余的物品存储在几个大仓库里，以备未来灾害之用。纽约市还未分发完这些捐赠品。

11.8.3 长期恢复

灾害为改变致灾因子管理政策提供了一个“机会之窗”。恢复/减缓委员会本该已经对社区的致灾因子暴露性、物理脆弱性以及社会脆弱性进行评估。另外，它也应该做好充分的准备，提出建议，将致灾因子减缓纳入恢复过程之中，以此来削减未来的风险（Schwab，et al.，1998；Wu and Lindell，2004）。最后，该委员会应该为减缓确定资金来源。

致灾因子源控制与区域保护

在灾害来袭之前，恢复/减缓委员会应检查致灾因子源控制与区域保护措施。当然，这些减缓战略对于某些致灾因子而言并不可行，如果这些战略得以实施，那么，受保护区域的脆弱性就会有额外的增加，因为人们会高估这些减缓措施所能提供的保护。你可以改变受影响地区的土地使用和建筑规范，以此来避免脆弱性的增加。

土地使用规范

长期恢复计划为实现土地政策的变革提供了机会，这些土地政策是在灾前制定恢复计划的过程中制定的，同时，这也是再一次检验社区现行土地使用规划的绝好机会。你也可以利用这个机会，使减少致灾因子暴露性的条例顺利通过。替代性的土地使用措施可以减少处于风险之中的人口和财产数量，这可以通过收购私人财产和开发权来实现。公共设施和其他基础设施应当远离风险区域。在这一阶段，人们也应制定或修改有关道路宽度和准入的规定。地点限制可以降低人口的密度。人们应对景观和植被提出要求，以降低发生洪水、滑坡、火灾的可能性。同时，恢复运行计划也应该对**违规用地**，即不符合地理区域分区要求的建筑重建提供指导。它们通常都是在现有分区要求出台之前修建的老建筑物，因此，它们是“祖父”。

建筑规范

恢复运行计划也应涉及新的减缓措施，比如提高漫滩区的建筑物高度。建筑法规的其他部分可以降低灾害对风险区域建筑的物理影响，包括提高建筑结构的抗灾能力，增强其“软肋”（如窗户）等的抗灾能力。除了涉及新法规要求之外，恢复运行计划还应该涉及建筑施工过程。比如，它应该处理对外地承包商的规范问题，以便最大限度地解决恢复工作长期存在的“花钱却未有实效”的问题。同时，社区还应该对建筑志愿者进行适当的管理，以便在当地承包商的合法权益与社区为低收入居民提供廉价住房的需求之间形成一种平衡（Peacock and Ragsdale，1997）。

公共卫生/心理健康恢复

在美国，大部分自然灾害对公共卫生的影响极小，这是因为美国很少有可能在灾后传播传染病。与很多人的看法相反，只有在死者生前有传染性疾病的情况下，死尸才会对公共卫生构成威胁，死亡本身不会产生疾病。然而，如果幸存者饮用被污染水源、在其中洗食物或洗澡，水传播疾病就是一个严重的问题。水可能被未经处理的污水或者化学物质泄漏所污染。当然，让幸存者使用瓶装水或者将其疏散出受影响区域直至水质达到安全标准，可以避免这种暴露。在害虫携带疾病的地方，疾病也必须得到控制。比如，控制蚊子变得越来越重要，蚊子对某些疾病——比如西尼罗河病毒——的传播越来越严重。

自然灾害对心理健康的影响很小。很少有灾民在灾后接受正式的心理服务（Gist and Stolz，1982）。最突出的两个问题是物质资源的损失（Freedy，et al.，1992）和对社会关系网的扰动（Kaniasty and Norris，1995）。物质资源的损失可以通过住房与经济恢复来解决，但是，心理健康专家遵照灾民主张去行动，也能加快恢复的进程。其他建议还包括规划社区的干预措施以提供社会支持（Salzer and Bickman，1999）。

一些心理健康专家得出结论，对灾民，甚至是最初应急响应者而言，未能寻求正式的心理咨询对其心理健康是一个潜在威胁。米切尔（Mitchell，1983）与最初应急响应者联合开发了一个名为“重要突发事件压力分享叙述”（Critical Incident Stress Debriefing，CISD）的系统，尽管它声名远播，但迄今为止，没有任何证据证明它是有效的（McNally，Bryant，and Ehlers，2003）。有一个问题似乎是：为灾民制定一个严格的时间表来讨论创伤性事件，干扰了他们主动处理和规避两个心理阶段转换的能力（Pennebaker and Harber，1993）。

经济发展

恢复运行计划应该为受灾地区的经济发展提供指导。在展望社区恢复的过程中，人们就应该为重新发展制定计划。在高度依赖旅游业的社区，人们要积极宣传，使潜在的游客确信所有的设施都重新运行起来了。

基础设施的可恢复力

在恢复的过程中，你可以降低基础设施的脆弱性。大多数情况下，道路和桥梁可以得到加固，地上管线可以埋设到地下以减少风灾和冰灾的威胁。在某些情况下，基础设施的管线可以改道以降低脆弱性，但是，在这些“生命线”中，大部分都要在某一点上经过高致灾因子暴露区域。所有这些“生命线”都对一个地区的可恢复力至关重要。规划应该加强基础设施的能力，从而降低其脆弱性。

历史保护

恢复也是确定如何保护历史建筑免遭未来灾害袭击的阶段（Cliver，1998）。与很多州一样，联邦政府有保护历史建筑的基金。然而，社区必须认识到这些建筑的价值，它们必须投入时间和金钱保护这些建筑（Alfaro，1998）。

环境修复

在自然灾害发生的过程中，危险物质泄漏是一个日益突出的问题。清理石油和化学物质泄漏可能需要数月的时间（Lindell and Perry，1996，1997；Showalter and Myers，1994）。在多数情况下，这是由政府雇用的专业承包商来完成的。当然，地方公共卫生、土地使用规划以及火灾/危险品响应等部门要协调行动。

灾害纪念

恢复的另外一个组成部分是纪念遇难者。当死难人数众多或者社区的历史建筑损坏严重的时候，人们的失落感就会非常强烈。社区经常会通过建造纪念碑来获得安慰。在社区认同与自豪感的恢复中，灾害纪念碑起着重要的作用。当社区遭受创伤性事件时，人们就应当考虑竖立纪念碑。人们应该通过精心设计、透明化和参与的过程，计划与实施树碑行动。遇难者的亲属对其亲人如何被纪念有着不同的看法，比如，“9·11”恐怖袭击纽约遇难者纪念碑就经常受到幸存者的批评，设计方案也因此而修改多次。

11.8.4 恢复管理

为了对恢复进行管理，你需要完成许多类型的任务，这与你在应急响应阶段发挥突发事件管理功能时所做的工作一样。你不需要制定应急响应中所用的机构通知与动员这类特殊的程序，然而，你需要启用各种设施，进行捐赠管理、废墟管理和灾害援助。如果你所在的社区很多灾民家园被毁，没有足够的住房，你可能就需要建立一个或者多个房车停车场。你需要找到分区适当、设施便利的地点。

你需要和其他机构合作以维持内部指导与控制，因为很多恢复工作都涉及多机构协调。有利的是，恢复过程一般包括与各机构日常所履行职责相同的任务，这使得将恢复任务分配至各机构并非难事。

同时，人们也需要外部协调，特别是在总统宣布的灾害中，情况更是如此，这是因为州和联邦政府的人都参与了进来。人们应该确知哪些机构解决哪些问题，但是，地方政府应该知晓不同的州、联邦、非政府组织和社区组织计划的局限性。

人们也需要公共信息，特别是要告知灾民有关恢复的政策和程序。当然也要告知其他公民恢复的进展。因此，恢复运行计划应该描述发布公共信息的程序，该程序应该描述哪些机构是哪类信息的源头、其信息的一般内容是什么以及它们使用什么渠道发布。一般信息可以通过大众媒体传播；在脆弱地区，人们可以针对个人和团体发放小册子；电话热线对于回答有关恢复的问题很有用；公众会议应该经常召开。

恢复/减缓委员会需要获得法律授权以开展大量的短期恢复活动，这些活动包括开发延缓、临时维修许可、拆除规定以及为临时房屋分区（Schwab，et al.，1998）。除了确保足够的法律授权，恢复/减缓委员会必须确定实现减缓目标的融资工具，指导“社区发展模块赠款”资助减缓活动，建立特别评估区，收取新开发影响费，尤其是在危险易发区开发时，通过这些方式，就可以获得资金。

在恢复阶段，运行速度减慢，因此，管理具体应急响应和恢复功能不需要集中于事发现场或应急运行中心。这样，突发事件管理系统中的规划、后勤和管理部门所执行的活动就逐渐分散到日常部门。但是，我们需要特殊的条款以支持编外人员，这些编外人员包括其他地区的互助人员和志愿人士，如作为建筑检查员的建筑师、工程师等。此外，财务部门必须有每日记录，用于证明那些可在州与联邦政府报销的灾后恢复与致灾因子减缓支出。我们需要进行文献记录，同时从中汲取教训。坚持记事件日志，这可为该委员会提供修改恢复运行计划的信息，同时也证明了灾后恢复与致灾因子减缓支出的正当性，这些支出可由州与联邦机构报销。最后，文件记录给法律顾问提供了诉讼辩护所需要的信息。

自我检测

- 解释快速评估、初步损失评估与现场评估的区别。
- 定义“灾民需求评估”。
- 定义“违规用地”。
- 描述大众关爱场所的作用。

总　结

在这一章中，你考察了社区在灾害来临之前如何运行。一旦灾害来袭，随着许多组织与个人为重建而聚集在一起，恢复成为人们关注的焦点。正如文中所述，恢复有其自身的一套计划与实施程序，恢复工作包括住户、企业和社区。精诚合作与了解障碍有助于恢复的进行。利用州与联邦政府、灾害险以及慈善组织的力量，帮助人们和团体，使社区恢复正常的社会功能模式，这一点很重要。美国红十字会、救世军、地方教会以及志愿者在使人们恢复到常态的过程中扮演着重要的角色。

关键术语

社区	通常被认为是一个有政府的镇、市或县的特定的地理区域。相对于与外人的关系而言，社区成员之间会有更强的心理联系与社会互动。
竞争	双方朝着一个目标努力，但仅有一方成功的活动。在公平竞争中，双方运用合法的手段。
冲突	一方在试图直接挫败另一方实现目标时发生的对立。
合作	导致互惠互利的活动。
应急避难所	一个未规划的场所，只提供应对普通气温条件、风雨天气等的防护。
违规用地	不符合地理分区要求的建筑。
永久性住所	使灾民在最佳地点重新开始家庭日常生活的住房。
初步损失评估	把受损建筑分成毁坏、严重受损、中度损坏以及轻度损坏的损失评估。
现场评估	一种损失评估，旨在详细评估每一受影响建筑因维修或拆除而产生的费用。这一信息被用来支持申请联邦政府对受损财产的补贴，包括对居民损失、商业损失、工业损失以及公共财产损失的估算。

临时性住所　使灾民在非最佳地点重新开始家庭日常生活的住房。

临时避难所　包括做饭、睡觉的场所，它们由朋友或亲戚提供或在旅馆、汽车旅馆或大众关爱场所找到。

未满足需求委员会　一个应急组织，其目的是服务于那些需求没有得到满足的人。

灾民需求评估　评估灾害对灾民的心理影响、人口统计影响和经济影响。

测试你的理解能力

登录 www. wiley. com/college/lindell，测评你对灾后恢复有关知识的掌握情况。通过比较测试前和测试后的结果，衡量你的学习情况。

总结性问题

1. 下列哪一项不被认为是人力资本？
(a) 智力
(b) 退休账户
(c) 体能
(d) 人格特征
(e) 以上都是人力资本

2. 灾后恢复既是一个物理的过程，又是一个社会的过程。对还是错？

3. 灾害过后，待在大众关爱场所中的人所占的平均百分比是多少？
(a) 5%
(b) 15%
(c) 25%
(d) 49%

4. 大型企业比小型企业更可能采取致灾因子调整措施。对还是错？

5. 在所有灾害中，能让总统宣布进入灾害状态的灾害所占的比例有多少？
(a) 1%
(b) 5%
(c) 10%
(d) 15%

6. 联邦政府要求，在百年一遇的洪水区域内为建筑物购买洪水险要有联邦政府支持的抵押贷款，这解决了没有购买保险的受灾居民的问题。对还是错？

7. 现有社区组织扩张自己，超过其正常的工作范畴去从事全新的活动。对还是错？

8. 在响应开始之后，几乎没有时间进行恢复规划。对还是错？

9．在恢复期间，行动速度会加快。对还是错？

回顾性问题

1．什么是经济基础模型？

2．为什么制定灾后恢复的灾前计划是最重要的？

3．灾后住房恢复的四个阶段是什么？分别解释每个阶段。

4．为什么小企业比大企业更脆弱？

5．提供恢复援助的联邦政府计划主要有哪些类型？

6．向未投保的灾民提供援助存在的问题是什么？

7．灾害袭击后，非政府组织和民间组织扮演什么角色？

8．关于灾后恢复，社区在灾前计划中必须避免的三大误解是什么？解释每一种误解。

9．说出灾后恢复的四个基本任务。

本章应用

1．你所在社区的经济基础是什么？

2．有人要求你为所在社区制定灾后恢复的灾前计划。描述你将制定的计划。

3．如果龙卷风袭击了你所在的社区，是否有为灾害而准备的大众关爱场所？如果一个城市没有大众关爱场所，解释你建议的解决方案。

4．你住在一个由多个独立的小企业所组成的镇上。镇商会要求你描述怎样才能使这些小企业最大限度地降低灾害脆弱性。你的发言将包括哪些内容？

5．采访你所在地方的红十字会分会主任。了解一下，如果灾害袭击时，是否有适当的计划可以采用。如果没有，需要采取哪些措施，以确保做好适当的准备？

6．你所在的社区成为恐怖袭击的目标。因为它是恐怖袭击的地点，你将在受影响区域附近采取什么特别的步骤？

7．你是新奥尔良的应急管理者。卡特里娜飓风之后，许多家庭房屋严重受损并且不能安全进入。你想拆除那些受损的建筑并清理剩余的废墟，然而，在拆除被毁房屋之前，房主想回来取一些私人财物，你会允许房屋主人这样做吗？为什么会或为什么不会？

8．你所在的当地政府有恢复运行计划吗？如果没有，选择一种致灾因子，确认你所在的社区对这种致灾因子来说是最脆弱的地区。确定大灾害来袭的情况下需要执行的灾后恢复功能。

9．在组建地方恢复/减缓委员会的过程中，你需要谁来参加？

试试看

灾害险

你是一个镇的地方应急管理者，参加镇上召开的会议，讨论致灾因子减缓问题。一个人站起来，告诉你说他住在漫滩上，他问你是否应该购买洪水保险，你应该如何回答？为什么？

家庭维修

一场灾害之后，房主通常对维修抱怨什么？为什么？为了保证房主不被利用，你能做些什么？

灾害援助

你是新奥尔良的应急管理者，数千名灾民需要财政援助、医疗、房屋、工作以及运送孩子去学校的工具。遗憾的是，要想达到这些目的，灾民必须奔走于六个不同的机构，并且从一个地方到另一个地方需要几英里。你如何能使这一过程对灾民而言更容易些？

第 12 章

评估——提高绩效

预先测试

➢ 登录 www.wiley.com/college/lindell，测评你对评估有关知识的掌握情况

➢ 确定你需要努力的重点在哪里

你将在本章中学到

➢ 如何评估员工的绩效

➢ 诸如地方应急管理机构以及地方应急管理委员会等评估组织的重要性

➢ 如何在演习和突发事件中衡量绩效

➢ 如何确定培训和风险沟通计划是否有效

学习本章后，你将能够

➢ 分析个体绩效

➢ 检验和评判地方应急管理机构以及地方应急管理委员会的绩效

➢ 准备和实施有效的演习

➢ 分析风险沟通计划以确定其有效性

目标与结果

➢ 撰写员工绩效评价

➢ 设计方案，改进一个组织，如地方应急管理机构或地方应急管理委员会的特定缺陷

➢ 比较反应标准、学习标准、行为标准和结果标准

➢ 在评估以往计划的基础上，设计风险沟通和培训计划

➢ 评估培训计划

导 言

所有的组织（综合能力所能达到）的最佳水平不超过这个组织（所有）成员的最佳水平。组织成员若要在专业性方面有所提高和发展，就必须经常接受有建设性的反馈。无论你是发出反馈还是获得反馈，正式的绩效评估都是人们职业的一个重要方面。你可以使用个体绩效评估的方法，判定地方应急管理机构以及地方应急管理委员会是否有效。一般而言，你可以通过回顾员工在过去一年中的业绩来进行评估；不过，有时你需要通过持续数小时的演习，评估个体或整个组织的绩效。

本章探讨如何对个体、团队或组织进行评估。它将告诉你如何进行个人绩效评估，以及如何准备演习以评估应急响应组织的绩效。

12.1 评估人员绩效

绩效评估有助于组织绩效的提升，可以对个体员工的岗位绩效进行系统性的评价（Cascio，1998；Schmitt and Klimoski，1991）。绩效评估具体来说有四种功能。

● **发展**（development）着眼于员工职业能力的提升。在此背景下，绩效评估可以成为作出培训、换岗或辞退决策的依据。培训就是指工作任务保持不变，通过赋予员工新的技能来使其工作能力提高。换岗即改变工作任务，但人员保持不变。变更工作即员工横向调动，把员工从一个职位调到另一个职责等同的职位。重新分配工作可以是升职或降职。辞退即结束员工的工作。

● **奖励**（reward）旨在激发员工工作的积极性。评估应该有明确的标准来为员工提供指导，使其知道什么对组织来说是重要的。一个好的评估过程能明确奖励对象。正确的奖励能提升效率和员工的满意度，降低调换工作的频率。

● **内部研究**（internal research）可以让你知道你的员工有什么技能，同时告诉你，你是否在发展所聘岗位所需要的素质。这一职能通常由组织心理学家来履行。这是拥有庞大人力资源部门的大型组织所关注的一个问题。

● **法律保护**（legal protection）在组织进行绩效评估时可实现。评估通常必须根据公认的程序完成，你也必须保留评估的文字记录。

绩效评估过程需要解决四个主要问题。

（1）评估应何时进行？

(2) 何人能够进行评估?

(3) 应该评估什么?

(4) 应该如何进行评估?

评估一年至少应该进行一次。正式的评估与关于工作业绩的经常性的、非正式的反馈有很大的不同。你也可以把绩效评估与任务周期联系起来,也就是说,如果一个员工在做一个长期的项目,评估应该在项目完成后马上进行。

至于评估的主体,要考虑谁拥有关于雇员绩效的客观信息,同时还要考虑谁能理解组织的目标。你也应该考虑,谁能决定加薪,谁能帮助培训。一般而言,直接的监督者了解组织目标和岗位描述,并且长期观察员工业绩;另外,监督者具有激励的作用并能协助培训,因此,监督者是最常见的评估主体。同时,还有其他一些人也可以做出有价值的贡献。例如,雇员的同事就是有价值的信息来源,他们因为与这个雇员接触更频繁,所以经常有更精确的信息。因此,他们可以观察到更具代表性的行为样本。然而,他们如果认为这会提升自身在组织中的地位,那么,或许就会给一个员工较低的评估。因此,员工同事的评估更适合在一种信任、无竞争的氛围中进行。你也可以采取措施,防止竞争影响评估 (Kane and Lawler, 1977)。下属也能为评估提供有效的信息,因为下属可以看到这一员工行为中那些监督者甚至同事也看不到的一些方面。下属通常会关注分享有关老板的负面信息,同时他们也担心老板会发现并进行报复。最后,被评估的员工自己也是好的信息来源,因为与别人相比,他们拥有关于自己业绩的更多信息。当他们独立工作时尤其如此。可是,自我评估经常过于积极,员工往往把成功归结于自身的努力,把失败归咎于他人和工作场所的条件。在许多组织中,监督者和下属都会给被评估员工的业绩打分,他们通过讨论,力求调和评估差异。在可能的情况下,反馈信息可以从同事、下属,甚至组织的顾客和供应者那里搜集到。在地方应急管理机构中,这包括来自地方应急管理委员会其他机构的人员。

至于评估内容,你应该以满足以下三个条件的数据作为依据,给绩效打分:第一,数据必须是在评估进行期间可以获得的;第二,数据必须与职业绩效相关;第三,数据必须是综合性的。如果员工进行的项目需要经过多年才能显现结果,那么,数据的可用性就会成为一个问题。例如,风险沟通计划需要一年多的时间实施,同时需要更长时间才能对家庭应急准备产生明显的改变。因此,绩效评估有时必须凭借中间结果,而非最终结果。

同时,注意与评估标准的相关性。显然,一个员工对于音乐的选择或者对于办公装潢的选择不会影响到工作业绩,然而,区分个人因素与外部干扰有时会比较困难。人们经常看到,一些评估所反映的是绩效以外的其他因素,例如,地方应急管理机构的两个员工被分配去做看似相同的工作——在一个致灾因子易发小区实施致灾因子沟通计划。假设,一个员工被分配到中产阶级小区,那里有长期居住的房产主和一个有效运行的社区委员会;而另一个被分配到工人阶级小区,租房者不停地转让房屋,并且没有邻里组织。比起第二个员工,第一个员工可能会更成功,因此,两个员工的绩效差异是由其不可控制的因素造成的。

工作的各个环节都需要评估。在许多情况下，个人行为的短期影响可以很快被注意到，然而，长期影响不易被觉察到。例如，一个应急管理者或许会面对短期的压力，与警察和消防员会面，确保应急运行计划的更新。然而，与土地规划师会面以制定一个灾前恢复计划，这个任务及其影响很容易被忽视。你应该保证工作的短期方面和长期方面都能得到评估。如果在一年中无法对工作的全部方面进行评估，那么，就确立明确的目标，在一年内专注某些活动，在以后几年再专注其他活动。

至于应该如何执行，你所在的人力资源部门通常有一套绩效评价标准。通常，这些工具可分别涉及“任务”和“人际”绩效，任务绩效又经常分解成激励因素和能力因素。绩效评估的典型分类包括：

- **时间和项目管理**（time and project management）：理解自己的职业描述及单位的职能；组织得当；确立并调整应对工作障碍的任务次序；权力下放适当；把目标坚持到底；持续完成符合组织质量和数量要求的工作。
- **资源和知识的管理**（resource and knowledge management）：理解与职位相关的预算过程；合理分配资源；理解并遵循与日常工作运行相关的组织程序；理解并使用附加的信息资源以及所需的帮助。
- **决策和问题的解决**（decision making and problem solving）：识别问题，搜集信息，权衡可行的选择方案；作出决定并坚持到底。
- **创新**（innovation）：产生新思想。
- **个人管理**（personal management）：无须等待上级决定就开始行动；寻求额外的责任；认识错误并加以改正；坚持到项目完成。
- **变革管理**（change management）：接受并支持工作业绩和组织程序的新方法。
- **人际技能**（interpersonal skills）：与监督者、平级同事、下属以及顾客进行密切合作；有效地处理冲突。
- **沟通**（communication）：在与人相处的过程中，能够清楚地、有策略地进行语言和文字表达。
- **工作生活的质量**（quality of work life）：体现出对个体差异、贡献以及与家庭相关的其他责任的尊重；支持并促进组织行为多样性的倡议。

记住一年中每一员工的所有行为是非常困难的。评估者应该在每年年初审查评估标准，这种周期性审查有助于评估者关注有效和无效行为的实例，并且在其发生时进行解释。在这一年中，评估者应该确定并记录每一员工的典型绩效水平，并鼓励员工保存自己的工作日记。评估者还应该注意绩效优劣的任何实例。在年末，使用这些信息，根据每一项评估标准，为每一员工的绩效打分。

在年度评估前，给员工分发绩效评估表格的副本，并要求他们对过去的一年进行回顾。监督者和员工应该使用表 12—1 所列出的数字等级，按照每一标准，给员工打分。

监督者和员工有义务根据实例对所打分数作出解释。人们经常要求监督者对打分为 1 的员工给予书面解释，因为得分低会导致职位终止；监督者也要对打分为 5 的员工给予解释，因为得分高会得到升迁；监督者或许不需要对打分为 2～4 的结果给予详细的解释。然而，你给予员工的反馈越频繁、越具体，他们就越可能改进。

表 12—1　　抽样绩效评估等级表

	绩效远低于工作要求	绩效低于工作要求	绩效足以满足工作要求	绩效高于工作要求	绩效远高于工作要求
	1	2	3	4	5
监督者					
员工					

安排与每一个雇员进行私人会面。会面开始时要回顾在过去的一年中所取得的积极成绩。你也需要对特定的绩效缺陷进行开诚布公的讨论，讨论的目的在于描述绩效的实际情况。对于监督者来说，将注意力集中于可以改变的因素，这点非常重要。不要只关注性格特征，因为它们在本质上是不可能改变的。监督者应该强调，良好的绩效应得到鼓励，欠佳的绩效要得到改正。如果问题确实是因为缺乏能力，那么，绩效可通过培训得到提高；如果问题是略微缺乏激励，那么，绩效变革也可以通过保持奖励措施来实现；如果问题是提升能力或采取激励措施也不能奏效的话，那么，绩效变革可通过给员工换岗或辞退员工来实现。

避免发送错误信息是十分重要的。如果你得到的是一个总体上积极的评价，那么，别盯住绩效评估的负面因素不放。遗憾的是，抱残守缺的情况屡见不鲜。这不难理解，因为大多数监督者都只着眼于需要改善的事情，而不愿“浪费”时间去讨论哪些事情做得好。但是，赞赏是重要的，因为它能让下属知道，出色的工作得到了关注，并且将会产生积极的结果。当组织内部最小和最大的工资涨幅相差甚微时，对良好的业绩进行认可尤为重要。当然，如果良好的业绩在整个一年中都被认可，这就会更好。

为了进行评估，你需要完成以下步骤：

第一步：安排私人会面的日程。

第二步：讨论员工的成就。

第三步：讨论员工能够改进的领域。

第四步：给予员工一个机会去解释自我评估，尤其是当他们可以说出自我评估结果的理由时。

第五步：留出时间进行充分的讨论，仔细聆听雇员必须说的事情，同时关注行为和绩效，而不是性格特征。

第六步：与员工合作，为下一年确立具体的、可衡量的目标。

工资冻结

2002年，数量空前的工资冻结生效。16%的员工报告说，他们的公司那一年不打算涨工资。遗憾的是，对于一个公司来说，工资冻结是一个保持其运作支出水平的通行的做法，这在各州和地方的预算中，也是如此。即使你面临工资冻结，给予员工年度评估依然很重要，员工和组织只能通过反馈来提高。如果你不给优秀员工涨工资，那么，你可以寻求其他形式的补偿，例如带薪休假就是一个不会增加成本的奖励办法。

一些目标应该是绩效导向的，如完成任务或项目；另外一些则应该是发展性的，例如，一个员工可树立目标，参加专门的培训课程。另外，目标只有在一个绩效期间内可以完成，才会被加以确立。因此，“年终通过一个应急运行计划”这一目标应该被修改为“年终提交一个应急运行计划”。这是因为雇员无法控制批准过程，这或许需要一年多的时间去完成。确立目标是一个让高绩效员工获得升迁的重要方式，同样重要的是，这也是防止低绩效员工彻底放弃的一种方式。一个基于清晰的目标而制定的良好发展计划表明了它们如何能够获得良好的绩效评估成绩。

自我检测

- 定义发展和激励。
- 如果你没有足够的钱给员工涨工资，列举你能提供的其他补偿形式。
- 定义法律保护与内部研究。
- 给出三个原因，说明对雇员的绩效进行评估为何是重要的。

12.2 评估地方应急管理机构和地方应急管理委员会

像帮助雇员那样，周期性评估可以以相同的方式帮助组织。识别特定的弱点可产生改善绩效的建议。有一些一般性原则是人们可以用来对任何组织进行评估的，例如，确立目标并且每年评估成就，这是一个适用于任何组织的普遍原则。另外，我们有一些特定的标准，用于评估应急管理机构的绩效。

12.2.1 组织评估的一般性原则

你应该与地方应急管理机构和地方应急管理委员会的其他成员合作，设定可在绩效期间内完成的具体的、可衡量的目标。这些目标应该共同制定，因为这样的目标比起由监督者强加的目标更能得到人们更坚定的遵守。地方应急管理机构的目标和地方应急管理委员会的目标彼此不同，其中有两个原因：第一个原因是地方应急管理机构和地方应急管理委员会是承担不同责任的不同组织；第二个原因是相对于管理地方应急管理机构，你管理地方应急管理委员会中资源分配的权力更有限。

为了评估地方应急管理机构，你需要：

- 评估致灾因子脆弱性的分析；
- 评估致灾因子减缓计划；
- 评估应急准备计划；
- 评估恢复准备计划；
- 评估社区致灾因子教育计划；
- 评估前几年发现的能力缺陷；
- 评估削减能力缺陷的多年发展计划；
- 如果需要，以地方应急管理机构的现有能力为基础，修订目标；
- 为每个季度设立特定的里程碑（即任务绩效的客观指标），确定地方应急管理机构是否在全年以令人满意的速度取得进步；
- 把任务分配给那些最有资格执行的员工。

评估地方应急管理委员会的绩效在某种程度上更为复杂，但可基本遵照与评估地方应急管理机构相同的程序。每一个地方应急管理委员会的分委员会都应该确定要完成的具体任务，包括：

- 致灾因子脆弱性分析；
- 规划、培训和演习；
- 恢复与减缓；
- 公共教育和拓展；
- 地方应急管理委员会的管理。

在某些情况下，分委员会成员会将获取执行任务所需的资源确立为目标之一，或者，这一目标也许是实际的任务绩效。例如，致灾因子脆弱性分析委员会或许首先会确立获取软件的目标，或许还会确立使接受培训者运用计算机进行致灾因子脆弱性评估的目标。

与地方应急管理机构一样，地方应急管理委员会应该使用一种合作性的程序，确立具体的、可衡量的目标，这些目标必须是其在绩效评估期间可以完成的。各分委员会应该协调彼此的目标，这既可以通过执行委员会完成，也可在地方应急管理委员会的大会上完成。一旦所有的分委员会都确立了目标，它们应该全年非正式地监督其绩效，也应该在年终评估自己的绩效。执行委员应该与民选及任命的高官会面，讨论地方应急管理委员会在前一年所取得的成就。

12.2.2　国家消防协会标准 1600

1991 年，国家消防协会（National Fire Protection Association，NFPA）标准理事会成立了一个灾害管理委员会。该委员会制定了准备、响应与恢复的标准，这一标准覆盖了各种灾害。该委员会的第一个成果是 1995 年公布的《国家消防协会 1600 灾害管理建议措施》(*NFPA 1600 Recommended Practice for Disaster Management*)。这些标准每五年进行一次评估和修订，该委员会在准备 2000 年版建议措施的过程中，认为最初行动所覆盖的范围过于狭窄，所以它与联邦应急管理署、应急管理者国际协会（International Association of Emergency Managers，IAEM)、国家应急管理协会（National Emergency Management Association，NEMA）的代表合作，采纳了“全计划方法”。这一方法与综合性应急管理及整合性应急管理体系的原则一致。撰写的新标准覆盖公共和私营部门，还将企业持续性规划纳入涉及范围之内。企业持续性规划始于私人企业，是一种将灾害规划与后果纳入商业计划之中的手段，是以联邦政府的持续性计划为基础的。联邦政府制定了多个计划，目的是确保政府在遭受核打击之后可持续地提供服务（Perry and Lindell，1997)。2000 年颁布的标准被更名为《灾害/应急管理与企业持续性计划标准》(*Standard on Disaster/Emergency Management and Business Continuity Programs*)，第三版发布于 2004 年，保留了第二版的名称（National Fire Protection Association，2004)。

国家消防协会标准 1600 的现行版本将履行责任的**实体**（entity）确定为：负责应急或灾害管理、经营持续性的公共或私营部门。这一标准要求组织必须具备：

- 已经形成文件的应急管理计划；
- 完备的管理结构；
- 明确的协调者；
- 咨询委员会；
- 评估程序。

这一应急管理程序必须涉及表 12—2 所显示的 14 个要素。

法律和授权要素必须涉及批准应急处理程序的法律法规、指导性文件以及行业标准。

表 12—2　　应急管理计划要素

要素	名称
1	法律和授权
2	致灾因子识别、风险评估和影响分析
3	致灾因子减缓
4	资源管理
5	互助
6	规划
7	指导、控制和协调
8	沟通和警报
9	运行和程序
10	后勤和设施
11	培训
12	演习、评估和矫正行动
13	致灾因子沟通、公共教育和信息
14	财务和管理

致灾因子识别、风险评估和影响分析要素必须确认：

- 组织面临的致灾因子；
- 可能对组织产生负面影响的极端事件的概率；
- 事件潜在的物理影响和社会影响。

致灾因子减缓要素要求责任实体制定一种战略，以消除致灾因子或限制致灾因子后果。

资源管理要素要求组织：

- 确认所需资源（人力、设施、装备、物资与供给品、资金）；
- 编制现存资源的目录；
- 确认出现的缺陷；
- 确立志愿者的角色；
- 发起并参与互助协议，将其作为增加可用资源的方法；
- 进行人员、装备、仪器和设施的致灾因子脆弱性分析，根据所识别的威胁，制定绩效目标；
- 计算资源的数量、响应次数和能力。

互助要素要求责任实体：

- 确定对其他实体资源的需求；
- 签订正式协议，提出资源方面的要求；
- 责任实体应在应急管理计划的相关部分提及协议。

规划要素要求责任实体制定：

- 战略性计划；
- 应急运行/响应计划；
- 恢复计划；
- 致灾因子减缓计划；
- 持续性计划。

此标准具体规定了每一类型计划的内容。在涉及共同计划要素时，国家消防协会标准 1600 要求确定角色和责任。参与减缓、准备、响应和恢复活动的外部组织所承担的角色必须加以界定。

指导、控制和协调要素要求责任实体建立负责响应与恢复行动的权威部门，具体包括：采用突发事件管理系统，将功能性责任分派给责任实体内部的特定组织。

沟通和警报要素要求责任实体开发和检测启动应急响应组织所需要的装备与程序。

运行和程序要素要求责任实体开发致灾因子响应所需要的程序，这些致灾因子是由致灾因子识别、风险评估和影响分析要素所识别的。这些程序必须包括：

- 情境评估和资源评估；
- 从响应向恢复行动过渡；
- 运行的持续性。

后勤和设施要素要求组织：

- 开发确定、获取所需资源并将其配送给响应与恢复人员的系统；

- 处理自愿捐赠款物；
- 建立一个基本的、可选择的应急运行中心。

培训要素要求责任实体：

- 识别培训需求；
- 设计并实施培训计划；
- 记录对所有应急响应人员所提供的培训。

演习、评估和矫正行动要素要求责任实体：

- 对计划和程序进行周期性的评估，涉及桌面演习、功能性演习和全面演习；
- 确保矫正行动涉及所有被识别出来的缺陷。

致灾因子沟通、公共教育和信息要素要求责任实体建立相关程序，在灾前、灾中以及灾后的行动阶段，向新闻媒体和公众发布相关的信息。

财务和管理要素要求责任实体制定财务程序，确保决策可满足紧急事件财务限制并符合公认的会计标准。

国家消防协会标准 1600 提供了可适用于任何层级政府或私人产业的计划。该计划帮助你管理各种致灾因子。你在与多个组织共同工作时，可以使用这一计划。这体现了联邦应急管理署的全致灾因子方法。这个标准表明，其目标是创建灾害弹性社区。该标准包括响应行动、规划和恢复。但是，其中明确、清晰地强调了要采用有效的土地使用行为、法律以及规章、战略性社区防护和可持续性的城市设计。

国家消防协会标准 1600 对于应急管理行业是至关重要的，其原因包括以下几点。首先，它由一个受人尊重的、公认的权威部门发布，政府和主要应急管理者尊重并理解国家消防协会标准的重要性。其次，它可在计划评估中应用。该标准提供了一个模型，可用于自我评估的模型，也可被外部评估者使用。最后，它可以作为规划的基础，或创设一个计划，或提升一个现有计划，以满足该标准的要求。政府必须配置有限的资源。当你主张扩展或变革计划时，你可以将国家消防协会标准 1600 作为权威性的基础，以支持你的立场。

12.2.3 州备灾能力评估计划

1997 年，联邦应急管理署和国家应急事件协会发布了州备灾能力评估（Capability Assessment for Readiness，CAR）计划，这个计划为各州应急管理机构（州应急管理机构）描述了一个自我评估的过程，其目的是：

- 评估其致灾因子减缓的准备状况；
- 对紧急事件进行准备和响应；
- 从灾害中恢复。

备灾能力评估计划由一些标准构成。在最高层次上，这些标准以 13 项应急管理功能（emergency management functions，EMFs）为开端，它们节选自国家消防协会标准 1600，备灾能力评估计划比国家消防协会标准 1600 更加具体。备灾能力评估计划将每一个应急管理功能分为各种属性，每一种属性又进一步被划分为不同的特征，而特征是具体的绩效标准。这产生了一个检验清单，其中包括各州可用来评估自身能力的具体的、客观的、可衡量的条目。例如，表 12—3 显示，“法律和授权”要素被分成 10 个属性。不仅如此，如表 12—4 所示，属性 1.1 又被分成了 7 个具体的绩效标准。

表 12—3　　法律和授权要素 EMF1.0 的属性

属性	内容
1.1	州应急管理计划/州法律通过立法程序确定了责任
1.2	信托基金立法被州批准
1.3	法律部门支持政府持续性（Continuity of Government，COG）活动的规定存在于州的法律之中
1.4	州支持地方应急管理辖区建立法律机构
1.5	州应遵守《国家环境政策法案》（National Environmental Policy Act，NEPA）和其他环保法律的要求
1.6	州应遵守《国家历史保护法》（National Historic Preservation Act，NHPA）的要求
1.7	州的法律使全州或地方法律或法令可用于致灾因子减缓目的
1.8	州应遵守可实施的民权法
1.9	州通过《州大坝安全计划》（State Dam Safety Program）的立法，它包括《国家大坝安全计划》（National Dam Safety Program）中概述的所有标准
1.10	州应遵守《应急规划和社区知情权法案》的要求

对于每一个属性或特征，州在评估中，可获得 1～5 分。

- 5 是完全有能力；
- 4 是十分有能力；
- 3 是一般有能力；
- 2 是基本有能力；
- 1 是没有能力；
- N /A 是不可行。

然后，再加上所有特征的得分，该属性的总分由此产生。应急管理功能所有属性的得分相加便可得出该应急管理功能的总分，据此可以看出一个州应急管理功能的强弱。

表 12—4　　法律和授权要素属性 1.1 的特征

特征	内容
1.1.1	应急管理计划的法律基础源于州的法律
1.1.2	州在法律中规定了紧急状态或灾害状态的宣告过程
1.1.3	州已经采取了一个行政命令或其他机制，协调各州的机构
1.1.4	制定由州法律所支持的互助协议，其中包括具体条款（例如，责任、职责、参与者和评估过程）

续前表

特征	内容
1.1.5	确立了负责（如飓风、危险物质等）疏散的法律权威机构
1.1.6	州已采用行政命令或其他机制，使参与灾害响应与恢复行动的州机构制定运行持续性计划
1.1.7	制定满足立法需求或修订规则需求的战略

一般由州应急管理机构完成评估过程，并将结果递交给联邦应急管理署。然后，联邦应急管理署通过各州的评估获取所有信息，得出全国性的评估结果，州应急管理机构也可利用评估来制定战略计划。联邦应急管理署和州的官员可以利用这些结果，决定那些将在未来几年内出现在《应急管理绩效许可》（Emergency Management Performance Grant）计划中的行动项目。

12.2.4 应急管理鉴定计划

应急管理鉴定计划（Emergency Management Accreditation Program，EMAP）同样以国家消防协会标准 1600 为基础。相对于备灾能力评估，它与国家消防协会标准 1600 更为接近，因为应急管理鉴定计划包含计划管理的要求。然而，应急管理鉴定计划与国家消防协会标准 1600 在某些方面也有不同点。首先，应急管理鉴定计划是专门为州和地方应急机构制定的，应急管理鉴定计划的鉴定可以通过地方应急管理机构以及州应急管理机构获得。其次，应急管理鉴定计划的鉴定过程比备灾能力评估更为复杂，你一旦提交了申请书，就要用 18 个月的时间去进行自我评估，评估的内容是你对应急管理鉴定计划 54 个标准的遵守情况。自我测评的第一步是给辖区行政官写一封信，信上承诺接受鉴定；然后，挑选一个鉴定管理者去协调鉴定的申请，并制定自我评估的计划，将责任委派给你所在辖区内的每个机构，并为自我评估过程设立一个日程表。

自我评估需要有对每项标准遵从情况的记录证明。你必须找出证明遵从标准的这些文件、访谈的原始资料或者观察资料。另外，你必须对这些资料是如何证明遵从标准的作出解释。如果你的证据基于文献，你还必须将所有相关文献的副本附在其中。访谈和观察则需要有文字记录。

准备好自我评估的文件之后，你要把它们呈递到应急管理鉴定计划委员会进行审核。应急管理鉴定计划委员如果对材料满意，便会确定现场评估的日程，并将指派一个评估小组负责对你进行评估。在现场评估的过程中，小组首先会听取一个有指导性的说明，这需要你向小组成员作概括性的陈述并提供他们所需要的额外信息。小组成员将检验书面计划、程序以及遵从证明上所开列的备忘录，并与遵从证明上所列举的访谈对象接触以证明申请表上的信息，同时视察设施、装备、物资和供给品。在他们收集到所有需要的信息后，小组会进行最后一次的面谈并表明他们的基本态度。

小组在结束上述活动后，将描述其活动，并向应急管理鉴定计划审核委员会报告自己的评估结果。这在会议期间进行，并允许申请人参加。基于评估小组的报告，应急管理鉴定计划审核委员会提议申请人获得鉴定、视情况获得鉴定或者未获得鉴定这三种结果之一，同时这一提议将送至应急管理鉴定计划委员会。如果获得鉴定，应急管理鉴定计划委员会将为你所在辖区颁发一张有效期为 5 年的证书，但是，认证在这一期间还将继续。为此，你必须继续遵从应急管理鉴定计划的标准，并提供遵从标准的证明，向应急管理鉴定计划委员会递交年度报告。如果鉴定未通过，你将被告知原由。关于应急管理鉴定计划的更多信息可登录 www.emaponline.org 获取。

佛罗里达州

佛罗里达州是第一个实施并接受应急管理鉴定计划的州。由于此地易遭受飓风和其他沿海致灾因子的侵袭，所以该州对致灾因子减缓和灾害响应投入了大量的资源。亚利桑那州、北达科他州以及华盛顿特区也接受了应急管理鉴定计划。

自我检测

- 定义实体。
- 列举应急管理计划的要素。
- 定义州备灾能力评估计划。
- 阐明谁可以获取应急管理鉴定计划的鉴定。

12.3 评估训练、演习与突发事件

评估训练、演习和突发事件，与评估员工或地方应急管理机构相同，但是，其中也有许多明显的区别。衡量绩效的时间相对短暂。在训练中，评估的时间仅为几分钟；在演习和突发事件中，衡量绩效的时间为几个小时甚至几天。时间的缩短减少了需要评估的内容，使得评估更为容易，而在训练和演习中，评估活动的绩效衡量强度要大得多，因为你必须观察许多人的绩效。同时，突发事件可能会导致法律诉讼，特别是当突发事件造成人员伤亡或私人财产的巨大损失时。相应地，这些法律诉讼可能妨碍信息的自由交换，影响组织从经验中学习并进行改善。

12.3.1 训练

当人们制定训练计划时，第一个任务是明确所检验的目标。通常，训练常模拟艰巨、关键、不常执行的任务，用以检验这类任务所必备的人员、设施以及装备。训练要求体现出所模拟任务的艰巨性和关键之处，因为这可能导致绩效不合格，而不合格可能会导致损害后果升级。训练之所以模拟不常执行的任务，是因为由此带

来的不执行会导致人们技能的退步以及装备的老化。

训练通常涉及一个或几个人，他们必须在对假定情境进行响应的过程中，执行特定的任务。这一特定任务是“为一个特定目的而开展的特定工作”（Cascio，1991，p. 190）。任务可能有许多步骤或者要素，这些步骤被定义成“工作可以划分的最小单元，这种划分不需要分析各自的动机、运行以及所涉及的心理过程”（Cascio，1991，p. 190）。在危险物质应急响应中，一个技术人员接受了将容器上泄漏有毒液体的洞堵上这一任务，完成这一任务有多个步骤，这些步骤必须按以下顺序执行：

第一步：获得现场情况的基本信息；

第二步：穿上个人保护装备；

第三步：验证无线电的可操作性；

第四步：收集维修工具和材料；

第五步：进入事发现场；

第六步：执行维修任务；

第七步：回到暖区排污；

第八步：参与分享叙述。

训练由一个人员控制，即提供情境信息的人。训练相对简单，因此此人也可以作为评估者。他观察参加培训者的绩效，记录对应急运行计划或程序的偏离。评估者必须有与被评估者相同或超过被评估者的技能。另外，评估者必须识别所需的各种设施、装备及岗位绩效辅助工具。通常，评估者随机选择一人或多人作为检验岗位的主要或可选择的控制者。控制者要完成任务的每一步骤，有些任务存在重要的身体和心理要素。在这种情况下，当参加培训者完成情境中的各个环节时，控制者可能需要大声说出自己的想法。为了做到这点，控制者必须：

（1）识别他们所需的信息；

（2）描述他们处理信息的方式；

（3）给出他们做出的最终判断或决策。

12.3.2 功能性演习

功能性演习与训练的不同之处在于涉及更多的人员，这使得功能性演习比训练更具有综合性；另外，场景通常更加复杂，因为它涉及更多的任务、装备和人员。因此，功能性演习检验着人们执行任务工作和团队工作的能力。

- 任务工作即执行响应的每一步骤。
- 团队工作即在团队成员中安排任务、分配资源，以有效地、高效率地、及时地实现绩效（McIntyre and Salas，1995）。

与训练不同，功能性演习不能将控制者与评估者的角色合二为一。功能性演习有时需要许多控制者，他们为不同的参演团队提供信息。参演团队分布在不同地点时，情况尤为如此。另外，评估不同的团队也需要多个评估者。

12.3.3 桌面演习

桌面演习既区别于训练，也区别于功能性演习。桌面演习由高层人员参与，他们通常是分支机构或部门的管理者，也是其职能的指导者。这些演习场景的复杂程度不尽相同。有些十分简单，就是设计开放性问题，以引发对特定问题的讨论。例如，桌面演习可能会涉及在飓风来临之前疏散当地医院的标准。对特定问题的讨论包括许多主题。这些主题可能包括向医院提供运输支持，也可能包括救护车和其他应急交通工具在疏散的交通流中如何返回。这些演习由同处一室的互动者参与。桌面演习中控制者往往也是评估者。

12.3.4 全面演习

全面演习在检验多种功能的同时，模拟影响整个社区的灾害以及检验这些功能间的协调性。全面演习的复杂性要求对场景进行全面的规划，并要求控制者与评估者进行合作，同时对控制者进行培训。如果参演者在演习过程中的行动偏离了场景条件，控制者必须进行调整。合格的控制者和评估者的人数可能会不够，如果是这样，外部人员需要做控制者和评估者。在这种情况下，外部人员需要接受相关应急运行计划的培训，以发现参演者是否遵循应急运行计划。

全面演习的规模有大有小。小规模演习或许会对几个功能进行有限的检验，例如，一个学校或许被选择来检验疏散计划，然而，核电站举行大规模演习或许会包含数千名参演者和多达50～100名的控制者与评估者。多数全面演习是不事先宣布的，另外，演习场景和开始时间对于参演者来说也是未知的。未宣布的演习可以防止有关机构预先安排最为训练有素、有时是唯一一些经过训练的人员参演。因此，未公布的演习能提供更为精确的评估，特别是演习在早上和晚上进行时。

在未先公开的演习中表现出色是一个具有挑战性的目标。可实现的目标应该首先被确立，从而树立人们的信心，并激励人们进步。不佳的绩效可能会降低参演者的士气并产生一种在公众面前丢脸的感觉。另外，错误过多会使注意力很难集中于几个任务之上，并影响人们就如何改进达成共识。因此，首先在事先宣布的演习中寻求令人满意的绩效，再逐渐发展到不事先宣布的演习是一个不错的想法。

联邦应急管理署将应急演习归纳为七个步骤。

(1) **需求评估**（needs assessment）：这涉及社区的原生和次生致灾因子。尤其是，需求评估要聚焦于检验一些措施，它们用于纠正应急运行计划、程序、人员编制、培训中所存在的旧有的问题。它或许也会检验新设施、人员和装备的有效性。

(2) **范围确定**（scope definition）：这包括紧急事件的类型、地点，需要演习的功能，将要参与的应急响应组织成员，演习类型。

(3) **目标声明**（purpose statement）：这解释为什么进行演习。

(4) **目标**（objectives）：这应该说明，谁应该对怎样的条件采取什么行动，对什么情况进行响应，要达到什么样的绩效标准。

(5) **叙述** (narrative)：这是相关情况的具体描述，包括事件发生的时间顺序。叙述起始事件以及在物理、社会环境下的背景条件。

(6) **重大及详细事件** (major and detailed events)：描述所有的重大事件，这需要采取可以达到演习目标的行动；如果它们引发了预期行动，则描述详细事件。

(7) **预期行动** (expected actions)：这些行动是能够达到演习所公布的目标的。它们包括对下列获得或证实的信息进行评估的行动，即现存的环境条件或者组织行动的绩效。其他的预期行动包括降低事件严重性的预防性或矫正性行动。最后，预期行动还包括降低对人的影响的防护性行动和突发事件管理行动。突发事件管理行动包括考虑可替代的行动、进行决策、分配资源或协调响应者与公众。

有效的演习关键在于信息的传递，与演习参加者就特定的事件的演习内容、手段以及对象进行沟通。有效演习还需精心设计，以促进产生预期行动来实现演习目标。

12.3.5 突发事件

对突发事件的绩效评估能提供极其丰富的信息，因为它没有被事先安排，这有利于真实地检验诸如组织启动、通知等突发事件应急管理任务。这些任务以一种特殊的方式得到检验，而此方式将不会出现在事先不公布的演习中。对真实事件进行评估的弊端在于它们是不可控的。事件的规模和被检验的响应功能是偶发的。事件也没有控制者和评估者，响应者必须依赖自身的记忆和文字记录去确定：谁做了什么，他们是在何处做的，何时做的，他们为何做。你一定要保证有关于突发事件和响应过程的充分的文档信息，这对于评估和鉴定非常必要。

12.3.6 评估

对三种形式的演习和突发事件的响应得益于参演者、控制者和评估者的口头评估（National Response Team，1990）。然而，经过培训的参演者如此之多，以至于人们必须从每个单位里挑选出代表。在对演习的评估中，讨论应该涉及目标是否实现。在对突发事件的评估中，问题在于响应是否与应急响应计划及其程序相符，如果出现与应急响应计划及程序的偏离，参演者应该讨论其发生的原因。在某些情况下，响应者会临机采取一些比标准运行程序预先规定的行为更为有效的行动。在这种情形下，你应该考虑修订应急运行计划或标准运行程序。在其他情况下，临机行为要比遵照程序更糟糕，在这种情况下，你需要重新安排人员、改善培训或实现设施与装备的升级。在包括行动计划在内的书面报告中，记录评估的结果。撰写专门的推荐信，分配实施的责任，并为完成行动计划的每个要素作出日程安排。

TOPOFF

1998年，联邦政府在全国各个城市开始进行应对恐怖主义袭击的全面演习。TOPOFF，表示“最高官员”，是一种全国性的演习，模拟几个城市同时发生数起恐怖袭击。例如，TOPOFF 1 于 2000 年举行，模拟朴次茅斯和新罕布什尔州发生了放射性袭击，在科罗拉多州的丹佛发生了生物武器袭击。其他演习叫作“黑暗的冬天”，模拟天花暴发，这一演习向官员说明了没有足够的天花疫苗，了解到该情况后，联邦政府迅速地生产并储备了足够的天花疫苗。

自我检测

- 定义“训练”和“任务”。
- 描述控制者和评估者做什么。
- 定义“功能性演习”。
- 描述“任务工作”与“团队工作”的区别。

12.4 评估培训和风险沟通计划

评估培训和风险沟通计划与前面介绍的评估类型不同。绩效测评、训练以及演习能评估你想要了解的所有人，至少是大部分人。但是，参加培训和风险沟通计划的人员通常比你能评估的要多。结果，我们时常从较大的群体中选择一个样本来检验，这个群体（被称作干预组）参加过培训或风险沟通计划。你可将干预组样本与没有参加培训或风险沟通计划的群体（称作控制组）进行绩效对比。有许多研究设计可用于对干预组与控制组进行严格的科学对比（Cook，Campbell，and Perac-chio，1990；Schmitt and Klimoski，1991）。尽管它们之间存在差别，评估培训和风险沟通计划与此前的评估类型都要明确一点，那就是在所有情况下，预先界定成功的标准是什么是至关重要的。

结果标准

单从一场灾害，人们很难得出正确的结论。例如，“化学物质的溢出或许很少造成人员伤亡和损失”这一结论，可能是由于该事件的条件不同而得出的，如可能仅仅是少量化学物品的泄漏，或者仅仅是风没有从居民区吹过。我们如果想要得出下一个结论——组织响应是有效的，就需要排除其他可能性。

判断培训计划成功的标准经常被划分四类。

- **反应标准**（reaction criteria）：反应标准是接受培训者对培训计划的反馈，包括对以下内容的评估，即培训师、设施与装备、物资、对课程的喜爱程度、参加培训师提供的其他课程的意愿。

- **学习标准**（learning criteria）：学习标准是培训计划中界定的笔试成绩或技能测试成绩。
- **行为标准**（behavior criteria）：行为标准是接受培训者将新知识和新技能运用于工作中的能力，包括培训结束后其在训练、演习和突发事件中取得的绩效。
- **结果标准**（results criteria）：结果标准是接受培训者岗位绩效的结果，也就是说，培训是否对组织的总体绩效有影响。培训中所获的技能，如果无法在现实工作中应用，掌握再好也不能对社区安全产生积极的影响。

这四个标准可被用于评估社区风险沟通计划。反应标准的衡量依据是：对讲话人、场景、交流媒介和信息内容的反应。学习标准的衡量依据是：对致灾因子和致灾因子调整的掌握。行为标准的衡量依据是：家庭或企业对致灾因子调整的实施。结果标准的衡量依据是：对由灾害所造成的伤亡、损失以及动荡程度的削减。反应标准最便于搜集，学习标准和行为标准比较难获取，灾害的罕见使得获取结果标准很难。

自我检测

- 定义“反应标准”和“学习标准”。
- 解释评估培训和风险沟通计划的程序与其他类型的评估程序有何不同。
- 定义“行为标准”和“结果标准”。
- 解释干预组和控制组的差异。

总　结

正如本章所讨论的，组织实际上就是组织中的人。为了使人们在专业方面得到改进和发展，你必须经常给予他们有建设性的反馈。你可以利用相同的反馈原则，判定地方应急管理机构和地方应急管理委员会是否有效运转。与评估应急管理组织同样重要的是，你必须认识到让人们对工作负责的重要性，为此，你必须能够对其进行绩效评估。本章告诉你如何进行自我评估、如何准备训练和演习以评估应急响应组织的绩效。你应确保这些评估经常进行，从而使人们的工作做得更加出色。

关键术语

行为标准	用于判断一个培训计划成功与否的标准，这一培训计划事关接受培训者将新知识和新技能运用于工作中的能力，包括培训结束后其在训练、演习和突发事件中取得的绩效。
备灾能力评估计划	一种由州制定的计划，规定州应急管理机构自我评估的过程。
控制者	提供情境信息的人。训练相对简单，因此此人也可以作为评估者。

发展　评估的一种功能，着眼于提升雇员的工作能力。从这一角度出发，绩效评估可以成为作出培训、换岗或辞退决策的依据。

训练　涉及一人或几个人的演习，他们必须在对假定情境进行响应的过程中，执行特定的任务。

实体　负责应急或灾害管理、运行持续性的公共或私营部门。

评估者　观察行为者表现并且注意其与应急运行计划或其程序的任何偏离情况的人。

全面演习　一种同时通过检验多种功能来模拟影响整个社区的灾害的培训演习，它同时也检验这些功能间的协调性。全面演习的复杂性要求对场景进行全面的规划，并要求控制者与评估者进行合作。此外，控制者也需要接受培训。

功能性演习　一种因涉及更多人而与训练不同的培训演习。这使得功能性演习比训练更具有综合性，另外，场景通常更加复杂，因为它涉及更多的任务、装备和人员。

内部研究　使应急管理者知道员工所具有的技能的一种评估动能。内部研究也使应急管理者知道，他们在雇用员工时是否提出了适当的素质要求。

学习标准　判断培训计划成功与否的标准，它取决于笔试成绩或者技能测试成绩。

法律保护　当一个组织根据公认的程序进行绩效评估时所实现的一种评估功能。

反应标准　判断培训计划成功与否的标准，由接受培训者的观点组成。它包括评估以下内容：培训师、设施与装备、物资、对课程的喜爱程度、参加培训师提供的其他课程的意愿。

结果标准　判断培训计划成功与否的标准，该计划涉及接受培训者岗位绩效的结果。结果标准检验培训是否对组织的总体绩效有影响。

奖励　一种着眼于提升人的工作动机的评估功能。评估应该有明确的标准来为员工提供指导，使其知道什么对组织来说是重要的。

桌面演习　一种涉及高层人员群体的培训演习。他们通常是分支机构或部门的管理者，也是其职能的指导者。演习场景的复杂程度不尽相同。

任务　执行特殊目的的特定行动。

任务工作　执行响应的每一步骤。

团队工作　在团队成员中安排任务、分配资源，以有效地、高效率地、及时地实现绩效。

测试你的理解能力

登录 www.wiley.com/college/lindell，测评你对评估方面有关知识的掌握情况。通过比较测试前和测试后的结果，衡量你的学习情况。

总结性问题

1. 评估至少每年进行一次。对还是错？

2. 设定目标对于评估或组织不重要，这是一个目标所看重的结果。对还是错？

3. 在下列演习中，哪一种使用开放式问题以引发对特定问题的讨论，并且通常在组织中的高层实施？

(a) 训练

(b) 功能性演习

(c) 全面演习

(d) 桌面演习

4. 下列标准中，哪些以笔试成绩或培训计划所涉及的技能测试成绩为基础？

(a) 反应标准

(b) 学习标准

(c) 行为标准

(d) 结果标准

5. 训练控制者同时也可以是训练评估者。对还是错？

6. 下列哪项是综合性的、包括多人和多项任务的？

(a) 训练

(b) 功能性演习

(c) 桌面演习

(d) 工作任务

7. 哪一类型的演习只包括高层人员并对多个主题进行讨论？

(a) 全面演习

(b) 训练

(c) 任务

(d) 桌面演习

8. 在绩效评估中，下列选项中哪项应该加以考虑？

(a) 人际技能

(b) 创新

(c) 变革管理

(d) 上述全都包括

回顾性问题

1. 评估的四种功能是什么？

2. 绩效评估的四个典型分类是什么?
3. 你如何评估地方应急管理机构和地方应急管理委员会?
4. 训练、功能性演习、桌面演习和全面演习的区别是什么?
5. 联邦应急管理署组织应急管理演习的步骤是什么?
6. 评估培训计划成功与否的四个标准是什么?
7. 控制组和干预组之间的区别是什么?

本章应用

1. 你的一个雇员效率低下，并且似乎总是态度消极。你是否应该按照辖区的要求，到年末年度绩效评估时再讨论他的绩效？如果不是，你如何对其进行评估？

2. 有人要求你描述国家消防协会标准 1600。最新的版本为哪两类计划确立了标准?

3. 作为应急管理者，有人要求你就联邦应急管理署组织全面演习的步骤撰写报告。描述你在报告中应该包括的步骤。

4. 你将评估地方应急管理委员会。你将评估地方应急管理委员会哪段时间的什么任务？在评估中，你将设定何种类型的目标?

5. 你有两个在各个方面都很优秀的员工。他们不仅工作出色，而且常常超越组织职责的要求。遗憾的是，工资必须冻结，你不能给他们提薪。你还进行绩效评估吗？为什么进行或为什么不进行？除了提升工资，你还可以提供什么鼓励员工的辛勤工作?

6. 应急管理鉴定计划委员会计划对你所在的组织进行现场评估。你需要为评估准备什么信息?

试试看

“9・11”报告

“9・11”委员会在其报告中建议，把国家消防协会标准 1600 作为标准，并且在私营部门实施。国家消防协会标准 1600 要求一个组织具有什么?

评估演习

你决定在辖区内举行一次全面演习，场景是一个恐怖主义团伙在你所在社区中心区投放“脏弹”。你评估应急响应组织绩效的标准是什么?

评估新奥尔良的风险沟通计划

卡特里娜飓风给南方造成了数十亿美元的损失，导致 1 200 多人丧生。飓风过后，许多媒体都关注新奥尔良。了解到地方政府已经向居民发出飓风警报，你用什么标准去评判其风险沟通计划?

第 *13* 章

国际应急管理——其他国家和地区如何处置致灾因子

预先测试

➢ 登录 www. wiley. com/lindell，测评你对国际应急管理有关知识的掌握情况

➢ 确定你需要努力的重点在哪里

你将在本章中学到

➢ 影响政策选择变化的因素

➢ 一个国家的经济资源如何影响其应急管理计划

➢ 其他国家和地区如何对紧急事件作出响应

学习本章后，你将能够

➢ 检验政府的组织方式对应急管理决策的影响

➢ 检验政府中的军事角色如何影响应急管理战略

➢ 评价不同国家和地区应急管理体系的长处和短处

目标与结果

➢ 与其他国家的人员合作，进行有效的应急响应

➢ 在制定应急管理计划时，评价一个国家独有的特征

➢ 基于对其他国家和地区应急响应的成功案例研究，构建突发事件响应的地方模式

导 言

或许，你已经十分了解美国的应急管理实践，但是，你也许并不知道其他国家和地区如何处理突发事件。各个国家和地区都在学习并借鉴他国的应急政策（Dolowitz and Marsh，2000）。全球化具有两个重要的影响。它使所有国家都处于一个竞争日益激烈的经济体系之中；同时，通信技术的进步使得政策制定者有可能进行快捷、方便的沟通。由于这些变化，政策制定者日益放眼国界之外，寻求如何解决国内问题的方法。在这一章中，你将学到许多影响应急响应的可变因素以及世界其他国家和地区的灾害案例。

13.1 影响政策选择变化的因素

国与国之间可以基于许多特征进行对比，这些特征包括体制类型、政治文化、现代性以及经济发展的水平（Barber，1997；Inglehart，1997）。然而，许多国家的管理结构都是相对趋同的。这是因为，管理结构的功能影响管理结构（Peters，1995），另外，组织模式通常为国家群体所共有，例如，原殖民地国家通常与其宗主国有着十分类似的管理结构。欧盟等多国组织的成员国通常会逐渐形成相同的管理组织形式，其目的是使其跨国合作更加简便。在灾害管理中，联合国的影响也是各国使用共同模式的原因之一，同时它鼓励各国将这些模式与本国实际相结合。诸如亚洲灾害准备中心（Asian Disaster Preparedness Center，ADPC）之类的地区性组织也影响着应急管理的演变，使其超越不同的民族国家。在比较应急管理政策时，人们必须考查致灾因子脆弱性和地方能力。

13.1.1 致灾因子脆弱性

致灾因子脆弱性因致灾因子类型和暴露程度不同而有所变化，通常，影响一个国家的致灾因子类型和暴露程度也会影响其应急管理组织的结构和性质。暴露程度高的国家可以被说成是拥有“灾害文化”，这可以让其适应周期性发生的事件并做出响应，同时也可以让其对特定致灾因子表现出较高水平的适应性，例如，相对于不常受台风困扰的国家而言，经常遭受台风威胁的国家制定了更复杂的计划和政策。孟加拉国由于自身平坦的地形，已经建立起了疏散平台体系。

在 1998 年米奇飓风之后，中美洲因致灾因子暴露及相关经验而制定了多项计划。在此次飓风到来之前，中美洲地区的大部分国家对应急管理不太重视，但它们已有基本的“民防”计划。这些计划与军事相关，并且着力于灾害响应。然而，对于经济发展计划与致灾因子脆弱性的联系，它们却鲜有或没有关注。此次飓风之后，受灾国家的政府开始改变其国家发展计划，这些计划强调社会因素、环境恶化以及致灾因子脆弱性之间的联系。

13.1.2 经济资源

在较为贫穷的国家，应急管理没有得到重视，整个社会濒临经济崩溃的边缘，因而更为迫在眉睫的问题需要得到优先考虑。同时，贫穷和快速的城市化导致脆弱性人口在高风险的城市地区大量集中。富裕和贫穷的国家都忽视了环境和人类栖居地之间的联系，这种忽视妨碍了人们更深刻地理解如何以可持续的方式开发土地。最终，这导致了灾害数量的增加。

一个国家应急管理的水平与可获得的内外资源数量相关。许多贫穷国家在巨额外债之中苦苦挣扎。通常，债务是由早期的非民主政权引起的，其中的许多国家将其大量国家预算投入军事领域，使得债务问题更加复杂，教育和健康医疗开支因此所剩无几，应急管理被视为微不足道的。有时，诸如世界银行和国际货币基金组织等多国借贷机构所强加的计划会使这一情况恶化。

灾害险的可获得性在各个国家之间多有不同。如美国国家洪水保险计划那样市场渗透力强的体系是十分少的，其部分原因是：参与国家洪水保险计划是获得政府抵押贷款的一个前提条件。许多其他国家缺少灾害保险计划，即使它们有灾害险计划，保险费也通常很高，大部分人都支付不起。在这些国家，企业可能有灾害险，但是，家庭却很少有灾害险。政府可能会要求家庭购买灾害险，然而，它们不能如美国那样，把灾害险的购买与抵押许可联系起来，其原因在于：在发展中国家，很少有人贷款买房。一般来说，人们首先购买土地，然后攒钱买建筑材料，逐个房间地分步完成房子的建设，因此，这些政府缺少美国政府用来干涉市场的机制。

哈多与布洛克（Haddow and Bullock，2003）提到了“专门资产”的可获得性，将其作为影响应急管理的一个因素。这些专门资产可包括响应行动中所需要的项目，例如：

- 重型装备；
- 训练有素的城市搜救队；
- 危险物质处置能力；
- 诸如地理信息系统等技术；
- 培训场所。

这些资源并不是随处可得的，时常可通过诸如加勒比共同体的加勒比灾害应急响应机构（Caribbean Community's Caribbean Disaster Emergency Response Agency）之类的组织实现区域性共享（UNISDR，2002）。不管突发事件发生在哪里，城市搜救队都特别热衷于参与应急响应行动。他们可提供有价值的援助，能够提供在职培训，可以完成寻找失踪者的艰巨任务。然而，他们往往不能在事发后关键的最初几小时内迅速到达现场并完成救援工作，这是因为后勤保障要求调动大量的人员和装置，同时，这也是因为涉及与调动相关的法律和政治问题。在许多情况下，城市搜救队不能超越航空权利，不经过正常的检疫或兽医的鉴定过程，搜救犬入境经常会引发一些问题。因此，人们对于发展地方城市搜救队的兴趣逐渐增加。

13.1.3　政府的组织

一国的政治集中程度是至关重要的问题之一。国家层面对政策、计划和资源进行控制，这限制了地方政府开展快速应急响应的能力，地方政府很难制定简化计划。就像警察和消防那样，应急管理是一种分散于各个区域的服务，因此，它可获益于较高程度的地方分权，这使地方政府可以管理应急服务的分配（Peters，1995，p. 161）。

对于大灾的过多重视往往会导致过度的集权，这是因为一个假设：大范围受影响的区域需要协调。遗憾的是，信息需要经过政府的多个层级进行沟通，这就延缓了响应和恢复行动。事实上，频繁发生的小事件会引发更多的死亡和经济损失。当小事件发生时，地方政府如果无须等待中央政府的指示和提供的物资，就可以做出更好的响应。所以，授权地方政府及公众去处理当地发生的事件是非常有效的。然而，分权经常受到国家政府的抵制，因为这会降低中央控制的程度。频繁发生的小事件也需要重视发展模式和致灾因子脆弱性的联系，对这一联系认识的加深使得更多公众需要参与国家目标的设定，这也威胁着精英受益的现状。

在各级政府中，应急管理机构的地位与其有效性相互关联，也与对致灾因子脆弱性不同方面的重视有关。一个机构或许会负责对灾害进行响应，但是，如果这一机构在政府中的地位较低，它就很难迅速找到、分配所需的资源。应急管理机构可从科研机构的输入中受益，然而，它们常常因在政府中所处的位置，而不能获得这种输入。

应急管理机构在何种程度上由职业应急管理者组成，这在各个国家不尽相同。一些国家的机构拥有很高的政治形象和充足的资源，那些机构能够吸引并且留住高素质的敬业人士。很少有国家可保障训练有素的应急管理专业人员的充分供给，这种情况令人担忧。因此，一些国家正在大学里开发培训计划，例如，土耳其的伊斯坦布尔技术大学（Istanbul Technical University）最近已经开发了一个应急管理多学科计划。

13.1.4　建筑环境的质量

一个国家的基础设施和房屋质量影响着该国的灾害暴露水平，工业和商业设施的质量也是如此。这些因素还影响着它所需要的应急管理计划类型，例如，建筑物质量越好，地震之后对城市搜救队的需求就越小。然而，这并不一定表明，国家拥有较高质量的基础设施，其致灾因子脆弱性就越小。国家拥有大量高层建筑，就更需要发展高水平的消防能力；对于拥有大型化学生产设施的国家而言，情况也是如此。

13.1.5　公民社会

公民社会是指所有独立于政府的团体，包括宗教团体、市民俱乐部、政党以及其他有特定利益的组织。关于政府能力的舆论会影响他们对于应急管理行动的信任程度。非政府组织和以社区为基础的社区组织是公民社会用以改变政府优先次序或者用其自身能力取代弱势力量的组织。真正的公民社会不是由政府机构组织起来的，它们有独立于政府之外的基层组织。这些团体可满足特殊的需求，如在地方领域内实施洪水减缓措施；它们可以施加较大的影响力，甚至能够推动政权更迭。由于种种原因，政府或许会对发展公民社会保持谨慎的态度。

公民社会与灾害

公民社会通常在响应及恢复期间得到加强。当政府机构不能完全胜任工作时尤为如此。新兴组织接手难处理的问题。此类组织在1985年墨西哥地震之后创立（Velázquez，1986）；在日本的神户，1995年阪神大地震发生之后，相同情况也出现过（Shaw and Goda，2004）。另外，现存的组织也得以加强，因为它们的使命得到扩展，以承接与灾害相关的新任务（Dynes，Quarantelli，and Wenger，1990）。

13.1.6 军事应急管理的作用

在某种程度上，武装力量对应急管理的参与无处不在。军队具有高度的组织性，在某些国家，这足以使军队与其他机构区别开来。另外，武装力量通常有灾害响应所需要的更多资源，包括通信、交通、燃料、电力、水、帐篷、卫生保健和食品。同样重要的是，军队拥有大批强壮的年轻人，他们被组织成各种团体，服从命令和指挥。

军队在应急管理中的影响巨大，还有另外一个原因，即各国应急管理几乎都植根于民防。民防包括训练和装备非军事人员以驱逐入侵者。在许多国家，军队依然保持着对应急管理组织的强大影响力，这通常会特别强调灾害响应的命令—控制模式。在这种模式中，公民鲜有作为或根本就无作为，而且，灾后恢复与致灾因子减缓等其他方面的需要几乎不受重视。在其他国家，军队是应急管理体系的一个组成部分，然而，军队受到公民的控制。在这种情况下，军队非经请求，不能做出响应。为了避免过分依赖于军方，防止在国力衰微时期陷入独裁政府的风险，这不失为一个较好的选择。“民防”这一术语被频繁使用，但是，这并不总是意味着与国家军事力量有历史上的联系（Nikoluk，2000）。

13.1.7 国际组织的作用

在寻求外援的方式上，国家之间截然不同，这包括何时、如何给灾区提供援助或者参与减缓项目等政策。一些国家采纳了被动式的方法。它们仅仅局限于提供搜救或灾后清理等方面的援助；相反，其他国家则抱以更具发展主义的观点，它们提供帮助，形成政府间机构和计划，这一方法的主要目标是：减少灾害的发生，增强贫穷国家的应急能力。

许多国际性机构致力于推广改良的应急管理经验，其中，值得一提的是联合国。联合国有一个组织叫“国际减灾战略”（International Strategy for Disaster Reduction，UNISDR），用以实现联合国国际减灾的十年目标。地区性组织也在为应急管理的进步而努力。2002 年，国际减灾战略、日本政府、世界气象联合会以及亚洲灾害减轻中心发布了一个网上的公告《与风险共存：减灾倡议的全球性回顾》（Living with Risk：A Global Review of Disaster Reduction Initiatives），这一资源包括了全世界应急管理的信息，在 www. unisdr. org/eng/about _ isdr/bd-lwr-2004-eng. htm 上可以获得。

除了联合国，还有一些地区性团体参与到应急管理之中。美洲国家组织通过其《自然致灾因子项目》（Natual Hazards Project），支持防灾学校、医院和道路网络的发展，这属于“可持续发展与环境系列”（Unit for Sustainable Development and Environment）。La Red 是拉美社会科学家的网站，用以发表有关该地区灾害的学术论文。它的文章强调了社会脆弱性与可持续发展的问题。“泛美卫生组织”（Pan American Health Organization）是世界卫生组织的一个区域性办公室，它强调改进医院，增强公共卫生计划；同时，出版了一份很有影响力的小报《灾害：美洲的准备与减缓》（*Disasters*：*Preparedness and Mitigation in the Americas*），这可在 www. paho. org/english/dd/ped/newsletter. htm 上找到。世界其他地区也有类似的组织，泰国曼谷的“亚洲灾害准备中心”（Asian Disaster Preparedness Center）就是一个例证。这类组织相互帮助，促进地区性磋商，并实现技术的共享。

自我检测

- 解释为何应急管理在较为贫穷的国家中不受重视。
- 解释为何国家的政治集权程度是一个重要的问题。
- 定义“公民社会”。
- 描述军队在社会和应急管理中的作用。

13. 2　国际应急管理计划的典型案例

本章的其余部分有选择地提供几个国家和地区的应急管理计划与实践的典型案例。这些案例显示了世界各国公民在面对危险环境时所遇到的问题及其应对办法。

13. 2. 1　准备：巴西圣保罗的滑坡疏散

巴西是一个政府拥有政治强权的共和国，同时，各个地区在地形、土壤、植物、气候等方面变化多样。历史上，人口密集的中心一直处于多山的沿海地区。内陆平原地区仅仅在20世纪60年代新首都城市巴西利亚建立之后，才日益得到开发。巴西很幸运，不会受到大地震或飓风的威胁，而地震和飓风在南美洲是最具破坏性的自然灾害。但是，巴西频繁遭遇其他类型的自然灾害，包括洪水、旱灾、滑坡及山火灾害；同时，由于巴西中部和南部地区的高度工业化，技术致灾因子的影响重大；巴西还有重要的核工业。

巴西的应急管理随着时间的推移而发展，反映了政府的结构及国家存在的致灾因子的变化。1988年《宪法》规定，“规划、推动对公共灾害，尤其对干旱和洪水的防范”（Ministério da Intergracāo Nacional，1999）。圣保罗州在20世纪70年代经历了几次大灾——包括洪灾、滑坡和高层建筑火灾——之后，设立了《州民防协调机构》（State Coordinator of Civil Defense）（Marcondes，2003）。这个机构制定了《民防准备计划》（Civil Defense Preparedness Plan，CDPP），这是国际减灾十年期间为实现自然灾害削减目标所付出努力的一部分。该州还建立了地区和市应急管理办公室，这些办公室在性质方面各不相同，一些市政府还不得不成立了自己的民防委员会。

在巴西，滑坡是自然灾害中最普遍的致死灾害。许多因素都会导致这一灾害的发生，包括一些环境因素，如多样的地形、高降雨量、容易滑动的土壤等；社会因素是更为重要的因素，包括贫困程度高、城市化迅速、位于安全地区的住房缺乏；另一个问题是：缺少关于自然灾害原因的教育（Macedo，Ogura，and Santoro，2002）。

《民防准备计划》的制定是技术机构、州及地方政府、地方应急管理专业人员合作的结果，以对流域进行监测为基础，即监测流域的降水量、泥土饱和度和天气预报。这一计划的第一步是对该州进行致灾因子绘图和风险分析，由圣保罗的政府地质研究院（Geological Institute）以及圣保罗大学技术研究院（Institute for Technological Research）共同完成。他们断定，马尔山（Serra do Mar）是该州最脆弱的地区。这是一条沿海岸线分布的山脉，正经历着迅速的城市化过程。结果，马尔山的滑坡风险区域在地图上被绘制出来。地方政府参与到风险分析之中，搜集有关垃圾填埋及处理场、沟渠、地表排水模式等的数据，也搜集关于房屋数量和位置的数据。

南半球的雨季是从12月到次年的3月。在此期间，马尔山的应急管理者通过进入**观察**（observation）阶段，启用滑坡监控体系。其间，分布在全区域的电脑数据搜集站近距离地监测降雨，降雨数据不断地被卫星传送到州协调机构。当降雨达到一个关键水平时，**注意**（attention）阶段被启动。在这一阶段，现场观测员对该区域进行搜索，寻找地面不稳定的特征，包括斜坡上方的裂缝和斜坡底部的突出物。斜坡不稳定性的其他标志包括泉水颜色和量的变化、小规模落石、轻微地面陷落以及房屋墙壁的裂痕。当这些迹象被探测到时，关键阶段来临。在这一阶段，处于迫在眉睫风险中的房屋居住者将被疏散。如果危险情况持续或恶化，**紧急**（emergency）阶段的宣布要求风险区域内的所有居民疏散。《民防准备计划》包括一个重要的组成部分——公共教育。州民防办公室协调机构和市政府制作出许多印刷品和影像资料，包括用图表和语言来描述地面的不稳定特征，也包括列表显示：当危险情况被探测到后，做什么，找谁做。

《民防准备计划》于 1988 年开始实施，这一计划极为成功地减少了由于马尔山滑坡所导致的死亡人数。1986 年，仅两座城市（古巴塔奥和桑托斯）就有 48 人死亡；1987 年，在古巴塔奥和桑托斯，有 39 人死亡。而在该系统运行的第一年，死亡人数是 17 人；1996 年，9 人死亡；1995 年，7 人死亡；从 1989 年到 1999 年的其余几年，仅仅有 0～3 人死亡。这一系统如此成功，以至于被推广到另一个滑坡易发地区——帕莱巴河谷的曼帝奎拉山脉。

13.2.2　新西兰的重建型应急管理

新西兰暴露于洪水、地震、海啸和气旋等灾害之中。人们对新西兰人的形象定位通常是牧羊人，但是，其城市人口占总人口的 85%。与世界性的分权潮流一致，新西兰对城市治理法律框架进行了重要的变革。20 世纪 70 年代初，政府将自身的某些职能私有化。这些改革增强了政府的透明度和责任。其中，许多措施都影响到了应急管理。

1974 年的《地方政府法案》(Local Government Act) 与 1996 年的修正案已经增强了地方政府的责任，这些法令授权地方政府制定并实施自己的计划。特别地，地方财政和环境处理计划使得社区更好地控制生活质量。可持续性的关注推动了 1991 年《资源管理法案》(Resource Management Act) 的制定，促进了地方当局以绩效为基础的环境管理。因为这一法案涉及自然致灾因子和危险物质，它将应急管理整合到了土地使用计划和开发之中。另外专门制定了一些应急管理条例，例如，1996 年的《危险物质和新有机物法案》(Hazardous Substances and New Organisms Act)，1991 年的《建筑法案》(Building Act) 以及 1993 年的《生物安全法案》(Biosecurity Act) 等。图 13—1 显示了推动应急管理变革因素与机构、方法、变革目标之间的关系。

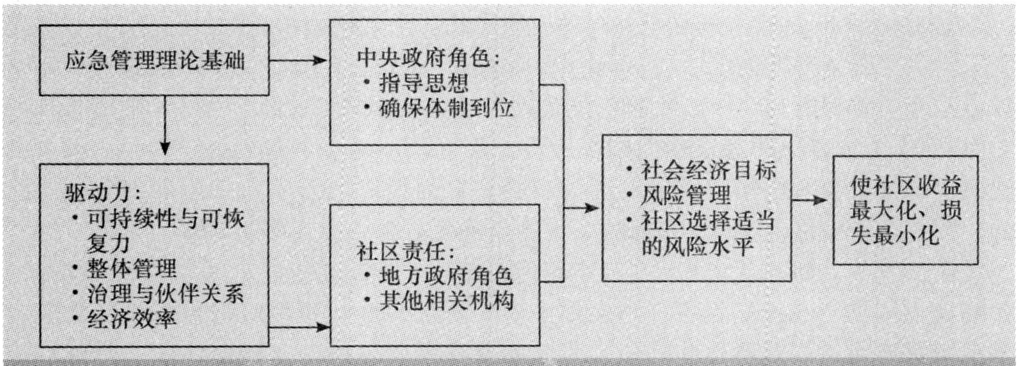

图 13—1　应急管理的驱动力

资料来源：Britton，2001。

新西兰最近发生的一次大灾是 1931 年的纳皮尔（Napier）地震，此后长时间未发生大灾，这使新西兰自我满足感明显增强（Britton，2001）。然而，美国发生的洛马·普里埃塔（Loma Prieta）地震和诺斯里奇（Northridge）地震动摇了这种自我满足感。20 世纪 90 年代中期，新西兰政府对于应急管理立法和应急管理机构进行了一次全面的评估。评估的一个主要原因是基于这样一种思想：新西兰的应急管理必须改变决定论和被动性的导向。它必须朝着一个方向发展：利用致灾因子评估和风险识别，将致灾因子削减融入土地使用管理之中。在此过程中，新西兰发布了许多报告，召开了许多大会和研讨会。这些努力形成了一股合力，使新西兰的应急管理发生了根本的改变。

评估过程发现了国家应急管理体系存在许多问题。其中一个问题是灾后公众对于援助的过高预期，另一个问题是中央和地方政府能力的匮乏。为了解决这些问题，新西兰的方法需要改变。应急管理部门需要学习他国的经验，适应变化，更好地协调资源。为了实现这些目标，评估过程建议国家应该改变现有以响应为中心的方法，采取一种将所有致灾因子、应急管理所有阶段整合在一起的综合性方法。

作为评估过程的结果，新西兰于 1999 年成立了一个新的应急管理部（Ministry of Emergency Management，MEM），它分为三个运行单元。第一个单元是部门发展与教育单元，其责任是：提出新的应急管理理念，并将其转化成工作模式与规则，负责评估应急管理的有效性。第二个单元是政策部门，其责任是制定战略型政策，负责将应急管理部门的工作与其他整合机构统一起来，并在制定法案的过程中负主责。这些法案为国家应急管理提供了坚实的法律基础。第三个单元是部门支持，这一单元与地方政府和应急服务机构合作，以确保有效性。

2000 年，应急管理部门的立法被国会审议，其目的是重新塑造新西兰的应急管理实践、过程与结构。新立法的一个主要原则是：与社区的其他目标（如增长、发展与可持续性）进行整合，其目标是："借助综合性、整合性、以风险为基础的应急管理，提升和促进社区的可恢复性和持续性"（Britton and Clarke，2000，p. 147）。

在 1997 年，应急管理是中央和地方政府的一个"核心功能"。新立法在全国建立了一个"应急管理小组"（Emergency Management Groups，EMGs）体系，每个应急管理小组都由几个地方性的应急管理权威部门组成，全国不到 20 个应急管理小组将 86 个地方与地区权威机构整合在一起（Britton and Clark，2000）。设计者认为，这将增加人们获取地区资源的机会，从而提高地方应急管理的有效性。此外，应急管理小组也考虑到了减缓、准备与响应方面的地方间协调性。

通过改革，新西兰实现了应急管理集权化与地方分权化的平衡。政策功能、战略功能和支持功能被保留在国家层面上，同时，地方和地区机构有权以最适应本地情况的方式，执行这些功能。当前的法律强调对物理及社会环境进行可持续的管理。它们采取绩效标准，避免、减缓并纠正社会、经济活动所产生的负面影响。

13.2.3 重建与恢复：印度

印度是一个居民易受灾害影响的大国，灾害影响的主要诱因是贫困和拥挤、较低水平的居住环境。该国频繁遭受干旱、洪水、地震、热带风暴的袭击，最近遭受了海啸的侵袭。尽管旱灾频繁，但饥荒并不是一个严重的问题，其部分原因是：饥荒的救助体系早在英国殖民统治下就开始形成了，同时，由于新闻自由的存在，政府失效被公开，而且交通体系有助于大规模移民。印度是联邦政体，这将灾害救助和重建的权力下放给各邦政府。国家政府通过提供财政和后勤支撑，支持各邦政府的行动；同时，国家政府也对国外机构，如世界银行和亚洲发展银行的援助进行安排。

与许多贫穷国家一样，印度的应急管理主要是被动式的。印度主要关注重大灾害之后的救济，在灾害侵袭之前，应急管理活动可获取的资源极其匮乏，这使得将灾害准备和致灾因子减缓融入重建之中很重要（Vatsa and Joseph，2003）。外部机构有权要求将这些活动纳入它们所资助的重建工作之中，但是，它们并不经常施加这种影响。

1993 年 9 月，里氏 6.4 级地震袭击了马哈拉施特拉邦（Maharashtra State）的东南部地区。地震造成大约 8 000 人死亡，16 000 人受伤，给 1 500 个村庄造成了损失，其中 70 个村庄被完全摧毁。马哈拉施特拉邦是印度的金融中心，同时拥有一个进步、分权、有力的政府。即便如此，它也需要外部资源，帮助应对灾害的影响。以世界银行为主的国外机构资助了一个价值 3.58 亿美元的重建项目。

马哈拉施特拉邦应急地震重建计划（Maharashtra Emergency Earthquake Reconstruction Progran，MEERP）最初主要侧重于重建和恢复。它不包括灾害管理计划，“技术援助、培训与装备”是该计划的一个组成部分，主要用于灾害管理，但是，其中没有确立特定的目标或日程表。制定灾害管理计划的第一步是 1995 年 5 月召开的一次研讨会，这距离开始启动 MEERP 已经近一年。马哈拉施特拉邦政府要为本邦和 4 个区准备灾害管理计划，它们被作为示范工程。另外，马哈拉施特拉邦政府接受建议，设立了 15 个职能委员会来制定这一计划。由于各种原因，印度没有迅速采取措施。在 1996 年 1 月行动开始时，印度成立了一个灾害管理委员会，负责计划的开发，所涉及的区增加到 6 个，委员会降至 5 个。每个委员会都指派了特定的责任，负责特定的致灾因子，但是，没有委员会负责干旱灾害。也许，该邦政府已经有了充分的旱灾管理计划。

在确立一个广泛的评估与响应框架的过程中，五个致灾因子委员会发挥了重要的作用。邦政府在国家和国际顾问的帮助下，制定了切实可行的计划。这些顾问提供实质性的及政治上的专业技术。最后，该邦培训学院新近成立的灾害管理中心为本邦的 31 个区全部制定了计划，而不仅仅局限于最初的 6 个区。另外，由于城市规模和管理复杂程度方面的原因，该中心还为孟买市制定了单独的计划。

外部资助和支持促进了致灾因子管理技术和管理机构的迅速发展，提高了灾害计划制定参与者的声望。然而，政府必须继续维持新近发展起来的应急管理能力，以确保这些努力会获得长期回报。从短期看，灾害管理计划使邦政府的技术达到了历史上最高的水平；在今后的灾害中，印度的其他州也能够利用这种技术。另外，该项目在国家层面上增强了全国需要灾害管理的意识。但是，这是一项自上而下的努力，在地方政府长期恪守承诺、实施计划方面，它还存在着一些问题。

马哈拉施特拉邦灾害管理规划项目与另一项目，即“帕坦卡新生活计划”（Patanka New Life Project）相反。2001 年古吉拉特邦（Gujarat）地震后，由印度、尼泊尔、日本政府机构和非政府组织组成的一个财团资助这一项目。“帕坦卡新生活计划”的设计目标是社区恢复的一个典范，它主要突出传授减缓未来事件的新技术，其主要目标是：通过提供更安全的房屋、更好的基础设施和“更大的邻里安全性”，重新恢复居民的生活。它也使用震动桌示范，使地方建筑具备防震能力(Shaw，Gupta，and Sharma，2003)。

帕坦卡项目是一个以两年为期进行开发、实施的三阶段过程。第一个阶段建立了项目的原则，项目组对此项活动承担主要的责任（见表 13—1）。第二个阶段包括执行在第一阶段策划的“社区行动与实施”计划。第二阶段分为三步：需求评估、能力建设以及实施。项目组与地方领导紧密合作，以赢得社区的信任并形成强大的地方领导力，这也促进了在项目结束后仍将继续的可持续发展活动。为了使地方拥有致灾因子减缓能力，当地的泥瓦工接受建筑技巧训练，这些技巧使他们能够继续使用传统的、买得起的材料，建设更具抗震性的房屋，这一训练让他们继续传统的生活。反过来，雇佣的持续性有助于第三阶段目标的实现，即保障当地社会体系的可持续性；它也使社区考虑自己的发展需求，并具备弹性。

表 13—1　　帕坦卡项目的三阶段

第一阶段	第二阶段		第三阶段
确立原则	需求评估	能力建设	地区制度强化
与发展相关的恢复	对话	泥瓦工、劳动力的培训	与政府发展计划融合
参与型的恢复	培训和演示	在抗灾规范中树立社区的信心	创立安全资产
遵循最小化的既定标准	社区反馈	强化社区层面上的制度结构	确保持续能力建设的方法
旨在减缓脆弱性的恢复	损失评估	社会动员	为增长提供新的机遇
推动授权	确定适当的选择方案	社会日程表	
灵活	地方计划准备	联合行动	
利益相关者之间的合作	社区偏好	准备针对不同部门的行动计划	
改善生活质量	与社区联合行动的机制	一对一的对话	
战略规划	确认能力建设的地区	灵活的方法	

续前表

第一阶段	第二阶段		第三阶段
任务	与社区见面，让政府参与	指导和监督正在开展的建设	
目标	调整政府指导方针	角色明晰与透明	
建立一个团队	确定树立组织信心的措施	为地方原料储备建立基础设施	
	迈出第一步，与社区建立信任关系	建立监督与评估建设工作的体系	

资料来源：Shaw，Gupta，and Sarma，2003。

这一干预类型的成功之处在于：项目小组和社区在每一阶段都紧密联系与协调，社区必须拥有自己的项目来实现其目标。尽管国外的支持者提供财政、技术和后勤上的支持，但项目从一开始就要着眼于当地的需要和期望，确保社区内的彻底整合。

13.2.4 减缓：哥伦比亚的土地使用规划

哥伦比亚是一个单一制的共和国，有 32 个政治单位——省。该国容易遭受许多致灾因子的侵袭，如火山、地震、洪水和滑坡。在中央集权的体制下，哥伦比亚国家政府行使了许多权力。在美国，这些权力可以下放给各州。在 20 世纪 80 年代末期，哥伦比亚开始了重要的政治改革。1988 年，《46 号法》（Law 46）要求“有效、适当”地控制灾害预防与响应所需的资源。1989 年的《919 法令》（Decree Law 919）组织了灾害预防与响应的国家体系，建立了需要实施这部法律的体制。1997 年，《93 号法》（Law 93）提出一个《国家计划》（National Plan），涉及应急管理的预防、响应、重建与“开发”阶段，解决了经济和法律问题，包括教育和社区参与，涉及信息技术与沟通系统跨越国家、地区、地方层级的整合问题。《国家计划》最终于 1997 年通过（Martínez，et al.，1997）。

《国家计划》有三个目标：灾害削减与预防、有效的灾害响应、受影响区域的迅速恢复。第一个目标包括部门和地区层面上的发展规划，也包括市级的土地使用计划。《93 号法》提出了许多计划，均包括整合的环境政策与灾害预防；同时提出，关于威胁、风险和脆弱性的信息应该被整合到国家、地区和地方的环境概况之中，也要纳入环境管理和地方城市发展计划中，基本的卫生基础设施和其他生物和工业致灾因子预防措施应该到位，另外，也应制定流域管理和山火削减计划。

为了实现这些目标，《区域开发法》（Territorial Development Law）包括自然致灾因子评估、土地使用规划和城市开发等条款。该法律对土地使用规划中所包括的因素提供了详尽的指导。城市行动计划包括识别和布局处理有害废物的基础设施。它辨识出因存在致灾因子而不适合人类居住的区域，同时，也辨识出为了预防灾害而需要恢复、管理的区域。

另外，各区必须思考保护环境的措施。这些措施包括：绘制出受自然致灾因子威胁严重的区域图谱，制定对这些区域进行管理的战略。城乡土地使用规划必须识别致灾因子风险区域，并将其指定为受保护地区。政府可没收风险区域的财产，重新安置居住在风险区域的人员，也可惩罚那些非法占据风险区域的人。法律要求市、区的行政人员负责，确保风险区域无人居住。地方政府必须制定、实施和强制执行自己的计划，它们的计划必须包括所有的必要因素，但是，这些计划必须遵循国家政府法的指导。

哥伦比亚的《区域开发法》非常有名，因为它对地方政府的要求比美国许多州都要严格。这一法律也很有趣，因为它将致灾因子减缓直接融入地方土地使用规划的框架之中了。

13.2.5 通过土地使用规划处理危险物质

1986 年通过的《应急规划和社区知情权法案》是美国化学致灾因子管理的一个重要事件。此后，公民拥有知晓自己所在社区化学致灾因子的合法权利。“9·11”恐怖袭击之后，获取化学致灾因子信息的权利遭到极大削弱，这一事件也表明依赖公民管理所在社区化学致灾因子的政策存在缺陷。欧盟采取了由《萨维索指令》(Seveso Directives) 规定的另一种稍有不同的方法。《萨维索指令》把许多社区知情权的条款纳入了《超级基金补充与再授权法案》标题 3 之下，但是，同时它们又有一点进步，要求将信息积极、主动地传递给公众。它们也需要借助土地使用规划来管理化学致灾因子 (Eijndhoven, et al., 1994; Parker, 1999)。

《萨维索指令》的命名源于 1976 年发生在意大利萨维索的一场事故。一个化学工厂将二恶英烟雾排放到周边环境之中，虽然没有造成人员立即死亡，但是这种极为有害的物质沉积范围达 10 多平方英里。这次泄漏导致了 600 户家庭被疏散，大约 2 000 人因二恶英中毒接受治疗。事故使得欧洲理事会于 1982 年通过了第一个《萨维索指令》。作为对 1984 年印度博帕尔事故和 1986 年瑞士巴塞尔的桑多兹 (Sandoz) 仓库事故的回应，“萨维索Ⅰ”得到了补充。该指令在 1996 年得到修订又出了增补版，被称作“萨维索Ⅱ”，于 1996 年 12 月通过。

1999 年 2 月正式生效的“萨维索Ⅱ”的首要目标是预防危险物质事故，第二个目标是限制已发生事故对健康、安全、环境所造成的影响。这些目标通过限制危险物质的储存、加工来实现。“萨维索Ⅱ”关注的焦点是储存超过最低量危险物质的“低层”和“高层”设备。每一类型的设备受制于满足与存量相符的要求。“萨维索Ⅱ”不包括放射性物质或核危险物质的运输（包括管道运输）。化学行业发起了自愿计划，预防运输事故，还与地方当局在应急准备和响应方面展开合作。

“萨维索Ⅱ”要求每一危险物质设备的控制者制定一个现场应急响应计划，并将其提交给地方政府。之后，地方政府必须使用现场计划，制定自己的应急运行计划。现场的应急规划必须与工厂员工协商后制定，场外的应急运行计划必须与公众协商后制定。信息要与公众分享，所使用的方法是有关部门积极分发宣传手册，介绍事故发生时所采取的行动。事故必须向欧盟大型事故危险局的社区文献中心汇报

(mahbsrv. jrc. it/)，这一网站上载有指导性文件，涉及安全管理体系、安全报告、检测、公共信息和土地使用规划。这些文件不具有法律效力，但却代表了所有欧盟成员国的观点。

"萨维索Ⅱ"要求将致灾因子减缓融入土地使用规划，通过这种做法，它在成员国中建立起一个法律框架，使危险物质场所与居住区、公用区或环境敏感区保持适当的距离。成员国必须控制危险物质新场所的选址并且改善现存的危险物质场所，另外，他们必须在现存危险物质场所的附近控制新城市的发展。

成员国在"萨维索Ⅱ"指令的实施过程中已经取得了不同程度的进步。许多北欧的国家已经为危险物质场所制定了土地使用规划，但是，南欧国家则相对滞后。各国采取三个基本方法以遵守"萨维索Ⅱ"：第一种方法是制定适当的距离表，它基于与特定类型危险物质和土地特殊用途的兼容性经验；第二种方法是基于对结果的分析，它对事故可能造成的结果进行评估。第三种方法是以风险为基础的方法，它综合评估风险发生的可能性，并考虑对脆弱地带风险性进行估算而产生的可能结果。现在，尚不明确的是使用不同的方法估算必要的地带，是否会导致截然不同的结果。另外，这三种方法并不相互排斥，一个国家是否能够将三种方法都采用，把任何一种应用于不同类型的危险物质场所，取决于诸如成本—收益等方面的考虑(Christou，Amendola，and Smeder，1999)。

当前，德国和瑞典使用第一种方法，在德国，受限制区域要求危险场所不会对人或环境产生风险；法国以及比利时的法语区使用基于结果的方法，在美国，它是计算脆弱地带、进行应急规划的基础；以风险为基础的方法在荷兰、英联邦和比利时的弗莱芒语（Flemish-speaking）地区得到应用，诸如澳大利亚和瑞士等非欧盟国家也在使用它。表 13—2 显示了英国卫生安全局（Health and Safety Executive）根据"萨维索Ⅱ"制定的分区计划。

表 13—2　　英国卫生安全局在咨询区内的选址政策

发展类别	内部区域个人风险超过 10^{-5}	中间区域个人风险超过 10^{-6}	外部区域个人风险超过 0.3×10^{-6}
高脆弱性或特大型公共场所（学校、医院、疗养院、体育场馆）	建议不开发	需要专门评估（如果超过 25 人，建议不开发）	需要专门评估
居民区（住房、宾馆、度假酒店）	建议不开发（超过 25 人）	需要专门评估（如果超过 75 人，建议不开发）	允许开发
公众聚集场所（大型零售市场、社区、休闲设施）	需要专门评估（如果超过 100 人，建议不开发）	需要专门评价（如果超过 300 人，建议不开发）	允许开发
低密度地区（小工厂、开放的游戏场所）	允许开发	允许开发	

资料来源：Christou，et al.，1999。

13.2.6 市民社会：中国台湾地区的集集大地震

1999年初秋，台湾岛中北部地区发生了7.6级集集地震，地震导致2 400多人死亡，11 000多名伤者需要医疗救护。它破坏或摧毁了成千上万座建筑，经济损失估计为140亿美元，占GDP的3.3%。

台湾有一个复杂的地震网络，其向台湾当局提供关于地震位置、规模、烈度、震动强度的最新信息，这启动了台湾地区的应急管理体系。因此，各主要机构的代表在台北的灾害应急运行中心汇集，但这一组织很难做到高效，因为应急运行中心的工作人员仅仅知道地震的规模。他们没有来自灾难发生地的详细信息，这是因为道路和交通联系受到损害，大大延迟了他们接收有关实际影响和地方需求的信息。相应地，地方信息的缺乏会延迟台湾当局的响应。台湾当局的延迟响应对地方来说是一个严重的问题，因为在台湾当局克服应急评估能力不足之前，地方缺乏资源和经验来进行响应。

但是，灾害发生地的响应是规模庞大的，而且最终是卓有成效的。那里有许多完全垮塌和部分倒塌的建筑，这导致了在城市搜救方面的巨大需求。幸运的是，台湾有志愿登山群体，专门在野外从事搜救工作。这些组织，如"台湾搜救国际交流协会"（International Association of Search and Rescue of the Republic of China，IASAR/ROC），迅速地召集其成员。该协会的救援队在遭受地震损失最为严重的山区，与当地消防警察合作，还与某些外国的城市搜救队一起工作。在5 000多个获救案例中，大部分是志愿者和消防员在外国救援队到达之前完成的。如灾后经常发生的那样，后勤问题、地缘政治问题和官僚问题延缓了外部救援者的到达。这场突发事件凸显了地方响应能力的重要性；同时也特别体现出，当局需要制定计划，使地方志愿者在大灾发生后至关重要的几个小时内整合起来。

IASAR/ROC成立于1981年，如今已有大约1万名成员。他们组织成立了拥有50～90人的地方团队。带薪人员占少数，大约8个人在桃园的中心办公室，全岛每个分办公室有1人。成员要支付60美元年费，并且从地方企业和宗教组织中获得补贴，购买设备，支付训练费用。他们有山区救援的经验，且在地震前一年，与美国救援队一起在台北高楼垮塌事件中进行过救助工作。这使他们获得了城市搜救技术，集集地震应急响应正好需要这种技术（Prater and Wu，2002）。

受灾地区的教育基础设施严重受损，地方的资源不足以修复近800所被摧毁或损害的中小学校。在震中南投县（Natou Caunty），75%的学校被关闭。如其他地区一样，非政府组织亦介入其中。国际红十字会在台湾地区的附属机构出资1 500万美元，致力于重建14所中小学。

佛教慈济基金会（Buddist Compassion Relief Tz'Chi Foundation）特别清晰地展示了非政府组织在灾后所扮演的重要角色。这一组织由台湾僧尼建立，在对世界灾害进行响应方面，历史悠久。在土耳其科贾埃利（Kocaeli）地震发生后，慈济基金会成员投入救援与重建的工作之中。这时，他们自己的家乡也发生了地震。慈济基金会成员迅速地搭建起素食厨房，补充由其他组织提供的非素食饭食。他们开始为受害者收集设备、衣物和钱财。同时提供帐篷以及更多的暂时性住房。然而，他们影响最广泛的恢复行动是重建 53 所学校。他们的努力很独到，因为他们给每一所学校提供了具有适当的文化特征和适合当地环境的建筑设计。建筑师没有使用单一的设计风格，而是与社区成员会面，评价当地的需求。一旦获得需求信息，他们就进行设计，将当地文化主体与环境特征整合起来。所有的设计都有抗震作用，并且把自然通风和自然采光融入其中，在最大限度节能的同时，让学生感觉舒适。

在集集地震之后，台湾当局的社会服务也被扩展到了极限。台湾的长老教会制定了一个计划，向南投县提供 6 名专业社会工作者。他们帮助少数民族社区，满足其特殊的恢复需要（Prater and Wu，2002）。在台湾，少数民族数量少，少数民族部落居住在台湾中部山区与孤立的村寨中，在地震中遭受严重的损毁。人们建立起社区恢复中心，提供咨询和日托服务。在许多情况下，当地工人被雇用并接受必要的培训，成为中心的成员。在地震影响地区，这些志愿者在促进家庭全面恢复方面提供了重要的帮助。

国际互联网与应急管理

许多国际互联网网址上载有其他国家应急管理的信息：

- **欧盟**：europa. eu. int
- **国际减灾十年/国际减灾战略**（International Decade for Natural Disaster Reduction/International Strategy for Disaster Reduction）：www. unisdr. org
- **美洲国家组织**（Organization of American States）：www. oas. org
- **泛美卫生组织**（Pan American Health Organization）：www. paho. org
- **中美洲自然灾害削减协调中心**（Centro de Coordenación para la Reducción de los Desastres Naturales en América Central）：www. cepredenac. org
- **亚洲灾害准备中心**（Asian Disaster Preparedness Center）：www. adpc. net
- La Red：www. desenredando. org

自我检测

- 解释为什么近年来印度饥荒并非一个严重的问题。
- 略述帕坦卡项目的几个阶段。
- 说出哥伦比亚《国家计划》的三个目标。
- 说出“萨维索Ⅱ”的目标。

总　结

全球化对世界有着重要的影响。今天，人们比以往更加深刻地认识到自然灾害的存在，同时，国家能够更容易地互相协调以提供帮助。对自然灾害的响应往往将世界凝聚在一起，2004 年 12 月发生的大海啸就是一个证明。或许，世界会从这些灾害中，而不仅仅是从灾害影响中学到更多的东西。

关键术语

公民社会　一种社会，指所有独立于政府的团体，包括宗教团体、市民俱乐部、政党以及其他有特定利益的组织。

La Red　拉丁美洲的社会科学家网站，发表拉美地区关于灾害的学术论文，它的文章强调了社会脆弱性与可持续发展的问题。

泛美卫生组织　世界卫生组织的地区办事处。它强调改进医院，增强公共卫生计划。

测试你的理解能力

登录 www.wiley.com/college/lindell，测评你对国际应急管理有关知识的掌握情况。通过比较测试前与测试后的结果，衡量你的学习情况。

总结性问题

1. 真正的公民社会组织是独立于政府的草根组织。对还是错？
2. 自然致灾因子项目是联合国的一个分项目。对还是错？
3. 在新西兰，哪个法案将应急管理融入土地使用规划与开发之中？

(a) 1974 年的《地方政府法案》

(b) 1991 年的《资源管理法案》

(c) 1996 年的《危险物质和新有机物法案》

(d) 1991 年的《建筑法案》

4. 高暴露程度的国家拥有灾害文化。对还是错？
5. 在较为贫穷的国家

(a) 应急管理是首要任务

(b) 灾害更容易发生
(c) 应急管理并不重要
(d) 城市化总是快速地发展
6. 过多强调大灾会导致
(a) 分权
(b) 快速、有效的响应
(c) 过度集权
(d) 地方政府被赋权以控制紧急事件

回顾性问题

1. 本章中所提的影响应急管理的专门资产是什么?
2. 联合国如何致力于推广改善的应急管理实践?
3. 在巴西，使滑坡成为自然灾害中最普遍的致死灾害的因素是什么?
4. 佛教慈济基金会灾后通过做什么来帮助灾民?

本章应用

1. 近年来，许多自然灾害袭击亚洲大陆。你们将做些什么以便使亚洲大陆更好地备灾?

2. 美国人从世界范围的灾害中学到哪些经验可用于自身应急响应准备中?

3. 美国的什么特征妨碍了应急管理和应急响应行动? 作为一名应急管理者，美国的哪些特征使你受益?

试试看

国家应急响应准备

新奥尔良应急管理小组的人员正在研究其他国家如何处理飓风灾害应急响应程序，由此相信，美国和新奥尔良应急响应人员能够从亚洲国家应对海啸中学到经验，由此决定去研究发生了什么。撰写一个报告，描述新奥尔良应急管理者学到了什么，以及它如何影响他们应对新奥尔良未来的灾害。

案例研究

有人要求你举出发生于他国的三种不同类型灾害的应急响应具体案例，这些例子将用于支持你及一些应急管理者为新奥尔良市撰写的书面计划。开发三个案例研究，探讨灾害及其他国家的应对情况，然后，解释你将怎样应用这些案例，以支持你对新奥尔良灾害应急响应计划的观点。

第 14 章

职业责任——成为一个专业人士

预先测试

➢ 登录 www. wiley. com/college/lindell，测评你对职业责任有关知识的掌握情况

➢ 确定你需要努力的重点在哪里

你将在本章中学到

➢ 应急管理者的角色与应急响应者的角色
➢ 职业的要求与特征
➢ 应急管理作为职业的成熟度
➢ 应急管理领域的认证项目
➢ 应急管理领域学位项目的增加与可获得性
➢ 应急管理者面临的责任问题

学习本章后，你将能够

➢ 区别应急管理者和应急响应者
➢ 分析应急管理者的定义
➢ 考查应急管理者可获得的认证项目
➢ 分析教育机会
➢ 为应急管理者准备职位说明书
➢ 考查应急管理者面临的责任问题

目标与结果

- ➤ 评估应急管理职业
- ➤ 评估应急管理者所面临的伦理问题
- ➤ 培养应急管理者的技能
- ➤ 评估学术机会
- ➤ 评估职业发展机会
- ➤ 限制个人法律责任

导 言

在过去的50年里，应急管理一直在发生变化。岗位职责发生了变化，职位名称也发生了变化。在应急管理者出现之前，其他职位名称包括：民防指导者、灾害规划者、应急规划者。仅仅在过去的20年中，政府部门从应急服务机构转变为应急管理机构。应急管理是否是一个专业或职业的问题，人们对此仍然有争议。本章里，我们将对这一争议进行考查，同时也会探察应急管理者可获得的证书及学术发展项目。最后，我们将会探讨职业责任以及自我防护问题。

14.1 应急管理辨析

应急管理者国际委员会（International Association of Emergency Managers）把**应急管理者**（emergency manager）定义为“有知识、技巧和能力去有效地管理综合性（应急）管理程序的人”（Ditch，2003，p. 12）。这包括有关各种致灾因子的知识，此外，你必须知道如何处理你所在社区的脆弱性。为了使应急管理成为一个职业，人们必须在应急管理领域的主要特征和岗位职责上达成共识。这听起来简单，但实则十分困难。多年来，研究者试图为“灾害”下一个定义，但只取得了有限的成功（Perry and Quarantelli，2004）。应急管理可以被看作一个应用性实践领域、一个公共政策领域和一个学术研究领域。但是，对于这些领域里的求索者而言，其差异巨大。

应急管理内部有不同的角色分工。应急管理者和应急响应者是这些角色中的两个。**应急响应者**（emergency responders）直接对灾害进行响应，应对威胁，减少潜在或实际的灾害损失。布鲁纳希尼（Brunacini，2001）告诉消防人员，在适当的时候，他们的工作就是把身体横亘在公民和威胁之间。应急响应者包括消防人员、警察和应急医疗技术人员。通常，需要他们作出响应的事件的特征包括：

- 经常发生；
- 在一个小地理区域内，只影响少数人；
- 造成有限的经济损失；
- 要求一些政府机构设立小型的响应团队。

他们也是社区灾害的一线响应者。在这种情况下，可能还有其他人员也可算作应急响应者，比如，高速公路部门人员帮助管理大规模疏散，还有公共工程人员在恢复期间频繁地清理废墟。在生物事故中，医院的内科医生、护士和技术人员也是灾害响应者，因为他们直接暴露于致灾因子源前。

相反，应急管理者为应对各种威胁而发挥专长，还必须了解致灾因子管理的各种战略。他们极少出现在事发现场，亲自提供服务，而是在所有阶段协调各类应急响应团队。然而，应急管理的职责常常由消防或治安部门里被初步培训为应急响应者的人员来履行（Drabek，1987)。这样的集训是非常有价值的，他们日后的应急管理职责范围要比先前作为应急响应者的职责更加宽泛。

在应急管理中，公共部门和私营部门应急管理者所服务的对象有所不同。公共部门应急管理者为各级政府（包括联邦、州或地方）工作。私营部门应急管理者可能为化工部门、核电站或铁路部门工作。私营部门应急管理者与公共部门应急管理者有很多相同的职责，但是，其间也有重要的差别。第一，私营部门应急管理者一般为某一企业、场所或工业工作，虽然有些是作为公共或私营部门组织的顾问；第二，私营部门应急管理者对雇员负责，而不对公众负责。私营部门应急管理者可能因其行为导致个人、财产损害而承担法律责任，但是，他们只承担参与应急管理的有限责任（Lindell，出版中)。

相反，公共部门应急管理者探讨政府、政府雇员、公民及社区内私营部门组织的需求（Perry and Lindell，1987)。“9·11”恐怖袭击以来，政府一直要求私人组织制定良好的应急规划（Perry and Lindell，2003)。保护公民，是政府的责任所在。对于不能识别威胁、制定计划应对威胁的情况，政府负有法律责任。政府可能会对公众及其他政府负责。这不意味着公共部门与私营部门应急管理的孰优孰劣，而是说私人和公共雇员拥有不同的资源、职责和责任。

此外，地方、州和联邦应急管理者之间也存在一定的区别。对于一个城市或镇而言，应急管理很少作为一个单独的部门存在，它常常设立在消防或治安部门，有时，它受县一级组织的监督。地方应急管理职能在表现和成就方面大有不同（U. S. General Accountability Office，2003)。地方管理者最接近灾害影响及受灾害影响的公众；同时，地方管理者要服从联邦和州的命令，但拥有最少的资源。市应急管理者常常依靠其他机构、外部专家、媒体和私人机构组织来完成自己的目标。在县这一层级上，应急管理受到的约束是相同的。

州和联邦应急管理者的地位与地方管理者完全不同。每个州都有应急管理机构，它必须与承担应急管理任务的其他部门合作。州应急管理机构开展全州范围的致灾因子脆弱性分析，给地方应急管理机构提供技术指导。它们也给地方应急管理机构提供财政支持并对其进行绩效考核。然而，与地方应急管理机构相似，大多数的州应急管理机构也面临着财政限制，他们有很多事情要去做，但没有足够的人力和资金。

联邦应急管理署与环境保护署、海岸警卫队和运输部等其他机构合作。它们一起制定计划，给地方应急管理机构提供技术和资金援助。这种支持角色长期来一直是联邦应急管理政策的一个主要特征。联邦应急管理政策延续了 2004 年采纳的国家突发事件管理系统。国家突发事件管理系统强调联邦和州的资源“向下流动”到地方管理者所创建的组织里。在联邦和州的层面上，应急管理者的工作强调程序管理，还强调与组织的合作，协调其行动。正如德雷贝克（Drabek，1990）所指出的，关键性的技能还包括：

- 议程控制；
- 选区支持建设；
- 财政分析；
- 联盟构建的技能；
- 企业家的技能。

应急管理经验的重要性

在卡特里娜飓风期间，许多美国人第一次在电视上看到了联邦应急管理署的领导迈克尔·布朗。许多美国人惊讶地了解到，在 2001 年以前，布朗毫无应急管理方面的经验。早年，布朗曾成功地对几场飓风的救援进行监督。但在卡特里娜飓风期间，人们对他的期望很高。当小灾发生时，他在应急管理方面的经验匮乏不会带来多大问题，但是，一次特大灾害就会证明他的无能为力。

当你将这些技能列入关于不同致灾因子源和政府应急管理程序所需要的专业知识时，职位描述似乎需要超人般的能力。然而，认识到所需的职业素质与所期望的职业素质之间的差异是非常重要的。做一个了解应急管理所有不同方面的专家是人们的愿望。但是，人们只需要拥有关于不同致灾因子源、政府应急管理程序的基本知识。基本的要求是你具备与多领域团队合作的意愿与能力。

自我检测

- 定义应急管理者。
- 定义应急响应者。
- 描述公共部门和私营部门应急管理者的差异。
- 描述地方、州和联邦应急管理者的差异。

14.2　职业的要求与特征

应急管理者显然是一个**群体**（group），其成员分担职责。尽管其工作背景不尽相同，但职责将他们同他人区分开来了。满足特定的要求才能使应急管理成为一种

职业（profession）。职业需要先进的教育和培训，并定义和应用知识体系。它也将相关知识的最低标准确立为获取成员资格的要求。此外，一种职业要有发展新知识的方法，并具备对新入行者传授知识体系的制度。最后，一种职业要有自己的成员，其表现的与职业相关的行为要对同行负责。职业通过职业化的社会来完成所有这些职能。这种组织推动公众将职业看作一个有特定专长、有组织的群体。

这个定义可能意味着一定程度的同质性，这种同质性与管理者工作的多样性相悖。毕竟，不同管理者所做工作有着很大的差异。以职业观整合这些差异的一种方式是采用特兰克和莱尼斯的方法（Trank and Rynes，2003）。这些关注商业管理的作者认为，任何职业都是由一个个不同工作岗位组成的，各个工作岗位在一定程度上都是与众不同的，然而，所有工作岗位都能以共同的知识和目标进行组合。与此观点一致，埃维茨（Evetts，2003，p. 397）认为，“职业是对工作结构化、岗位化和制度化的安排”。这两种观点中，职业是一个行动的级别或类别，在一种职业中，人们会发现有多种多样的工作岗位。

在这种职业概念中，人们对所有职业的本质特征达成共识。职业的第一个特征是，职业有成员资格标准，可以把不合格者排除在外（Trank and Rynes，2003）。这些成员资格标准常常是教育和培训的要求。如果一个成熟的职业有公认的标准，那么，教育常常采用的形式是从获得授权的学院或大学取得学位，如城市规划硕士学位。由一个外部职业资格委员会监督学位项目的内容，该委员会评估人员安排和学位项目的内容，给予符合标准的人员正式的认可。

教育和培训有着重要的区别。教育包括许多可应用于不同情境的宽泛原则；培训的目的则较为狭窄，它有助于开发特定情形下执行特定任务的能力。在不太成熟的职业中，学位项目和专业认证主体还没有发展起来，这时，培训成为应急从业者获得认同的“标志”。在这种背景下，培训被看作多维度的，你可能需要专门培训各种技能，以便信心十足地去申请一个职位；同时，培训也建立在当前的实践经验上，培训材料随着所需解决问题的变化而变化；此外，培训项目常常要求温习型培训，以确保关键性技能不被人们忘记。

培训是与认证紧密联系的。简而言之，认证是对一个人已经掌握解决特定问题所需知识和方法的证明。认证可能会发生在教室内教学培训或其他类型的教育活动之后，然而，认证常常是通过笔试的形式展示你的知识。此外，认证常常要求绩效测试，它们要求申请者展示专门的技能。在认证考试中，你会得到有资质的专家的评估，因为任何认证的合法性都取决于有权批准的协会或组织的权威性。

教育和培训在知识体系中也有显著的影响。职业的第二个特征是，它有“一致、不断演进的知识体系”和世界观（Hays and Reeves，1984，p. 137）。知识体系大多以科学为基础，但是，并不是所有的职业都如此（比如，宗教职业），重点是知识的系统性。有很多以共识为基础的规则被用来扩展、评估和使用知识。现存知识体系和开发新知识的规则“构成了职业者创新和扩展知识的基础”（Trank and Rynes，2000，p. 191）。

职业的第三个根本特征是其伦理标准。职业使成员社会化，使其按照职业标准去行动，这些标准可能不同于大众的观点或从业人员受聘组织的管理理念。正如弗里德森（Friedson，2001，p. 122）所指出的那样，职业的思想体系提供给成员的是“一个更大、为更多人公认的、更高的目标，它可能会超出那些人们要实现的目标”。这个态度决定着专业认同或文化，而专业认同或文化支撑着识别问题和解决问题的决断力的运用。职业思想体系被融入伦理准则之中，这些准则也体现了从业人员的价值。伦理准则鼓励服从，并将其作为敬业的体现，同时还规定了对违背者的惩罚措施。

综上所述，职业有三个主要特征：成员资格认证、组织化的知识体系和伦理标准。它们提供了一个将应急管理作为一种职业加以讨论的框架，同时也抓住了一种责任理念：从业人员要接受教育和培训。应急管理界也创造、改变和应用知识体系，还按照职业要求，对后来者进行教育、培训和使其社会化，同时也实施自己的伦理标准。

自我检测

- 定义职业和认证。
- 说出职业的三个特征。

14.3　作为职业的应急管理

多数人会认为，应急管理是一个职业。但是，应急管理在何种程度上是一个**成熟**（mature）的职业，对于这一问题存在着分歧。也许，在这一点上，将应急管理看作一个正在发展中的职业，会最为有益。毕竟，应急管理的理念一直在快速地发生着变化。20 世纪 80 年代，应急管理意味着民防或战时攻击准备；在 20 世纪 90 年代，这个领域更倾向于关注自然或技术致灾因子的管理；最近，应急管理实践在拓展，将恐怖威胁也包括进来。同时，应急管理实践的重点也发生了变化，从以被动为主到以预防为主。从詹姆斯·李·威特作为联邦应急管理署署长开始，致灾因子减缓逐渐受到重视。从某种意义上来说，这是对安德鲁飓风破坏性影响的回应。致灾因子减缓开始被认为与准备、响应和恢复同样重要。此外，威胁环境和处置这些威胁可用的工具也有所增加，这种变动不定的情况使得人们很难尽快就应急管理的概念达成一致。对于从业者团体的定义的发展也因此而放缓。

在过去的 50 年里，人们对应急管理从业者团体的界定在不断地发生变化。佩里（Perry，1985）曾经指出，如果应急管理者可区别于那些提供治安和消防服务的人，那么，应急管理的主要角色常常体现在民防指导员身上。担任这个角色的人们只有军事训练的经验，他们没有经过大学教育，在地方政府中默默无闻。因此，人们对应急管理者的印象是：他们“多是来无影、去无踪的人，可能通过某种途径附属于防务当局（不管他们是谁），大部分承担民防职责（不管它们是什么）”(Perry，1985，p.135)。然而，现在这种人已经被职业导向、接受过大学教育的专业人士所取代，他们要获得有关自然科学和社会科学的知识（Blanchard，2004）。应急管理者现在被看作必须掌握沟通技能的人，他们必须有组织能力，掌握有关各种威胁的基本技术知识。德雷贝克在2003年走访了应急管理者，他发现，人们给新加盟者提供的最多的建议是构建人际关系网，发展沟通技能。

应急管理者需要很多技能，包括：

- 关于各种自然、技术威胁的综合知识；
- 关于管理社区脆弱性的整合系统的知识；
- 关于致灾因子脆弱性分析，致灾因子减缓、恢复与响应的知识；
- 沟通技能；
- 组织技能；
- 战略规划与管理技能；
- 政治管理技能；
- 人力资源管理技能。

正是这些知识把应急管理者与应急响应者区分开来。相应地，应急管理者必须整合很多不同技术学科的贡献。他们不需要精通所有领域的技术，但是，他们必须理解，这些不同的学科是如何被镶嵌在应急管理的“马赛克”中的。他们是通才，知道何处可找到、如何申请获得专家帮助。

14.3.1 职业发展

对于应急管理者来说，下一步是继续职业化地发展。对于“我们需要什么”，人们会有许多选择，并无确定的答案。的确，近年来，职业化的问题备受关注。下面的讨论将涉及三种广为认可的职业发展途径。

第一种是继续将应急管理定义为一种职业和一个鲜明的职业身份，这包括提高我们作为应急管理者的思想觉悟和道德修养。应急管理运用很多学科，必须包容许多技术性领域，但是，识别其独有的特征也是必要的。其实现方式是把应急管理者与应急响应者、环境规划者及其他角色区分开来，这应该是在没有任何领域凌驾于其他领域之上的情况下完成的。

第二种是应急管理与许多职业协会相关，应急管理者应该参与这些团体中的一个或多个。有些团体关注的焦点较窄，另一些团体则覆盖了更为宽泛的主题。应急管理者国际协会是一个团体，提供继续教育和职业证书项目。同样，应急管理者国际协会是为各州应急管理指导者服务的。灾害准备与应急响应协会（Disaster Preparedness and Emergency Response Association）是一个国际组织，其成员既来自公共部门，也来自私营部门，它提供培训及许多学校教育项目。参加任何一个团体都可以获得学习和与其他同行交往的机会，同时也可以增强其作为应急管理者的应急意识。

第三种是关于教育。对个人而言，接受更多的教育是很重要的，继续教育和职业发展项目对于职业也是很重要的，可以通过不同的大专院校来学习继续教育课程。同时，联邦应急管理署的应急管理学院提供职业开发机会，它有“职业发展系列”和“高级职业系列”，每一系列都提供专业培训，还可在完成全部课程后颁发证书。

14.3.2 职业伦理

职业伦理不像其他问题，受到人们那么多的关注。应急管理者国际协会重视其成员的伦理，并采用一套正式的伦理准则。应急管理者国际协会的伦理准则包括三个部分。第一部分突出对人、法律、规章和财政资源予以尊重的必要性，第二部分强调获得信任、行为公正、有效地管理资源的重要性，第三部分坚持成员应在教育、安全、保护生命和财产的基础上具备敬业精神。这套准则的一个有趣的特征是：十分关注在所服务组织的规则及资源内行动。穆尔（Moore，1995）称，这样的标准把行政人员置于管理者“忠实奴仆”的位置上。随着他们“专家”地位的巩固，很多职业团体转而在应急管理中扮演更为果断的角色。在服务的伦理方面，他们的焦点是凸显学科专业性的规章及规则。通过采用和公开伦理准则，应急管理者国际协会正在引导有关应急管理伦理问题的大讨论。因为应急管理是一个多样化的领域，从业者们遵从各种不同协会制定的伦理准则，获得不同协会颁发的证书。举个例子，注册环境专业人员中的应急管理者遵从于《注册环境专业人员委员会职业环境人员伦理准则和行为标准》（Academy of Board Certified Environmental Professionals Code of Ethics and Standards of Practice for Environmental Professionals）；同样，商业持续性研究院（Business Continuity Institute）为获取其成员资格或证书者颁布了一套伦理准则，政府雇用的应急管理者服从于其辖区的正式伦理规则。这些相互重叠的伦理指南很少出现问题，其价值体现在任何职业对其所采用的伦理准则的阐述中，而不仅仅限于应急管理。此外，对于人们来说，多重的伦理指导方针不足为奇。无论如何，应急管理者继续关注伦理问题的这种行动在向公众强调，应急管理是一个职业。

14.3.3 知识体系

关于职业最为重要的另一个方面是为从业者建立和发展一个统一的知识体系。应急管理是一个跨学科的职业，所以，你需要利用自然科学与社会科学的很多知识体系，但是，每一个知识体系都与应急管理某些部分直接相关。所需要了解的是致灾因子如何影响你所在的社区，同样，你需要了解致灾因子减缓在保护你所在社区中如何发挥作用及你所在社区怎样分配资源去实施致灾因子减缓。这就是应急管理需要发展的系统化的知识体系。

国家研究委员会（National Research Council）认为，“除了技术的角色之外，教育和研究……在应急管理的发展中起着重要的作用”（2003，p.5）。但是，时至今日，对应急管理程序和政策进行评估的研究还很少（Lindell and Perry，2001）。应急管理者是从业者，而不是研究者，没有人期待应急管理者在其职责之外进行自己的研究。学术界也没有进行致灾因子与灾害研究的先例，而研究者需要为应急管理的程序和实践提供科学的研究。实践中的应急管理者应该：

- 赞同精心设计的科学研究的必要性；
- 参与研究；
- 确认需要研究的领域；
- 检验研究的结论；
- 利用研究的成果。

研究的质量取决于从业者和研究者合作的程度（Mileti，1999）。长期以来，从业者和研究者之间的关系很尴尬。不仅应急管理领域如此，其他职业领域也有这样的问题，如医疗、公共卫生、商业管理、城市规划和公共管理。研究者和从业者的奖励体系截然不同（Fischer，1998），这些不同的奖励体系导致了每一个团体都有明显不同的目标和利益。尽管如此，对于研究者和从业者而言，尽可能地寻求合作的机会是至关重要的。

应急管理知识体系的发展会带来很多好处。从业者接受高等教育的程度在不断提高；培训应急管理者的学位项目正在涌现，从而为致灾因子与灾害研究者提供长期的培训项目。这两方面的因素有助于从业者和研究者之间增进联系。

在将应急管理塑造为一个职业的过程中，组织化知识体系的重要性怎么强调都不为过。一个成熟的知识体系是至关重要的，它有力地支撑了这样一个观点：应急管理者可为社区的致灾因子管理决策做出卓越的贡献。一个被众人接受的专业知识体系是实践的基础，管理者可运用专业知识体系为其绩效评估确立一个标准，而且，这构成了设计与实施培训、教育的基础。在使公众信任的过程中，该知识体系让应急管理者从其他职业中独立出来。

应急管理是跨学科的

联邦和州的项目为应急管理确定了许多专门的知识体系。举例来说，应急管理者需要去了解联邦机构如何在《国家响应计划》和国家突发事件管理系统中运作，但是，这个知识体系的焦点是突发事件应急管理。应急管理者也需要熟悉各种学科，这样，他们才能知道自己能够采用何种应急评估、致灾因子处理及人员防护行动。例如，应急管理者在火山学家描述活火山的活动时，要能够理解他们的专业用语。不仅如此，在社会科学家描述人们对不同类型致灾因子警报的响应时，他们也要能够理解社会科学家的解释。最后，必须是应急管理者，而不是火山学家或社会科学家，向受到威胁的居民发布警报。

发展应急管理职业的第三个重要特征涉及增强对专业知识体系及其传播的控制力度，这个目标通过培训、学位和认证来实现。每个老师选择什么材料进行教学，每个评估者选择什么技能来测试，这些都确定了，至少是潜在地确定了应急管理与什么相关。此外，组织试图明晰地确定应急管理的知识体系。联邦应急管理署高等教育工程（FEMA Higher Education Project）正在通过考察如何为学位项目开发一个认证体系，来对此做出贡献（Walker，1998）。在认证主体被确立之前，这一高等教育工程正在以三种方式定义着知识体系。

（1）研究应急管理实践，开发基本能力（Blanchard，2003）。

（2）公布现有课程大纲并开发新大纲。这些材料可通过联邦应急管理署高等教育网站获得。这些课程的内容由资深应急管理者和研究者来开发，并由专家不断修订。最终课程成为课程拓展的基础。

（3）编撰和修订学院项目指南，包括那些提供本科和研究生学位、证书、辅修和文凭的项目。这些材料引导前途远大的学生走进更适合自己的学校。

自我检测

- 说出高等教育工程在认证主体被确立之前定义知识体系的三种方式。
- 描述实践中的应急管理者应该如何参与到研究之中。
- 说出应急管理者在推动其职业发展的过程中可归属的两个群体。

14.4 应急管理的认证项目

培训课程巩固了应急管理的知识体系并且将其传授给从业者。下一步是建立一个将多个课程纳入证书之中的项目。在学位不可获得的情况下，证书尤为重要，因为它们确保你能够获得必要的技术培训，同时也确保你关于培训材料的知识得到了专家的认证。在很多领域，都有相关的职业认证。这些项目中的每一个都有自己的培训对象和可信度。这些证书中有许多比应急管理这个术语的历史还长。有些测试的技能较为宽泛，而有些则较为狭窄。

商业持续性计划提供了许多证书，其主要发起者是商业持续性研究院和国际灾后恢复研究院（Disaster Recovery Institute International，DRII）（Mallet，2002）。商业持续性研究院提供一系列渐进式的认证；国际灾后恢复研究院基于经验和技能，提供三级认证；不少大专院校也提供认证。这些可在联邦应急管理署高等教育网站上查询到。

安全领域也有很多可得的证书。例如，如果你是一名安全专业人员，你就能获得物理或信息安全的认证，也可以在国土安全或反恐领域获得证书。ASIS 国际基金会（ASIS International Foundation）自 1977 年以来就提供认证，比如，ASIS 有一个职业调查师项目。安全方面的学院提供 47 个认证或文凭项目（Blanchard，2004），诸如国土安全等领域也有 21 个项目，国际灾害管理和人道主义援助项目有 9 个。此外，许多新项目正在开发之中。

有了这些新的研究领域，你必须十分谨慎地选择培训项目。许多新项目的质量并未得到证实。一些项目很有意义，而另一些项目则不过是学术文凭制造工厂（Kaplan，2004），举个例子，有些项目在付费以后，立即根据经历提供认证（Kaplan，2004）。你可以更加相信这些项目：

- 已经建立了很长时间；
- 有独立的考核委员会；
- 使用成熟的培训和教育项目；
- 有相关职业协会的批准。

你也可以从国家消防协会标准 1000 的消防职业资格、认证、证明体系（National Fire Protection Association Standard 1 000 Fire service Professional Qualifications，Accreditation and Certification Systems）中寻求指导，这个标准确定了认证主体和证明实体的要求。

至关重要的认证是注册应急管理师（Certified Emergency Manager，CEM），这是由应急管理者国际协会提供的。CEM 项目的设立目标是：提高和保持知识、技巧和能力的水准。2002 年，560 人获得了 CEM 认证。它以持续的教育和服务为基础，五年更新一次（Ditch，2003），超过 60%的现任 CEM 持有证书长达五年以上。CEM 项目由一个认证委员会监督，其成员包括各个领域（政府、相关领域、军队、私人企业）、联邦应急管理署和几个职业协会的应急管理者。

成为一个 CEM 要经过 4 个阶段（Ditch，2003）。

（1）完成申请；

（2）满足认证要求；

（3）通过考试；

（4）在五年后获得再认证。

认证要求涉及教育、培训和经验。在成为 CEM 之前，你需要获得学士学位。你需要有至少 3 年的应急管理从业经验。但是，你可用学院教育的年数来替代从业经验的年数，即可以两年经验折算一年教育。你还必须有管理过一次灾害或在灾害管理的全过程中扮演过重要角色的经历，同时必须有 3 封职业推荐信。你必须完成 100 小时的应急管理培训，附加 100 小时的一般管理培训，任何单独领域的培训限制为 25 小时。集体培训经验应该涵盖应急管理的 4 个阶段——减缓、准备、响应、恢复。你必须在至少 6 个领域表明“对应急管理职业的贡献”，包括教学、发表论文、担任委员会成员、课程开发、协会成员资格、发表演讲、州的认证或承担领导角色。最后，所有的申请者必须完成一个综合应急管理的技术论文。在达到这些要求之后，下一步是通过考试。获得认证后，CEM 以 5 个日历年度为基础，重新接受认证。

认证机会

注册环境职业人员学术委员会（Academy of Board Certified Environmental Professionals）从 1979 年起提供注册环境职业项目（Certified Environmental Professional Program）。这是一个非常宽泛的认证，涉及 5 个职能领域——环境评估、文献、操作、规划、研究与教育。这是一个具有挑战性的认证，最低要求包括学士学位和 9 年的环境方面从业经验。

在综合性应急管理和整合型应急管理系统方面，CEM 是唯一的能力认证。其他认证也有用途，但它们只测试与应急管理相关的专门领域的知识和技能。因为其综合性的特点，CEM 被业外人士广泛地认为是经验的证明。许多雇主要求职位申请人持有 CEM。如果你没有 CEM，很多雇主会要求你在被雇用后 5 年内获得。还有一些协会把 CEM 看作成员资格的标准或经验的证明，这样的协会包括美国紧急事件规划师学院（American College of Contingency Planners）、美国职业应急规划师协会（American Society of Professional Emergency Planners）和美国国防部。

自我检测

- 如何评价认证项目的价值。
- 描述 CEM 的认证。

14.5 应急管理的学位项目

认证常常包括教育要求。然而，它们不能替代学位，正如学位不能替代认证。教育要求规定，你必须具备广泛的知识和技能基础。针对岗位的培训和经验是建立在知识的基础之上的。支撑职业的学位项目的发展意味着职业的成熟，这种发展体现在两个方面。第一，专业学位项目帮助你获得按照理论组织起来的不同学科的原则和程序，你可以通过运用这些知识来解决问题。应急管理学位项目使用自然科学和社会科学的材料，同时也运用了其他职业的资料，譬如工程、规划和公共卫生。相应地，这些项目必须把这些信息组织成一个连贯的知识体系，解决应急管理面临的问题，但这很难达到培训或工作所能达到的深度。教育强调原则、模型和理论，培训关注特定任务和完成任务的恰当方法。正是这种关于宽泛原则的知识帮助人们界定了一个职业——规划和培训（Drabek，2003）。首先，事先确定你将要面对的每一个问题是不可能的。其次，确立每一个潜在问题的特定项目也是不可能的。关于基本原则的知识将会帮助你。例如，了解人们怎样对警报做出响应，这有助于你为各种不同的致灾因子和社区情境设计警报发布的程序。

发展学位项目第二个积极的方面是：它们把从业者和研究者结合在一起。从业者尝试使用知识体系，但是，他们没有时间去构建、提炼或拓展知识体系，通常是由学术界开展研究。长期以来，一些以大学为基础的研究中心较为关注应急管理，例如，灾害研究中心（Disaster Research Center）1963年成立于俄亥俄州立大学(Ohio State University)，现在移至德拉瓦尔大学（University of Delaware）。梯恩尼、林德尔和佩里（Tierney，Lindell，and Perry，2001）统计出了28个此类以大学为基础的中心。但是，与应急管理的学术联系需要更加广泛。特别地，当支撑整个职业时，情况尤其如此。学位项目使全体教员能够去传播、提炼和拓展知识，这使他们在教学过程中与学生和从业者互动，然后，教师将经验融入研究设计中。

发展职业性的学术支撑，其道路是漫长的，也是多方面的。首先必须有充足的培训和教育需求去吸引教育机构的注意力。就业市场必须有许多人在寻求虚位以待的职位，他们需要一个展示专长的手段。对于岗位数量较小的职业而言，获得资质的过程取决于培训和认证，这是因为这些类型的项目只能维持在相对较小的数量上。在过去的10年里，应急管理的岗位数量开始增加，岗位编制水平在提高，足以提供一个学位项目市场。特别地，一些机构意识到劳动力市场中存在份额空缺的需求，于是，它们开始填补空缺的过程。就应急管理而言，北得克萨斯大学（University of North Texas）率先启动应急管理学位项目。在此后的20年里，其他100多个项目也对教育未来应急管理者的需求做出了响应。

市场认可通常是一个渐进的过程。但是，联邦应急管理署高等教育工程推动、促进了应急管理。通过其网站与宣传，高等教育工程使人们知晓：应急管理者大有市场。高等教育工程追踪和宣传现有的学位项目，这也使其面对的挑战被公之于众。这些信息不仅仅是向全体教员发布的，也告知从业者可获得的教育机会。公众和其他从业者因此也知道：应急管理有一个稳固的知识基础。

但是，人们对应急管理的了解并不能使其脱离学位项目发展的渐进性质。达灵顿（Darlington，2000）对1 886个学校进行了样本研究。她发现，11.6%的学校开设至少一门涉及应急管理内容的课程，同时发现，不足1%的学院有应急管理的学士学位，1.5%的学院有应急管理相关的硕士学位项目。这些成果可能看起来很小，但是，你如果考虑到1983年以前美国没有应急管理学位项目，那么就能看到应急管理的教育机会还是得到了长足的发展。

学位项目

浏览应急管理的学位项目名录，访问联邦应急管理署高等教育项目网站：www.training.fema.gov/EMIWeb/edu/collegelist。

为了服务于应急管理这个职业，学位项目必须达到一定程度的标准化。必须保证，完成学位项目的毕业生掌握专业知识体系。联邦应急管理署高等教育工程和应急管理国际协会在定义应急管理知识、技能和能力方面，都发挥了积极的作用。高等教育工程开创了一个论坛，目的是与政府机构、协会和私人机构进行交流，建立伙伴关系。联邦应急管理署的工作人员也建立了一个学习资源中心，发布教学大纲样本，使各界人士均可获得。他们开发全套的学院教育课程，包括教师指导、阅读、联系、野外考察和学生笔记等部分。也许，最为关键的是，高等教育工程开发出项目的课程，并对此提出了建议。

在一些方面，这些将项目标准化的行动会逐渐成熟，形成一个认证体系。一个独立的认证主体将会被确立起来，这个主体将建立标准，开发评估项目的系统过程。特别地，这个主体涉及的范围将会是国家级的或国际级的。除了开发标准和进行评估之外，它能加快信息交流。项目认证把专业知识体系与学术研究机构联系起来。

自我检测

- 讨论发展应急管理学位项目为何重要。
- 描述联邦应急管理署高等教育工程和应急管理国际协会如何在定义应急管理的知识、技能和能力方面发挥了积极的作用。

14.6 法律责任的问题

法律责任更多地施加于组织和政府机构，而不是个人。这样，雇佣者可能要对职业行为承担个人责任，但是，这些义务和规范取决于雇佣组织。一个协会可能使其成员对伦理行为负责，然而，规范取决于协会对成员个体所施加的控制的力度。一个职业协会能施加的最严厉的规范措施就是开除。职业协会大多不会将技术能力方面的义务直接强加给成员。认证机构可撤销那些对未达标者的认证。这常常发生在认证阶段，而非从业期间，也就是说，认证未被授予（或是更新），而非被明令吊销。迄今为止，我们在应急管理职业方面，还没有形成一个类似于处理内科医生医疗事故的概念。

对于法律责任的详细讨论，远远超出本章的范围或目标。但是，检测与应急管理实践相关的法律责任，是适当的。最初，我们有必要注意到，应急管理法律在各州之间的差异很大，涉及灾害问题的应急权力在各州之间的差异也很大。为了理解各州的法律，我们必须查阅对应的规章。在联邦层面上，界定责任与豁免的法律让人眼花缭乱。其中的一部法律就是《斯坦福法案》，它在总统宣布紧急状态或灾害状态后，为各州提供援助。《防范大规模杀伤性武器法案》(Defense Against Weapons of Mass Destruction Act) 也很重要，它明确了与大规模杀伤性武器相关的权力、职责和资源。另一些重要法案包括《综合性环境响应法案》(Comprehensive Environmental Response Act)、《补偿与责任法案》(Compensation and Liability Act)、《洁净水法案》(Clean Water Act) 和2002年颁布的《国土安全法》。国防威胁降低局在其2004年的《国内大规模杀伤性武器突发事件管理法律案头工具书》

(*Domestic DWM Incident Management Legal Deskbook*) 中对联邦法律和法律责任进行了最为透彻的讨论。但是，建议那些对法律责任抱有疑问的人，最好直接向你所在辖区的司法当局求证。

人们通常会对法律问题产生两个方面的关注，它们都与人员伤亡或财产损失相关。第一个方面关注的是对负责响应紧急事件的政府官员导致人员伤亡或财产损失的诉讼，第二个方面关注的是因政府未能制定灾害计划或未对灾害进行响应所导致的人员伤亡或财产损失的诉讼。涉及各情况的法律决策常常基于同样的法律和义务。当每一种情况被单独考量时，讨论的复杂性就会大为降低。

关于应急响应，联邦责任至少在三部法规中被涉及。《联邦侵权索赔法案》(Federal Tort Claims Act) 阐述了责任的概念。当雇员渎职时，该法案废除联邦政府的主权豁免权（28 U. S. Code，2 671 节）。主权豁免权起源于英国的普通法，意味着公民不能对政府提起民事诉讼，政府为行使政府职能而保留主权豁免权，但不能为了私有功能而保留主权豁免权（Pine，1991）。政府职能是普通公民不能承担的行动，包括管制性行为和公共安全行为。私有功能则为普通公民可以采取的行动，譬如，经营一条公交车线路或停车场。然而，根据该法案，当渎职发生时，可对政府雇员涉及私有功能的渎职行为提起民事诉讼。关于豁免的三个例外情况对于应急管理者是非常重要的。第一，损失索赔不能与强制隔离联系起来；第二，如果联邦机构或雇员能够证明他们在执行法律时进行了**适当的照顾**（due care），人们就不能提起诉讼；第三，当索赔的基础是“演习或履行或未能演习或履行”谨慎行为时，“谨慎功能例外”向联邦机构和雇员提供豁免的依据（28U. S. Code，2 860 节，a 目）。涉及政策确立的谨慎行为不同于执行政策的操作性行为（Pine，1991)。《斯坦福法案》提供政府在相应过程中的豁免权。它特别规定：

> 联邦机构的部门或联邦政府的雇员在执行本法案条文的过程中，联邦政府不对任何基于演习或履行或未能演习或履行谨慎功能或职责的诉讼负责。(42U. S. Code，5 148 节)

所以，《斯坦福法案》为那些必须在应急响应与恢复期间临机采取措施的机构或雇员提供了相当宽泛的豁免。最后，2002 年《国土安全法》中的某些责任保护没有经过充分的司法检验。这部法律（Public Law 107～296，302 节，c 目）涉及了健康与社会服务部部长宣布公共卫生应急状态和要求为公众提供解毒药品的权力。对于因这些应对措施所造成的死亡或伤害给予的补偿是有限的。此条款多向那些按照官方应急声明而生产、分发或实施医疗救助的对策者提供豁免权。

每个州都认可私人和企业有权受到民事侵权法的保护。这是民法的一部分，民法涉及个人在受到其他人伤害时寻求赔偿的权利。如联邦政府一样，各州都有一定形式的应急管理法定豁免权。显然，在有些情况下，民选官员和雇员不对灾害所导致的伤害及财产损失负责，也不对因官方应急响应行为的影响所造成的伤害及财产损失负责。这些保护措施源于各州的侵害索赔法案或应急管理专门法规，特别是那些涉及应急权力的法规。

只有某种形式的疏忽现象被证实，豁免权才被认可。疏忽存在于有人采取造成人员伤亡或财产损失的过失行动之时，也存在于有人应采取“合理而审慎的”行动而未采取之时（Pine，1991）。在大多数情况下，对个体应急管理响应者或政府不利的行动决策都是在得到响应者或政府赞同的情况下做出的。为了进行成功的防御，辖区需要指定文件说明已具备技术合理的应急规划。然后，它需要展示行动是由计划来指导的。不管是针对个体应急管理者还是针对他们受雇用的辖区，所提起的诉讼成功的概率很小。的确，在这两个条件都存在的很多州，豁免权在灾害期间几乎总是得到延伸。

未能做好应灾计划或对灾害进行响应在民事侵权法中也有所涉及。在与响应相关的法律、法规中，有很多也适用于这种情况。在某些特定的情况下，公共官员和政府不对因灾害因素所导致的损失承担法律责任。确定责任的问题是复杂的，包括政府间责任。它们也取决于是否做出灾害声明，取决于州和联邦的法律。无论如何，两个起诉战略在法庭上取得了一些成功。第一个战略是证明政府没有成功制定应灾计划，结果灾害的冲击导致了损害的产生。

第二个战略是证明政府没有成功地进行有效的致灾因子脆弱性分析。为了取得成功，这个战略必须能够证明不充分的致灾因子脆弱性分析导致政府未能制定应对灾害的计划，而灾害导致了损失的产生。当制定、实施灾害计划的命令存在时，遵循这一战略的案例往往是成功的。虽然命令可能来自任何层级的政府，但是联邦命令对所有层级的政府都有约束力。尽管存在制定计划的命令，但却未能制定计划，这使政府和应急管理者在法庭上处于极其不利的状态。无论如何，对命令定义的解释权在法庭。例如，国家洪水保险计划要求进行漫滩管理，然而，这个指导性条款也可能被解释为：制定洪水应急响应计划的命令已发出。即使没有命令的存在，官员也无法避免诉讼。原告可能有力地主张，命令本该存在，因而计划也本该得到实施。在这样的案例里，辖区及其官员可能会负有责任。这些主张存在的基础常常是：致灾因子存在，地方官员应该意识到威胁，并为其做出计划。

在这些案件中，一个需要思考的关键问题是计划有效性的决定因素。这个问题无论是在计划为命令所要求时还是在计划未被命令所要求时，都存在。这样，仅仅是一个计划的存在，这本身并不是辖区做出响应行动、免于索赔的合理基础。通常，一个计划如果与政府（通常是联邦政府）规划的指导方针一致，或能够被证明符合职业标准，常常被判定为有效的。遵从“公认的标准”，其概念很难被界定。联邦机构已经为许多威胁提供了规划指南。如果你要制定一个计划，那么你有两种选择：你可以遵照联邦指南和文件要求；或者，对于没有被现有联邦或职业指南所包括的计划，你还可以构建制定计划的基础并以文件的形式记录下来。达到国家消防协会1600标准、联邦应急管理署各州准备状态能力评估（Capability Assessment for Readiness，CAR）项目和应急管理认证项目所规定的标准要求，是一个最佳途径，这可以证明你在规划过程及由此制定计划方面的职业能力。

自我检测

- 解释一般会出现的两个受法律关注的领域以及它们与受害人员或受损财产的关系。
- 解释何时疏忽会存在。

总　结

应急管理是一个有挑战性的工作，它逐渐成熟，正在形成一个职业。这个领域的发展机会一度有限。但现在，其职业发展的机会巨大，包括教育、培训和认证的机会。你可以参加职业协会，它们会对你的工作有所帮助。在本章，还对应急管理职业的伦理和法律责任进行了考查。

关键术语

认证	对一个人已经掌握解决特定问题所需知识和方法的证明。
应急管理者	一个管理综合致灾因子与灾害计划的人。应急管理者对计划的各个方面负责，包括减缓、准备、响应和恢复。
应急响应者	直接对灾害进行响应的人。他们应对威胁，以减少潜在或实际的灾害损失。
职业	一个要求先进教育和培训的工作。

测试你的理解能力

登录 www.wiley.com/college/lindell，测评你对职业责任有关知识的掌握情况。通过比较测试前和测试后的结果，衡量你的学习情况。

总结性问题

1．应急响应者通常对这样的事件直接做出响应：它们经常发生，在一定地理区域内影响少数人，造成有限的经济损失，只要求小型团队应对。而应急管理者必须发展应对各种威胁的技术专长。对还是错？

2．应急管理职业的三个特征是什么？

(a) 成员资格认证

(b) 组织化的知识体系

(c) 伦理标准

(d) 以上都是

3．以下哪项满足注册应急管理师的要求？

(a) 学士学位

(b) 3 年应急管理从业经验

(c) 3 封职业推荐信

(d) 以上都是

4．应急管理者国际协会提供注册应急管理师的认证。对还是错？

5．预先确认你将会面对的每一个问题是可能的。对还是错？

6．相对于个体应急管理者而言，法律责任更多地适用于组织和政府机构。对还是错？

7．文凭制造工厂的例子是指一个组织：

(a) 在付费后立即颁发学位证书

(b) 成立了很多年

(c) 每年超过 200 人毕业

(d) 有独立的考核委员会

8．对构成命令的要素的定义是

(a) 总是很清楚地写在法律中

(b) 服从于法庭的解释

(c) 服从于个体应急管理者的解释

(d) 服从于地方政治官员的解释

回顾性问题

1．应急响应者对什么类型的事件做出响应？

2．教育和培训的区别是什么？

3．应急管理者需要的能力是什么？

4．与应急管理相关的职业协会是什么？

5．成为注册应急管理师的四个阶段是什么？

6．对于一个职业，发展学术支持需要涉及什么？

7．《斯坦福法案》和《防范大规模杀伤性武器法案》如何成为界定责任和豁免权的例证？

本章应用

1．你正在为联邦应急管理署长官撰写职位说明书。你希望联邦应急管理署长官有哪些经验和证书？为什么？

2. 你正在为田纳西州恰塔努加的应急管理者撰写职位描述书。这是一个中等规模的城市，并且紧邻西奎亚核电站。你希望恰塔努加的应急管理者有哪些经验和证书？为什么？

3. 你将为一个应急管理团队发布学位项目信息。你被其中一位听众问到，为什么大学和学院为应急管理者提供学位项目要经历这么多年。你将会告诉这位听众什么？

4. 你被邀请给将来的应急管理者做演讲。你将会提到哪些对于应急管理者来说至关重要的技能？

5. 你将为一个应急管理团队演示学位项目信息。你被其中一位听众提问到，致灾因子减缓从什么时候开始为人们所重视。你将会告诉这位听众什么？

6. 你正在撰写一个关于应急管理者法律责任的报告。你会在报告中写些什么内容？

试试看

责任

在卡特里娜飓风期间，市长瑞·纳金（Ray Nagin）督促不能撤离的人们去超级穹顶寻求庇护。但可用的供应品匮乏，停电，没有干净的水和食物。一些原本有健康问题的人死在超级穹顶中。该市长是否应被追究责任？

认证项目

你想获得国土安全部门的认证。你将如何找到认证项目？你怎么能确定它是一个有资质的项目，而不是一个文凭制造工厂？

能力清单

你在为联邦应急管理署高等教育工程工作，试图确定应急管理者应该具有的能力清单。你将会创建什么样的能力清单？为什么？

第15章

应急管理的未来方向——机遇与挑战

预先测试

- 登录 www. wiley. com/college/lindell，测评你对应急管理的未来方向有关知识的掌握情况
- 确定你需要努力的重点在哪里

你将在本章中学到

- 影响应急管理的全球性挑战
- 应急管理者面临的国际和国内机遇
- 未来几年中应急管理者将面临的国内挑战
- 同新兴职业及其他学术领域的专业人士合作所面临的职业挑战
- 职业机遇，包括参与致灾因子减缓与恢复规划

学习本章后，你将能够

- 调查影响应急管理的全球性挑战
- 对致灾因子、社会响应及革命性技术进行更为科学的解释
- 调查减少灾害损失的方法
- 调查应急管理者与灾害研究者合作所面临的挑战
- 评价应急管理领域中高等教育所带来的益处

目标与结果

- 评估全球性挑战将如何影响你所在的社区

➢ 评价影响灾害的国家趋势
➢ 遵照影响工程的原则，制定一个减少灾害损失的计划
➢ 评估与灾害研究者更顺畅地沟通的方式
➢ 提出如何更好地教育应急人员的思路

导　言

这是一个参与应急管理的激动人心的时刻。你将面临很多机遇和挑战。为了应对这些挑战，你必须做好准备。为了利用这些机遇，你必须先了解它们。本章将介绍应急管理面对的机遇和挑战。在阅读本章时，你必须牢记，应对这些机遇和挑战意味着你必须运用本书讨论过的技巧和策略。不论这些技巧和策略是否包括规划、沟通或者需要运用你的创造性才能，你都需要了解并乐于运用它们，以面对挑战。

15.1 全球性挑战

你所面对的全球性挑战众多，包括全球气候变化、人口数量和人口密度增加、资源匮乏加剧以及收入不平等加剧等。为了应对这些挑战，首先你必须了解它们。

15.1.1 全球气候变化

你可能听说过，环境科学家们在全球气候变化方面莫衷一是，但争议点仅仅在于全球气候变化的速度及其对全球影响的恶劣程度。科学家们一致认为，气候变化是一个事实，并且后果将会十分严重。在 20 世纪，我们目睹了（Intergovernmental Panel on Climate Change，2001）：

- 全球平均气温上升；
- 海平面上升；
- 冰雪覆盖面积减少；
- 降水模式变化。

这些变化将导致在未来 40 年内，全球平均气温上升 1.4～5.8℃（2.7～10.4°F），海平面上升 0.1～0.9 米（4～35 英寸）。

即使变化的速度是不变的，并且蔓延开来要经过很长一段时间，这些变化也是具有挑战性的，例如海平面上升将慢慢淹没很多沿海地区。虽然人们有很多时间针对这些影响进行调整，不过，也要意识到变化的幅度似乎在加剧，这是个很重大的问题，因为它缩减了我们适应新情况的时间。自然界也没有足够的时间来适应新情况。此外，气候变化对某一区域的影响很难预测，因为围绕一般情况的变化差异可

能很大。这些变化对家庭、企业和政府机构的影响是难以预测的。

气候变化对应急管理者来说尤其重要，因为它将增加极端事件发生的频率。气候变化将增加严重的暴风和洪水发生的频率（Mileti，1999）。气候变化最严重的影响之一就是加剧非洲和美洲平原的干旱，干旱对这些地区的农业基础型经济造成了严重的影响。气候变化的某些影响已经造成撒哈拉以南非洲地区的冲突，这些冲突中有一部分是当地居民为了争夺日益稀缺的水资源和土地资源而引起的。即使在那些干旱并未引发饥荒或政治动荡的国家，干旱也增加了因干燥的森林和草原而发生火灾的概率。

15.1.2　人口数量和人口密度增加

在未来 50 年内，世界人口将增长 50%，而且大多数将发生在亚洲和非洲的发展中国家（Organization for Economic Cooperation and Development [OECD]，2003）。这些国家的人口激增将导致对食物、水和能源需求的急剧增长，如果这些需求不能得到满足，这些国家将遭受巨大的政治动荡。我们知道，政治不稳定的国家是恐怖主义的滋生地，阿富汗和索马里就是例证。

人口增长所带来的影响将被大城市的人口日益集中所放大。向城市迁移会增加财富，这体现在城市中的建筑和基础设施方面。城市人口和财富因此而出现的集中将使特大灾害成为可能。特大灾害是一种极端事件，在小城市可能会造成成百上千人丧生和数百万美元的损失；但是，在大城市，它可能造成成千上万人丧生和数十亿美元的损失。东京发生的一场地震可能造成 1 万亿～3 万亿美元的损失，占日本国内生产总值的 25%～75%。在大多数国家，即使损失占 GDP 的 5%也将是一场特大灾害(Cherveriat，2000)。以美国为例，安德鲁飓风仅仅侵袭了迈阿密南部，却造成了 200 亿美元的损失；如果它在更北的地区登陆，那将造成 1 000 亿美元的损失。卡特里娜飓风是美国近 80 年来最为严重的灾害，也是美国历史上损失最为惨重的自然灾害，损失估计为 2 000 亿美元。地震多发区的西海岸城市若遭遇大震，强烈地震的影响将远超过诺斯里奇地震，而诺斯里奇地震使得 57 人丧生，损失达 250 亿美元。

这些大城市通过社会、经济和政治事务同外部地理区域日益联系在一起，信息、物资和货币的流动受阻可能会影响整个国家的经济系统。美国广阔的土地似乎限制了灾害的地理、社会和经济影响，但是，特大灾害造成的经济损失所影响的范围远远超出物理破坏发生地。例如，卡特里娜飓风对路易斯安那州的石油产业造成破坏，却导致俄勒冈州居民煤气价格的上涨。

15.1.3　资源匮乏加剧

不断增长的人口导致对水的需求量也日益增加，而世界范围内可用水的供应量却在减少。在世界范围内，人类可用淡水为 12 500 立方千米，供给量的一半已在被人们使用。按照目前消耗增长的速度计算，到 2030 年，人类所消耗淡水将达到全球淡水总量的 90%。世界范围内水资源的分布并不均匀，2/3 的世界人口到那时将长期缺少安全的饮用水。人们对受污染水的日益依赖将：

- 扩大传染病的传播；
- 迫使人们迁移到可找到安全饮用水的地方；
- 加剧国际政治的不稳定性。

能源和食物也将存在同样的问题。在未来50年里，发展中国家对能源的消耗将增加350%（Brown，Gardner，and Halweil，1998）；同样，在这些国家，2010年粮食的消耗量与1990年的水平相比增加了50%，这将影响资源和气候。如果发展中国家的需求没有得到满足，那么：

- 这些国家的人口更容易遭遇灾害；
- 人们将耕种那些不可持续利用的土地；
- 人们将耗尽可获得的淡水资源；
- 社会、经济和政治不稳定将会出现；
- 灾后大规模的人口迁徙将会出现。

15.1.4 收入不平等加剧

社会、经济和政治体制正在发生变革，其方式使人变得脆弱。收入和财富将越来越集中到最富有的那些人手中，这在国与国之间和国家内部都是显而易见的。在1900年，最富有的5个国家人均国内生产总值（1990年以美元为单位的国内生产总值）为4 000美元，最贫穷的5个国家人均国内生产总值仅为40美元（OECD，2003）。一个世纪后，最富有的5个国家人均国内生产总值为2万美元，最贫穷的5个国家的增长甚微。富国控制了世界范围内的大部分经济资源，穷国日益为不可能偿还的债务所累。

15.1.5 风险规避的增加

发达国家民众对许多技术的安全性要求越来越高（OECD，2003）。灾民愤怒地要求在数小时内恢复供电，在以往，他们可能会静静地等待数周。遗憾的是，很少有人愿意支付更多的税款，而这些税款是更加强大的应急管理能力的支撑。以电力为例，电线安置在能避开风力破坏的地下将导致成本的增加。作为一名应急管理者，你必须做好准备，根据眼前的资源水平，在灾中和灾后快速响应，并对某些人不切实际的期望保持耐心。

创纪录的风暴次数

2005年飓风季节在持续时间方面创下了纪录。飓风持续很长时间，远远超过飓风季节正常的截止日期11月1日，而且，2005年的飓风季节创下命名风暴数量之最。在美国历史上，美国国家飓风中心首次在给风暴命名完成前用完了所有的名字。气象学家用希腊字母给这个飓风季节的最后几次风暴命名。

自我检测

- 定义特大灾害。
- 说明人口增长的影响。
- 说明如果发展中国家的需求没有得到满足将出现何种后果。
- 说明收入不平等的加剧意味着什么。

15.2 国际和国内机遇

作为应急管理者，你也将面临很多激动人心的机遇，包括对致灾因子、社会响应和革命性技术更为科学的理解。

15.2.1 对致灾因子和社会响应更为科学的理解

政策制定者需要了解致灾因子发生的原因以便进行有效的管理。人们越来越意识到，我们所处的环境状况是引发灾害的主要因素。人们认为，经济是生态的一部分，而非相反（Davidson，2001）。所有经济收益是建立在土壤、空气和水发挥维持生命功能的能力之上的。土壤、空气和水的质量状况在世界范围内的分布不均衡，在多数地方，质量在恶化。一旦环境维持生命的功能丧失，恢复的成本就会很高昂。一个不能自给自足的国家面对灾害会更为脆弱。也就是说，没有国际援助，它会很难从灾难中恢复过来。对上述这些原则更为科学的理解，为更加有效地管理致灾因子创造了机遇。但是，它也使两种观点产生冲突：一种观点是以这些原则为指导，实现精明发展；另一种观点是不惜一切代价，追求经济增长。

大自然的变化可以是导致土地得到更为合理利用的有益事件（Abramowitz，2001）。例如，季节性洪水提高了河水的净化能力，它使三角洲地带成为富含蛋白质的海洋生物聚集的地方。科学家发现，管理密西西比河、加速水流速度等过度的洪水控制措施使淤泥流向墨西哥港，导致路易斯安那州沿海土地的减少。自然发生的山火使草原和林地保持良好的状态，野火烧光了病树，减少了可供燃烧的燃料(树木、灌木、叶子和草)。科学家们发现，扑灭小到中型的山火会增加可燃物的数量及灾难性火暴的可能性。适应自然改善了我们生存的模式和资源利用的模式。很多资源的开发只关注短期经济利益，忽视了其对环境的长远影响。全世界大部分企业都开始关注对环境的影响，并开始调整自己的产品生产线和配送系统，以保护环境。

15.2.2 对革命性技术更为科学的理解

从购物到投票，现在人们可以上网做很多事情。信息被存储在相互连接的数据库中，社区可以使用某种企业软件系统储存、操作和恢复所有的社区信息。信息整合和数据的获取会让你的工作更轻松，但是，计算机系统的任何信息都有可能被网络恐怖分子破坏或损毁。

应急管理者最先运用应急管理信息技术，开发应急响应决策支持系统（Marston，1986）。现在，我们可以利用计算机进行致灾因子脆弱性分析。借助于计算机软件和硬件系统的强有力支持，我们可以识别风险区域和预测损失（Dash，1997）。此外，还有很多快速发展的技术可供我们利用。它们包括：

- 遥感系统；
- 全球定位系统；
- 卫星与移动通信。

致灾因子脆弱性分析

应急管理者需要以下信息：

- 在其社区里不同灾害发生的频率；
- 灾害造成的损失；
- 在减少灾害损失过程中应急管理的成本与收益。

所有社区预算都很紧张，每个部门都想增加资金。大灾因为可能不会发生，所以很难与日常需求（如道路整修）争经费。如果你能够证明灾前准备比灾后重建成本更低，将会更有把握获得资金。例如，在卡特里娜飓风来临之前，加固新奥尔良的堤坝会花费数百万美元；决堤后，进行修补将需要数十亿美元。地方应急管理者越来越容易获得所需的数据以及“美国致灾因子”（HAZUS）之类的计算机程序。你可以从各州应急管理网站和以下的联邦机构找到信息：

- 联邦应急管理署；
- 国家海洋和大气局；
- 美国地质调查局。

其他的信息来源如下：

- 洪水保险频率图可以从存储的资料中找到，也可以从网上找到。通过这些图，你可以识别100年或500年内发生过洪水的漫滩区域。但是，这个地图必须更新，因为上游区域的开发可能导致漫滩边界的改变。必要的水文学研究所需的高成本导致了这一工作进展缓慢。
- SLOSH计算机模型有助于识别暴露于风暴潮威胁之下的沿海区域。
- HAZUS已经升级，除了最初的地震信息模块外，还包括风与洪水的数据信息。
- 一些有毒化学物质的致灾因子分析数据也可获得。但是，“9·11”恐怖袭击使得获取这些信息受到限制，因为人们担心恐怖分子利用它们来识别高价值的目标。这些信息越来越多地局限于由化工机构、地方应急规划委员会、州应急响应委员会以及地方应急管理机构的工作人员掌握。

在应急管理领域，最大的科技进展就是地理信息系统的普及。我们可以利用地理信息系统进行数据库管理、绘图和空间分析，还可以将地理信息系统运用在很多重要领域。一些学校积极鼓励学生学习有关地理信息系统的课程。但是，即使你不熟悉地理信息系统技术，你也可以同掌握该技术的土地使用规划师合作（Lindell, et al., 2002）。

致灾因子减缓

地理信息系统也可以通过提供存储与恢复财产数据的有效办法，支撑致灾因子减缓。有了地理信息系统，你就可以开发出不同版本的土地使用规划，并通过比较来确定最优方案。在演示中，你可以在不同的点来改变所展示的信息，避免观众为细节所累；而且，将地图放在网站上，会使公众获得更多的信息。

地理信息系统也可以用来确定有多大比例的社区建筑物可以承受致灾因子。由经过培训的房屋监察员来进行结构评估，是最容易和最精确的方法，但这只能在房屋建设的初始阶段实施。房屋建成后，房屋的结构被墙板所遮盖，人们因不能看到房屋的中心，很难检测其承受力；而且，房屋建成后，检测房屋对空气渗入的抵抗力也很难，并且成本高昂。你可以利用地理信息系统查出每个房屋的建造年份，这将使你得知每个建筑所遵从的建筑法规，并判明其致灾因子抵抗力。

应急准备

这一领域的主要技术进步是计算机软件和互联网。计划和程序可以长期在计算机上存储与更新。现在，我们可以利用 PowerPoint 演示文稿来推动培训工作的开展。数字图片和录像也可以让你以适中的成本迅速地展示可视的教学内容。有了地理信息系统和 CAMEO/ALOHA 软件，我们就可以创建数据库，这些数据库可应用于应急准备和应急响应之中。例如，这些数据在应急演习过程中用于查找应急资源，从推土机到有害物质响应团队。

疏散建模取得了很大的发展。不同的程序模型被开发出来，但很难得以运用。特别地，疏散建模程序运用不同的场景来计算社区需要多长的时间来撤退。如果紧急事态实际发生时的情景和分析中的情景不一样，那么，疏散时间的估算就会不准确。在许多案例中，应急管理者不清楚模型的假设条件，因而在需要进行相应的调整时无能为力。如 OREMS（Oak Ridge National Laboratory, 2003）和 EMDSS（Lindell and Prater, 即将发表）等疏散模型正在被开发，以供应急管理者使用。

应急响应

针对各种不同的致灾因子，我们已经改进了预报和警报系统。技术的进步使我们可以探查许多致灾因子，预测它们的影响。与几十年前相比，我们可以更精确地预测气象性灾害（飓风和龙卷风）和水文灾害（洪水和海啸）。在对火山爆发的预测中，我们也取得了进步，但在地震预测中，我们却没有取得进步（Sorensen, 2000）。

应急管理者也有更多的方法来记录和交流信息（Tierney, 1995）。

传感和记录装置包括：

- 有害物质检测系统；
- 卫星和空间遥感；
- 全球定位系统；
- 移动气象站/天气监测器；
- 数码相机。

通信设备包括：

- 手机和卫星电话；
- 寻呼机；
- 传真机；
- 与圆盘式卫星电视天线连接的个人电脑；
- 局域网及广域网络连接；
- 收音机。

向居民发布致灾因子警报的通信技术将会不断取得重大进步。1991 年，我们只能用警报器来警告大众危险即将来临，现在，我们有社区电话报警系统。我们也有国家海洋和大气局的气象广播系统，它可以用声音将紧急情况告诉美国大部分区域内的人们。近年，其覆盖面已大大扩展。另外，旧的应急广播系统已经被新的**应急警报系统**（Emergency Alert System，EAS）所取代。在数字时代，这种新系统拥有更多的功能。公共警报伙伴（Partnership for Public Warning）推动人们使用手机和其他数字技术，告知应急管理者和响应者有关致灾因子的信息，并向风险区域的居民发出警报。

灾后恢复

在灾后恢复中同样可以运用这些工具。有了手机、GPS 装置和性能优良的个人电脑或笔记本电脑，应急响应者就能迅速地评估损失，并将信息发送回应急运行中心。通过电脑，你也可以很快地进入数据库。从这些数据库中，你可以定位关键场所、危险场所、基础设施以及历史性建筑。此外，损失评估者可以直接在数据库中输入他们的发现。这避免了纸制表格的烦琐，节约了时间。评估者也可以利用无线装置的功能，将每日灾难评估的结果传送回应急运行中心。

对技术进步的总结

技术进步有助于你的工作。运用新技术的主要原因在于（Drabek，1991b）：

- 更高的办公效率（例如，文字处理能力）；
- 网络化的潜能；
- 预算管理；
- 资源管理；
- 公共预警/疏散应用（例如，山洪预警）；
- 对应急工作人员的自动紧急通知；
- 决策支持系统（例如，飓风和有害烟雾的跟踪）。

但是，向新技术过渡，并非总是轻而易举的事情。运用新技术的挑战在于：

- 人员短缺；
- 计算机/软件不兼容；
- 软件不足；
- 缺少培训材料；
- 开支。

联邦应急管理署的供给跟踪

联邦应急管理署电脑系统的内部评估显示，在 2004 年飓风季节，该系统超负荷运行。虽然当时这个电脑系统正在进行一项供给跟踪的 GPS 测试，但它不能进行供给跟踪。例如，这个电脑系统不能跟踪派送到佛罗里达州的冰和水。结果，价值数百万美元的冰被闲置在响应中心，价值 160 万美元的剩水被退回到储藏地。

自我检测

- 说出应急管理信息技术的一些用途。
- 举出一些有助于减缓致灾因子的网站。
- 定义应急警报系统。
- 列出采用新信息技术的 3 个理由。

15.3 国内挑战

在未来几年内，你与其他应急管理者将面临很多挑战。

15.3.1 城市化加剧与致灾因子暴露

在未来的 50 年内，美国人口有望增长。大多数增长将发生在灾害易发区(Schwab, et al., 1998)。在美国，尽管对于环境致灾因子的暴露程度日益提高，但每年死于这些事件的人员数量却没有大幅上升。的确，由于探测、预报和警报系统技术得到改进，许多致灾因子所导致的人员伤亡数量在下降（Sorensen, 2000），所增加的仅仅是财产损失（Mileti, 1999），而且财产损失将继续增加。但是，卡特里娜飓风导致的死亡人数可能是一个警示：我们通过改善预测与警报系统来减少伤亡的能力已经达到极限。

15.3.2 基础设施的相互依赖

由于即时生产（just-in-time manufacturing），许多公司现在实现了较少的库存甚至零库存。对投资者来说，这可以增加利润；对消费者而言，这可以降低价格。在某些情况下，这减少了公司的脆弱性，因为公司存货较少，灾难发生时公司可损失的东西也较少。但是，在其他情况下，未受破坏的公司变得更加脆弱，其原因是：公司必须不断地重新进货，否则就可能破产。自然灾害和突发技术灾难可能对国家经济的影响相对较小，但是对电子政务和电子商务的蓄意攻击可能具有更大的破坏性。

我们也通过减少生产单位货物或服务所需的资源量来提高短期效率，这使顾客因低价而受益。但是，短期效率减少了留作应对动乱的储备资源，从而使顾客不能获得所需的产品和服务。因此，为了确保顾客需求得到满足，生产商需要增强流通渠道的多样性以及备用性。

15.3.3 对增长的持续重视

多数社区的公共政策深受增长联盟的影响。这些增长联盟由房地产、建筑和其他商业利益集团组成，他们获利于"基础设施公共补贴和私人投资、市民资本、建设及与有助于为当地吸引人才、投资者和工作机会相关的活动"(Buttel，1997，p. 47)。这些利益集团通常开发致灾因子易发区域的土地，并将其出售给他人，他们不必承受由自己决策所导致的长远结果。试图通过反对所有的增长来阻止这种行为通常是不可行的。我们所需要的组织灵活增长要避免开发灾害易发区。如果这不可行（例如，以龙卷风为例，致灾因子暴露并无地方差异），灵活增长的倡导者则采用构筑能够抵御致灾因子的建筑的方法。作为一名应急管理者，你必须与当地政府、商家和社团组成联盟，推动将灾害损失最小化的灵活增长。

15.3.4 灾后恢复成本的上升

联邦救灾计划(federal disaster relief programs) 支付了许多由环境致灾因子所造成的损失。那些居住于灾害易发区的人从这个系统中受益，但是，费用是由所有的纳税人分担的。如果那些获得最多救灾资源的公民也缴纳了最高税款，这将是一个公平的系统，但是，这看来还不是现实。因此，灾害易发区的财产所有人得到了其他纳税人的补助。一个更公平、更有效的系统是：扩展目前的洪水保险系统，让其涵盖所有的致灾因子，根据投保人的损失可能性收取保险金（Kunreuther and Roth，1998）。这个方法在 30 年多前已经得到认可（White and Haas，1975），但鲜有进展。在 20 世纪 90 年代，联邦应急管理署已经通过推广"社区计分系统"、减少重复损失来改善联邦洪水保险，但是，洪水保险的深入发展却受到限制，而且，地震和飓风的保险越发成为一个问题。灾后恢复的成本可能会通过灾害宣布程序由所有的纳税人继续承担。

15.3.5 人口的日益多样化

近年来，美国人口的语言和文化日益多样化，很多拉丁美洲人不断移民到这里。在一些区域，例如洛杉矶，日常使用的语言或方言已超过 100 种，应急信息必须翻译成所有这些语言。此外，65 岁以上的人口所占比例在飞速地增长，这意味着，许多位于风险区域的居民将有生理和心理上的困境。这些人当中的一部分将居住在养老院，在那里，他们能够较容易地获知警报或被疏散；而独居老人在灾害来

袭时则需要特别的帮助（Tierney，et al.，2001）。

与世界上其他地方一样，美国家庭收入越来越不平等。在过去的 10 年里，最富有的 20%家庭的收入增长了，而最贫困的 20%家庭的收入却降低了，一些县的居民收入水平大大低于其相邻的城市居民。这对家庭收入低于国内平均水平的家庭所在的社区产生了负面的影响。由于收入基数低，他们缴纳的税款更少，这将导致地方应急管理机构和其他公共安全部门的预算减少。最富区域和最穷区域的差异将继续导致前者有更多的资金和通过培训来采用最先进的应急管理技术，而后者则没有。如我们在卡特里娜飓风灾害中所见，最穷的人面对灾害是最为脆弱的，他们没有好的装备来采取防护措施以减少损失。

15.3.6　恐怖主义威胁

大多数恐怖主义威胁包括人们熟知的爆炸物和易燃物，有毒化学物质不经常使用，放射剂和生物战剂依然是一种潜在的威胁。这些威胁将启动以下应急响应功能：

- 应急评估；
- 致灾因子作业；
- 人员防护；
- 突发事件管理。

对恐怖袭击和自然灾害的应急评估和致灾因子处理方法是不一样的，尽管如此，恐怖分子有可能在固定场所突然释放相同的危险物质。因此，应对恐怖主义威胁的计划在很大程度上可以使用应对技术事故的程序。

然而，恐怖主义威胁带来许多新的挑战。不同寻常的化学物质，如沙林毒气、“脏弹”以及危险生化物质所引发的问题不同于技术事故。例如，危险生化物质在人群中传播的范围要比化学污染广泛得多。而且，应对恐怖袭击需要与以前可能从未合作过的部门协调。因此，准备应对恐怖主义威胁需要调整应急运行计划，而不是制定一个全新的应急运行计划。

为了准备应对恐怖主义威胁，需要采取以下措施：

- 在现有的应急管理网络中纳入针对每种致灾因子的准备措施；
- 预测每个风险区域各部分人口所受到的影响；
- 评估各部分人口的自我保护能力；
- 确立权责界限，建立机构间的协调机制；
- 根据各机构的能力和资源，分配响应职能；
- 确定社区外的潜在救助资源；
- 提升家庭、组织、社区和超社区层次的应急资源获取能力；
- 针对特定致灾因子提供培训、训练和演习，内容涉及应急评估方法、权宜性致灾因子减缓和人员防护。

狡猾的对手也会制造一些重要的信息安全问题，还会利用可预期的人员防护性响应，在群体疏散时发动二次袭击，进而制造更严重的人员伤亡。

15.3.7 应急管理的地位

长期以来，应急管理在政府议程中的地位很低。“9·11”恐怖袭击发生后，这种情况发生了巨大的改变。与此类似，在1979年美国三里岛核事故和1984年印度博帕尔化工厂事故发生后，应急管理地位上升。以往突发事件的历史表明，当致灾因子源传递了斯洛维克（Slovic，1987）所说的**信号价值**（signal value）时，人们的关注程度最高。信号价值表示先前未得到关注的致灾因子应得到重视。虽然人们最近关注恐怖主义，但它却不是一个新现象。事实上，恐怖主义是第一次世界大战的直接原因。1914年，萨拉热窝发生奥地利王储斐迪南大公及其妻子遭到暗杀的事件，导致了蔓延整个欧洲的战争爆发。在以色列和巴勒斯坦的关系中，恐怖主义活动经常发生。

确实，恐怖主义即使在美国也不是新鲜事物。就在“9·11”事件发生的6年前，恐怖分子破坏了俄克拉何马州默拉联邦大楼（Murrah Federal Building），导致168人丧生。“9·11”事件之新在于：它是外籍人在美国领土上发动的一次剧烈的、致命性的打击。此次袭击的政治含义及后果非同一般，在未来相当长时间内也不会为人们所完全理解。你所面临的一个挑战是：必须适应任何真正需要的变化，坚持并将你的所知应用于变化之中。另一个挑战是：应对“9·11”事件发生后流动性及信息获取所受到的限制。

过去的历史表明，对恐怖主义的关注未来将会减弱。许多灾难发生后会引起人们的关注，引发政府的行动。随着时间的流逝，媒体、公众和政府将会对这些事件漠然视之。恐怖主义将在多长时间内继续成为新闻媒体的主要关注对象、成为政府开支的主要项目，我们无法预知。即使未来几年内应急管理的政治突出性不降低，经费资助也有可能会降低。国家债务的增加以及各州及地方预算的约束将导致政府机构之间激烈竞争，这也是需要与其他机构、非政府组织以及私营部门建立联系的另外一个原因。

15.3.8 法律责任

法律责任是一个大问题，因为每个州对于应急响应责任都有不同的规定（Drabek，1991a）。你必须意识到，你们所开展的行动在有些方面可能与个人权利相冲突（Anderson and Mattingly，1991）。你必须接受社区法律顾问有关具体情况的建议。但是，有些一般性规则适用于所有情况：第一，在任何决策制定的过程中，你必须做到透明、合理；第二，在实施、执行决策行动时，你必须做到公平。也就是说，你采取行动时应当具备合理理由（例如，对公共安全的威胁），并且告知那些可能受到行动影响的人；你必须给受影响者提供一个倾诉的机会；你所采取的行动应当是能够明显地减少对公共安全造成的威胁。

15.3.9　政府间的紧张关系

20 世纪 80 年代后期，联邦、州以及地方政府之间关系紧张突出表现在应对核攻击的准备上（Anderson and Mattingly，1991；Drabek，1991a），这一问题随着苏联的解体而消失。但是，政府间关系持续紧张这一事实证明了其结构性特征。在联邦政府系统中，各级政府之间的基本冲突是根深蒂固的。而且，技术专长之间存在巨大的差异，通常更高级别的政府拥有较多的技术专长。此外，现场数据的可获取性存在差异，较低级别的政府较易获取。财政资源方面也有差异，通常更高级别的政府拥有更多的财政资源。最后，在承担受风险影响者的直接责任方面，差异也是存在的，通常较低级别的政府承担较多。

运用现有资源

“9·11”恐怖事件使用美国的飞机和运输系统来攻击美国，他们并没有进口任何化学物质或武器到美国而是使用已有的资源。俄克拉何马的爆炸者梯莫希·麦克韦（Timothy McVeigh）也运用了常用的物质（化肥和燃油）制造了炸弹，导致 168 人死亡。这些事件发生之后，联邦政府和许多其他行业开始着手识别、消除其他恐怖分子采取同样战略的机会（National Academy of Sciences，2006）。

15.3.10　冲突的价值

一方面，经济发展的目标和私人财产权的目标之间存在冲突；另一方面，公共安全的目标和公众福利的目标之间存在冲突（May and Deyle，1998）。两组目标的平衡被由判例法、立法、行政命令和规章所组成的体系管理，它们来源于不同的政府分支机构，分别是司法、立法和行政。政府的这三个分支机构设立在三个不同的层级上（联邦、州和地方）。由于系统的复杂性，对规定进行补充是不足为怪的。确实，洪水致灾因子被 12 个联邦机构、50 个州、3 000 个保护区以及 20 000 个洪水易发区的地方政府管理（Federal Interagency Floodplain Management Task Force，1992），仅联邦政府就有 50 多个致灾因子管理法和行政命令，其中一些规定之间有冲突。

联邦对土地使用的控制是有限的。事实上，在某些州或县也是如此。而且，已有的联邦土地使用法规执行不力。各种联邦计划也间接鼓励对风险区域的开发。联邦政府向风险区域提供资金，在该地区修建道路和排水系统，向受灾者提供洪水保险补贴，提供赠款及补贴性贷款以及免除其税收。由此可以预测的结果是，更多的人和财产将处于风险之中。而且，不同社区时常发现它们在相互竞争以吸引投资带动经济发展。它们彼此竞争，向那些寻求自身经济利益最大化的工商业开发商提供更为有利的条件，其中大多涉及在致灾因子易发区进行建设。社区之间需要签订协议，限制在风险区域进行建设。这些规定可得到更高级别政府的财政、技术援助，这样的办法可以避免对标准程序最低程度的遵从。

15.3.11 运用影响工程的原则

在20世纪90年代，联邦政府对应急管理的强调从响应与恢复转移到了灾前预案。特别地，影响工程在构建公私合作伙伴关系、识别致灾因子易发区以及促进政府、商业和家庭的减缓行动中，发挥了重要的作用。遗憾的是，联邦对这一倡议的资助被取消了。但是，一些地方程序依然存在，有些还得到了地方政府的资金支持（Prater，2001）。面临的挑战是了解如何运用影响工程的原则，减少所在社区的灾害损失。

自我检测

- 解释其他纳税人如何补贴了灾害易发区的财产所有者。
- 解释人口多样化何以使灾后恢复具有挑战性。
- 定义信号价值。
- 解释为何在经济发展的目标和私人财产权的目标之间存在冲突。

15.4 职业挑战

在未来的几年中，你将面临两个重要的职业挑战。

15.4.1 应急管理与新兴职业的联系

多年来，应急管理者与消防、执法以及应急医疗服务机构合作。总的来说，与这些机构的频繁接触有效地提升了机构之间在应急准备和响应方面的绩效。由于影响工程，许多应急管理者开始同土地使用规划者合作；同样，对生物威胁的日益关注促进了应急管理者与公共卫生部门的互动。但是，与这些新机构的接触似乎仍然比较有限。随着影响工程的结束，接触与合作将回落到从前的低水平。如果多年不发生生物袭击，那么，同公共卫生部门的接触也会回落到低水平。

15.4.2 应急管理者与学术界的联系

应急管理者与灾害研究者力图合作，但是合作并不容易。每一方都声称对方没有理解自己的问题或满足自身的要求。对应急管理来说，学术界与应急管理者之间的隔阂不是绝无仅有的。这种抱怨在所有的职业领域都存在，包括建筑、商业、建设、工程、公共管理、公共卫生以及城市和地区规划。消除这种差异没有捷径。学术界和应急管理者受雇于文化不同的组织，他们有着不同的职业责任。应急管理者所面临的是需要立即解决的问题，而教授除了为应急管理机构提供服务外，还有许多其他任务。在教学型大学，教授必须教许多课程，为许多本科生预留时间；在研究机构，教授教的课程较少，但需要花费很多时间指导研究生，并进行研究。

这种情况似乎出现好转。同过去相比，应急管理及其相关领域的教授与应急管理者接触更多；解决实际问题，而不是解决纯理论问题的研究项目越来越多；越来越多的报告是写给应急管理实践者，而不是其他学者。应急管理程序数量的日益增加也促进了这一趋势，这些程序将产生更多愿意与应急管理者建立良好关系的教授。

禽流感

禽流感，一种潜在的卫生危机，将促使应急管理者和其他人员合作。他们不仅要和公共卫生官员合作，还需要同兽医以及动物健康方面的其他专家一起工作，因为这种疾病可以从动物传染到人。

自我检测

- 列出应急管理者面临的两个重要的职业挑战。
- 说明教授除了为应急管理机构提供服务之外，需要承担的责任。

15.5　职业机遇

在今后几年，你将面临几个重大的职业机遇。

15.5.1　应急管理日益职业化

以往，应急管理者由来自治安、消防部门的公共安全官员以及退役军人组成，他们没有应急管理的学位。但是，近年来，越来越多的毕业生持有应急管理专科学位。在 1995 年，美国只有 3 个应急管理项目和 2 个认证项目。到 2004 年 6 月，联邦应急管理署高等教育工程包括了 115 个项目。其中，19 个是大专学位，11 个是本科学位，需修完 10 门课程；另外的 50 个是证书项目或辅修项目，一般只需要修完 5 门课程；此外，有 35 个研究生（28 个硕士研究生和 7 个博士研究生）项目。现在，这些项目分布于 39 个州；其余 8 个州也提出，将会在未来开设新项目。雇用持有应急管理学位的雇员，其优势在于此人已经具备了知识基础，可在在职培训中进一步丰富知识。

有关人员配备过程其他方面的现成信息较少。既定岗位的人力资源管理过程包括（Cascio，1998）：

- 劳动力市场；
- 申请者资源库；
- 选择程序；
- 职业需求和职业背景；
- 教育和培训；
- 绩效评估；
- 有形补偿和无形报酬；
- 职业期限和人员流动。

在应急管理人员配备过程中，人们需要掌握每个阶段的信息。这些信息将有助于识别职业模式及因区域、州和管辖区规模不同而产生的差异。

15.5.2 致灾因子减缓的参与

多年来，人们认识到，应急管理者必须参与到致灾因子减缓之中（Anderson and Mattingly，1991）。如前所述，影响工程在被终止之前，形成了公私合作伙伴关系，以促进致灾因子减缓的实现。未来的一个大问题是地方应急管理者是否会在缺少联邦资助的情况下，借鉴影响工程的经验。

15.5.3 灾前预案的参与

人们越来越认识到，推动迅速地从灾害中恢复所需要的政策、计划以及程序必须制定于灾害来临之前，而不是之后。灾前预案完成两个目标：第一个目标是加快恢复房屋设施；第二个目标是在灾后恢复的同时，开展灾害减缓活动。灾前预案也为与土地使用规划者和建筑官员合作提供了更多的机会。未来你所面临的挑战是与这些其他行业的专家合作，制定灾前预案。

15.5.4 职业领域的扩展

同其他职业和学科人士合作的挑战也伴随着激动人心的机会。你必须做好准备，以应对形形色色的致灾因子。这个责任意味着要应对各种自然事件：较少发生的如海啸，较为常见的如热浪；同样，你要负责的技术事件也是种类繁多的：罕见的如核电站事故，常见的如大火。

你在帮助社区为应对各种突发事件做好准备方面拥有的知识和技能会使你成为高级管理者难得的顾问。的确，由于你在促进灾害减缓方面取得了成功，他们将会看到自己用于应急响应的时间在稳步下降。因此，你作为应急管理者的角色将会被扩张到成为环境致灾因子管理者，从而承担更为广泛的职责。

15.5.5　区域合作

区域合作是解决很多类型致灾因子的重要方法。许多地方辖区先是建立自己的有害物质响应团队，而后发现这些组织在人员、训练和装备方面的费用高昂，在应对飓风和山火等大规模突发事件中也出现了同样的问题。区域合作是互助协议的延伸，互助协议保证了在紧急状态下得到相邻区域的援助（Lindell and Perry，2001)。合作可以让多个社区联合起来，承担每个社会独立承担不起的服务费用。对于费用高、使用频率低的功能或装备，尤其如此。区域有害物质响应小组可能需要较长的时间集合、响应，但肯定比每个辖区都配备响应小组成本要低得多。较长的响应时间可能对应急响应团队来说是一个大问题，但是，对于进行致灾因子脆弱性分析、灾害减缓、应急准备以及灾后恢复团队来说，它却不是一个大问题。

一个地区内的行政区域合作或不同层级政府之间的合作需要一定程度的组织标准化，这是因为如果没有兼容的机构、培训和装备，援助组织将毫无用处。许多组织都有突发事件指挥系统和突发事件管理系统，遗憾的是，很多地方都将这些系统按照自己的用途进行了改造。它们越适应于当地情况，版本就越多，也就会变得越来越非标准化。如果每个地方都有不同的系统版本，这将不利于联合行动。

国家突发事件管理系统在推动更高水平标准化方面可能取得了成功，这并不是说，完全的标准化就能实现，只是说更高水平的标准化会产生。标准化的程度取决于新系统与成千上万个市、县的兼容性，其成功取决于联邦机构，特别是国土安全部是否愿意同各种组织进行对话。此外，联邦政府必须下令开展新的程序或者提供激励措施执行程序。联邦政府先前已经运用的一项强有力的激励措施是：资金拨付取决于对联邦程序的采纳情况。此项措施的成功取决于监控遵从情况的能力。地方辖区说已经采取联邦程序，获得传递此类信息的信件是容易的，不经现场审查，人们很难判断它们是否实施了程序。美国核管理委员会对全国范围内的 100 个核电站进行了审查；但是，任何一个机构也不可能对一万多个州及地方辖区进行审查。结果，命令性的国家标准化比起自愿性的区域标准化而言，是一个更大的挑战。

联邦应急管理署与教育

联邦应急管理署的目标之一是鼓励和支持与应急管理相关的教育。位于马里兰州埃米茨堡的联邦应急管理署应急管理学院（Emergency Management Institute，EMI）主要为现有的应急管理人员提供技能培训。该机构已经开展了几个项目，推动加快应急管理的学校教育，塑造未来的应急管理者。1995 年，应急管理机构指派了一名专职官员，负责与学术界合作，以开发和推广应急管理的相关高等教育课程。

自我检测

- 解释为什么需要应急人员配备过程中每个阶段的信息。
- 解释在应急管理中职业机会是如何发生改变的。
- 解释你作为应急管理者的角色怎样被扩展到成为环境致灾因子管理者从而承担更广泛的责任。
- 解释为什么行政区域内的合作或者不同层级政府之间的合作需要某种程度的组织标准化。

总　结

应急管理中的许多事情都在发生改变。正如本章所述，你将面临很多的挑战和机会，无论是从地方层面讲，还是从全国层面讲。此外，沟通的改善是很必要的。这样，与其他专业人士的合作将使你为应急管理做好更为充分的准备。你也需要面对国际挑战。更好的教育与准备将帮助你解决这些难题。

关键术语

应急警报系统	一个取代应急广播系统，并且在数字时代可以提供更多功能的警报系统。
信号价值	一种标志，表示先前未得到关注的致灾因子应得到重视。
气象广播	美国大部分地区都可接收到的应急语音告知系统。

测试你的理解能力

登录 www.wiley.com/college/lindell，测评你对应急管理的未来方向有关知识的掌握情况。

通过比较测试前和测试后的结果，衡量你的学习情况。

总结性问题

1. 在未来 50 年内，世界人口将增长________。

(a) 25%

(b) 50%

(c) 75%

(d) 100%

2. 技术取得了长足的进步，我们现在可以精确地探查所有的致灾因子。对还是错？
3. 威胁出现后，下列哪一项不是应急响应？
(a) 应急评估
(b) 致灾因子作业
(c) 人员防护
(d) 恢复管理
4. 对生物威胁的日益关注增强了应急管理者同其他公共卫生部门的互动。对还是错？
5. 对既定职位的人力资源管理程序包含以下哪些选项？
(a) 申请者资源库
(b) 绩效考核
(c) 选择程序
(d) 以上都包括
6. 卡特里娜飓风是个大灾。对还是错？
7. 影响工程的问题是
(a) 它促使应急管理者同其他学科的人合作
(b) 它促使应急管理者和研究人员合作
(c) 联邦政府对这个项目的资金支持中断
(d) 范围太大
8. 应急管理成为联邦政府的重要问题是在________之后。
(a) 安德鲁飓风
(b) 卡特里娜飓风
(c) 2001 年 9 月 11 日发生的恐怖袭击
(d) 1989 年旧金山地震

回顾性问题

1. 为什么气候变化对应急管理来说尤为重要？
2. 怎样使自然干扰成为引导合理利用土地的有利事件？
3. 你准备怎样应对恐怖袭击？
4. 为什么应急管理者和灾害研究者之间合作困难？
5. 灾前预案的两个目标是什么？解释每个目标。
6. 为什么标准化很重要？

本章应用

1. 举例说明有助于应急管理的技术。
2. 如果山火在加利福尼亚州燃烧面积达到数百英亩，破坏了很多房屋，你怎样对房主解释事件给环境带来的好处？

3. 你所在的城市可能发生一场化学恐怖袭击。你预测一下，恐怖分子将会运用什么化学物质？为什么？

4. 你将进行关于应急管理教育新机遇的演讲。在你的演讲中，你将讲些什么？

5. 你的办公室将安装一个新软件和数据系统，它可以协调、跟踪救援及响应行动。在向新系统过渡的过程中，你将遇到什么样的挑战？

6. 在应对一场生化袭击中，你将和谁一起工作？为什么？

试试看

清洁水

想象一下，假如安全的饮用水短缺，你所在的社区将会发生什么。写一篇论文，说明它将会引起什么问题，你会为减缓这些问题做些什么。

与其他人合作

如果你正在劳务市场招聘新员工，你将寻找具有什么素质的申请人？写一份职位说明书。

你的教育

现在，你已经完成了应急管理课程，你可以在工作中汲取哪些教训？相对于没有接受任何正规应急管理教育的人员而言，这些知识是如何给你带来优势的？

人大版公共管理类翻译（影印）图书

公共行政与公共管理经典译丛

书名	著译者	定价
公共管理名著精华："公共行政与公共管理经典译丛"导读	吴爱明　刘晶　主编	49.80元
公共管理导论（第四版）	［澳］欧文·E. 休斯　著 张成福　马子博　等　译	48.00元
政治学（第三版）	［英］安德鲁·海伍德　著 张立鹏　译	49.80元
公共政策分析导论（第四版）	［美］威廉·N. 邓恩　著 谢明　等　译	49.00元
公共政策制定（第五版）	［美］詹姆斯·E. 安德森　著 谢明　等　译	46.00元
公共行政学：管理、政治和法律的途径（第五版）	［美］戴维·H. 罗森布鲁姆　等　著 张成福　等　译校	58.00元
比较公共行政（第六版）	［美］费勒尔·海迪　著 刘俊生　译校	49.80元
公共部门人力资源管理：系统与战略（第六版）	［美］唐纳德·E. 克林纳　等　著 孙柏瑛　等　译	58.00元
公共部门人力资源管理（第二版）	［美］埃文·M. 伯曼　等　著 萧鸣政　等　译	49.00元
行政伦理学：实现行政责任的途径（第五版）	［美］特里·L. 库珀　著 张秀琴　译　音正权　校	35.00元
民治政府：美国政府与政治（第23版·中国版）	［美］戴维·B. 马格莱比　等　著 吴爱明　等　编译	58.00元
比较政府与政治导论（第五版）	［英］罗德·黑格　马丁·哈罗普　著 张小劲　等　译	48.00元
公共组织理论（第五版）	［美］罗伯特·B. 登哈特　著 扶松茂　丁力　译　竺乾威　校	32.00元
公共组织行为学	［美］罗伯特·B. 登哈特　等　著 赵丽江　译	49.80元
组织领导学（第七版）	［美］加里·尤克尔　著 丰俊功　译	78.00元
公共关系：职业与实践（第四版）	［美］奥蒂斯·巴斯金　等　著 孔祥军　等　译　郭惠民　审校	68.00元
公用事业管理：面对21世纪的挑战	［美］戴维·E. 麦克纳博　著 常健　等　译	39.00元
公共预算中的政治：收入与支出，借贷与平衡（第四版）	［美］爱伦·鲁宾　著 叶娟丽　马骏　等　译	39.00元
公共行政学新论：行政过程的政治（第二版）	［美］詹姆斯·W. 费斯勒　等　著 陈振明　等　译校	58.00元
公共部门战略管理	［美］保罗·C. 纳特　等　著 陈振明　等　译校	49.00元
公共行政与公共事务（第十版·中文修订版）	［美］尼古拉斯·亨利　著 孙迎春　译	68.00元
案例教学指南	［美］小劳伦斯·E. 林恩　著 郄少健　等　译　张成福　等　校	39.00元
公共管理中的应用统计学（第五版）	［美］肯尼思·J. 迈耶　等　著 李静萍　等　译	49.00元
现代城市规划（第五版）	［美］约翰·M. 利维　著 张景秋　等　译	39.00元
非营利组织管理	［美］詹姆斯·P. 盖拉特　著 邓国胜　等　译	38.00元

书名	著译者	定价
公共财政管理：分析与应用（第九版）	［美］约翰·L. 米克塞尔　著 苟燕楠　马蔡琛　译	138.00元
公共行政学：概念与案例（第七版）	［美］理查德·J. 斯蒂尔曼二世　编著 竺乾威 等　译	75.00元
公共管理研究方法（第五版）	［美］伊丽莎白森·奥沙利文 等　著 王国勤 等　译	79.00元
公共管理中的量化方法：技术与应用（第三版）	［美］苏珊·韦尔奇 等　著 郝大海 等　译	39.00元
公共部门绩效评估	［美］西奥多·H. 波伊斯特　著 肖鸣政 等　译	45.00元
公共管理的技巧（第九版）	［美］乔治·伯克利 等　著 丁煌　主译	59.00元
领导学：理论与实践（第五版）	［美］彼得·G. 诺斯豪斯　著 吴爱明　陈爱明　陈晓明　译	48.00元
领导学（亚洲版）	［新加坡］林志颂 等　著 顾朋兰 等　译　丁进锋　校译	59.80元
领导学：个人发展与职场成功（第二版）	［美］克利夫·里科特斯　著 戴卫东 等　译　姜雪　校译	69.00元
二十一世纪的公共行政：挑战与改革	［美］菲利普·J. 库珀 等　著 王巧玲　李文钊　译　毛寿龙　校	45.00元
行政学（新版）	［日］西尾胜　著 毛桂荣 等　译	35.00元
比较公共行政导论：官僚政治视角（第六版）	［美］B. 盖伊·彼得斯　著 聂露　李姿姿　译	49.80元
理解公共政策（第十二版）	［美］托马斯·R. 戴伊　著 谢明　译	45.00元
公共政策导论（第三版）	［美］小约瑟夫·斯图尔特 等　著 韩红　译	35.00元
公共政策分析：理论与实践（第四版）	［美］戴维·L. 韦默 等　著 刘伟　译校	68.00元
公共政策分析案例（第二版）	［美］乔治·M. 格斯　保罗·G. 法纳姆　著 王军霞　贾洪波　译　王军霞　校	59.00元
公共危机与应急管理概论	［美］迈克尔·K. 林德尔 等　著 王宏伟　译	59.00元
公共行政导论（第六版）	［美］杰伊·M. 沙夫里茨 等　著 刘俊生 等　译	65.00元
城市管理学：美国视角（第六版·中文修订版）	［美］戴维·R. 摩根 等　著 杨宏山　陈建国　译　杨宏山　校	56.00元
公共经济学：政府在国家经济中的作用	［美］林德尔·G. 霍尔库姆　著 顾建光　译	69.80元
公共部门管理（第八版）	［美］格罗弗·斯塔林　著 常健 等　译　常健　校	75.00元
公共行政学经典（第七版·中国版）	［美］杰伊·M. 沙夫里茨 等　主编 刘俊生　译校	148.00元
理解治理：政策网络、治理、反思与问责	［英］R. A. W. 罗兹　著 丁煌　丁方达　译　丁煌　校	待出
政治、经济与福利	［美］罗伯特·A. 达尔 等　著 蓝志勇 等　译	待出
新公共服务：服务，而不是掌舵（第三版）	［美］珍妮特·V. 登哈特　罗伯特·B. 登哈特　著 丁煌　译　方兴　丁煌　校	39.00元
议程、备选方案与公共政策（第二版·中文修订版）	［美］约翰·W. 金登　著 丁煌　方兴　译　丁煌　校	49.00元

书名	著译者	定价
政策分析八步法（第三版）	［美］尤金·巴达克　著 谢明 等　译　谢明 等　校	48.00 元
新公共行政	［美］H. 乔治·弗雷德里克森 丁煌　方兴　译　丁煌　校	23.00 元
公共行政的精神（中文修订版）	［美］H. 乔治·弗雷德里克森　著 张成福 等　译　张成福　校	48.00 元
官僚制内幕（中文修订版）	［美］安东尼·唐斯　著 郭小聪 等　译	49.80 元
民营化与公私部门的伙伴关系（中文修订版）	［美］E. S. 萨瓦斯	59.00 元
行政伦理学手册（第二版）	［美］特里·L. 库珀　主编 熊节春　译	待出
政府绩效管理：创建政府改革的持续动力机制	［美］唐纳德·P. 莫伊尼汗　著 尚虎平　杨娟　孟陶　译　孟陶　校	待出
后现代公共行政：话语指向（中文修订版）	［美］查尔斯·J. 福克斯 等　著 楚艳红 等　译　吴琼　校	38.00 元
公共行政的合法性：一种话语分析（中文修订版）	［美］O. C. 麦克斯怀特　著 吴琼　译	45.00 元
公共行政的语言：官僚制、现代性和后现代性（中文修订版）	［美］戴维·约翰·法默尔　著 吴琼　译	56.00 元
领导学	［美］詹姆斯·麦格雷戈·伯恩斯　著 常健　孙海云 等　译　常健　校	69.00 元
官僚经验：后现代主义的挑战（第五版）	［美］拉尔夫·P. 赫梅尔　著 韩红　译	39.00 元
制度分析：理论与争议（第二版）	［韩］河连燮　著 李秀峰　柴宝勇　译	48.00 元
公共服务中的情绪劳动	［美］玛丽·E. 盖伊 等　著 周文霞 等　译	38.00 元
预算过程中的新政治（第五版）	［美］阿伦·威尔达夫斯基 等　著 苟燕楠　译	58.00 元
公共行政中的价值观与美德：比较研究视角	［荷］米歇尔·S. 德·弗里斯 等　主编 熊　缨　耿小平 等　译	58.00 元
公共决策中的公民参与	［美］约翰·克莱顿·托马斯　著 孙柏瑛 等　译	28.00 元
再造政府	［美］戴维·奥斯本 等　著 谭功荣 等　译	45.00 元
构建虚拟政府：信息技术与制度创新	［美］简·E. 芳汀　著 邵国松　译	32.00 元
突破官僚制：政府管理的新愿景	［美］麦克尔·巴泽雷　著 孔宪遂 等　译	25.00 元
政府未来的治理模式（中文修订版）	［美］B. 盖伊·彼得斯　著 吴爱明 等　译　张成福　校	38.00 元
无缝隙政府：公共部门再造指南（中文修订版）	［美］拉塞尔·M. 林登　著 汪大海 等　译	48.00 元
公民治理：引领 21 世纪的美国社区（中文修订版）	［美］理查德·C. 博克斯　著 孙柏瑛 等　译	38.00 元
持续创新：打造自发创新的政府和非营利组织	［美］保罗·C. 莱特　著 张秀琴　译　音正权　校	28.00 元
政府改革手册：战略与工具	［美］戴维·奥斯本 等　著 谭功荣 等　译	59.00 元

书名	著译者	定价
公共部门的社会问责：理念探讨及模式分析	世界银行专家组　著 宋涛　译校	28.00 元
公私合作伙伴关系：基础设施供给和项目融资的全球革命	[英] 达霖·格里姆赛 等　著 济邦咨询公司　译	29.80 元
非政府组织问责：政治、原则与创新	[美] 丽莎·乔丹 等　主编 康晓光 等　译　冯利　校	32.00 元
市场与国家之间的发展政策：公民社会组织的可能性与界限	[德] 康保锐　著 隋学礼　译校	49.80 元
建设更好的政府：建立监控与评估系统	[澳] 凯思·麦基　著 丁煌　译　方兴　校	30.00 元
新有效公共管理者：在变革的政府中追求成功（第二版）	[美] 史蒂文·科恩 等　著 王巧玲 等　译　张成福　校	28.00 元
驾御变革的浪潮：开发动荡时代的管理潜能	[加] 加里斯·摩根　著 孙晓莉　译　刘霞　校	22.00 元
自上而下的政策制定	[美] 托马斯·R. 戴伊　著 鞠方安 等　译	23.00 元
政府全面质量管理：实践指南	[美] 史蒂文·科恩 等　著 孔宪遂 等　译	25.00 元
公共部门标杆管理：突破政府绩效的瓶颈	[美] 帕特里夏·基利 等　著 张定淮　译校	28.00 元
创建高绩效政府组织：公共管理实用指南	[美] 马克·G. 波波维奇　主编 孔宪遂 等　译　耿洪敏　校	23.00 元
职业优势：公共服务中的技能三角	[美] 詹姆斯·S. 鲍曼 等　著 张秀琴　译　音正权　校	19.00 元
全球筹款手册：NGO 及社区组织资源动员指南（第二版）	[美] 米歇尔·诺顿　著 张秀琴 等　译　音正权　校	39.80 元

公共政策经典译丛

书名	著译者	定价
公共政策评估	[美] 弗兰克·费希尔　著 吴爱明 等　译	38.00 元
公共政策工具——对公共管理工具的评价	[美] B. 盖伊·彼得斯 等　编 顾建光　译	29.80 元
第四代评估	[美] 埃贡·G. 古贝 等　著 秦霖 等　译　杨爱华　校	39.00 元
政策规划与评估方法	[加] 梁鹤年　著 丁进锋　译	39.80 元

当代西方公共行政学思想经典译丛

书名	编译者	定价
公共行政学中的批判理论	戴黍　牛美丽 等　编译	29.00 元
公民参与	王巍　牛美丽　编译	45.00 元
公共行政学百年争论	颜昌武　马骏　编译	49.80 元
公共行政学中的伦理话语	罗蔚　周霞　编译	45.00 元

公共管理英文版著作

书名	作者	定价
公共管理导论（第四版）	［澳］Owen E. Hughes （欧文·E. 休斯） 著	45.00 元
理解公共政策（第十二版）	［美］Thomas R. Dye （托马斯·R. 戴伊） 著	34.00 元
公共行政学经典（第五版）	［美］Jay M. Shafritz （杰伊·M. 莎夫里茨）等 编	59.80 元
组织理论经典（第五版）	［美］Jay M. Shafritz （杰伊·M. 莎夫里茨）等 编	46.00 元
公共政策导论（第三版）	［美］Joseph Stewart，Jr. （小约瑟夫·斯图尔特）等 著	35.00 元
公共部门管理（第九版·中国学生版）	［美］Grover Starling （格罗弗·斯塔林） 著	59.80 元
政治学（第三版）	［英］Andrew Heywood （安德鲁·海伍德） 著	35.00 元
公共行政导论（第五版）	［美］Jay M. Shafritz （杰伊·M. 莎夫里茨）等 著	58.00 元
公共组织理论（第五版）	［美］Robert B. Denhardt （罗伯特·B. 登哈特） 著	32.00 元
公共政策分析导论（第四版）	［美］William N. Dunn （威廉·N. 邓恩） 著	45.00 元
公共部门人力资源管理：系统与战略（第六版）	［美］Donald E. Klingner （唐纳德·E. 克林纳）等 著	48.00 元
公共行政与公共事务（第十版）	［美］Nicholas Henry （尼古拉斯·亨利） 著	39.00 元
公共行政学：管理、政治和法律的途径（第七版）	［美］David H. Rosenbloom （戴维·H. 罗森布鲁姆）等 著	68.00 元
公共经济学：政府在国家经济中的作用	［美］Randall G. Holcombe （林德尔·G. 霍尔库姆） 著	62.00 元
领导学：理论与实践（第六版）	［美］Peter G. Northouse （彼得·G. 诺斯豪斯） 著	45.00 元

Introduction to Emergency Management, 1e
Michael K. Lindell, Carla S. Prater, Ronald W. Perry

图书在版编目（CIP）数据

公共危机与应急管理概论/（美）迈克尔·K·林德尔，（美）卡拉·普拉特，（美）罗纳德·W·佩里著；王宏伟译. —北京：中国人民大学出版社，2016.8
（公共行政与公共管理经典译丛. 经典教材系列）
"十三五"国家重点出版物出版规划项目
ISBN 978-7-300-22941-6

Ⅰ.①公… Ⅱ.①迈…②卡…③罗…④王… Ⅲ.①突发事件-公共管理 Ⅳ.①D035

中国版本图书馆 CIP 数据核字（2016）第 119428 号

公共行政与公共管理经典译丛
经典教材系列
"十三五"国家重点出版物出版规划项目
公共危机与应急管理概论
迈克尔·K·林德尔（Michael K. Lindell）
［美］卡拉·普拉特（Carla Prater） 著
罗纳德·W·佩里（Ronald W. Perry）
王宏伟 译
Gonggong Weiji yu Yingji Guanli Gailun

出版发行	中国人民大学出版社		
社　　址	北京中关村大街 31 号	**邮政编码**	100080
电　　话	010－62511242（总编室）		010－62511770（质管部）
	010－82501766（邮购部）		010－62514148（门市部）
	010－62515195（发行公司）		010－62515275（盗版举报）
网　　址	http://www.crup.com.cn		
经　　销	新华书店		
印　　刷	北京宏伟双华印刷有限公司		
规　　格	185 mm×260 mm　16 开本	**版　　次**	2016 年 8 月第 1 版
印　　张	24.5 插页 2	**印　　次**	2021 年 5 月第 3 次印刷
字　　数	525 000	**定　　价**	59.00 元

教学支持说明

（教学课件）

中国人民大学出版社政治与公共管理出版分社秉承“出教材学术精品，育人文社科英才”的出版宗旨，多年来，出版了大批高质量的公共管理、教育学、政治学、政治理论公共课教材和学术著作。

我们为本教材制作了相应的 PPT 教学课件，任何一位采用本书作为授课教材的教师均可免费获得该课件。为了确保该课件仅为授课教师获得，烦请您填写如下材料，并将相关信息通过 E-mail 发送给我们，我们将在收到相关信息后通过 E-mail 给您发送该课件。欢迎您加入我们的 QQ 群（全国政管教师交流群，群号为 236159213），或登录我社官方网站（www. crup. com. cn），注册并认证成为教师会员，以获得更好的服务。

我们的联系方式：

地址：（100872）北京市中关村大街甲 59 号文化大厦 1202 室

中国人民大学出版社政治与公共管理出版分社

电话：（010） 82502724　62514775（传真）

E-mail：ggglcbfs@vip. 163. com

QQ 群：236159213

兹证明__________大学/学院__________院/系__________专业__________学年第__________学期开设的__________课程，采用中国人民大学出版社出版的____________________（书名、作者）作为本课程教材。授课教师为__________，授课班级共______个、学生______人。授课教师需要与本书配套的教学课件。

联 系 人：____________________

通信地址：____________________

邮　　编：____________________

电　　话：____________________

E-mail：____________________

系/院主任：__________（签字）

（系/院办公室章）

______年____月____日